Bereswill / Meuser / Scholz (Hrsg.)
Dimensionen der Kategorie Geschlecht

FORUM FRAUEN- UND GESCHLECHTERFORSCHUNG

Schriftenreihe der Sektion Frauen- und Geschlechterforschung
in der Deutschen Gesellschaft für Soziologie

Band 22

Mechthild Bereswill, Privatdozentin, Dr., seit 1998 Forschungstätigkeit am Kriminologischen Forschungsinstitut Niedersachsen; 2005-2007 Vertretungsprofessur für Frauen- und Geschlechterstudien (Soziologie) am Fachbereich Gesellschaftswissenschaften der Johann Wolfgang Goethe-Universität Frankfurt am Main. Arbeitsschwerpunkte: Soziale Kontrolle und Geschlecht, Qualitative Methodologien, aktuelle Geschlechterpolitiken. Erste Sprecherin der Sektion Frauen- und Geschlechterforschung in der DGS.

Michael Meuser, Prof., Dr. phil., Professor für Soziologie der Geschlechterverhältnisse an der Universität Dortmund. Arbeitsschwerpunkte: Soziologie der Geschlechterverhältnisse, Methoden qualitativer Sozialforschung, Soziologie des Körpers, Wissenssoziologie. Sektionsrat der Sektion Frauen- und Geschlechterforschung in der DGS.

Sylka Scholz, Dr., derzeit Gastdozentur im Sozialwissenschaftlichen Institut an der Stiftung Universität Hildesheim, 2006-2007 Gastprofessorin für Internationale Frauen- und Geschlechterforschung im Maria-Goeppert-Meyer-Programm an der Stiftung Universität Hildesheim. Arbeitsschwerpunkte: Geschlechterverhältnisse in Ostdeutschland und Osteuropa, theoretische und empirische Männlichkeitsforschung, Politik und Geschlecht, qualitative Methoden. Sektionsrätin der Sektion Frauen- und Geschlechterforschung in der DGS.

Mechthild Bereswill/Michael Meuser/
Sylka Scholz (Hrsg.)

Dimensionen der Kategorie Geschlecht:
Der Fall Männlichkeit

WESTFÄLISCHES DAMPFBOOT

Bibliografische Information der Deutschen Bibliothek
Die Deutsche Bibliothek verzeichnet diese Publikation in der Deutschen
Nationalbibliografie; detaillierte bibliografische Daten sind im Internet über
http://dnb.ddb.de abrufbar.

1. Auflage Münster 2007
© 2007 Verlag Westfälisches Dampfboot
Alle Rechte vorbehalten
Umschlag: Lütke Fahle Seifert AGD, Münster
Druck: Rosch-Buch Druckerei GmbH, Scheßlitz
Gedruckt auf säurefreiem, alterungsbeständigem Papier
ISBN 978-3-89691-222-0

Inhalt

Mechthild Bereswill/Michael Meuser/Sylka Scholz
Männlichkeit als Gegenstand der Geschlechterforschung   7

Mechthild Bereswill/Michael Meuser/Sylka Scholz
Neue alte Fragen:
Männer und Männlichkeit in der feministischen Diskussion
Ein Gespräch mit Lerke Gravenhorst, Carol Hagemann-White
und Ursula Müller   22

Sylka Scholz
Der soziale Wandel von Erwerbsarbeit
Empirische Befunde und offene Fragen   51

Maja Apelt/Cordula Dittmer
„Under pressure" – Militärische Männlichkeiten im Zeichen
Neuer Kriege und veränderter Geschlechterverhältnisse   68

Anja Tervooren
Männlichkeiten und Sozialisation
Die allmähliche Verfertigung der Körper   84

Mechthild Bereswill
Sich auf eine Seite schlagen. Die Abwehr von Verletzungsoffenheit
als gewaltsame Stabilisierung von Männlichkeit   101

Susanne Spindler
Im Netz hegemonialer Männlichkeit:
Männlichkeitskonstruktionen junger Migranten   119

Andreas Kraß
Der heteronormative Mythos
Homosexualität, Homophobie und homosoziales Begehren   136

Michael Meuser
Männerkörper
Diskursive Aneignungen und habitualisierte Praxis   152

Torsten Wöllmann
Zur Medikalisierung von Männlichkeiten
Das Beispiel Andrologie 169

Rolf Pohl
Genitalität und Geschlecht
Überlegungen zur Konstitution der männlichen Sexualität 186

Cornelia Helfferich
Männlichkeit in sexuellen und familialen Beziehungen:
Differenz, Dominanz und Gemeinschaftlichkeit 206

Michael Matzner
Männer als Väter – ein vernachlässigtes Thema
soziologischer Männerforschung 223

Ulf Mellström
Men, Masculinities and Gender Research in the
Welfare Stateism of Sweden 241

Verzeichnis der Autorinnen und Autoren 257

Mechthild Bereswill/Michael Meuser/Sylka Scholz
Männlichkeit als Gegenstand der Geschlechterforschung

Vor knapp zwanzig Jahren erschien in der Publikationsreihe der Sektion Frauenforschung in der Deutschen Gesellschaft für Soziologie das Buch „FrauenMännerBilder. Männer und Männlichkeit in der feministischen Diskussion" (Hagemann-White/Rerrich 1988). Es dokumentiert die Debatte in der damals noch jungen Sektion Frauenforschung über die Fragen, ob Männer und Männlichkeit Gegenstand feministischer Forschung sein sollen und wenn ja, wie eine solche „feministische Männerforschung" (Müller 1988, 103) aussehen könne. Ausgelöst wurde diese Diskussion durch einen Vortrag von Lerke Gravenhorst auf dem Soziologentag 1984 in Dortmund, in dem sie dafür plädierte, dass die Frauenforschung sich ihrer impliziten Bilder über Männer und Männlichkeit bewusst werden müsse (Gravenhorst 1988). Damit war das Thema Männer und Männlichkeit explizit auf die Tagesordnung der Sektion gestellt worden. Implizit richtete sich der Blick der Frauenforschung immer auch auf Männer, untersuchte sie doch nicht nur den „weiblichen Lebenszusammenhang" (Prokop 1977), sondern Geschlechterbeziehungen und das Geschlechterverhältnis. Dabei, so laute-te die Kritik von Gravenhorst, würden die Wissenschaftlerinnen jedoch ein zu vereinfachtes Bild von Männern und dem männlichen Lebenszusammenhang entwerfen, der der Situation von Männern im Patriarchat nicht gerecht werden würde (vgl. auch Engelfried 1996). Mit dem Erscheinen des Buches „FrauenMännerBilder" vier Jahre nach dem Vortrag war eigentümlicherweise die Debatte über Männer und Männlichkeit als Gegenstand der feministischen Forschung beendet, wenn auch nicht deren Untersuchung in unterschiedlichen Forschungszusammenhängen (s. auch das Gespräch mit Lerke Gravenhorst, Carol Hagemann-White und Ursula Müller in diesem Band).

Ein Anliegen des vorliegenden 22. Bandes der Sektionsreihe ist es, diesen Abschnitt der Sektionsgeschichte zu reflektieren. Hierzu haben wir drei der damaligen Protagonistinnen, Lerke Gravenhorst, Carol Hagemann-White und Ursula Müller in einem Gespräch befragt, warum die Diskussion zum Thema Männer und Männlichkeit in der Sektion seinerzeit nicht fortgesetzt wurde und welche der damaligen Fragen aus ihrer Sicht für eine Männlichkeitsforschung heute immer noch oder wieder aktuell sind. Zu konstatieren ist, dass sich seit den 1990er Jahren an den verschiedensten Orten, allerdings bisher wenig institutionalisiert, eine zunehmend breiter werdende Forschung zum Thema Männlichkeit entwickelt hat. Ein weiteres Anliegen dieses Buches ist es, Einblicke in den gegenwärtigen Stand der Männlichkeitsforschung in der Bundesrepublik

Deutschland zu geben. Ergänzt wird dies durch einen Blick über die Grenze: nach Schweden, wo, wie generell in Skandinavien, Männlichkeitsforschung stärker als hierzulande in einen geschlechterpolitischen Kontext eingebunden ist.

Der Titel des vorliegenden Bandes setzt Geschlecht und Männlichkeit zueinander in Beziehung, indem Männlichkeit als ein relationales Phänomen im Kontext von Geschlechterverhältnissen in den Blick genommen und damit als strukturierendes Prinzip gesellschaftlicher Konstellationen analysiert wird. Ähnlich wie Ilona Ostner (1991) in einem Handbuchartikel zum Begriff „Frau" schreibt, Untersuchungsgegenstand einer soziologischen Forschung seien nicht Frauen, sondern Geschlechterverhältnisse, lässt sich auch für die sogenannte Männerforschung festhalten, dass Konfigurationen von Geschlecht und nicht der Begriff Mann den soziologischen Bezugsrahmen für die wissenschaftliche Auseinandersetzung mit Männlichkeit darstellt. Der vorliegende Band handelt von Männlichkeit: als einer Dimension der Kategorie Geschlecht. Im Folgenden gehen wir auf die internationale Entstehung und Entwicklung der Männer- bzw. Männlichkeitsforschung ein; im Mittelpunkt dieser Darstellung stehen die theoretischen Konzepte. Diese Konzepte werden in den Beiträgen des Bandes unterschiedlich aufgegriffen.

1. Gender of Opression, Hegemoniale Männlichkeit, Männliche Herrschaft – Ansätze der Männlichkeitsforschung

Men's Studies, Masculinity Studies, Critique of Men, Männerforschung, Soziologie der Männlichkeit - wie immer die Bezeichnung und die damit verbundenen differenten Perspektiven lauten - sind einflussreiche Ansätze, Männlichkeit konzeptionell wie institutionell als Untersuchungsgegenstand in der Geschlechterforschung zu verankern. Von Beginn an war dies von dem Impetus bestimmt, Männlichkeit in einer relationalen Perspektive als Dimension der Kategorie Geschlecht zu betrachten und zu analysieren. Deutlich wird dies in der folgenden Definition, die in einem der ersten Reader der Men's Studies zu finden ist:

„The most general definition of men's studies is that it is the study of masculinities and male experiences as specific and varying social-historical-cultural formations. Such studies situate masculinities as objects of study on a par with femininities, instead of elevating them to universal norms." (Brod 1987, 40)

Rekonstruieren wir die noch junge Geschichte der Männerforschung, lassen sich grob zwei Entstehungskontexte ausmachen: die sozialpsychologische Geschlechtsrollentheorie und die feministische Partriarchatskritik. Mitte der 1970er Jahre setzte eine intensive Befassung mit der männlichen Geschlechtsrolle (male sex role[1]) ein (Pleck 1987). Im Fokus stand die Frage, welche Folgen der soziale

Wandel der Geschlechterverhältnisse für Männer hat. Negative Aspekte der Männerrolle wurden in den Mittelpunkt der Aufmerksamkeit gerückt und unter Stichworten wie Rollenkonflikt und Rollenstress thematisiert (O'Neil 1982; Solomon 1982). Seit den 1970er Jahren bedeute Mannsein, mit einer Fülle von Unsicherheiten und widersprüchlichen Anforderungen leben zu müssen. Durch die rigide Geschlechtsrollensozialisation erführen auch Männer Unterdrückung. Die Aufmerksamkeit dieser Ansätze richtete sich primär auf die Wirkung, welche die männliche Geschlechtsrolle auf die individuelle männliche Psyche hat. Wissenschaftliche Forschung und popularisierender Diskurs sind hier eng miteinander verbunden. Am deutlichsten zeigt sich dies an der weit verbreiteten These einer Krise des Mannes.

Das Geschlechtsrollenkonzept hat seine Spuren mehr im populären Männlichkeitsdiskurs von Ratgeber- und Verständigungsliteratur als im (sozial-)wissenschaftlichen Männlichkeitsdiskurs hinterlassen, für den es in der Folgezeit eine eher nachrangige Bedeutung hat. Eine Ausnahme bildet hier allerdings die sich in jüngerer Zeit etablierende Männergesundheitsforschung, die an das in den 1970er Jahren entwickelte Verständnis der männlichen Geschlechtsrolle anschließt. Bestimmte Krankheitsrisiken, denen Männer stärker als Frauen unterliegen (u.a. Herzinfarkt, Bluthochdruck), sowie die höhere Suizidrate und die durchschnittlich geringere Lebenserwartung von Männern werden mit den Anforderungen der männlichen Geschlechtsrolle in Verbindung gebracht (z.B. Brähler/ Goldschmidt/Kupfer 2001; Bründel/Hurrelmann 1999; vgl. Meuser 2007).

Der andere Strang der sozialwissenschaftlichen Thematisierung von Männlichkeit fokussiert auf Männlichkeit in herrschaftstheoretischer und gesellschaftskritischer Perspektive. In Anknüpfung an feministische Patriarchatskonzepte und zum Teil auch in kritischer Auseinandersetzung mit diesen entstand Mitte bis Ende der 1980er Jahre eine ganze Reihe von Arbeiten, von denen einige als zentrale Referenztexte der frühen wie aktuellen Men's Studies zu nennen sind. Dies sind insbesondere „The Gender of Oppression" von Jeff Hearn (1987) und „Gender and Power" von Bob Connell (1987).[2]

Hearn begreift – ähnlich dem Zwei-Systeme-Ansatz in der Frauenforschung (Walby 1986) – Kapitalismus und Patriarchat als ineinander verwobene, jedoch nicht aufeinander reduzierbare Systeme der Unterdrückung. Er betont, dass die oppressive Kraft des Patriarchats sich auch gegen Männer richte, gegen diejenigen also, die die Akteure und Agenten der Unterdrückung sind. Macht- und Herrschaftsbeziehungen gäbe es gegenüber Frauen, Kindern, jungen Menschen und anderen Männern (Hearn/Collinson 1994, 98). Die alle anderen Unterdrückungen fundierende Form männlicher Suprematie sei jedoch die gegenüber der Frau. Die patriarchale Herrschaft der Männer gründet demnach in einer Aneignung der weiblichen Arbeitskraft. Männer gehören somit, ob sie es wollen oder nicht, dem *gender of oppression* an. Hearns Argumentation lässt die Auswirkungen des als Herrschaftsverhältnis organisierten Geschlechterverhältnisses auf die Männer zwar nicht unberücksichtigt. Anders als die Geschlechtsrollentheorie thematisiert er die Folgen des Patriarchats für Männer jedoch in einem gesellschaftstheoretischen Rahmen: Nicht die Leiden des Mannes stehen im Vordergrund, sondern die durch die Suprematie des männlichen Geschlechts konstituierten Macht- und Herrschaftsverhältnisse. Diese Suprematie analysiert Hearn als systemisch bedingte und unabhängig von den Intentionen männlicher Akteure existierende Dynamik: „*We men are formed and broken by our own power*" (Hearn 1987, 98; Herv. i.O.).

Auch das von Carrigan, Connell und Lee (1985) entwickelte Konzept der hegemonialen Männlichkeit steht in der Tradition des Patriarchatskonzepts. Ihr Ziel ist es allerdings, eine neue Begrifflichkeit einzuführen. Mit dem Konzept der hegemonialen Männlichkeit wird die Analyse der gesellschaftlichen Dominanz des männlichen Geschlechts um eine kulturtheoretische Perspektive erweitert und die Über- und Unterordnungsbeziehungen unter Männern lassen sich differenzierter betrachten, als dies in der patriarchatstheoretischen Begrifflichkeit möglich ist. Anknüpfend an den Hegemoniebegriff Antonio Gramscis sieht Connell (1987; 1995) die männliche Herrschaft weniger in der Erzwingung von Unterordnung durch Androhung oder Anwendung von Gewalt fundiert, sondern in einer Anerkennung allgemeiner kultureller Werte und Normen durch Männer und Frauen. So schreibt Connell 1995:

„The concept of 'hegemony', deriving from Antonio Gramsci's analysis of class relations, refers to the cultural dynamic by which a group claims and sustains a leading position in social life. At any given time, one form of masculinity rather than others is culturally exalted. Hegemonic masculinity can be defined as the configuration of gender practise which embodies the currently accepted answer to the problem of the legitimacy of patriarchy, which guarantuees (or is taken to guarantuee) the dominant position of men and the subordination of women." (Connell 1995, 77)

In einem aktuellen Überblickstext über die Entwicklungen des Konzepts betonen Connell und Messerschmidt (2005) eine aus ihrer Sicht entscheidende gesellschaftstheoretische Dimension des Konzepts der Hegemonie: Es sei nicht lediglich ein „einfaches Modell kultureller Kontrolle", sondern erfasse vielmehr die Dynamiken strukturellen Wandels, verbunden mit der Mobilisierung und Demobilisierung gesamter Klassen (Connell/Messerschmidt 2005, 831).

Als Hauptachse männlicher Macht begreift Connell die heterosoziale, also die Dominanz von Männern über Frauen (beide als soziale Gruppen gedacht, vgl. Bereswill 2007). Diese Achse wird aber von einer zweiten, homosozialen Dimension sozialer Hierarchien überlagert: von den hegemonialen Strukturen zwischen verschiedenen Ausprägungen von Männlichkeit. Hegemoniale Männlichkeit ist eine in zweifacher Hinsicht relationale Kategorie: Sie steht in Relation zu untergeordneter Weiblichkeit und zu anderen, nicht hegemonialen Ausprägungen von Männlichkeit. Connell unterscheidet hier untergeordnete, komplizenhafte und marginalisierte Männlichkeiten. Nur die wenigsten Männer vermögen kraft ihrer institutionellen Position das Ideal der hegemonialen Männlichkeit zu verkörpern, gleichwohl bestimmt hegemoniale Männlichkeit als Orientierungsmuster männliche Praxen gleichsam als generatives Prinzip von Männlichkeit (Meuser/ Scholz 2005). Der Begriff der hegemonialen Männlichkeit ist stets auf diese doppelte Relation bezogen, in welcher Männlichkeit ihre Kontur gewinnt. „'Hegemonic masculinity' is always constructed in relation to various subordinated masculinities as well as in relation to women" (Connell 1987, 183). Hegemoniale Männlichkeit bezeichnet eine Konfiguration von Geschlechtspraktiken, welche insgesamt die dominante Position des Mannes im Geschlechterverhältnis garantieren. Wie die beiden Relationen ineinander verschränkt sind, wie Macht- und Herrschaftsverhältnisse in der heterosozialen Dimension auf solche in der homosozialen bezogen sind und vice versa – dies zu untersuchen und begrifflich zu präzisieren stellt eine empirische und theoretische Herausforderung dar, die bislang noch unzureichend bewältigt ist. Dies gilt auch für Fragen nach sich kreuzenden „Achsen der Differenz" (Knapp 2005) und den damit zusammenhängenden Fragen der theoretischen Erfassung und empirischen Auslotung von komplexer sozialer Ungleichheit in den Dimensionen von race, class, gender (Bereswill 2007; Connell/ Messerschmidt 2005).

Nicht im Kontext der Men's Studies stehend, jedoch deutliche Parallelen zum Connellschen Ansatz aufweisend, ist die herrschaftstheoretische Perspektive auf Männlichkeit, die Pierre Bourdieu (1997, 2005) formuliert hat. Auch Bourdieu fokussiert beide Relationen, die hetero- und die homosoziale, und sein Konzept symbolischer Gewalt entspricht der kulturtheoretischen Perspektive auf männliche Herrschaft, die er noch stärker akzentuiert als Connell. Er überträgt zunächst das für Klassenverhältnisse entwickelte Konzept des Habitus auf die Analyse der Geschlechterverhältnisse und spricht von einem „vergeschlechtlichten und vergeschlechtlichendem Habitus" (Bourdieu 1997, 167). Vor diesem Hintergrund führt er den Begriff des „männlichen Habitus" (ebd., 203) ein. Bourdieu zufolge wird dieser „konstruiert und vollendet [...] nur in Verbindung mit dem den Männern vorbehaltenen Raum, in dem sich, *unter Männern*, die ernsten Spiele des Wettbewerbs abspielen" (Bourdieu 1997, 203; Herv. i.O.). Bourdieu streicht zwei miteinander verbundene Aspekte heraus: die kompetitive Struktur von Männlichkeit und den homosozialen Charakter der sozialen Felder, in denen der Wettbewerb stattfindet. Dieser wird unter Männern ausgetragen, die einander als „Partner-Gegner" (Bourdieu 2005, 83) gegenüberstehen. Der Wettbewerb trennt die Beteiligten nicht (oder nicht nur), er resultiert nicht nur in Hierarchien der Männer untereinander, er ist zugleich ein Mittel männlicher Vergemeinschaftung. Zum Zusammenhang von homo- und heterosozialer Konstitution von Männlichkeit bemerkt Boudieu (2005, 96): Männlichkeit ist „ein eminent *relationaler* Begriff, der vor und für die anderen Männer und gegen die Weiblichkeit konstruiert ist, aus einer Art Angst vor dem *Weiblichen*" (Herv. i.O.). Symbolische wie direkte Gewalt (auch die gegen andere Männer gerichtete) dienen demnach der Absicherung von Männlichkeit, nicht zuletzt gegenüber einer drohenden Abwertung durch symbolische Verweiblichung (Bereswill 2006). Hegemonie, so lässt sich eine Verbindung zum Connellschen Ansatz herstellen, ist eine kulturell vorgegebene Form, in der Männlichkeit „gegen Weiblichkeit konstruiert ist". Der Bezug auf hegemoniale Ideale von Männlichkeit ist ein „Spieleinsatz" im Wettbewerb der Männer und dient der demonstrativen Konstruktion von Männlichkeit „vor und für die anderen Männer" (Meuser 2006a).

Eine weitere interessante Parallele in den Arbeiten von Connell und Bourdieu zeigt sich in der Betonung des Körpers, dem beide – in ihrer konstruktivistischen Sicht auf Geschlecht – einen großen Stellenwert für die (Re-)Produktion von Geschlechterverhältnisse beimessen. Connell (1999, 71) spricht von „reiner Körperlichkeit" (dem Altern, dem Erkranken des Körpers, seinen reproduktiven Funktionen) und geht davon aus, dass der eigensinnige Körper sich dem „sozialen Symbolismus" widersetzen kann (ebd., 76). Obschon der Körper nicht außerhalb seiner kulturellen Formung existiert, bleibt seine Materialität von Bedeutung und Connell schlägt vor, den Körper als aktiven Part sozialer Prozesse zu begreifen, der soziale Praxis im Wechselspiel individueller und institutioneller Vorgänge mit konstituiert, sie durchkreuzt oder transformiert (Connell 1995, 45ff.; 1999, 65ff.; 2002, 28ff.).[3] Der Körper ist zugleich Akteur und Objekt sozialer Praxis. Er ist ein aktiver Schauplatz der Entwicklung von Männlichkeit, deren soziale Verkörperung einen lebenslangen und kontextspezifischen Prozess darstellt, der auch durch den sich wandelnden Körper in Bewegung gehalten wird. Die soziale Verkörperung von Geschlecht ist demnach unmittelbar in biographische Lernprozesse eingebunden. So bezeichnet Connell Adoleszente beispielsweise als „embodied learners" (2002, 80), wobei er ausdrücklich auf die lustvollen Seiten solcher Lernprozesse hinweist.

Bourdieu (1997, 169) begreift das Verhältnis von sozialer Konstruktion des Geschlechts und biologischer Körperlichkeit derart, dass der „*biologische* Unterschied zwischen dem männlichen und dem weiblichen Körper" „als unanfechtbare Rechtfertigung des gesellschaftlich konstruierten Unterschieds zwischen den Geschlechtern" erscheint. Allerdings seien „der männliche und der weibliche Körper, und ganz speziell die Geschlechtsorgane" dazu „prädestiniert", „den Geschlechtsunterschied zu symbolisieren, weil sie ihn verdichten" (Bourdieu 1997, 174). Dies lässt sich so verstehen, dass die soziale Konstruktion von Geschlecht nicht umhin kann, an eine körperlich evidente Differenz der Geschlechter anzuknüpfen.

2. Dimensionen von Männlichkeit – zu den Beiträgen dieses Bandes

Mit den Arbeiten von Hearn, Connell und Bourdieu sind mehr oder minder ausformulierte theoretische Perspektiven auf den Fall Männlichkeit benannt. Im vorliegenden Band sind aktuelle Beiträge versammelt, die auf unterschiedliche Weise an die skizzierten Theorietraditionen anknüpfen, sie überschreiten, weiterdenken und mit Begrifflichkeiten anderer Theorietraditionen, nicht nur aus der Geschlechterforschung, verbinden. Aufgegriffen werden zentrale Themen- und Untersuchungsfelder, die für die Entwicklung der Frauenforschung maßgeblich waren: Arbeit, Sozialisation, Gewalt, Sexualität, Identität, die Vereinbarkeit von Beruf und Familie. Diese Perspektiven auf das Geschlechterverhältnis werden im Hinblick auf die Konstitution und Konstruktion von Männlichkeit gewendet und an verschiedenen Untersuchungsfeldern konkretisiert. Hinzu kommen Themenfelder, die in den 1990er Jahren in den Fokus der Frauen- und Geschlechterforschung rückten: Heteronormativität, Identitätskritik, Körper, Marginalisierung und Geschlecht, institutionalisierte Praxen von Geschlecht. Die Entwicklung dieser Themenfelder erfolgte vor dem Hintergrund einer sich erweiternden Forschungslandschaft und produktiver theoretischer Kontroversen, woran Männlichkeitsforschung sich in wachsendem Maße beteiligt hat. Dieser Band beinhaltet Beiträge, in denen feministische Traditionen, neuere Entwicklungen der Geschlechterforschung und Ansätze zur Erforschung und Theoretisierung von Männlichkeit in ein konstruktives, interdisziplinär angelegtes Wechselverhältnis treten.

Das Buch beginnt mit einem Gespräch das wir, die Herausgeber/innen, im August 2006 mit *Lerke Gravenhorst*, *Carol Hagemann-White* und *Ursula Müller* geführt haben. Im Mittelpunkt des Gesprächs steht die Frage, wie Männlichkeit in feministischen Diskursen und den Veranstaltungen der Sektion Frauenforschung verhandelt wurde. Zentral war dabei die Auseinandersetzung mit dem Verhältnis von Männlichkeit und Gewalt. Aus der heutigen Perspektive betrachtet sind die damaligen Kontroversen und offenen Fragen immer noch aktuell: Während die individuelle Gewalt von Männern in den vergangenen zwanzig Jahren sehr breit erforscht wurde, wobei zu konstatieren ist, dass die Frage, warum ein Teil von Männern gewalttätig wird und ein anderer nicht, bisher nicht hinreichend beantwortet ist, wurde kollektive Männergewalt bisher weniger untersucht. Angesprochen sind hier u.a. Formen männlicher Gewalt, die sich angesichts der so genannten Neuen Kriege in einem globalen Rahmen zeigen. Während also auf der einen Seite der Frage nachgegangen werden sollte, wie kollektive Gewaltphänomene entstehen, geht es auf der anderen Seite darum, Entkopplungsprozesse von Männlichkeit und Gewalt in den Blick zu nehmen: Was befördert oder blockiert nicht gewaltförmige Artikulationen von Männlichkeit? Weitergehend stellen sich Fragen nach der Konstruktion nicht-hegemonialer Formen von Männlichkeit.

Im Mittelpunkt des Textes von *Sylka Scholz* steht das Verhältnis von Männlichkeit und Erwerbsarbeit. Sie untersucht den Zusammenhang zwischen dem sozialen Wandel von Arbeit und Konstruktionen von Männlichkeit. Dabei verknüpft sie bisher wenig aufeinander bezogene Diskurse der Arbeits- und Industriesoziologie mit Ansätzen der Männlichkeitsforschung: Zum einen wird nach der Subjektivierung von Arbeit in gesellschaftlichen und betrieblichen Modernisierungsprozessen gefragt und zum anderen nach der Bedeutung von (Berufs-)Arbeit für die Stabilisierung hegemonialer Männlichkeit. Die theoretischen Fragen aus beiden Feldern werden zu einer qualitativen Untersuchung zu neuen Formen des Managements in einem Unternehmen in Bezug gesetzt, wobei sich deutlich unterschiedliche Strategien von Männern im Modernisierungsprozess zeigen. Im Ausblick formuliert die Autorin offene Fragen zum Verhältnis von neuen Strategien der Organisationsentwicklung und hegemonialer Männlichkeit, die über ihre konkrete Forschung hinaus auf generelle Desiderate zu Männlichkeit verweisen.

Maja Apelt und *Cordula Dittmer* gehen der modernen Verknüpfung von Männlichkeit und Militär nach und vertreten die These, dass sich militarisierte Männlichkeiten zu einem „kulturellen, sozialen und symbolischen Medium der Bewältigung von Modernisierungsfolgen" entwickelten. Diese Funktion hat auch die militärische Sozialisation in der Bundeswehr, die gegenwärtig vor komplexen Herausforderungen steht. So wird die Entwicklung weg vom „heroischen Kämpfer", die bereits in den 1960er Jahren einsetze, durch Peacekeeping und Peacebildung verstärkt. Gleichzeitig finden gegenläufige Entwicklungen statt: Diese

Einsätze werden zunehmend gefährlicher und mit einem „robusten Mandat" ausgestattet; zunehmend werden auch „echte Kampfaufträge" erteilt. Die Ausdifferenzierung des Soldatenberufes führt innerhalb der Bundeswehr zu unterschiedlichen Konstruktionen von Männlichkeit. Aktuell, so ihr Resultat, kann keine der innermilitärischen Männlichkeiten sich als hegemonial durchsetzen, jeder militärische Bereich konstituiert eine „eigene Männlichkeitsnorm als Teil seiner Organisationskultur".

Anja Tervooren wendet sich dem Thema Männlichkeit und Sozialisation zu und fokussiert dabei die „allmähliche Verfertigung des Körpers". Zunächst stellt sie die wichtigsten Strömungen in der Auseinandersetzung mit Männlichkeit und Sozialisation vor. Dabei sind für sie konstruktivistische Ansätze und Konzepte, welche die homosozialen Räume der Jungen in den Blick nehmen, besonders bedeutsam; des Weiteren weist sie explizit auf produktive Einflüsse aus der Queer Theory und in dekonstruktivistischen Ansätzen hin. Anschließend skizziert sie anhand einer eigenen ethnographischen Studie über Jungen am Ausgang der Kindheit eine Sozialisationstheorie, die sie als „Einüben von Geschlecht und Begehren" bezeichnet. Ihr Ziel ist es, an den Praktiken der Akteure anzuknüpfen, gleichzeitig aber auch die (Re-)Produktion von Strukturen zu analysieren. Dabei bezieht sie sich insbesondere auf Bourdieus Konzept der „Strukturübungen" und Butlers Begriff der Performativität. Die Autorin versteht den Körper „als Basis der gesellschaftlichen Geschlechterdifferenz und der Differenzen innerhalb eines Geschlechts" und fokussiert dementsprechend körperliche Praktiken beim „Erproben" und „Einüben" von Männlichkeit, die sich in „ritualisierter Art und Weise, häufig im Rahmen einer Peer-Öffentlichkeit" vollziehen. Dabei wird Männlichkeit oft „verfehlt", in dieser „Verfehlung" liegt, so die Autorin, jedoch das produktive Potenzial und die Neuschöpfung von Männlichkeit.

Mechthild Bereswill thematisiert die von Männern untereinander ausgeübte Gewalt, indem sie eine handlungstheoretische Perspektive mit einer konflikttheoretischen verbindet. Vor dem Hintergrund eigener Forschungen über Gewalterfahrungen, die männliche Strafgefangene im Gefängnis machen, zeigt sie, wie einerseits die Behauptung einer anerkannten Männlichkeit eine Inszenierung von Verletzungsmächtigkeit erfordert, andererseits diese Inszenierung die Angst überspielt, Opfer von Gewalt zu werden, wie sie vor allem in der Phase des Eintritts in die Institution Gefängnis bei den meisten Gefangenen gegeben ist. Im Wechselspiel von (dargestellter) Verletzungsmächtigkeit und (verborgener) Verletzungsoffenheit wird Männlichkeit durch Gewalt kollektiv stabilisiert, indem „alle Momente der Angst, der Kränkung und des Schmerzes ausgegrenzt" werden, und bleibt doch individuell prekär, da die Gefahr abgewehrt werden muss, Opfer von Gewalt zu werden. Bereswill fragt nach dem spannungsreichen und vielfach diskrepanten Verhältnis von subjektivem und sozialem Sinn männlicher Gewalterfahrungen und -praktiken und verweist darauf, dass jener in diesem nicht bruchlos aufgeht. Der soziale Sinn der Gewalt besteht darin, dass die Inszenierung von Verletzungsmächtigkeit am Modell einer hegemonialen Männlichkeit orientiert ist und dessen Geltung bekräftigt. Der Blick auf den subjektiven Sinn verweist auf diskrepante Affekte des Subjekts, die aus der Spannung zwischen eigener Verletzungsoffenheit und geforderter Inszenierung von Verletzungsmächtigkeit resultieren.

Der kulturwissenschaftlich angelegte Beitrag von *Andreas Kraß* schlägt eine Brücke zwischen den Queer Studies und der Männlichkeitsforschung. Der Autor untersucht den „Mythos der Heteronormativität" im Hinblick auf die Konstruktion und Abwertung männlicher Homosexualität. Er zeichnet zunächst die Erfindung von Homosexualität und Heterosexualität nach, führt dann das Konzept des homosozialen Begehrens zwischen Männern ein, um schließlich zu zeigen, wie dieses Kontinuum einer Zuneigung zwischen Männern durch Homophobie durchkreuzt wird. Homophobie wird hierbei als konstitutives Merkmal patriarchaler Verhältnisse diskutiert, in denen männliche Herrschaft durch die Unterwerfung und den Ausschluss von Homosexuellen und Frauen abgesichert wird, homosoziales Begehren aber nicht verschwindet: Es findet seinen Ausdruck in kaschierter Weise, über Umweg und Umdeutungen des Begehrens, die wir hermeneutisch aufspüren können. Damit verweist der Mythos der Heteronormativität auf verworfene Seiten von Männlichkeit, die mit Hilfe ideologischer Strategien in Schach gehalten werden. Andreas Kraß entlarvt solche Strategien mit Hilfe von Roland Barthes' Studien zu den „Mythen des Alltags", die er für die Queer Studies wieder entdeckt.

Michael Meuser wendet sich dem Thema Männerkörper zu und analysiert sowohl Diskurse über den Körper als auch die habitualisierte Praxis. Während in den Diskursen des 18. und 19. Jahrhunderts eine „Entkörperlichung" des Mannes erfolgte und Körperlichkeit mit Weiblichkeit verknüpft wurde, konstatiert er für die Gegenwart eine „diskursive Aneignung" des Männerkörpers. Diesem Prozess, der für ihn auf dem Wandel der Geschlechterordnung und dem Fraglich-Werden männlicher Herrschaft beruht, geht er an zwei Teildiskursen nach: dem populärmedialen Diskurs von Männerzeitschriften und dem wissenschaftlichen der Männergesundheitsforschung. In den Männerzeitschriften wird der Männerkörper von einer fraglosen Gegebenheit zu einer individuellen „Gestaltaufgabe" transformiert und seine perfekte Inszenierung als Voraussetzung für Erfolg in sämtlichen Lebensbereichen, insbesondere im Beruf behauptet. Gegenstand der Männergesundheitsforschung ist das riskante Körperverhalten von Männern, das als defizitär kritisiert wird und überwunden werden soll. Der weibliche Umgang mit dem Körper gilt in diesem Diskurs als positive Norm. Der Autor argumentiert, dass die Männergesundheitsforschung jedoch die Funktionalität der riskanten Körperpraktiken für die soziale Konstruktion von Männlichkeit unterschätze. Das Riskieren des eigenen Körpers ist aus seiner Perspektive eine vorreflexive-habitualisierte Praxis, die dem aufklärerischen Impetus dieser Forschung nicht zugänglich sei.

Torsten Wöllmannn erläutert, in welcher Weise und unter welchen Umständen der Männerkörper im Zuge der Etablierung einer auf den Mann fokussierten medizinischen Spezialdisziplin, der Andrologie, zu einem Gegenstand medizinischer Regulierungen geworden ist. Die Forschung zum Verhältnis von Medizin und Geschlecht hat sich bislang nahezu vollkommen auf die Medikalisierung des weiblichen Körpers konzentriert, wie sie vor allem im Rahmen der bereits im 19. Jahrhundert entstandenen Gynäkologie erfolgt. Wöllmann beschreibt den Prozess der Professionalisierung der Andrologie und legt dar, dass dieser noch junge Prozess vor dem Hintergrund der Transformation der Geschlechterordnung gesehen werden muss. Die Medikalisierung forciert eine geschlechtliche Markierung des männlichen Körpers, die in der tradierten Gleichsetzung des Männlichen mit dem Allgemeinen nicht gegeben war. Wöllmann begreift diese Entwicklung als einen „Effekt der Übersetzung des Systems der Zweigeschlechtlichkeit in die professionelle Ordnung der Biomedizin". Da die Gestaltung der andrologischen Anwendungsbereiche vom hegemonialen Geschlechterwissen geprägt ist, sieht Wöllman die Andrologie als „Moment der Modernisierung hegemonialer Männlichkeit".

Rolf Pohls Überlegungen zur „Konstitution der männlichen Sexualität" setzen bei den psychosexuellen Dimensionen von Geschlecht an. Dabei weist er zum einen konstruktivistische Sichtweisen von Geschlecht als eine „Entkörperlichung der Geschlechterdifferenz" zurück und besteht auf der Bedeutung differenter Körper für die Konstitution einer kulturell hegemonialen, phallischen Version männlicher Sexualität. Zum anderen kritisiert er psychoanalytische Konzeptionen, die Männlichkeit aus einer objektbeziehungstheoretischen Perspektive erfassen wollen, männliche Identität als das Ergebnis eines Identifikationsbruchs zwischen Mutter und Sohn sehen und damit der Verharmlosung phallischer Männlichkeit als Ausdruck einer notwendigen Trennungsaggression Vorschub leisten. Im Gegensatz zu solchen interaktionstheoretisch verkürzten Perspektiven auf die Psychodynamik des männlichen Subjekts schlägt Pohl eine Orientierung an Freuds triebtheoretischen Perspektiven vor, um der tieferen Bedeutung der spezifischen „Legierung von Aggression und Sexualität" näher zu kommen. Hier sieht er den entscheidenden Ansatzpunkt einer kritischen Theorie, die hegemoniale Männlichkeit in ihren Tiefendimensionen zu erfassen vermag.

Cornelia Helfferich betrachtet auf der Basis einer aktuellen Studie über Familienplanung im Lebenslauf von Männern Männlichkeitskonstruktionen in familialen und sexuellen Beziehungen. Als Besonderheit dieser Männlichkeitskonstruktionen sieht sie ein Ineinander von Differenz und Gemeinschaftlichkeit. Hinter der Konstruktion eines partnerschaftlichen „Wir" wird die Herstellung von Differenz zum Verschwinden gebracht. Mit dem Übergang zum „Wir" tritt ein bis dahin dominanter, durch eine Ablehnung von Bindungswünschen geprägter Modus der Konstruktion von Männlichkeit in den Hintergrund. Helfferich identifiziert zwei typische Wege zum „Wir": einen insbesondere unter älteren Männern verbreiteten, die traditionelle Rollenaufteilung bewahrenden Weg und einen auf Aushandlungen setzenden sowie an egalitären Ansprüchen orientierten. Beiden Typen ist eine Fremdheit gegenüber der Dimension von Generativität eigentümlich. Hier kommt eine Differenz zum Ausdruck, die den Männern einen zentralen Teil des familialen Lebensbereichs fremd bleiben lässt.

Michael Matzner zeigt in seinem Beitrag, dass Vaterschaft und Väterlichkeit in den zentralen theoretischen Konzeptionalisierungen von Männlichkeit etwa bei Connell und Hearn keine bzw. nur eine untergeordnete Rolle spielen. In der Väterforschung hingegen hat die Dimension Männlichkeit keine Bedeutung; so sind Väter das vernachlässigte Thema der Männerforschung und Männlichkeit das der vor allem psychologischen Väterforschung. Der Autor plädiert für eine „geschlechtertheoretisch fundierte" Väterforschung und setzt diese Perspektive anhand einer eigenen qualitativen Studie über Familienväter um, welche die „subjektiven Vaterschaftskonzepte" fokussiert. Diese Konzepte wiederum schlagen sich auf „das Handeln als Vater" nieder, also auf die Beteiligung an der Familienarbeit und Kinderbetreuung sowie Nähe oder Distanz zu den Kindern. Innerhalb dieser klar umgrenzten Gruppe lassen sich verschiedene Vaterschaftskonzepte aufzeigen. Ausgehend von seinem empirischen Material formuliert der Autor ein Modell der väterlichen Sozialisation.

Mit dem Beitrag von *Ulf Mellström*, der die Entwicklung der Geschlechter- und Männlichkeitsforschung in Schweden vor dem Hintergrund wohlfahrtsstaatlicher Konzepte beschreibt, wird der Blick auf ein Land gerichtet, das nicht nur eine längere Geschichte der Institutionalisierung von Geschlechterforschung als Deutschland hat; dort ist auch die Männlichkeitsforschung stärker etabliert. Dies, so zeigt Mellström, ist vor dem Hintergrund einer staatlichen Geschlechterpolitik erfolgt, die bereits seit mehreren Jahrzehnten an Männer wie an Frauen adressiert ist. Ausgehend von der auch historisch akzentuierten Beobachtung, dass nicht nur in Schweden, sondern in den skandinavischen Ländern insgesamt das Modell des Mannes als Ernährer der Familie schwächer ausgebildet und zudem weniger am Leitbild der hegemonialen Männlichkeit orientiert ist als in Zentral- und Südeuropa, erläutert Mellström, wie eine akademische Infrastruktur der Männlichkeitsforschung entstanden ist und dass diese auf der politischen Idee der „doppelten Emanzipation" von Männern und Frauen basiert. Männer werden geschlechterpolitisch vor allem in ihrer Eigenschaft als (potentieller) Vater angesprochen; die Forschung ist konsequenterweise, angesichts einer engen Verzahnung von Geschlechterpolitik und -forschung, stark auf den Topos der Vaterschaft konzentriert. Mellström diskutiert die Vor- und Nachteile einer politisch motivierten Förderung von Männlichkeitsforschung.

Abschließend danken wir zunächst Lerke Gravenhorst, Carol Hagemann-White und Ursula Müller ganz herzlich für ihre Gesprächsbereitschaft und das anregende Gespräch. Unser Dank für die konstruktive Zusammenarbeit geht ebenfalls an alle Autorinnen und Autoren des Bandes. Für die Transkription des Gesprächs danken wir Melanie Fischer von der Stiftung Universität Hildesheim und für die Erstellung des Manuskripts bedanken wir uns bei Lotte Rahbauer von der Johann Wolfgang Goethe-Universität Frankfurt am Main.

Anmerkungen

1 Diese Forschung war noch weitgehend unbeeinflusst von den terminologischen Differenzierungen der sex-gender-Unterscheidung.
2 Für die angloamerikanischen Men's Studies ist „Gender and Power" der einflussreichere Text als das acht Jahre später publizierte „Masculinities" (Connell 1995), das in der deutschen Übersetzung (Connell 1999) die Rezeption des Connellschen Ansatzes hierzulande bestimmt.
3 Wie das erfolgen könnte und welcher begriffliche Rahmen hierzu geeignet wäre, führt Connell nicht aus. Zu Möglichkeiten einer handlungstheoretischen Perspektive auf den Körper vgl. Meuser (2006b).

Literatur

Bereswill, Mechthild (2006): Männlichkeit und Gewalt. Empirische Einsichten und theoretische Reflexionen über Gewalt zwischen Männern in Gefängnissen. In: Feministische Studien 2, 242-255.
- (2007): Undurchsichtige Verhältnisse. Marginalisierung und Geschlecht im Kontext der Männlichkeitsforschung. In: Klinger, Cornelia/Knapp, Gudrun-Axeli/Sauer, Birgit (Hg.):

Achsen der Ungleichheit – Achsen der Differenz. Verhältnisbestimmungen von Klasse, Geschlecht und Rasse/Ethnizität. Frankfurt am Main. (erscheint im Herbst 2007)

–/Scheiwe, Kirsten/Wolde, Anja (Hg.) (2006): Vaterschaft im Wandel. Geschlechtertheoretische Perspektiven. Weinheim/München.

Bourdieu, Pierre (1997): Die männliche Herrschaft. In: Dölling, Irene/Krais, Beate (Hg.): Ein alltägliches Spiel. Geschlechterkonstruktion in der sozialen Praxis. Frankfurt am Main, 153-217.

– (2005): Die männliche Herrschaft. Frankfurt am Main.

Brähler, Elmar/Goldschmidt, Susanne/Kupfer, Jörg (2001): Männer und Gesundheit. Mann und Medizin. Jahrbuch der Medizinischen Psychologie, Bd. 19. Hg. v. Elmar Brähler und Jörg Kupfer. Göttingen, 11-33.

Brod, Harry (1987): The Case for Men's Studies. In: Ders.: (Hg.): The Making of Masculinities. The New Men's Studies. Boston, 39-62.

Bründel, Heidrun/Hurrelmann, Klaus (1999): Konkurrenz, Karriere, Kollaps. Männerforschung und der Abschied vom Mythos Mann. Stuttgart.

Carrigan, Tim R./Connell, R.W./Lee, John (1985): Toward a New Sociology of Masculinity. In: Theory and Society 14, 551-604.

Connell, Robert W. (1987): Gender and Power. Society, the Person and Sexual Politics. Cambridge.

– (1995): Masculinities. Cambridge/Oxford.

– (1999): Der gemachte Mann. Männlichkeitskonstruktionen und Krise der Männlichkeit. Opladen.

– (2002): Gender. Cambridge.

–/Messerschmidt, James W. (2005): Hegemonic Masculinity. Rethinking the Concept. In: Gender & Society 19/6, 829-859.

Engelfried, Constance (1996): Männlichkeiten. Die Öffnung des feministischen Blicks auf den Mann. Weinheim/München.

Gravenhorst, Lerke (1988): Private Gewalt von Männern und feministische Sozialwissenschaften. In: Hagemann-White, Carol/Rerrich, Maria S.: (Hg.), FrauenMännerBilder. Männer und Männlichkeit in der feministischen Diskussion. Bielefeld, 12-26.

Hagemann-White, Carol/Rerrich, Maria S. (Hg.) (1988): FrauenMännerBilder. Männer und Männlichkeit in der feministischen Diskussion. Bielefeld.

Hearn, Jeff (1987): The Gender of Oppression. Men, Masculinity, and the Critique of Marxism, Brighton.

–/Collinson, David L. (1994): Theorizing Unities and Differences Between Men and Between Masculinities. In: Brod, Harry/Kaufman, Michael (Hg.): Theorizing Masculinities. Thousand Oaks, 97-118

Knapp, Gudrun-Axeli (2005): Traveling Theories: Anmerkungen zur neueren Diskussion über 'Race, Class, and Gender'. In: Österreichische Zeitschrift für Geschichtswissenschaften 16/1, 88-110

Metz-Göckel, Sigrid/Müller, Ursula (1986): Der Mann. Bericht über eine repräsentative Studie mit 1039 deutschen Männern zwischen 20 und 50 Jahren im Auftrag der Zeitschrift „Brigitte". Weinheim/Basel.

Meuser, Michael (2006a): Hegemoniale Männlichkeit – Überlegungen zur Leitkategorie der Men's Studies. In: Aulenbacher, Brigitte u.a. (Hg.): FrauenMännerGeschlechterforschung. State of the Art. Münster, 160-174.

– (2006b): Körper-Handeln. Überlegungen zu einer praxeologischen Soziologie des Körpers. In: Gugutzer, Robert (Hg.): body turn. Perspektiven der Soziologie des Körpers und des Sports. Bielefeld, 95-116.

– (2007): Der „kranke Mann" – wissenssoziologische Anmerkungen zur Pathologisierung des Mannes in der Männergesundheitsforschung. In: Dinges, Martin (Hg.): Männlichkeit und Gesundheit im historischen Wandel 1850-2000. Stuttgart, 73-86 (i.E.).

–/Scholz, Sylka (2005): Hegemoniale Männlichkeit. Versuch einer Begriffsklärung aus soziologischer Perspektive. In: Dinges, Martin (Hg.): Männer – Macht – Körper. Hegemoniale Männlichkeiten vom Mittelalter bis heute. Frankfurt am Main/New York, 211-228.

Müller, Ursula G.T. (1988): Neue Männerforschung braucht das Land! In: Hagemann-White, Carol/Rerrich, Maria S. (Hg.): FrauenMännerBilder. Männer und Männlichkeit in der feministischen Diskussion. Bielefeld, 98-119.

O'Neil, J.M. (1982): Gender-Role Conflict and Strain in Men's Lives. In: Solomon, K./Levy, N.B. (Hg.): Men in Transition. Theory and Therapy. New York, 5-44.

Ostner, Ilona (1991): Frau. In: Reinhold, Gerd (Hg.): Soziologie-Lexikon. München/Wien, 168-171.

Pleck, Joseph H. (1987): The Theory of Male Sex-Role Identity: Its Rise and Fall, 1936 to the Present. In: Brod, Harry (Hg.): The Making of Masculinities. The New Men's Studies. Boston, 21-38.

Prokop, Ulrike (1977): Weiblicher Lebenszusammenhang. Frankfurt am Main.

Solomon, Kenneth (1982): The Masculine Gender Role. In: Solomon, Kenneth/Levy, Norman. B. (Hg.): Men in Transition, New York/London, 45-76.

Walby, Silvia (1986): Patriarchy at Work. Patriarchal and Capitalist Relations in Employment. Cambridge.

Mechthild Bereswill/Michael Meuser/Sylka Scholz

Neue alte Fragen: Männer und Männlichkeit in der feministischen Diskussion

Ein Gespräch mit Lerke Gravenhorst, Carol Hagemann-White und Ursula Müller

1. Einführung

In einer anlässlich des zwanzigjährigen Jubiläums entstandenen Chronik der Sektion Frauen- und Geschlechterforschung erklärt Bettina Mathes die Debatte über das Männerbild in der feministischen Forschung und damit verbunden die Frage, inwieweit Männer und Männlichkeit ein Forschungsgegenstand feministischer Wissenschaft sein sollten, zur ersten bedeutsamen Kontroverse in der Mitte der 1980er Jahre noch jungen Sektion (Mathes 2000). Dokumentiert ist diese spannende Auseinandersetzung in dem zweiten Band der Sektionsbuchreihe unter dem Titel „FrauenMännerBilder" (Hagemann-White/Rerrich 1988).[1] Umso erstaunlicher ist, dass die Thematik seit Ende der 1980er Jahre wieder aus den Diskursen der Sektion verschwindet. Dies zeigt zumindest ein Blick auf Tagungsprogramme und die weiteren Publikationen der Sektionsreihe (vgl. www.frauen-undgeschlechterforschung.de).

Dieser augenscheinliche Bruch reizte uns, die wir uns in verschiedenen Kontexten und aus unterschiedlichen Blickwinkeln mit der theoretischen und empirischen Auslotung von Männlichkeit befassen: Warum hatte das Thema ab einem bestimmten Zeitpunkt in der Sektion keine Relevanz mehr? Wofür stand die heftige Kontroverse über den Gegenstandsbereich der Frauenforschung, aber auch über den Umgang mit Männern damals? Welchen Stellenwert hat Männlichkeit gegenwärtig für soziologische und sozialwissenschaftliche Konzeptualisierungen von Geschlecht und Geschlechterverhältnissen?

Um diesen Fragen genauer nachzugehen, luden wir Lerke Gravenhorst, deren Vortrag 1984 die Debatte angestoßen hatte, Carol Hagemann-White, die als Sektionsrätin gemeinsam mit Maria Rerrich das oben genannte Buch initiierte, und Ursula Müller, welche im gleichen Zeitraum zusammen mit Sigrid Metz-Göckel die zweite „Brigitte-Studie" über deutsche Männer vorlegte (Metz-Göckel/ Müller 1986), zu einem Gespräch ein. Unser Anliegen war ein Doppeltes: Erstens wollten wir Aufschluss darüber gewinnen, warum das Thema zunächst eine zentrale Rolle für den Selbstverständigungsprozess in der Sektion zu spielen schien, nach einigen Jahren aber geradezu spurlos von der Tagesordnung verschwand. Zweitens interessierte uns, an welche Aspekte der damaligen Debatte heute, 20

Jahre später, angeknüpft werden kann, und welche neuen Fragen sich für eine Soziologie der Geschlechterverhältnisse stellen, wenn Männlichkeit systematisch mitgedacht wird.

Bevor wir jedoch die drei Wissenschaftlerinnen zu Wort kommen lassen, stellen wir zunächst die damaligen Ereignisse und Debatten in ihren Grundzügen dar, weil sie den Hintergrund für den folgenden Text bilden, der das Gespräch in Auszügen dokumentiert. Wir werden zunächst auf den Auslöser der Debatte eingehen – die Frage nach dem impliziten Männerbild in der feministischen Forschung –, skizzieren dann die Standpunkte zu der Frage, inwieweit Männer und Männlichkeit Gegenstand einer feministischen Forschung sein sollten und gehen abschließend auf Konzepte von Männlichkeit ein, wie sie sich explizit oder implizit in den Texten des damaligen Sammelbands finden.

Wie bereits erwähnt, wurde die Debatte 1984 durch einen Vortrag von Lerke Gravenhorst in Gang gesetzt. Er trug den Titel „Private Gewalt von Männern und feministische Sozialwissenschaft"; sie stellte ihn während einer Veranstaltung der Sektion Frauenforschung auf dem 22. Deutschen Soziologentag in Dortmund zur Diskussion. Gravenhorst, die zu den Initiatorinnen der Sektion Frauenforschung gehörte und 1979 auf der Gründungsversammlung als erste in die Position der „ersten Sprecherin" gewählt wurde[2], hinterfragte in der damaligen Veranstaltung zum Thema „Selbstbild und Selbstverständnis von Frauen" das implizite Männerbild in der Frauenforschung. Sie vertrat die Position, dass es sowohl für die individuelle Existenz als Frau als auch für die Frauenbewegung und Frauenforschung unabdingbar sei, die eigenen Vorstellungen vom anderen Geschlecht zu explizieren. Auch wenn sich Frauenforschung und -bewegung vermeintlich nicht mit Männern beschäftigten, müssten sie sich angesichts der Relationalität des Geschlechterverhältnisses doch ein Bild vom Mann machen: Weiblichkeit/Frauen gäbe es nur in Bezug auf Männlichkeit/Männer. Gravenhorst plädierte dafür, sich die impliziten Männerbilder der eigenen Forschung und Theoriebildung bewusst zu machen. Sie untersuchte Analysen über private Gewalt von Männern gegen Frauen und Kinder mit Blick auf deren inhärente Vorstellungen von Männlichkeit (Kavemann/Lohstöter 1990; Brückner 1983)[3] und griff damit eines der damals wichtigsten Forschungsthemen der noch jungen Frauenforschung in Westdeutschland, aber auch der internationalen Frauenforschung auf: die private Gewalt von Männern gegenüber Frauen und Kindern. Dieses Thema war zugleich ein Ausdruck der engen Beziehung zwischen Frauenbewegung und Frauenforschung und somit hoch aufgeladen mit Erwartungen an gesellschaftskritische Formen feministischer Wissenschaft, die mit einer ebenfalls heftigen Kontroverse über die Parteilichkeit von Forscherinnen einherging (vgl. Althoff u.a. 2001).

Das gängige Männerbild in Frauenbewegung und -forschung, so das Resultat von Gravenhorsts Erkundungen, sei das vom „Mann auf der Straße" als einem „potentielle[n] Mißhandler der Frauen, ein[em] potentielle[n] Gewalttäter gegen sie" (Gravenhorst 1988a, 14). Diese Sicht auf Männer, so argumentiert sie in ihrem Vortrag, sei nicht falsch, aber reduziert und deshalb unzureichend. Deshalb plädiert Gravenhorst für eine Verschiebung im Männerbild: Männer seien nicht *nur* Misshandler, sondern Männer seien *auch* Misshandler; die Frauenforschung müsse die Unterschiedlichkeit (Differenzen) und Widersprüche (Ambivalenzen) von Männern in den Blick nehmen. Statt einer „eindeutigen Negativität" solle eine „vielfältige Wertigkeit" (ebd.) den Diskurs bestimmen. Denn Männer unterlägen im patriarchalen Geschlechterarrangement, welches von männlicher Herrschaft und Dominanz, von Abwertung der Frauen und von Gewaltverhältnissen geprägt sei, der Tragik „schuldlos schuldig zu werden" (ebd., 24). Insofern wendet sich Gravenhorst auch gegen die damals ebenfalls vertretene Auffassung, Frauen machten sich schuldig, wenn sie sexuelle Beziehungen mit Männern eingehen.

Gravenhorst sucht nun in der vorliegenden Literatur nach positiven Aspekten, insbesondere aber nach Ambivalenzen in der Beschreibung von Männern als Tätern und kann zeigen, dass vor allem im Abschlussbericht zum 1. Berliner Frauenhaus ein differenzierteres Männerbild gezeichnet wurde. Dies gelte vornehmlich in Bezug auf Jungen; einerseits sei deren Betroffenheit von Gewalt thematisiert, andererseits sei zugleich ein negatives Bild von Jungen als rücksichtslos und aggressiv entworfen worden. In diesem Zusammenhang geht Gravenhorst auch der Frage nach, wie es Müttern gelingen könne, sich positiv auf ihre Söhne zu beziehen.

Sie plädiert für ein prinzipielles Festhalten an der Auffassung von der unteilbaren Menschlichkeit aller Menschen. Beide Geschlechter hätten wesentliche Existenzbedingungen gemeinsam, eines der Grundprobleme sei der Wunsch nach Autonomie *und* Symbiose, Beziehungs- und Bindungsqualitäten, die unter den gegenwärtigen patriarchalen Bedingungen jedoch aufgespalten würden: Während die Symbiose als weiblich gelte, sei Autonomie männlich konnotiert. Die Aufgabe der Frauenforschung sei es, die daraus resultierenden Widersprüchlichkeiten nicht nur im weiblichen Lebenszusammenhang aufzuspüren und zu rekonstruieren, sondern auch im männlichen.

Der Vortrag löste eine kontroverse mehrjährige Debatte aus. Deren Schärfe, die auch in dem nachfolgend dokumentierten Gespräch mit Lerke Gravenhorst, Carol Hagemann-White und Ursula Müller angesprochen wird, lag wohl mit darin begründet, dass zwei Aspekte sich vermischten: Zum einen stellte sich die Frage, inwieweit über Männer und Männlichkeit geforscht werde solle. Zum anderen stand aber auch die Frage im Raum, welches Verhältnis Feministinnen überhaupt zu Männern haben sollten oder wollten – eine Auseinandersetzung, die unmittelbar an die politischen Analysen und Strategien und die damit verbundenen Autonomieideale der autonomen Frauenbewegung rührte. Gravenhorst hatte mit ihren Überlegungen ein Tabu gebrochen – laut Gabriele Geiger lag der Tabubruch nicht in der Formulierung eines positiven Männerbildes, sondern darin „laut zu verkünden, dass etliche privilegierte Frauen das innere und heftige Bedürfnis haben, das Schöne und Liebenswerte der ihnen persönlich erfahrenen Beziehungen zu Männern öffentlich zu demonstrieren" (Geiger 1988, 51).[4]

Im damaligen Sektionsrat entstand die Idee, die begonnene Diskussion in einem Buch zu dokumentieren. Vier Jahre nach dem Vortrag erschien das oben genannte Buch; der Titel „FrauenMännerBilder" resultierte aus der Hauptfrage, welche Bedeutung der Blick auf Männer für Frauen hat und welche Männerbilder sie im Kopf haben (Hagemann-White/Rerrich 1988, 3). Der Band versammelt elf Beiträge von Ulrike Teubner, Gabriele Geiger, Lerke Gravenhorst[5], Ulrike Schmauch, Ursula G.T. Müller, Carmen Tatschmurat, Hilge Landweer, Christel Eckart, Margrit Brückner und Carol Hagemann-White. Neben den Frauenmännerbildern wurde der Frage nachgegangen, inwieweit Männer und Männlichkeit Gegenstand feministischer Forschung sind und sein sollten und wie ein feministisches Verständnis von Männlichkeit aussehen könne.

Lerke Gravenhorst bestärkt in ihrem Beitrag ihre zuvor vorgetragene Position, sich Männern und insbesondere Jungen differenziert zuzuwenden. Sie plädiert dafür, das „feministische Dilemma von Widerstand gegen das Patriarchat und Solidarität mit Männern" (Gravenhorst 1988b, 60) auszuhalten, statt es in eine Richtung auflösen zu wollen. Insbesondere sei es eine Aufgabe feministischer Forschung „patriarchatskritische und gleichzeitig jungensolidarische Theorien der Entwicklung" zu formulieren, denn Jungen seien zunächst ebenso lebensbejahend und genauso wenig destruktiv wie Mädchen; es müsse demnach bei den Jungen angesetzt werden, um den Leben zerstörenden Potentialen erwachsener Männer im Patriarchat beizukommen.

Gabriele Geiger hingegen lehnt die Beschäftigung mit Männern und Männlichkeit ab. Für sie fällt diese Auseinandersetzung in die Verantwortung von Männern. Entsprechend positiv bewertet sie die ersten Versuche von Männern, sich mit „der eignen Männlichkeit [...] auseinanderzusetzen" (Geiger 1988, 52); sie plädiert für ein „Moratorium" (ebd., 53) in der feministischen Forschung, sich mit dieser Thematik zu beschäftigen. Die Aufgabe feministischer Forschung sei nicht die Jungenforschung, sondern „positives, selbstbewusstes, autonomes, nicht-konformes Handeln von Frauen zu verstärken, zu fördern, zu ermöglichen" (ebd., 52). Im Gegensatz dazu votiert Ursula G.T. Müller[6] für eine „feministische Männerforschung" (Müller, 1988, 103), deren gesellschaftliche Relevanz für sie darin liegt, dass sie zu einer Befreiung von „Teilbereichen der Männlichkeit aus patriarchaler Unterdrückung" beitragen kann und einen Beitrag zu „einer Theorie von Männlichkeit und Weiblichkeit" liefert, die auf der Konzeptionalisierung von Geschlecht als einer sozialen Kategorie beruhen müsse, und damit auch die „Denkspielräume von Frauen und Männern" (ebd.) erweitert.

Trotz dieser unterschiedlichen Positionen kann der Sammelband insgesamt als ein Plädoyer für eine feministische Männlichkeitsforschung angesehen werden. Insbesondere die Herausgeberinnen setzen sich in ihrer Einleitung dafür ein. Um eine übergreifende Diskussion zu initiieren, hatten sie einen umfangreichen Fragekatalog erarbeitet (Hagemann-White/Rerrich 1988, 2ff.), der sich als eine erste Gegenstandsbestimmung lesen lässt. Die einzelnen Komplexe dieses Katalogs lassen sich wie folgt zusammenfassen: das Verhältnis und die Vermittlung patriarchaler Strukturen und individueller Männer; das Verhältnis von Sexualität und Geschlechtlichkeit; Versöhnung von Frauen mit Männern; das Verhältnis von Macht und Sexualität; das Verhältnis von Leidenschaft und Alltag sowie Beziehungen und Aufgabenteilung zwischen Männern und Frauen.

Wie bereits angemerkt veröffentlichen Ursula Müller und Sigrid Metz-Göckel im gleichen Zeitraum die von der Zeitschrift Brigitte finanzierte Studie „Der Mann", die als Nachfolgestudie der 1978 von Helge Pross durchgeführten Untersuchung angelegt war (Metz-Göckel/Müller 1986; Pross 1978). Die Autorinnen formulieren in ihr auch die Perspektive einer feministischen Auseinandersetzung mit Männern und Männlichkeit. Im Mittelpunkt stehe die Rezeption der Frauenbewegung durch Männer: „Was ist in diesen für Frauen so turbulenten und wichtigen Jahren mit den Männern passiert? Sind unsere Forderungen bei ihnen angekommen? Wie weit haben sie uns auf dem mühsamen Weg begleitet? Wie ist das Verhältnis der Geschlechter zueinander heute, zehn Jahre, nachdem Helge Pross die aufgeklärte Konservativität der Männer festgestellt hatte?" (Metz-Göckel/Müller 1986, 7f.). Entsprechend lautet die methodische Prämisse: „Frauen stellen Männern Frauenfragen". Ziel der Untersuchung war, das Frauenbild und Selbstbild der Männer zu erfragen, um zu klären, wo Männer Bündnispartner auf dem Weg zu einem egalitären Verhältnis der Geschlechter sind.

Abschließend gehen wir auf die konzeptionellen Vorstellungen von Männlichkeit im Band „FrauenMännerBilder" ein. Aus heutiger Sicht warf Lerke Gravenhorst mit ihrem provozierenden Beitrag zentrale Fragen auf, die noch immer bedeutsam für eine Männlichkeitsforschung und keineswegs hinreichend beantwortet sind: Zum einen stellt sich auch gegenwärtig die Frage nach Differenzen unter Männern, verbunden mit einem Plädoyer, die Lebenswelten und -lagen von Männern zu untersuchen und auf ihre Diskrepanzen hin zu befragen. Zum anderen ist es immer noch wichtig, nach dem Geschlechterverhältnis als einem Gewalt-Verhältnis und verbunden damit nach den konkreten Täter- und Opfererfahrungen von Männern (wie Frauen) zu fragen. Gravenhorst entwirft Männlichkeit und Weiblichkeit konsequent als relationale Kategorien, und sie konzipiert das Verhältnis zwischen Männern und Frauen als komplex und widersprüchlich. Dabei richtete sich ihr Blick aber vor allem auf die Handlungspraxen und weniger auf die Strukturen des Geschlechterverhältnisses.

Vor diesem Hintergrund plädiert Ulrike Teubner in ihrem Beitrag dafür, die Strukturdimensionen von Männlichkeit stärker in den Blick zu nehmen. Sie begreift das Geschlechterverhältnis als eine „gesellschaftliche Organisationsform und insofern [...] ein Herrschaftsverhältnis, dessen Formbestimmtheit jeweils zu analysieren sei" (Teubner 1988, 27). Insofern müsse es in einer „Subjekttheorie" (ebd.) zentral um die Frage der Aneignung von Hierarchie und Macht gehen. Würden Männergewalt und hierarchische Geschlechterverhältnisse aufeinander verweisen, führe dies zu Fragen einer Subjekttheorie, mit deren Hilfe die Vergesellschaftung von Macht im männlichen Individuum zu erklären wäre, „ohne in der Erklärungsmechanik von Sozialisationsansätzen stecken zu bleiben" (ebd., 33).

Der gesamte Band ist gekennzeichnet durch Fragen einer sozialisations- und gesellschaftstheoretischen Fundierung von Männlichkeit. Neben dem Bezug auf das Patriarchatskonzept und auf psychoanalytische Konzeptionen der Aneignung und Verarbeitung der Geschlechterdifferenz wird auch deren leiblich-affektive Fundierung diskutiert. So geht Margit Brückner (1988) in ihrem Beitrag davon aus, dass beide Geschlechter das Fehlen des jeweils anderen Geschlechtsorgans als Mangel (als Penisneid oder als Gebärneid) erfahren. Diese jeweilige Unvollkommenheit eines Geschlechts, verbunden mit der Sehnsucht nach Vollkommenheit, sei mit unüberwindbaren Ängsten und Kränkungen verbunden, aber auch mit einer positiven erotischen Spannung. Sie plädiert dafür zu analysieren, welche Auswirkungen die körperlich verankerte Geschlechterdifferenz und die mit ihr verbundenen unbewussten Phantasien und Ängste der Subjekte für das Geschlechterverhältnis als Machtverhältnis haben.

Im Gegensatz zur Auffassung einer eindeutigen, körperlich evidenten Geschlechterdifferenz stellt Carol Hagemann-White die biologische Fundierung der Zweigeschlechtlichkeit als unhintergehbare Annahme der Frauenforschung in Frage. In Anlehnung an die Ethnomethodologie plädiert sie für die „Nullhypothese" (Hagemann-White 1988, 230) und geht davon aus, dass es keine notwendige, naturhaft vorgeschriebene Zweigeschlechtlichkeit gibt, sondern nur verschiedene kulturelle Konstruktionen von Geschlecht. Obwohl sich Hagemann-White in ihrem Beitrag vor allem gegen die seinerzeit in der Frauenforschung und insbesondere in der Sozialisationsforschung dominante Position wendet und gegen die Aufwertung weiblicher Eigenschaften argumentiert, sich ihr Blick also zuvorderst auf Frauen und Frauenforschung richtet, formuliert sie implizit ein Verständnis, das Männlichkeit als eine soziale Konstruktion in den Blick nimmt – eine Konzeptualisierung, die in den 1990er Jahren bestimmend für die Erforschung von Männlichkeiten werden sollte.

Abschließend formulieren die Herausgeberinnen von „FrauenMännerBilder" in ihrer Einleitung die weiteren Aufgaben und Gegenstände einer feministischen Männerforschung (Hagemann-White/Rerrich 1988, 10): Erstens solle der Gegenstand der Forschung auf öffentliche Beziehungen zwischen Frauen und Männern erweitert werden; zweitens seien klare Begriffsdefinitionen zu entwickeln und drittens die Auseinandersetzung mit dem nicht unproblematischen Anspruch, eine systematische feministische Gesellschaftstheorie zu entwickeln, mit der die verhandelten Konstellationen erfasst werden könnten. Die Sektion Frauenforschung verstehen sie als einen Ort, der solche Weiterentwicklungen ermöglicht; sie setzen dabei explizit auf Dialoge und Diskussionen, auf die Entwicklung einer „diskursiven Kultur" (ebd.).

Dieser Faden wird in dem nachfolgenden Gespräch aufgenommen. Die damaligen Diskussionen rekapitulierend handelt das Gespräch davon, welche Gründe ausschlaggebend gewesen sein könnten, dass Männlichkeit in der weiteren Entwicklung der Sektion kein explizites Thema der wissenschaftlichen Diskurse in der Sektion war und ein Dialog über die Geschlechtergrenzen hinweg selten gesucht wurde. Ebenso wird reflektiert, unter welchen Bedingungen sich ein solcher Dialog seit den 1990er Jahren entwickelte, in welchen Forschungszusammenhängen und unter welchen theoretischen Prämissen Männlichkeit(en) zum Untersuchungsgegenstand wurde(n) und in welcher Hinsicht das Thema Männlichkeit in den eigenen Forschungen der Diskutantinnen von Bedeutung ist. Am Ende des Gesprächs, wird die Frage nach dem Verhältnis von Männlichkeit und Gewalt, an der sich die Diskussion in den 1980er Jahren entzündet hatte, in einer anderen Weise wieder aufgenommen: als Frage danach, ob und unter welchen Bedingungen Männlichkeit außerhalb von Gewalt gelebt und betrachtet werden kann.[7]

2. Das Gespräch mit Lerke Gravenhorst, Carol Hagemann-White und Ursula Müller[8]

MM: Mitte der 80er Jahre war das Thema „Männlichkeit" Gegenstand einer intensiven Debatte in der Sektion Frauenforschung. Diese Debatte ist in dem 1988 in der Buchreihe der Sektion erschienenen Band „FrauenMännerBilder" dokumentiert (Hagemann-White/Rerrich 1988). Zur gleichen Zeit erschien die „Brigitte"-Studie „Der Mann", eine breit angelegte Befragung der deutschen Männer, die Sie, Frau Müller, mit Sigrid Metz-Göckel gemacht haben (Metz-Göckel/Müller 1986), eine Folgestudie zu der 1978er Studie von Helge Pross (1978). Es war also Mitte der 1980er Jahre eine Konstellation, wo gewissermaßen verstärkt das Thema Männer/Männlichkeit in der Frauenforschung und in der Sektion auf der Tagesordnung gestanden hat. Und mit Blick auf die damalige Situation und die damalige Debatte möchte ich fragen: Wie sehen Sie, vor dem Hintergrund, der mittlerweile zwanzigjährigen Weiterentwicklung der Frauen- und Geschlechterforschung, die damalige Debatte auch etwa mit Focus darauf, welche der damals verhandelten Fragen sind Fragen, die Ihrer Ansicht nach weiterhin auf der Tagesordnung stehen? Welche Fragen sind neu hinzugekommen? Und hat die Debatte, die damals geführt worden ist, weiterhin eine Aktualität, mit Blick auch auf die heutige Situation in der Frauen- und Geschlechterforschung und die Thematisierung von Männlichkeit in dieser Forschungstradition?

LG: Wenn ich diese beiden Aspekte Ihrer Frage anschaue, dann bin ich auf der einen Seite erstaunt, dass es so eine Spiralbewegung, intellektuell zumindest, gibt oder auch von den Phänomenen her. Das, was damals sozusagen anstößig war, ist in einer gewissen Form heute auch noch oder wieder anstößig. Und das ist durch bestimmte gesellschaftliche Entwicklungen in der Zwischenzeit etwas an den Rand geraten, und dennoch sind die Thematisierungen, die nicht nur innerhalb der Frauen- und Geschlechter-/Männerforschung gemacht werden, sondern die aus der großen Öffentlichkeit auf uns zukommen, den damaligen sehr verwandt. Das Thema Gewalt war etwas, was in den 1980er Jahren sehr stark war oder auch begonnen hatte, und das Thema Gewalt gegen Frauen damals. Insgesamt war es also die Thematisierung von Gewalttätigkeit und auch von Gewalttätern. Und ich glaube, dass die Assoziationen zu Männlichkeit damals relativ nahe lagen. Mein Eindruck ist, dass sie heute wieder nahe liegen bei den großflächigen, eher im globalen Kontext thematisierten Gewaltphänomenen. Insofern ist es quasi eine Spiralbewegung, also eine Entfernung in der Zwischenzeit und auch wieder ein Zurückkommen auf Grund realgeschichtlicher oder politischer Dinge. Also das ist mein zentraler Eindruck. Die Differenzierungen, die es in der

Zwischenzeit theoretisch gegeben hat, die sind, wenn ich das so betrachte, eine wichtige Erweiterung, um die Phänomene von heute auch wieder zu bearbeiten. Also die Bearbeitung der Phänomene ist vielleicht eine andere, aber die Zustände, die mit Gewalt verknüpft sind, sind deutlich und müssen auch wieder bearbeitet werden. Und die Thematisierung von Männlichkeit und Gewalt und feministische Themen sind inzwischen auch durch sich unmittelbar aufdrängende großpolitische Entwicklungen an den Rand gerückt worden. Die Relevanz, die die Thematisierung damals hatte, ist durch die weltgeschichtlichen Veränderungen an den Rand gedrängt worden.

UM: Ich möchte besser verstehen, was Du damit meinst, dass feministische Kontroversen an den Rand gerückt worden seien durch die internationale Entwicklung. Weltweit würde ich hier eher eine entgegengesetzte These formulieren. Der WHO-Bericht 2004 über Gewalt dokumentiert doch eher etwas, was Carol schon zu Beginn der 1990er Jahre als „feministische Erfolgsstory" bezeichnet hat, dass sich nämlich Problemdefinitionen, Situationsinterpretationen aus der Frauenbewegung durchgesetzt haben und institutionalisiert worden sind, sich dabei allerdings auch verwandelt haben: aus Frauenbefreiung wird Verwaltungshandeln.

CH: Ich würde gerne noch mal genauer wissen: Was meinst Du genau mit anstößig? – Was damals anstößig war, ist heute wieder anstößig? Das hat mich überrascht im Zusammenhang mit Gewalt, weil damals war es schon, wenn eine Feministin sagte, es gibt Gewalt gegen Frauen, anstößig im Sinne von: „Du spinnst." Und was sind das für Verrückte. Und das sind Männerhasser. Das ist heute nicht der Fall, obwohl es Thema ist. Es ist ein etabliertes Thema über Öffentlichkeit in internationalen Organisationen, es ist präsent; aber hast Du vielleicht mit anstößig einen anderen Bedeutungshorizont verbunden? Dass es ein Problem ist, darüber zu reden, oder?

LG: Nein. Die Fakten, das Faktum ist anstößig. Also man nimmt daran Anstoß.

CH: Aber damals war es anstößig es überhaupt zu benennen.

LG: Ach so, nein, nein, nein, so hatte ich es nicht gemeint.

CH: Ja, ich finde es spannend, dass Du die Debatte über Männlichkeit sofort als eine Debatte über Gewalt deutest. Es war auch damals wesentlich. Trotzdem aber gehört ein bisschen mehr dazu als Gewalt, und das war genau Deine These.

LG: Gut, dass Du das ergänzt.

CH: Und ich glaube aber, dass die Verknüpfung von Gewalt auch sehr wichtig dafür ist, wie das gelaufen ist. Also die Thematisierung von Gewalt gegen Frauen war für die Konstituierung der neuen Frauenbewegungen ganz zentral im Westen. Es war ein mobilisierendes Thema, und nachher bei der Überleitung in Verwaltungshandeln durch Frauenbeauftragte war das noch einmal wesentlich, weil die Frauenbeauftragten in den Kommunen an allem anderen gehindert wurden. So konnten sie sagen: „Ich mache eine Veranstaltung über 'Gewalt gegen Frauen'." Und dann schwiegen die anderen. Das heißt, es war ein ganz wichtiges strategisches Thema, und weil es strategisch wichtig war und in Deutschland einen ganz besonderen strategischen Stellenwert hatte, hat es die Männlichkeitsdiskussion damals geprägt. Daran hast Du Anstoß genommen.

LG: Ja.

CH: Das war ein ganz großer Erfolg für die Sektion, der Züricher Soziologentag 1988. Und riesig viele Leute kamen, dann gaben sich aber die allermeisten männlichen Kollegen immer noch sehr beleidigt und sehr schweigsam. Und dann habe ich noch mal Mario Erdheim[9] getroffen und habe gesagt: „Woran liegt das? Irgendwann mal müssen die das doch mal gegessen haben?" So ungefähr. „Anfangs waren sie gekränkt, aber das müsste sich doch langsam geben." Und dann sagte er: „Das ist klar, das ist die Frage der Kollektivschuld. Damit können die Deutschen nicht locker umgehen." Und dann kam Helke Sanders mit ihrem Film (Befreier und Befreite, 1991). Wo sie herumgeht und Politiker aller Couleur fragt: „Haben Sie sich schon mal geschämt, ein Deutscher zu sein?" Und alle schauten sehr betroffen und haben entweder ja gesagt, es war beim Warschauer Ghetto-Denkmal, oder haben gesagt: „Nein, Schämen ist nicht das richtige Wort, aber in der Verantwortung und belastet" und so weiter. Und dann fragte sie manchmal die gleichen Leute, manchmal andere, manchmal zuerst: „Haben Sie sich schon mal geschämt, ein Mann zu sein?" „Was? Was meint sie denn überhaupt? Wieso soll ich denn das?"

Man kann sich nicht konstruktiv verhalten zu einer Schuld, an der man durch Geburt sozusagen teilhat. Man muss ja da nichts tun, sondern es ist immer die Frage, was man dagegen getan hat oder ob man das gewusst hat oder man indirekt davon profitiert. Bei Connells Konzept der patriarchalen Dividende steht das auch drin, aber es wirkte in Deutschland, glaube ich, besonders, sozusagen als Schweigen. Die Diskussion über Gewalt gegen Frauen hat nach einiger Zeit gemerkt, dass das so nicht weitergeht. Und hat dann bewusst auch andere Begriffe gesucht, kommunale Kooperationen gesucht, neue Strukturen mit vielen Widerständen. Aber es hat damals sicherlich einfach die relative Unmöglichkeit zu einem Dialog zwischen Frauen und Männern über Geschlechterverhältnisse mit hergestellt. Und das Thema Männer war natürlich bei der Sozialisationsdebatte schon in den 1970er Jahren auf dem Tisch. Da kann man auch nicht über das Geschlecht reden und über Männer schweigen. Dies ist aber, glaube ich, kein Theorieproblem gewesen. Sondern ich glaube, es ist ein Problem wirklich der strategischen Bedeutung des Gewaltthemas und die Folgen des Verurteilens der Männer zum Schweigen. Denn wenn nur Frauen über Männer reden dürfen, dann kommt auch nicht viel dabei heraus. Das muss ja schon ideologisch werden. Und da gab es mal die Bewegung, die Männer sollen ja endlich selber, und ist aber einer gekommen, drehen sich alle um und sagen: „Als erstes soll der Peter sagen, warum er hier ist." Womit sie dem Peter zum Weggehen halfen. Und dieses Dilemma ist so nicht mehr, glaube ich, vorhanden, aber es hat damals die Weiterentwicklung, diese Diskussion, glaube ich, sehr behindert.

LG: Also ich finde es sehr interessant, was Du sagst, so habe ich es in der Rückschau gar nicht verortet. Ich war selber durch die Aufforderung, noch einmal nachzudenken, eher bei den intrasektionalen Schwierigkeiten und nicht so sehr bei den Schwierigkeiten zwischen den Geschlechtern, sondern: Was ist eigentlich in unseren Öffentlichkeiten, also in den internen Öffentlichkeiten passiert und wie schwer waren die Diskussionen damals!

CH: Es war die Frage, mit wem wir reden oder nicht reden. Oder?

LG: Oder nicht reden.

CH: Dann hatten wir eine Sektionsdiskussion darüber gehabt, ob Männer bei der Sektion vortragen dürfen. Die Diskussion ging auch darum, wenn Männer sich für Frauenforschung interessieren, ist es Opportunismus, die wollen uns jetzt, wo wir endlich interessant werden, interessieren sich die dafür, die wollen uns die Stellen wegnehmen. Und das war für mich eigentlich eine Kippstelle, die Verweigerung der Diskussion unter dem Punkt, wir sind ein Frauenclub, und nicht, wir sind eine Bewegung, und wir sind ein Versuch gesellschaftlich was zu verändern, der auch die Männlichkeitsdiskussion abgeblockt hat.

LG: Also die Naivität, mit der zumindest ich und vielleicht auch andere damals in die Diskussion eingestiegen sind, ich hatte gedacht, es müsste ja auch zu einem Dialog kommen können. Und Dialog heißt auch, ungeschützt sprechen und lernen wollen und die Argumente wirklich austauschen und anhören und Veränderungen im eigenen Denken zulassen. Und nach dieser Vorgeschichte bin ich auch irgendwo innerlich aus Dialogen ausgestiegen. Und habe selber nicht die Kraft gehabt, sozusagen die Voraussetzungen für einen wirklichen Dialog zu schaffen. Wie schade, aber auch wie schwierig, eine wirkliche Dialogsituation hinzukriegen. Und das Verführerische war natürlich dies: dass man gedacht hat, wir haben Frauenbewegungsforschung gemacht und haben da zunächst mal Dinge erreichen müssen, also auf der Institutionenebene, und wir haben damals Schritte gemacht und haben also ein Stück Institutionalisierung hinbekommen, aber auf der inhaltlichen, argumentativen Ebene haben wir dann diese Erfolge für uns nicht so gehabt.

MM: Sie Frau Müller haben ja Mitte der 1990er Jahre mit dem Band „Neue Horizonte" (Armbruster/Müller/Stein-Hilbers 1995) einen Dialog gestartet. Sind denn da ähnliche Diskussionen gewesen, sind da ähnliche Schwierigkeiten gewesen, den Dialog hinzubekommen?

UM: Ich habe diese Dinge alle miterlebt, aber ich war in Dortmund in einen anderen Kontext eingebettet. Ich bin erst Ende der 1980er dann Professorin geworden; allerdings hier dann in dieses Bielefeld[10] gekommen, das sehr stark auch, muss man sagen, intern zerrissen war. Sowohl in der Sektion als Sprecherin wie auch in Bielefeld ist mir irgendwie die Rolle zugefallen, das in etwas Konstruktives zu verwandeln. Es war aber auch in der Zeit, wo die Institutionalisierung langsam vorankam und wo so diese Vorstellung, wir sind alle eine Gruppe, die sich gegen alle anderen wehren muss, die immer an der Wand steht, deshalb dürfen wir nur mit der richtigen Position argumentieren, also sozusagen die Rigidität der Anfänge, ohne die man nicht vorankommt, das war da schon ein wenig abgemindert.

Und von daher stellen sich dann solche Fragen wie Bündnisfähigkeit auch auf der praktischen Ebene ein bisschen anders, wobei ich diese ganzen Unterschiede auch nicht runterspielen will. (An LG gerichtet) Du verweist ja frühzeitig und mutig auf blinde Flecken und Selbsttabuisierung in der feministischen Theorietradition. Diese Rolle hat Carol auch immer eingenommen. Margit Brückner hat das auch thematisiert, diese Ambivalenz, wenn nicht gar Polyvalenz des Verhältnisses von Frauen und Männern. Und dass also diese Ebene von Patriarchat und Patriarchatskritik schon die zentrale Perspektive auf der gesamtgesellschaftlichen Ebene ist, die Männer und Frauen in ein Verhältnis setzt, aus dem sie nicht ohne weiteres herauskommen, dass aber andererseits auf der Interaktionsebene, der Ebene der Beziehungsmuster und – das könnte man verlängern – der organisationalen und institutionellen Erfahrungen auch noch andere Aspekte als die der Gegenübersetzung, der Dominanz des einen Geschlechts über das andere eine Rolle spielen. Und insofern könnte man auch sagen, dass vielleicht teilweise utopische, teilweise bereits auch lebbare, erfahrbare oder im Vorgriff phantasierbare Aspekte von *Gleichheit* darin enthalten sind.

Und das fand ich sehr vorausgreifend. Solche Diskussionen, nämlich Differenzbildung zu Männern, finde ich auch teilweise in der Debatte der neueren Männlichkeitsforschung. Differenzbildung zur Frau, also Männer sind anders als Frauen. Und das ist ganz wichtig. Und so hat auch „BauSteineMänner" (1996) angefangen, da wird eine Verbindung zur Frauenforschung nicht geleugnet, aber betont, dass Männlichkeitsforschung erst mal feminismuskritisch sein muss und Thesen der Frauenforschung auf keinen Fall übernehmen kann. Aber nicht unbedingt, weil die Position von Männern in der Gesellschaft eine andere ist als die der Frauen, worauf ja auch Jeff Hearn immer hinweist, weshalb die Methodologien der Frauenforschung nicht ohne weiteres für die Männlichkeitsforschung übernommen werden können, sondern weil Männer eben eine eigene Erfahrungswelt haben, also erst mal für sich selbst im Kreise derer, die es sozusagen unmittelbar angeht, einen eigenen Raum der Wahrnehmung und Artikulation finden müssen. Wir hatten vor einiger Zeit eine sehr interessante Debatte in Bielefeld, wo verschiedene Protagonistinnen der Forschung „Gewalt gegen Frauen" und auch die Pioniere der Forschung „Gewalt gegen Männer" anwesend waren. Dann kriegte ich so einen kleinen Anrempler von Monika Schröttle und die sagte: „Ich glaube, die mögen das nicht so gerne, wenn die allwissenden und strafenden Mütter jetzt die ganze Zeit das Wort führen", obwohl ich mich überhaupt nicht als strafend, sondern eher als unterstützend empfand mit meinen Redebeiträgen. Aber es spiegelt schon auch solche Dinge neben theoretischen und epistemologischen Problemen, auf die wir vielleicht noch zu sprechen kommen, wie sich eine Geschlechterforschung sieht, die eben die eine oder die andere Seite des Geschlechterverhältnisses stärker betont. Warum allerdings die Sektion den Dialog nicht weitergeführt hat, das weiß ich nicht so genau; zurückschauend würde ich sagen, da wird der Sektion eine Urschuld zugeschrieben, die sie offenbar bei manchen immer noch abzahlen muss.

CH: Und das ist die Frage, was das über die Dialogfähigkeit, auch intern über die Sektion aussagt. Weil ich würde auch sagen, die Dialogfähigkeit der Frauen untereinander hat viel damit zu tun, welches Verhältnis zum anderen Geschlecht sie sich zugestehen. Also man denke an die 1970er Jahre, als es da die Frage war, wer noch nicht lesbisch ist, hat das noch zu werden.

UM: Und Männer wenigstens schwul.

CH: Und die Entwicklung der deutschen Diskussion hat viel damit zu tun, dass die Überzeugung der Wesensdifferenz der Geschlechter immer noch sehr tief sitzt, tiefer als in anderen Ländern.

UM: Es ist ja bei unserem Buch (Metz-Göckel/Müller 1986), denke ich, zweigeteilt. Es ist zum einem Markierung des Unterschieds, und zum andern ist es auch ein Dialogangebot. Wir haben ja auch geschrieben, Frauen stellen Männern Frauenfragen, also Fragen, die sozusagen aus der Frauenbewegung und Frauenforschung kommen. Und wir waren da auch überrascht, wie gut es eigentlich ging. Es gab dann auch verschiedenste Einwände bei uns selbst und teilweise auch bei andern, es war ja immer verbunden mit einer Diskussion über Methodologie, Forschungsethik sowie das Verhältnis von Methode und Gegenstand, und ob quantitative Methoden überhaupt legitim sind und dergleichen mehr. Wir waren uns nicht sicher, ob wir nicht in der Luft zerrissen würden, a) wegen dieser Methodik der Repräsentativbefragung und b) wegen des Auftraggebers, der Zeitschrift Brigitte, Verlag Gruner & Jahr. Entgegen unseren Erwartungen sind wir aber mit unserer „feministischen Repräsentativerhebung" doch nicht von unseren Kolleginnen zerrissen worden, eher im Gegenteil. Inwieweit die empirische Forschung von Männlichkeit in der deutschen Frauen- und Geschlechterforschung, von Frauen betrieben, dann weitergegangen ist? Also dann sehe ich Sie, Frau Scholz, Frau Bereswill ...

CH: Cornelia Behnke

SS: Und dann Constance Engelfried

CH: Das sind die gleichen Kreise.

UM: Und dann Karin Flaake, die sich seit längerem damit befasst. In anderen Bereichen, also in der zweiten Hälfte der 1990er Jahre, gibt es dann Entwicklungen z.B. in der Pädagogik, dann auch in der Geschichtswissenschaft. Da breitet sich das so langsam aus, wobei man sich da den Bezug auf das, was an Grundlegungen dazu in der Frauen- und Geschlechterforschung geleistet worden ist, auch noch mal angucken könnte. Aber da kommen wir vielleicht später noch mal drauf. Jedenfalls zwischen dieser empirischen Erforschung, die ja dann bei mir auch weitergegangen ist mit der sexuellen Belästigung am Arbeitsplatz, wo wir auch Männer befragt haben und Männer als Betroffene von sexueller Belästigung auftauchen, oder meine europäischen Projekte, mit denen deutschsprachige Forschung im englischsprachigen Raum bekannt wurde – und den Debatten in der Sektion „Frauen- und Geschlechterforschung" sehe ich wenig Verbindungen. Die empirische Erforschung ist bei mir eher weitergegangen auf der internationalen Ebene und in der Förderung der deutschen Rezeption englischsprachiger Literatur.[11] Und von da wirkt es jetzt wieder zurück.

CH: Aber ist es wirklich so wenig? Also der Anteil der reinen Frauenstudien, die sagen, wir reden nur über Frauen, weil wir das ganz andere sichtbar machen wollen, ist nicht sehr groß geblieben. Das war eine Phase, wo das Überhaupt-Sichtbar-Werden-von-Frauen wichtig war. Es gibt immer noch Studien, die ausschließlich mit Frauen sozusagen forschen, aber ich rede jetzt wirklich in wilden Vermutungen, weil ich es nicht recherchiert habe, aber: Wo kommt die These her, dass die Forschung über Männer, dass es wenig oder keine weiterführende Forschung über Männer gibt? Oder ist es nicht eher das Problem, dass es keine Theoretisierung dieser Differenz gibt? Die Studien scheinen dann auch immer wieder zu sagen: Moment mal, wenn sie was über Frauen sagen wollen, müssen wir auch auf Männer gucken und das miteinander vergleichen. Selbst in der Gewaltdiskussion, das war sehr schmerzhaft, dauerte es zehn Jahre, nach Lerkes Vortrag über die Jungen, aber dann ist die Gewaltdiskussion angekommen in Theorie und Praxis zu sagen: „Jungs werden auch sexuell missbraucht." Das ist genauso schlimm, es ist nur anders und es gibt auch Täterinnen, auch wenn es das Weltbild durcheinander bringt. Also muss man das alles erklären. Begriffe wie Männergewalt gegen Frauen werden nicht mehr so viel gebraucht, sondern andere Begriffe haben sich etabliert. Also die Männer sind nicht abwesend in der Geschlechterforschung.

UM: Nein, das würde ich auch nicht sagen. Man kann es auch so sagen, dass es eine stärker vergeschlechtlichte Perspektive gegeben hat, die Männer stärker in einen Kontext gesetzt hat, in dem Verständnis wie ich und auch beispielsweise Carol ursprünglich Frauenforschung verstanden haben, dass es nicht einfach Forschung von Frauen für Frauen ist, sondern eben das Sichtbarmachen der vergeschlechtlichten Strukturen in der Gesellschaft. Das Sichtbarmachen von Lebensläufen, Deutungshoheit derer, die sie leben usw. usf.

CH: Würde ich sagen, das ist die dominante Bedeutung der Frauenforschung in der frühen Phase, nur die Umsetzung und die Art, wie es theoretisiert wurde, das hat auch wirklich Blockaden aufgebaut.

UM: Und dann auch die Institutionalisierung als Forschung über eine benachteiligte Gruppe. Wobei ich den Eindruck habe, dass das uns von institutioneller Seite auch sehr stark aufgedrückt worden ist.

SS: Ich würde gerne an jede von Ihnen die Frage stellen, inwieweit das Thema Männer/Männlichkeit weiter wichtig war für die eigene Forschung in den Jahren nach dieser Debatte.

LG: Also ich muss sagen, für mich war es zentral wichtig, trotz der Schwierigkeiten über die wir jetzt gesprochen haben. Und ich sehe das im Zusammenhang mit dem, was eben auch angeklungen ist, was für mich noch mal ein bisschen neu war – wie die Besonderheiten der deutschen Diskussion gewesen sind. Dem Thema gemäß habe ich mich sozusagen als gute Deutsche verhalten. Ich habe die Auseinandersetzung mit dem Nationalsozialismus aufgegriffen und habe versucht, dann die Geschlechterperspektiven hineinzubringen. Und so habe ich das Thema der zweiten Generation und der möglichen Unterschiede in der Auseinandersetzung mit den NS-Verbrechen aufgegriffen. Und das ist meine Habilitation geworden (Gravenhorst 1997). Das hat mich sehr beschäftigt, und ein Reflex davon ist dann auch das, was ich in Zukunft machen werde. Insofern werde ich diesen Bogen weiterziehen. In der Zwischenzeit existiert auch eine ganze Menge historischer Arbeiten zu Männern und Männlichkeit, und es existiert auch im engen Sinne Frauenforschung, was die Aufarbeitung der Vergangenheit angeht, auch was die Verhältnisse damals angeht. Mein Eindruck ist aber gewesen, dass ganz viel davon sehr unmittelbar deskriptiv ist und wenig konzeptuell und theoretisch einordnet. Das heißt also, die Forschung zu Frauen sagt: Wer waren Täterinnen und Opfer an dem Ort und in dem KZ und an der Stelle, und das ist eher eine Aneinanderreihung von vielen empirischen Beobachtungen. Das finde ich als Ausgangspunkt ganz wichtig, und dass man so etwas auch regional und lokal verortet. Das sind ja große Erkenntnisschübe, aber die vielleicht politische, moralische, wie auch immer, die theoretische Einordnung kommt eigentlich zu kurz, ist mein Eindruck. Und wenn ich das etwas kritisch sage – eine Haltung war auch sozusagen: Frauen auch, Frauen waren auch Täterinnen, die Umkehrung bzw. einfache Komplettierung.

CH: Während es zuerst hieß, die waren es gar nicht.

LG: Jetzt kommt eine Aneinanderreihung, wo Frauen sich auch schuldig gemacht haben. Das ist insgesamt auch ganz wichtig. Dann aber war mein Eindruck, dass es eben in dem Sinne auch zu verkürzt ist, und ich hätte gerne diesen Kontext erhalten, den Gesamtkontext und den sozialstrukturellen und geschlechterstrukturellen Kontext, in dem Frauen tätig geworden sind. Und ich werde in Zukunft mein Augenmerk darauf richten, welche kumulativen Bedingungen es gewesen sind, dass bestimmte unterschiedliche Männlichkeitsstrukturen und Männergruppen sozusagen so geschoben und geworden sind und sich selbst hineingezogen haben, dass es zu den NS-Verbrechen kam. Also die NS-Verbrechen als etwas, was schon sehr stark mit Männlichkeit und Männergruppen zu tun hat und meiner Meinung nach also sehr viel stärker damit als mit dem, was Frauen damals gemacht haben, trotz allen Wissens über Teilhabe und Mittäterschaft. Und dass das irgendwie an Männer gebracht werden muss. Und dass das aber vielleicht auch mit dem zu tun hat, was ich mit großem Interesse gelesen habe in Ihrem Beitrag zu den „Hegemonialen Männlichkeiten" [an Michael Meuser und Sylka Scholz] (Meuser/Scholz 2005), welche Konfigurationen, welche Kumulierungen von Männlichkeiten und Männergruppen existiert haben, die also eher an Überwältigung und Zerstörung orientiert gewesen sind. Wie sich das zusammenschließt und dann zu diesem Ergebnis kommt, also sozusagen kumulative Radikalisierungen oder wie auch immer man das nennen will. Ja das ist eigentlich so die These, die ich dazu habe und an der ich mich zurzeit beginne abzuarbeiten.

Insofern stehen Männer und Männlichkeiten im Mittelpunkt dessen, was mich in den nächsten Jahren beschäftigen wird. Und es gibt einen konkreten Hintergrund. Es wird ein NS-Dokumentationszentrum in München entstehen, da gibt es auch große Kontroversen. Und eine Kollegin und Freundin, die Kommunalpolitik macht, Irmgard Schmidt, hat erkannt, dass in diesen Vorbereitungen für dieses Zentrum eine Geschlechterperspektive absolut abwesend war. Was ja doch auch erstaunlich ist, wenn das in den beginnenden 2000ern ist. Und dass es extrem mühsam ist, das hineinzubringen. Und sie hat mich dann gebeten, sozusagen als Quereinsteigerin zu dieser institutionalisierten Entwicklung, diese Perspektive dort mit stark zu machen. Es ist dann eine große Tagung dazu gemacht worden, 2004, und es ist ein Dokumentationsheft erschienen, das auch einen Beitrag von mir enthält. Und wir haben zur Problematisierung von Männlichkeit Klaus Theweleit dazugewinnen können und Habbo Knoch aus Göttingen (Gravenhorst/Haerende/Schmidt 2004).[12]

CH: Wo anfangen? Also bei der Gewaltforschung geht es gar nicht anders. Also erstens ist es von Anfang an eine Befassung mit Männlichkeit, aber der Blick auf

Männer und Männlichkeit hat sich differenziert, wobei ich schon relativ lange darauf insistiere, differenzieren zu wollen, und ich war etwas schockiert, als die engagierten Männer bei „Männer gegen Männergewalt" sich auf den Standpunkt gestellt haben: Alle Männer sind potenzielle Gewalttäter. Ich sagte, das war mal ein feministischer Spruch, der einen bestimmten strategischen Wert hat, aber dabei haben wir eigentlich nicht bleiben wollen, dass Ihr Euch alle outet und sagt: Natürlich, alle haben wir Gewaltanteile. Sondern eigentlich geht es darum, wann Männer Männer sein können, ohne gewalttätig zu sein. Also es ist schon relativ lange ein Gesichtspunkt, den ich da einbringe. Und dann geht es um die Trennung von öffentlich und privat, dass wenn man sagt, man schafft und kooperiert mit der Polizei, um eine neue Politik gegenüber Gewalt zu platzieren, dann interessiert mich nicht, ob jeder einzelne Polizist eine weiße Weste hat in seinem Privatleben. Wenngleich ich wünschen würde, dass er genauso behandelt würde wie auch jeder andere Täter, wenn er das macht, gewalttätig wird. Aber von diesem Versuch zu sagen, wir können mit den Männern zu diesem Thema nicht arbeiten, weil alle Männer irgendwie Komplizen sind, und deswegen können nur Frauen dieses Thema bearbeiten, davon haben sich selbst die Frauenprojekte gegen Ende der 1980er Jahre, nein gegen Ende der 1990er, größtenteils verabschiedet, obwohl es immer noch ein paar gibt, die so denken. Und das heißt auch im Dialog zu sein mit denen, schauen, wenn Männer Gewalt erleiden und was für Gewalt und was das für sie bedeutet. Und inwiefern ist vergewaltigt werden für einen Mann anders verheerend als für eine Frau. Das kann man, glaube ich, ohne ein Stück weit Männlichkeitstheorie überhaupt nicht genau erfassen.

Wir haben jetzt unser europäisches Netzwerk, da haben wir die Menschenrechtsverletzungsperspektive, die sich international zu Gewalt gegen Frauen etabliert hat, auf alle Formen von interpersonaler Gewalt angewandt und gesagt, das ist unteilbar, und wenn Männer vergewaltigt oder geschlagen werden, muss es genauso eine Menschenrechtsverletzung sein, wie wenn es einer Frau passiert. Das ist immer noch ein Stück weit kontrovers. Es gibt feministische Theoretikerinnen, die sich darin unwohl fühlen, weil damit praktisch der Rahmen der strukturellen Ungleichheit vielleicht ausgeblendet werden könnte. Das scheint mir aber eher ein Problem der Menschenrechtsperspektive als der Sache selbst, das reicht wohl so weit. Aber wir sind dann mitten in der Diskussion darüber, wie man das dann konstruktiv zusammenbringen kann. Also das läuft seit ein paar Jahren.

Jetzt sind wir dabei, ein Projekt zu entwerfen, wo es um die Zusammenhänge von interpersonaler und kollektiver Gewalterfahrung geht. Da geht es auch sicher um die Generationenperspektive. Inwiefern das, was an kollektiver Gewalt passiert und an Konflikt sich über Generationen unbewältigt vererbt, auch unmittelbare Verstärkung erzeugt. Es gibt immer wieder Berichte, dass nach dem Friedensschluss die Gewalt gegen Frauen ansteigt oder aber während des Krieges Gewalt gegen Frauen mehr wird oder aber die Formen auch gewissermaßen analog werden oder aber dass vielleicht die Erfahrungen im Krieg oder im schweren Konflikt dazu führen, überall mit den Friedensbemühungen zu beginnen. Das muss noch Gestalt annehmen, wie das wird, aber ohne Konzepte, ohne Studien über Männlichkeit ist das überhaupt nicht anzugehen. Aber auch nicht ohne das Konzept, Formen von Weiblichkeit in ihrer Bandbreite zu sehen. Also die Dimensionen von Aggression und Gewalt, die in der Konstruktion von Weiblichkeit drin sind, also die für Frauen zugelassen, erwartet, geduldet und toleriert werden, sind andere. Das mache ich seit Jahren in meinen Seminaren, wenn es heißt: weibliche und männliche Gewalt. Da fühlen sich die heutigen Studierenden sehr viel besser angesprochen, und zwar nicht deswegen, weil sie sagen: „ätschbätsch die Frauen sind genauso schlimm", das kommt da gar nicht vor, sondern weil sie damit eine Erlaubnis bekommen zuzugeben, dass sie selber Gewaltanteile in sich merken oder zumindest Reflexionsanteile. Und wenn man da nur über Männergewalt gegen Frauen spricht, dann ist das etwas, was auch auf Frauen Druck ausgeübt hat: nicht zuzugeben, dass man selber auch dazu fähig ist, in bestimmten Situationen gegenüber bestimmten Menschen auch gewaltsam verletzend zu sein. Also das, finde ich, ist so eine Diskussion, die an der Zeit ist und die auch stattfindet.

Die Debatten über die Wurzeln und Ursache von Gewalt sind allerdings immer noch, finde ich, theoretisch unterbelichtet. Da wird immer noch vorschnell und übervorsichtig auf Patriarchat zugegriffen. Damit man ja nichts Falsches sagt, sagt man immer: Das ist das Patriarchat. Die Differenzierung ist teilweise etwas zögerlich angegangen worden. Was führt dazu, dass einige Männer gewalttätig werden gegenüber Frauen, gegenüber anderen Männern, gegenüber Kindern? Welche Form von Gewalt? Welche Art von Gewalt? Dass andere das nicht tun? Wann sind Männer so, dass sie Gewalt, wenn hohe Kosten damit verbunden sind, verweigern? Das sind Fragen, die auch noch in der Männerforschung, finde ich, noch sehr, sehr schwach belichtet sind. Und wo sehr schnell eigentlich international, mit den globalen Konzepten argumentiert wird. Um ja nicht da irgendwie in die Lage zu kommen, sich rausreden zu wollen, den Anschein zu erwecken, zu sagen: ich bin aber nicht so einer. Weil das sich als unglaubwürdig erwiesen hat. Und das ist, glaube ich, die Schwierigkeit auch im Dialog mit Männerforschern. Ich glaube es ist eine schwierige Position von Männern in der Männerforschung zu differenzieren über Gewaltpotenziale, ohne sich in die Rolle zu begeben: Ich bin der Gute, der so etwas nicht machen würde. Was dann immer so ein Versuch ist, der auch die Glaubwürdigkeit schädigt. Das finde ich eine sehr diffizile Sache, also dass dadurch, dass die Gesamtmuster da sind, der Fluchtpunkt von Männlichkeit mit legitimer und auch verlangter Gewalttätigkeit verknüpft ist. Das ist kulturell und historisch so tief verankert, glaube ich, dass es für Männer objektiv schwierig ist, eine Position zu finden, die dialogfähig ist und nicht irgendwann dazu führt: Aha, der will uns nur sagen, dass er anders ist als alle anderen. So dass „Männer gegen Männergewalt" schlicht und einfach gesagt hat: Die sind alle so. Und da war ich eigentlich etwas entgeistert, aber es hat mir zumindest erspart, mich in diese Falle zu begeben.

LG: Also ich finde in dem Zusammenhang wichtig zu fragen: Wo und wie sind die Anschlussstellen von legitimer Gewalt zu illegitimer Gewalt, wo sind Teilhomologien? Und wenn ich von Kumulation gesprochen habe: Wie kommt das, wie kann das sein? Ja das eine ist nicht ganz abseits, sondern in welchen Teilen überlappt es sich mit einem anderen. Sind da Schnittmengen? Gibt es Ähnlichkeiten, gibt es Identitäten? Das müsste alles beschrieben werden.

CH: Wie wird Gewalt von beiden Geschlechtern gemacht? Es gibt Bereiche, wo die Rolle der Frauen darin besteht, die Gewalttätigkeit der Männer zu befördern, ohne es sich anmerken zu lassen. Es gibt Bereiche, wo die Rolle der Frauen ist, gemein zu sein zu denen, die sich sozial z.B. abweichend verhalten oder zu Kindern. Es gibt die Stellen, wo Frauen die Aufgabe haben zu sagen: Niemals Gewalt. Und es ist aber immer auch geschlechtlich konnotiert. Es gibt eine Fülle von Schnittstellen und Definitionen von verschiedenen potenziellen Opfern, verschiedenen Situationen, verschieden Formen. Also jetzt wenn man Gewalt im weiten Sinne nimmt – Gewaltdefinition ist ein Thema für sich.

UM: Für mich hat sich dann das Männlichkeitsthema in verschiedenen Kontexten immer wieder neu aktualisiert. Wir haben diese Tagungen gemacht[13], wir haben dann nach „Neue Horizonte" auch noch eine weitere gemacht, wo wir bewusst auf Dialog gesetzt haben, und wechselseitige Spiegelung, und das ist unterschiedlich gut gelungen. Das war auch wichtig für so eine Debatte. Wichtig war aber auch die internationale Beteiligung. „Neue Horizonte" fand statt in Zusammenhang mit dem Weltkongress für Soziologie 1994 in Bielefeld. Man konnte in einem aufmerksamen deutschen Rahmen die internationale Entwicklung demonstrieren und Positionen von konkreten Menschen vertreten sehen. Ich denke, das war schon weiterführend. Es hat sich dann persönlich für mich auch weiter in europäischen Netzwerken fortgesetzt, unter anderem haben wir ja ein European Network „Critical Research on Men and Masculinities", die Bücher sind soeben erschienen (Pringle u.a. 2006; Hearn/Pringle/CROME 2006). Die Stärke der internationalen Entwicklung in der Erforschung der Männlichkeit zeigt sich auch darin, dass bei Sage die Zeitschrift „Men and Masculinities" entstanden ist.

Für mich hat sich diese Entwicklung auch fortgesetzt, indem ich hineingegangen bin in den Bereich „Geschlecht und Organisation". Das kam aus einer Unzufriedenheit heraus, die ich bei der Untersuchung zu „Sexuelle Belästigung am Arbeitsplatz" (Holzbecher/Braszeit/Plogstedt 1991) empfunden habe. Ich war mit den damals vorherrschenden Theorieangeboten sehr unzufrieden, die nach dem Motto argumentierten: Männer belästigen, weil sie es sich erlauben können, weil es Patriarchat gibt oder Sanktionen fehlen. Da fand ich diese damals sich entwickelnde Diskussion um Geschlecht und Organisation interessant, zum Beispiel die Debatte: Gibt es so etwas wie eine sedimentierte Männlichkeit in Organisationsstrukturen?

Die Perspektive, Geschlecht als Struktur nicht aus dem Blick zu lassen, ist mir nach wie vor sehr wichtig, ebenso wie die zahlreichen anderen Dimensionen des Begriffs Geschlecht. In unserem soeben abgeschlossenen Projekt über Geschlechterkonstruktionen im Organisationswandel am Beispiel Polizei sind die verschiedenen Dimensionen von Geschlecht hochinteressant, gerade auch das Verhältnis von Wandel und Beharrung. Die Vervielfältigung von Männlichkeiten in Organisationen ist unterschiedlich weit gediehen. Auch in der Polizei ist sie seit längerem vorangekommen, es gibt Schwulenbeauftragte usw. Dass die Frauen mit dazugekommen sind, hat die Vervielfältigung von Männlichkeiten mit gefördert, jedenfalls in der deutschen Polizei. Die Frage „Ist Geschlecht omnirelevant?" verlagert sich in die Richtung: Wo wird es kontextuell und situativ bedeutsam, wo liegt es bereit und kann aktiviert werden, um dann auch wieder zu geschlechtssegmentierten Strukturen zu führen? Welche Rolle spielen die Dimensionen von „Männlichkeiten" und „Weiblichkeiten"? Sind es hilfreiche Konstruktionen, in welchen Kontexten ja, in welchen nicht?

CH: Diese ganzen Forschungsschwerpunkte, Profession und Geschlecht, DFG-Forschungsschwerpunkte: Es geht um beide Geschlechter bei den meisten Projekten. Unser Studienprojekt, darin geht um Interaktion, Medizin und Pflege im Krankenhaus. Das erste Buch ist jetzt herausgekommen (Loos 2006). Und das zweite ist im Gange, und da kommt dabei heraus, also die Schwierigkeit ist, dass in diesem System Krankenhaus in der Interaktion dieser Berufe (ÄrztInnen und

PfegerInnen) sehr schwierig zu erkennen ist, wann haben wir es mit Geschlecht zu tun, weil wir haben die sedimentierte Männlichkeit und Weiblichkeit der beiden Berufsgruppen und wir haben aber gleichzeitig deren Hierarchie, die auch rechtlich und auch sonst festgeschrieben ist. Und dann kommt man zu dem Schluss, dass, was wir da beobachtet haben, eine Interaktion ist, ein Fall von Männlichkeit und Weiblichkeit; oder ist es ein Fall von Medizin gegenüber Pflege oder ist es ein Fall von betrieblicher Hierarchie, das wäre in einem anderen Betrieb genauso.

SS: Bevor wir weitergehen, möchte ich die Frage stellen: „Kann Männlichkeit außerhalb von Gewalt betrachtet werden?"

CH: Ja, deshalb habe ich dieses Krankenhausbeispiel gebracht, da hat es nichts mit Gewalt zu tun, mit Dominanz schon, aber eigentlich mit Heilen und Helfen, also ein arbeitsteiliges Heilen und Helfen. In einer Arbeitsteiligkeit, die Probleme nicht auf der männlichen Seite gegeben hat, zum Beispiel die Pfleger müssen nicht kommunikationsfähig sein, die können es sein lassen und das an die Pflegerinnen delegieren, weil sie nicht im Stande sind, es den Angehörigen vernünftig zu sagen. Aber das tun sie nicht alle. Sie können auch im Sinne einer „sprechenden Medizin" sich das aneignen und für wichtig halten, aber ich würde da nicht eine Gewaltdimension als notwendigen Bestandteil sehen. Ich bin in die Gewaltforschung irgendwo reingeraten und dort geblieben, aber es ist keineswegs notwendig für diese Diskussion.

UM: Eine andere Frage wäre, kann Männlichkeit außerhalb von Macht diskutiert werden? Da gibt es in der Literatur durchaus eine Zweiteilung; zum Beispiel in der Debatte, ob von einer „crisis of masculinity" oder „crisis in patriarchy" die Rede sein soll (vgl. Morgan 2006). Gibt es die überhaupt und wenn ja, auf welchen Ebenen wird die denn jetzt festgemacht? Und dann kann man auch sagen: Wo spielt sich denn jetzt eigentlich Männlichkeit ab? Spielt sie sich als Identität ab oder als Dominanzdebatte? Das sind unterschiedliche Diskurse, die zum Teil zusammenhängen, aber eben nicht nur.
Dann gibt es welche, die sagen: Solange es immer noch Männer sind, die die Posten in Politik und der Wirtschaft usw. haben, ist es mit der Dominanz relativ klar. Die haben, glaube ich, nicht so die Identitätsprobleme oder fühlen sich nicht so in der Krise. Und andere würden dann sagen, dieses Aufkommen des Feminismus zeigt ja schon eine Krise an. Ich denke, das sind Fragen, die in einem Kontext gesellschaftlicher Ungleichheit, Dominanz und unterschiedlicher Ressourcenverteilung usw. diskutiert werden. Oder ist „Krise" eher eine Frage

auf der Ebene von Diskursen und Repräsentation, Bilder, Rollen und Erwartungen und so etwas? Und ich persönlich habe den Eindruck, dass es manchmal so eine Tendenz gibt: was wissenschaftlich seriös ist, nimmt das Wort „Macht" nicht mehr so in den Mund – und „Geschlechterhierarchie" ist auch irgendwie out oder wird vermieden. Ich bin zwar dagegen zu sagen, jede Organisationshierarchie ist gleichzusetzen mit einer Geschlechterhierarchie. Das hat sich ja auch gewandelt. Aber sich dann soziologisch den Blick dafür verstellen zu lassen, weil einfach das Licht der Diskurse woanders hin leuchtet – das finde ich bedenklich.

MB: In der Ausdifferenzierungsperspektive, in der Sie alle jetzt weitergedacht haben, ist ja eine Linie: die Beziehung zwischen Gewalt und Geschlecht und Männlichkeit und Gewalt. Und dann wäre ja einerseits so eine Perspektive gesellschaftstheoretisch weiter auszudifferenzieren: Wie sieht eigentlich die Beziehung zwischen Männlichkeit und Gewalt aus? Und dann würde ich noch ein weiteres Stichwort nennen: das der symbolischen Gewalt. Auch im Zuge der Frage, über welche Dimensionen von Gewalt denken wir nach. Und die Frage, die sich dann gesellschaftstheoretisch stellt, wenn wir das weiterdenken, ist, ob die enge Beziehung zwischen männlicher Herrschaft und Gewalt, ob sie sozusagen diese Sicht trägt?

CH: Also ich halte das derzeit jedenfalls mit Hanna Arendt, dass Macht verschwindet, wenn Gewalt erscheint, und umgekehrt. Dann wäre aber auch diese Überdeterminierung deutlich sichtbar: Es gibt Machtressourcen, und es gibt Gewaltressourcen, und es gibt aber auch Ressourcen, vielleicht auch mit anderen Menschen umzugehen, ohne dass Macht und Gewalt primär im Spiel sind. Also diese feministische, sozusagen altfeministische Gleichstellung, alle Macht kommt aus den Gewehrläufen usw., also Macht beruht immer auf Gewalt, und überall, wo wir Macht finden, sehen wir im Hintergrund Gewalt und deswegen verprügeln Männer Frauen, weil sie dann auch ihre Macht sichern wollen, das fand ich nie besonders tragfähig. Das war für die Anfänge vielleicht auch mal zum Aufrütteln ganz nützlich, aber ich glaube, es ist niemand sehr lange dabei geblieben. Denn das lässt sich nicht wirklich glaubwürdig vermitteln. Sonst wäre nicht zu erklären, warum gerade Onassis es nötig hatte, seine Frauen zu verprügeln. Der hat ja auch sonst Macht gehabt.

LG: Das finde ich natürlich auch spannend. Dennoch gibt es zumindest gefährliche Affinitäten. Als die Sowjetunion zerfallen ist, wo ist dann das Militär gelandet? Das ist dann sozusagen entweder bei den Guerillas oder bei den Terroristen oder ähnlich gelandet. Auch wenn man dann sagt, in den Gruppierungen, denen sie sich zuordnen, vielleicht empfinden sie sich als Befreiungskämpfer, aber dass sie dort diese Rollen annehmen konnten, hat ja viel mit ihren vorgängigen Möglichkeiten oder Zuordnungen in dem Staat zu tun.

UM: Gut, aber die Sowjetunion und ihre Armee, was innerhalb der Armee passiert ist, denke ich, ist auch noch mal ein Thema, wo da Rekruten bis zum Tod misshandelt werden oder sich das Leben nehmen. Da ist ja auch noch mal eine Konstruktion von Männlichkeit.

LG: Was ich nur sagen wollte, war, dass sicherlich noch einmal Macht und Gewalt unterschiedlich sind, dass dennoch eine gefahrvolle Nähe bestehen könnte.

MB: Ja und wie fällt sozusagen in diesen Konstellationen, wie zeigt sich in diesen Konfigurationen denn die lang dauernde Wirkung der kulturellen Nähe zwischen Männlichkeit und Gewalt? Ich finde das ist nicht mehr so deutlich zu identifizieren, wie das in den ersten Thesen der feministisch streitbaren Standpunkte war.

UM: Ich denke, dass man wirklich sagen kann, dass sich in manchen Ländern institutionell eine Entkopplung von Männlichkeit und Bereitschaft zur Gewalt vollzogen hat, wenn man z.B. die Kriegsdienstverweigerer sieht, die heute eine reguläre Beratung bekommen, was die richtigen Vokabeln für die Begründung sind, und dann läuft die Sache, wie ich bei meinem Sohn gesehen habe. Das ist ein ganz großer Unterschied zu früher.

LG: Also ich finde es zentral wichtig zu fragen, wie kommen nicht gewalttätige Maskulinitäten zustande. Was sind das für zivilisatorische Errungenschaften, wenn das geschieht?

UM: Ja, die ganze Politikergeneration, die dann gesagt hat, das muss die unangenehmste Alternative sein, dieser Zivildienst. Der hin und wieder mal gewährt wird, aber ansonsten gilt institutionalisierte Hegemonie in diesem Bereich: Die Männer müssen doch bereit sein, in die Bundeswehr einzutreten.

CH: Und das alles verschwindet nicht über eine Generation, also irgendwo lagern noch diese Traditionen der gewaltfähigen Männlichkeit des militarisierten

Deutschland. Also es ist ein Pendelschlag, es ist völlig legitim, ein erstaunlicher Pendelschlag hin zu Wehrdienstverweigerung als Norm, aber irgendwo muss dieses Zeug schon noch wirken.

LG: In dem Zusammenhang ist es für mich so spannend, auch noch einmal diese Männlichkeit oder Männlichkeiten der Widerständler im NS-System anzugucken. Was ja auch eine ungeheure Leistung ist, aus welchem zugreifenden Männlichkeitssystem sie sich entfernen mussten, in dem sie in den Wertigkeiten auch vorher völlig zu Hause waren. Das waren natürlich andere Dinge, die sie widerstandsfähig gemacht haben. Aber bis das dann soweit war, dass sie in sich zulassen konnten, dass es auch andere Formen von Männlichkeit gibt, die also dann diesen Widerstand auch ermöglichten. Also das finde ich ganz spannend. Also bedrückend auch, zunächst mal. Wenn man das einmal naiv anguckt, dann konnten die, die dann später Widerständler waren, also durchaus vorher an Verbrechen beteiligt gewesen sein.

CH: Alles mitgemacht haben.

LG: Alles mitgemacht haben, bis zu einem bestimmten Punkt und dann aber – also ja, ich denke, dass das auch etwas mit Konzepten von damals akzeptierter und nicht akzeptierter Männlichkeit zu tun hat und wie sie sich davon entfernen müssen, also eine gesellschaftlich gewollte und akzeptierte Männlichkeit abzulehnen und zu sagen, ich habe meine eigene, eine andere.

MM: Wobei das nicht unbedingt eine Absage an Gewalt sein muss. Es ist ja nicht zwangsläufig damit verbunden.

LG: In dem Fall war die Gewalt zivilisatorisch. Das muss man doch so sagen.

CH: Aber sie wären bereit gewesen nach entsprechender Absetzung von Hitler, weiter als Generäle z.B. militärische Operationen zu führen, also keine Absage ans Militär prinzipiell.

LG: Ja, das stimmt. Und sie mussten wohl auch mit ihrem Rassismus kämpfen und den irgendwie über Bord werfen.

MM: Ich würde noch mal gerne auf den Punkt kommen: Differenzierung von Gewalt und Macht. Vielleicht kann man auch noch mal am Punkt Wehrdienstverweigerung anknüpfen. Die Frage ist, inwieweit es möglich ist, Männlichkeit zwar außerhalb von Gewalt zu konzipieren – da denke ich auch, dass das möglich ist – aber die Frage geht weiter: Kann man Männlichkeit auch außerhalb von hegemonialen Strukturen oder außerhalb einer hegemonialen Begrifflichkeit konzipieren?

CH: Aber das Konzept von hegemonialer Männlichkeit unterstellt, das es andere Männlichkeit gibt.

LG: Zumindest die untergeordneten Männlichkeiten.

CH: Theoretisch konstitutiv bei Connell ist, sie sagt, die stellen sich in ein Verhältnis zu der hegemonialen Männlichkeit, dass sie die Hegemonie nicht anzweifeln, sondern sich ihren Raum suchen, und da kann man sagen: Kriegsdienstverweigerung ist ein wunderbares Beispiel. Man kann das aus ganz alltäglichen Gründen machen: Ich habe eine Freundin am Ort, ich will nicht weg, also ich mache lieber Zivi. Und ich kenne ziemlich viele ehemalige Zivis, die Pädagogik studieren, die im Zivildienst entdeckt haben, dass ihnen das wirklich Freude bereitet, z.B. Altenpflege, oder sie studieren Altenpflege. Aber die Frage ist eigentlich, ob diese alternative Männlichkeit im Alltag gut genug ist, um zurechtzukommen

UM: Ob man dann amerikanischer Präsident werden darf, ohne gedient zu haben?

CH: Na, wenn man beschlossen hat, man will das nicht, die große Mehrheit der Männer werden das auch nicht mehr, vor allem wenn sie in Deutschland geboren sind, die werden auch nicht Bundeskanzlerin. Also das heißt, sie können sich auch darauf eingerichtet haben, dass man in einem mittleren Niveau der Gesellschaft bleibt und dort auch ein Milieu gefunden hat, wo man anerkannt und akzeptiert wird, dann kann man sozusagen in anderen Männlichkeiten leben und sich wohl fühlen. Und dann kommt eigentlich die Frage, ob diese anderen Männlichkeiten – das wäre für mich auch eine spannende Frage – implizit Hegemonie, hegemoniale Formen anerkennen und stützen, ohne sie selbst leben zu müssen. Das wäre die Connellsche These, dass man das nicht leben muss, dass viele das auch gar nicht leben oder Bestandteile hinter sich lassen, weil es nicht passt, weil man nicht saufen und sonst etwas machen kann und gleichzeitig Leistungssportler sein kann. Oder was auch immer. Aber das nicht prinzipiell in Frage stellt und wirklich aufweicht.

LG: Insofern ist es dann nicht nur die Frage: Gibt es eine reflexive Männlichkeitsforschung, sondern: Gibt es eine reflexive Männlichkeit? Also was sind sozusagen die spin-offs einer solchen nichthegemonialen Männlichkeit für das Gesamtsystem?

Anmerkungen

1 Auch in der Zeitschrift „Beiträge zur feministischen Theorie und Praxis" erschienen verschiedene Beiträge auf die sich die Autorinnen von „FrauenMännerBilder" teilweise bezogen (Bennholdt-Thomsen 1986; Koch-Klenske 1987).
2 Vgl. zum Aufbau und zur Geschichte der Sektion die Homepage: www.frauenundgeschlechterforschung.de.
3 Über das Verhältnis von Weiblichkeit und Misshandlung (vgl. Gravenhorst 1988a, 16 ff.).
4 Damit war natürlich auch die Frage nach der Legitimität und dem Stellenwert von heterosexuellen Beziehungen angesprochen. Auf die Rekonstruktion dieser Konfliktlinie verzichten wir an dieser Stelle.
5 Von Lerke Gravenhorst erschien neben dem ursprünglichen Vortrag ein weiterer Beitrag (Gravenhorst 1988a, 1988b).
6 Ursula G.T. Müller ist nicht zu verwechseln mit Ursula Müller, einer der Teilnehmerinnen der nachfolgenden Diskussion.
7 Die vorliegende Version des Gesprächs ist eine gekürzte Version des ausführlichen Gesprächs, die mit allen Teilnehmerinnen abgestimmt wurde.
8 Im Folgenden wird Lerke Gravenhorst mit LG abgekürzt, Carol Hagemann-White mit CH und Ursula Müller mit UM. Das Gespräch führten Mechthild Bereswill (MB), Michael Meuser (MM) und Sylka Scholz (SS) im August 2006 in Hannover.
9 Gemeint ist hier der Schweizer Ethnopsychoanalytiker Mario Erdheim.
10 Universität Bielefeld, Fakultät für Soziologie, Lehrstuhl für Frauen- und Geschlechterforschung.
11 Z.B. als deutsche Herausgeberin von R.W. Connells „Masculinities" als „Der gemachte Mann" in der Buchreihe „Geschlecht und Gesellschaft" (1999/2006).
12 Abzurufen unter der Internetadresse www.ns-dokumentationszentrum-muenchen.de/Veranstaltungen.
13 1. „Backlash or New Horizons? Studying Gender and Gender Relations: Refocusing Theory and Research", 14.-16.7.1994 an der Unversität Bielefeld; die Tagung war Grundlage des Buchs (Armbruster/Müller/Stein-Hilbers 1995). 2. „Gender Troubles: Families and Parent-Child-Relations in Processes of Social and Cultural Change", 25.-27.11.1996 im ZiF, Universität Bielefeld, keine Veröffentlichung.

Literatur

Althoff, Martina/Bereswill, Mechthild/Riegraf Birgit (2001): Feministische Methodologien und Methoden. Traditionen, Konzepte, Erörterungen. Band 2 der Lehrbuchreihe zur sozialwissenschaftlichen Frauen- und Geschlechterforschung. Opladen.

Armbruster, Christof/Müller, Ursula/Stein-Hilbers, Marlene (Hg.) (1995): Neue Horizonte? Sozialwissenschaftliche Forschung über Geschlechter und Geschlechterverhältnisse. Opladen.

BauSteineMänner (Hg.) (1996): Kritische Männerforschung. Neue Ansätze in der Geschlechtertheorie. Hamburg.

Bennholdt-Thomsen, Veronika (1986): Geh zurück auf 'Los' – Gegen die Männer-identifizierte Reaktion in der Frauenforschung. In: Beiträge zur feministischen Theorie und Praxis 9/17, 82-91.

Brückner, Margrit (1983): Die Liebe der Frauen, Frankfurt am Main.

– (1988): Die Sehnsucht nach dem Kugelmenschen oder der Wunsch nach der Aufhebung der Geschlechtertrennung. In: Hagemann-White, Carol/Rerrich, Maria S.: (Hg.): FrauenMännerBilder. Männer und Männlichkeit in der feministischen Diskussion. Bielefeld, 194-223.

Connell, Robert W. (1955): Masculinities. Berkeley.

– (1999/2006): Der gemachte Mann. Konstruktion und Krise von Männlichkeit. Wiesbaden.

Geiger, Gabriele (1988): Unterschiedenes ist gut. In: Hagemann-White, Carol/Rerrich, Maria S.: (Hg.): FrauenMännerBilder. Männer und Männlichkeit in der feministischen Diskussion. Bielefeld, 42-58.

Gravenhorst, Lerke (1988a): Private Gewalt von Männern und feministische Sozialwissenschaft. In: Hagemann-White, Carol/Rerrich, Maria S. (Hg.): FrauenMännerBilder. Männer und Männlichkeit in der feministischen Diskussion. Bielefeld, 12-26.

– (1988b): Opposition gegen das Patriarchat und Solidarität mit Männern – Zur Notwendigkeit und Legitimität eines zentralen feministischen Dilemmas. In: Hagemann-White, Carol/Rerrich, Maria S. (Hg.): FrauenMännerBilder. Männer und Männlichkeit in der feministischen Diskussion. Bielefeld, 60-78.

– (1997): Moral und Geschlecht. Die Aneignung der NS-Erbschaft. Freiburg i.Br.

–/Haerendel, Ulrike/Schmidt, Irmgardt (2004): Macht und Gesellschaft. Männer und Frauen in der NS-Zeit. Eine Perspektive für ein künftiges NS-Dokumentationszentrum in München. München.

Hagemann-White, Carol/Rerrich, Maria S. (Hg.) (1988): FrauenMännerBilder. Männer und Männlichkeit in der feministischen Diskussion. Bielefeld.

– (1988): Wir werden nicht zweigeschlechtlich geboren... In: Dies./Rerrich, Maria S. (Hg.): FrauenMännerBilder. Männer und Männlichkeit in der feministischen Diskussion. Bielefeld, 224-235.

Hearn, Jeff/Pringle, Keith/Members of CROME (2006): European Perspectives on Men and Masculinities. Basingstoke.

Holzbecher, Monika/Braszeit, Anne/Plogstedt, Sibylle (1991): Sexuelle Belästigung am Arbeitsplatz. Schriftenreihe des BMJFFG. Stuttgart/Berlin/Köln/Mainz.

Kavemann, Barbara/Lohstöter, Ingrid (1990): Väter als Täter. Sexuelle Gewalt gegen Mädchen; Abschlussbericht der wissenschaftlichen Begleitung des Modellprojektes Frauenhaus Berlin: Hilfen für misshandelte Frauen. Hamburg.

Koch-Klenske, Eva (1987): „Knüppel aus dem Sack?" In: Beiträge zur feministischen Theorie und Praxis 10/19, 115-119.

Loos, Martina (2006): Symptom: Konflikte. Was interdisziplinäre Konflikte von Krankenpflegern und Ärztinnen über Konstruktionsprozesse von Geschlecht und Profession erzählen. Frankfurt am Main.

Mathes, Bettina (2000): Aus der Geschichte... - Die Sektion 'Frauenforschung in den Sozialwissenschaften' in der DGS. http/www.frauen-undgeschlechterforschung.de.

Metz-Göckel, Sigrid/Müller, Ursula (1986): Der Mann. Bericht über eine repräsentative Studie mit 1039 deutschen Männern zwischen 20 und 50 Jahren im Auftrag der Zeitschrift „Brigitte". Weinheim/Basel.

Meuser, Michael/Scholz, Sylka (2005): Hegemoniale Männlichkeit. Versuch einer Begriffsklärung aus soziologischer Perspektive. In: Dinges, Martin (Hg.): Männer - Macht - Körper. Hegemoniale Männlichkeiten vom Mittelalter bis heute. Frankfurt am Main/New York, 211-228.

Morgan, David (2006): The Crisis in Masculinity. In: Davies, Kathy/Evans, Mary/Lorber, Judith (Hg.): Handbook of Gender and Women's Studies. London/Thousand Oaks/New Delhi, 109-123

Müller, Ursula G.T. (1988): Neue Männerforschung braucht das Land! In: Hagemann-White, Carol/Rerrich, Maria S. (Hg.): FrauenMännerBilder. Männer und Männlichkeit in der feministischen Diskussion. Bielefeld, 98-119.

Pringle, Keith/Hearn, Jeff/Ferguson, Harry/Kambourov, Dimitar/Kolga, Voldemar/Lattu, Emmi/Nordberg, Marie/Novikova, Irina/Oleksy, Elsbieta/Rydzewska, Joana/Smídová, Ina/Tallberg, Teemu/Niemi, Hertta (2006): Men and Masculinities in Europe. London.

Pross, Helge (1978): Die Männer. Eine repräsentative Studie über die Selbstbilder von Männern und ihre Bilder von der Frau. Reinbek.

Teubner, Ulrike (1988): Männerleid und Männerfreud. Zu einigen Aporien von Macht und Individuum. In: Hagemann-White, Carol/Rerrich, Maria S. (Hg.): FrauenMännerBilder. Männer und Männlichkeit in der feministischen Diskussion. Bielefeld, 26-41.

Sylka Scholz

Der soziale Wandel von Erwerbsarbeit
Empirische Befunde und offene Fragen

Das Thema Männlichkeit und Erwerbsarbeit wird in der Männer- bzw. Männlichkeitsforschung bisher vor allem unter der Frage diskutiert, welche Folgen die eindimensionale Verknüpfung von Männlichkeit und Erwerbsarbeit für Männer hat, welche Belastungen und Leiden mit der „männlichen Rolle" verknüpft sind. Wenig erörtert und kaum empirisch untersucht sind hingegen die aktuellen Transformationsprozesse von Arbeit. Diese sind bisher weitgehend Gegenstand der Arbeits- und Industriesoziologie; dort hat die Kategorie Geschlecht angeregt durch die Debatten in der Frauen- und Geschlechterforschung in den letzten Jahren als Analysedimension an Bedeutung gewonnen (Aulenbacher 2005), jedoch lautet die zentrale Frage: „Ist der Arbeitskraftunternehmer weiblich?" (Voß/Weiß 2005). War dieser neue Arbeitskrafttypus von Pongratz und Voß (1998) als analytisch geschlechtsneutraler Idealtypus angelegt, eine Annahme, die in der Frauen- und Geschlechterforschung bereits vielfach kritisiert wurde (u. a. Manske 2005), so zeigte er sich in der Empirie vor allem unter hoch qualifizierten weiblichen Angestellten. In den Blickpunkt der Forschung gerieten die Chancen und Risiken, die der soziale Wandel von Arbeit für weibliche Arbeitnehmer mit sich bringt, sowie die Ausdifferenzierung unter Frauen entlang von Qualifikationen, Erwerbs- und Familienstatus. Welche Veränderungen die Entwicklungen für männliche Arbeitnehmer haben, welche Chancen und Risiken sich für sie ergeben, wie sie die Veränderungen subjektiv erfahren und bewältigen, wird hingegen kaum debattiert.[1] Um diesen Aspekt wird es in meiner Analyse vorrangig gehen; sie erfolgt vor dem Hintergrund, dass männliche Lebensentwürfe und Identitätskonstruktionen in modernen Gesellschaften zentral an Erwerbsarbeit gebunden sind und geht damit auch der Frage nach, wie sich soziale Konstruktionen von Männlichkeit verändern, wenn sich das Erwerbssystem wandelt.

In einem ersten Schritt werde ich den Diskurs der kritischen Männerforschung kurz darstellen. In einem zweiten Schritt zeige ich anhand verschiedener empirischer Untersuchungen, dass Erwerbsarbeit im Gegensatz zu den Argumenten der kritischen Männerforschung für einen großen Teil der männlichen Bevölkerung immer noch eine positive Quelle für Identitätskonstruktionen ist. Dieser Bezugspunkt wird jedoch im Zuge des gegenwärtigen Transformationsprozesses von Erwerbsarbeit für bestimmte Gruppen von Männern zunehmend prekär. Diesem Wandlungsprozess gehe ich im dritten Teil mit Rekurs auf die aktuelle Debatte um die so genannte Vermarktlichung und Subjektivierung von Arbeit genauer nach. Anhand einer eigenen qualitativen Fallstudie werde ich exemplarisch zeigen, welche Herausforderungen die Veränderungen von Management und Unternehmenskultur sowie der Wandel herkömmlicher männlicher Berufskarrierewege an männliche Arbeitnehmer stellen. Abschließend formuliere ich in einem Resümee zukünftige Fragestellungen einer soziologischen Männlichkeitsforschung für diesen Gegenstandsbereich.

1. Erwerbsarbeit als Leid und gesundheitliches Risiko

Die Lebensorientierung von Männern an Erwerbsarbeit gilt in der soziologischen Debatte als Konsens. Fundiert wurde diese Annahme in den 1950er Jahren durch Talcott Parsons in seiner im Rahmen der Familiensoziologie entwickelten strukturfunktionalistischen Rollentheorie (Parsons 1968). Durch den Geschlechtsrollenerwerb erlernen Männer und Frauen demnach die gesellschaftlich-funktionale Differenzierung. Die männliche Geschlechtsrolle ist instrumentell und expressiv ausgerichtet, damit sind Männer für die Übernahme von öffentlichen Rollen prädestiniert, ihr Betätigungsfeld liegt im Gegensatz zu den Frauen in der außerfamiliären Sphäre und damit wesentlich in der Erwerbsarbeit. Ihre Aufgabe ist es, die Familie materiell zu versorgen, als heterosexueller Ehemann und Vater repräsentieren sie zugleich die Autorität in der Familie und die gesellschaftliche Identifikationsfigur; der Vater fungiert als Vermittler zwischen den Welten und verkörpert das (männliche) Leistungsprinzip. Mit seiner Rollentheorie entwarf Parsons zugleich eine normative Einheitsmaskulinität, die mit ihren Charakteristika heterosexuell, reproduktionswillig, verantwortlich für Ehe und Familie unter der Hand dem Männlichkeitskonzept der amerikanischen weißen Middle Class jener Jahre entsprach.

In Reaktion auf die feministische Kritik an Parsons Konzept expandierte ab den 1970er Jahren auch die Forschung zur männlichen Geschlechtsrolle. Nun wurden, zunächst in den USA, die negativen Aspekte der männlichen Rolle debattiert und vor allem die Wirkung der instrumentellen Aspekte auf die individuelle Psyche analysiert. Die bei Parsons implizit positive Konnotation der Instrumentalität erfuhr eine „Umdeutung ins Defizitäre" (Meuser 2006, 61). Dies gilt auch für die sich Ende der 1980er und Anfang der 1990er Jahre formierende deutschsprachige Männer- und Männlichkeitsforschung. So stellen etwa Böhnisch und Winter, die für den deutschsprachigen Kontext als zentrale Vertreter einer sich als kritisch verstehenden Männerforschung angesehen werden können, in ihrer 1993 vorgelegten Theorie der männlichen Sozialisation fest, dass Erwerbsarbeit immer noch zentral für männliche Identität sei, der soziale Wandel im

Erwerbsbereich dementsprechend Verunsicherungen auslöse und zu Krisen der männlichen Identität führen könne. Sie konstatieren, dass Erwerbsarbeit heute meist Leiden und Entfremdung verursache und kaum positive Bezugspunkte für das Mannsein mehr biete (Böhnisch/Winter 1993, 137ff., 151ff.; vgl. auch Hollstein 1992; 1999). In eine ähnliche Richtung argumentieren Heidrun Bründel und Klaus Hurrelmann (1999), die mit Bezug auf Krankheits- und Sterbestatistiken belegen, dass die ausschließliche Orientierung der Männer an der Karriere mit einem hohen gesundheitlichen Risiko verbunden ist. Normativ formulieren sie: „Wenn Männer so weiterleben wie bisher, im Konkurrenzdenken gefangen und im Karrierestreben verstrickt, dann manövrieren sie sich – gesundheitlich gesehen – ins Aus, in den Kollaps" (Bründel/Hurrelmann 1999, 210). Dieser Argumentationsstrang wurde in den letzten Jahren mit dem Entstehen einer Männergesundheitsforschung gestärkt und immer populärer (Meuser 2007).

So wichtig die Kritik an der Fokussierung von Männern auf Erwerbsarbeit und der Verweis auf mögliche Folgen ist, fällt in dieser Debatte doch dreierlei auf: Die Ausrichtung des männlichen Lebens auf die außerhäusliche Sphäre und Erwerbsarbeit wird als gegeben angesehen und nicht empirisch überprüft. Auch das Leiden der Männer an der Erwerbsarbeit wird nicht anhand von empirischen Untersuchungen belegt, sondern aus statistischen Daten über Erkrankungen, Sterbe- und Suizidraten geschlossen. Darüber hinaus wird ein sozialer Wandel der Erwerbsarbeit konstatiert, der vermeintlich das Leid der Männer erhöht, dieser Wandel wird jedoch nicht genauer bestimmt. Erst in jüngster Zeit analysiert etwa Böhnisch diesen unter dem Stichwort des „digitalen Kapitalismus"; empirisch fundiert sind auch diese Analysen bisher nicht (Böhnisch 2003; 2006).

2. Erwerbsarbeit als Quelle männlicher Identität

Im folgenden Abschnitt geht es nun um die Frage, welche Bedeutung gegenwärtig Berufs-/Erwerbsarbeit für männliche Lebensentwürfe und Identitätskonstruktionen hat. Die Zeitbudgetstudien 2001/2002 von Döge und Volz (2004) belegen, dass Erwerbsarbeit (immer noch) den zeitlichen Schwerpunkt im Leben von Männern bildet. Variationen zeigen sich hinsichtlich ihres Stellenwertes in Bezug auf die Lebensalter und die Branchenzugehörigkeit. Männer der Altersgruppe von 25 bis 45 Jahre wenden täglich durchschnittlich 8 Stunden und 40 Minuten für die Erwerbsarbeit auf und leisten zweieinhalb Stunden Hausarbeit. Mit Bezug auf die gesamten Zeitverteilungen kommen die Autoren zu dem Schluss, dass Männer nicht mehr „ausschließlich ErwerbsMänner" (Döge/Volz 2004, 9) seien, sie seien auch im Familienleben präsent und hätten ein Freizeitleben;

dennoch habe sich an der klassischen Arbeitsteilung nicht sehr viel geändert: „Männer sind fast doppelt so lange mit Erwerbsarbeit beschäftigt wie Frauen, wenden jedoch nur rund zwei Drittel der Zeit für Haus- und Familienarbeit auf, die Frauen dafür aufbringen" (ebd.).

Dieser weitgehend ungebrochenen zeitlichen Integration in Erwerbsarbeit korrespondiert eine starke Berufsorientierung. So zeigt etwa eine Studie über mittlere Führungskräfte von Behnke und Liebold (Behnke/Liebold 2001; Liebold 2005) die Wichtigkeit von Berufsarbeit auf: Angestrebt wird ein Konzept, in dem sich Arbeit und Leben wechselseitig durchdringen, die Arbeit wird von den Interviewpartnern als etwas „Gesamtes" (Behnke/Liebold 2001, 3) angesehen. Sie wird als eine Art Abenteuer in einer Männergesellschaft erlebt. Die Bedeutung der Familie sehen die befragten Führungskräfte in der emotionalen Absicherung, sie fungiert als Kontrollinstanz, Sinnstiftung und soziale Ressource und bildet „die adäquate soziale Rahmung [...] eines auf Arbeit fundierten Lebens" (ebd., 8).

Die sozialen Folgekosten eines auf Erwerbsarbeit zentrierten Lebens wie etwa die emotionale Distanz von (Ehe-)Partnerin und Kindern, die Ablehnung des eigenen Lebensentwurfes durch die Kinder, die weitgehende soziale Isolation außerhalb der Erwerbsarbeit werden durchaus reflektiert (vgl. dazu besonders Liebold 2005), dennoch liegt den Führungskräften daran, den Status Quo ihres erwerbszentrierten Lebens aufrechtzuerhalten. Die Schattenseiten geraten vor allem bei älteren Männern, die sich auf den Ausstieg aus der Berufswelt vorbereiten, in den Blickpunkt, sind sie doch gezwungen, sich mit einem Leben jenseits der Erwerbsarbeit auseinanderzusetzen. Jedoch wird auch von solchen Männern, die ein schmerzhaftes Scheitern ihres Lebensentwurfes im Familienleben konstatieren, die Berufsorientierung nicht grundlegend in Frage gestellt. Denn die Arbeit, so einer der Interviewpartner, bringt vor allem „Spaß" und wird „gar nicht als Belastung" empfunden (zit. in ebd., 99).

Eine solche zentrale Berufsorientierung findet sich nicht nur bei Männern mit höheren Qualifikationen und entsprechenden beruflichen Positionen. Eine eigene biographische Studie über ostdeutsche Männer, die zwischen Mitte der 1950er und Mitte der 1960er Jahre in der DDR geboren wurden, belegt die Wichtigkeit des Berufes in allen Qualifikationsstufen (Scholz 2004). Dabei verfügen nur wenige Männer des Samples über eine kontinuierliche Berufsbiographie, denn mit den 1989 einsetzenden Transformationsprozessen geht der ostdeutschen Gesellschaft die Erwerbsarbeit in hohem Maß verloren. Für die meisten der befragten Männer sind die Umstrukturierungsprozesse des Erwerbssystems mit Betriebs- und Berufswechseln, Umschulungen, beruflichen Weiterbildungen, Neuorientierungen im laufenden Studium, Phasen von Arbeitslosigkeit etc. verbunden. Insofern kommt dieser Gruppe von Männern in den aktuellen Transformationsprozessen von Arbeit eine Avantgardefunktion (Engler 2002) zu: Entwicklungen, die sich in Westdeutschland erst allmählich vollziehen wie der massive Abbau von Arbeitsplätzen, die hohe Flexibilisierung von Arbeitsverhältnissen und untertarifliche Entlohnung haben sich in Ostdeutschland in einem historisch sehr kurzen Zeitraum vollzogen. Insofern ist es denkbar, dass sich die männlichen Identitätskonstruktionen in den zehn Jahren seit dem Beginn der Transformation bis zum Untersuchungszeitpunkt 1999 auch auf andere Lebensbereiche erweitert haben.

Es zeigt sich jedoch eine entgegengesetzte Entwicklung: Je schwieriger eine kontinuierliche Berufskarriere für den jeweiligen Mann zu realisieren ist, umso bedeutsamer wird die berufliche Identität in den biographischen Erzählungen. Dabei offenbart sich ein spezifischer Konstruktionsmodus: Aus der Perspektive der Gegenwart wird eine in sich geschlossene Berufsgeschichte regelrecht „zusammengebastelt"; die berufliche Identität hat aus der Perspektive der Interviewten eine lange Geschichte, ihr „Ursprung" liegt schon in schulischen Interessen, charakterlichen Prägungen oder in einem Hobby begründet. Und obwohl der größte Teil der befragten Männer verheiratet ist und Kinder hat, kommt dieser Lebensbereich nur in „Familienfragmenten" (ebd., 203) zum Ausdruck. Identität und Geschlecht werden somit vorrangig im Bereich der Ausbildungs- und Berufslaufbahn entworfen. Auch für diese befragten Männer sind „Aktivität, Herausforderung, Bewegung, Weiterbildung und individuelle Entfaltung, die als normative Werte moderner Identitätskonstruktionen verstanden werden können, [...] fast ausschließlich mit dem Erwerbsbereich verknüpft" (ebd., 237). Deshalb nehmen sie Umstände wie lange Anfahrtswege, untertarifliche Bezahlung und lange Arbeitszeiten, die von außen betrachtet als Zumutungen empfunden werden können, in Kauf. Auch aus ihrer Perspektive ist ihre Erwerbsarbeit mehr mit „Spaß" und Befriedigung verbunden als mit Leid.

An dieser Stelle ist zunächst zu konstatieren, dass die Bedeutung von Erwerbsarbeit für männliche Identitätskonstruktionen nicht geringer wird, wenn sich die Bedingungen auf dem Arbeitsmarkt verschlechtern. Dieses Ergebnis wird auch durch die biographische Langzeituntersuchung von Mechthild Bereswill über junge ost- und westdeutsche Männer mit Hafterfahrungen bestätigt. „In den Interviews nach ihren Zukunftswünschen gefragt, dominiert das Bild einer ungebrochenen männlichen Normalbiographie: Freundin, Kinder Arbeit, Haus und Auto" (Bereswill 2006, 252). Diese biographische Arbeitsorientierung könne jedoch von diesen nach Bereswill als marginalisiert zu bezeichnenden jungen Männern, deren Biographien durch Bildungsarmut und soziale Randständigkeit gekennzeichnet sind, kaum realisiert werden. Ihr gesellschaftlicher Integrationskonflikt, so Bereswill, wird durch den Erziehungsauftrag des Jugendstrafvollzuges, der sich auf Ausbildung und Arbeit richtet, noch verstärkt. „Sie stehen im Fadenkreuz eines gesellschaftlichen Prozesses, in dessen Verlauf der Wandel der Erwerbsgesellschaft und Wandel im Geschlechterverhältnis einander überlagern, aber auch durchkreuzen. Haben wir es einerseits mit der Erosion von Erwerbsstrukturen zu tun, sehen wir andererseits die Zählebigkeit von Strukturen im Geschlechterverhältnis" (ebd., 253).

Insgesamt belegen die zitierten qualitativen Studien, dass sich Männer trotz der Veränderungen im Erwerbssystem an einem auf Arbeit zentrierten Lebenslauf orientieren und Erwerbsarbeit weiterhin positive Quelle für männliche Identitätskonstruktionen ist. Die Ursache für die Langlebigkeit dieser „industriegesellschaftlichen Männlichkeitskonstruktion" (Meuser 2004) ist darin zu sehen, dass Männlichkeit mit Erwerbsarbeit immer noch sowohl strukturell als auch kulturell-symbolisch verknüpft ist. Das Ernährerleitbild ist weiterhin in die Institutionen Arbeitsmarkt und Familie eingeschrieben. Man kann dies mit Helga Krüger als eine „historisch verfestigte Segmentation" (Krüger 2001, 70) bezeichnen, die sich negativ auf Männer auswirken kann, weil sie die Entwicklung alternativer Identitätskonzepte einschränkt. Auf der kulturell-symbolischen Ebene mangelt es an Erzähl- und Identitätsmustern Männlichkeit jenseits von Erwerbsarbeit zu konstruieren. Michael Meuser konstatiert „dass Männern gewissermaßen kein anderes Vokabular zuhanden ist, um ihre Lebensgeschichte zu erzählen, ganz gleich, wie diese abgelaufen ist. [...] Männlichkeit kann offensichtlich gar nicht anders gedacht werden, sie kann nur vom Beruf her konzipiert werden" (Meuser 2005, 147).

3. „Ausschließlich zahlenorientiert, ausschließlich an Erträgen orientiert" – Der soziale Wandel von Arbeit in einem Großunternehmen

Im folgenden Abschnitt wird nun der bereits mehrfach benannte soziale Wandel der Erwerbsarbeit genauer bestimmt. Ich werde zunächst zentrale Aspekte der Entwicklung nachzeichnen und in einem zweiten Schritt anhand einer eigenen exemplarischen Fallanalyse zeigen, wie diese Prozesse von den Beschäftigten wahrgenommen werden, welches Dimensionen aus ihrer Perspektive bedeutsam sind und warum.

In Deutschland ist der gegenwärtige Strukturwandel von Arbeit „gekennzeichnet durch eine vielgestaltige und uneinheitliche Dynamik" (Lohr/Nickel 2005,

207), die wissenschaftlichen Interpretationen über seine Reichweite und Bedeutung sind „durchaus uneinheitlich" (ebd.). Konsens besteht hinsichtlich zweier Aspekte: Erstens hat die kapitalistische Verwertungslogik eine neue Stufe erreicht, die als „Ökonomisierung" bzw. „Vermarktlichung" bezeichnet werden kann. Seit Beginn der 1990er Jahre greifen betriebliche Rationalisierungsstrategien, die den bisherigen tayloristischen Koordinations- und Kontrollmodus „Hierarchie" durch den „Markt" ersetzen. Dabei fungiert der „Markt" vor allem als Leitbild, das die Überlegenheit marktorientierter Rationalisierungsstrategien behauptet. Diese Strategien werden in jede unternehmerische und betriebliche Einheit integriert, die dadurch in ein innerbetriebliches Konkurrenzsystem gesetzt werden. Die Beziehungen zwischen den Unternehmenseinheiten werden auf diese Art und Weise nach „marktbezogenen Richtlinien restrukturiert" (Manske 2005, 55). Der Modus der Vermarktlichung bezieht sich jedoch zunehmend auch auf gesellschaftliche Bereiche, die bisher nicht einer Marktlogik unterworfen waren und „oft unbezahlt und vorrangig bedürfnis- und gebrauchswertorientiert nachgefragt wurden" (Lohr/Nickel 2005, 207). Dies betrifft insbesondere den gesellschaftlichen Reproduktionsbereich, er wird nun ebenfalls rekommodifiziert.

Zweitens kehren die Subjekte in die Ökonomie zurück, ein Prozess, der mit dem Begriff „Subjektivierung" gefasst wird. Er verweist auf einen neuen Modus der Rationalisierung und Vergesellschaftung der Arbeitskräfte. War das Ziel der betrieblichen Organisation bzw. des Managements im fordistischen Industrialismus, alle so genannten subjektiven Faktoren bei der Nutzung der „Ware Arbeitskraft" (Pongratz/Voß 1998) zu eliminieren, so führt die organisatorische Dezentralisierung in den Betrieben zu einer Re-Subjektivierung. Gerade die subjektiven Faktoren gelten nun als Potentiale der Rationalisierung. Dementsprechend werden hemmende Hierarchien und Bürokratien abgebaut und den Individuen wird mehr Eigenverantwortung übertragen. Dabei sind zwei Aspekte zu unterscheiden: Auf der einen Seite wächst die Chance der Arbeitskräfte, Subjektivität in den Arbeitsprozess einzubringen, sich in der Arbeit „selbst zu verwirklichen". Damit einher geht eine enorme Aufwertung von Erwerbs- als Berufsarbeit und beruflicher Selbstverwirklichung, die so Müller, an neuer „Strahlkraft" für beide Geschlechter gewinnt (Müller 2005). Auf der anderen Seite ist ein „doppelter Zwang" (Moldaschl/Voß 2002, 14) zu konstatieren: Die Arbeitskräfte müssen mit den eigenen subjektiven Beiträgen den Arbeitsprozess aufrechterhalten und die Arbeit selbst strukturieren, rationalisieren und verwerten. Dabei enthalten die sich ausweitenden Gestaltungsfreiheiten „systematische Gefährdungen neuer Art" (ebd.), die Gewährung von Autonomie konstituiert nach Moldaschl und Voß eine neue schwer zu durchschauende effiziente Herrschafts- und

Ausbeutungstechnik. Lohr und Nickel (2005) fassen diese Paradoxie mit dem Begriff der „riskanten Chancen".

Damit komme ich zu den in der Einleitung formulierten Fragen, wie sich diese riskanten Chancen für männliche Arbeitnehmer gestalten, wie sie die Transformation von Arbeit erfahren und bearbeiten. Ich gehe ihnen anhand einer Fallstudie in einem in Westdeutschland angesiedelten Chemieunternehmen nach; diese Studie entstand im Rahmen des Forschungsprojektes „Innovative Arbeitsforschung und Lernender Forschungszusammenhang (LeFo)" an der Universität Potsdam, das zum Projektverbund „Zukunft der Arbeit" des BMBF gehörte. Ziel des Projektes war es, die subjektive Verarbeitung des sozialen Wandels von Arbeit interdisziplinär zu erforschen. Innerhalb des Unternehmens wurde ein Betriebsteil ausgewählt, der sich in einem Restrukturierungsprozess hin zur so genannten ergebnisorientierten Steuerung von Arbeit befand. Es handelt sich dabei um das Agrarzentrum, welches für die Forschung und Entwicklung sowie die Produktsicherheit von Pflanzenschutzmitteln zuständig ist. Ergebnisorientierung bedeutet in diesem Kontext die schnellere und kostengünstigere Zulassung von Pflanzenschutzmitteln. Damit verbunden ist eine Umstellung der Managementstrategien weg von direkten Anweisungen und Kontrolle hin zu mehr Eigenverantwortung und Projektorientierung. Die Beschäftigten müssen nun die Aufgaben selbst verteilen und erledigen. Mit dieser Umstrukturierung war zugleich ein Stellenabbau von 25% verbunden, der zum Zeitpunkt der Untersuchung gerade abgeschlossen war. Innerhalb des Agrarzentrums wurde eine Arbeitsgruppe untersucht, die laut Betriebsleitung besonders stark vom Umbau betroffen war: zum einen durch den massiven Stellenabbau, zum anderen durch die Zusammenlegung von zwei Arbeitsgruppen. Sie untergliedert sich nun in neun Labors mit je drei bis vier Mitarbeiter/innen, die einem Gruppenleiter unterstellt sind. Die Arbeitsgruppe analysiert die Rückstände von Pflanzenschutzmitteln in Pflanzen und Tieren, die Ergebnisse werden für die behördliche Zulassung neuer Wirkstoffe benötigt. Mit sechs Mitarbeitern und sechs Mitarbeiterinnen wurden qualitative, leitfadengestützte Interviews geführt, die im Rahmen einer Forschungswerkstatt[2] ausgewertet wurden.

Das methodische Vorgehen gestaltet sich wie folgt: Zunächst wurde eine Einzelfallanalyse anhand des Interviews mit dem Laborleiter Dr. Steger durchgeführt, der auch der Protagonist der Darstellung ist. Im Mittelpunkt von Dr. Stegers Erzählungen stehen zwei Themen: die Veränderungen im Management und in der Unternehmenskultur sowie die Auswirkungen auf Berufskarrieren. Der Vergleich mit den anderen Interviews zeigt, dass sich beide Themen auch in den anderen Interviews mit männlichen Beschäftigten finden lassen, sie können deshalb als bedeutsame Dimensionen der Transformation für männliche Beschäftigte identifiziert werden und werden im Folgenden analysiert.

Aus der Sicht der Interviewten resultieren die laufenden Veränderungen im Werk aus einem Wechsel im Management. So kontrastiert Dr. Steger in seinen Erzählungen mehrfach einen alten und einen neuen Managertypus, der sich begrifflich als „wissenschaftlicher Agrarmanager" versus „marktorientierter Verkaufsmanager" fassen lässt. Der typische Vertreter des alten Managers habe Chemie studiert und wäre zunächst in der Landwirtschaft tätig gewesen. Er habe im Laufe seiner Karriere einen kontinuierlichen Aufstieg vollzogen und besäße starke soziale Bindungen zu anderen Führungskräften, aber auch zu den Mitarbeiter/innen. Charakteristisch sei eine spezifische Mentalität, die Dr. Steger als „Denke 'Agrar und Umwelt'" bezeichnet. Der neue Manager sei hingegen nicht mehr ein „im Geschäft groß gewordener" Fachmann, sondern ein „Quereinsteiger", dessen Arbeitsfeld der Verkauf sei, er sei „ausschließlich zahlenorientiert, ausschließlich an Erträgen orientiert".

Mit diesem „Paradigmenwechsel" gehe eine Umstrukturierung der Arbeitsabläufe, aber auch der Werteordnung im Betrieb einher. Während bis zu diesem Wechsel die Solidität und Qualität der wissenschaftlichen Studien im Vordergrund gestanden habe, zählten nun schnelle Ergebnisse, die sich auf dem Markt gewinnbringend verkaufen lassen. Wäre bisher das gute wissenschaftliche Arbeiten das zentrale Kriterium für die soziale Anerkennung, so sei es nun der gewinnbringende Verkauf. Während früher der „Spezialist" gezählt habe, sei heute Flexibilität gefragt: „Also Ideal Prüfleiter, das sieht so aus, dass der das alles kann."

Während der alte Managertypus soziale Verantwortung für die Mitarbeiter/innen übernommen habe, interessiere sich der neue nicht mehr für die einzelnen Beschäftigten. Dies wird anhand von Geschichten über den Personalabbau belegt. Diese Unmenschlichkeit des neuen Managements kontrastiert Dr. Steger mit dem alten Managertypus, der „Kämpfer für seine Gruppe" gewesen sei. Damit einhergegangen sei auch ein starker sozialer Zusammenhalt: „Freitags Mittag da hat dann der Laborleiter mit seinen Leuten Schnitzel gebraten im Labor". Auffällig ist, dass in Dr. Stegers Erzählungen die Vergangenheit ausgesprochen harmonisch und positiv erscheint. Man kann davon ausgehen, dass es sich dabei zum Teil auch um Idealisierungen handelt, die in der Narration als Mittel der Kontrastierung eingesetzt werden, um dem Interviewer die Unterschiede zwischen früher und heute zu verdeutlichen.

Als Personifizierung des neuen Managertypus gilt der Leiter des Agrarzentrums Dr. Baldus, mit dem selbst Vorabgespräche, aber kein Interview geführt wurden. Er wird von den Interviewten als „Globalplayer" und als „Feldherr" bezeichnet und gilt als derjenige, der ohne Rücksicht auf die Belange der Mitarbeiter/innen Stellen abbaut und die neue „Denke" im Unternehmen verkörpert. Diese zeigt sich besonders scharf in der Vorstellung vom Betrieb als einem Schiff, die den Mitarbeiter/innen von Dr. Baldus auf einem Workshop zur Zukunft des Werkes vorgestellt wurde. Sie sollten sich das Chemiewerk als ein Schiff auf hoher See vorstellen, das einer Reederei gehört, die den Kunden symbolisiert. Das Schiff sei aufgebrochen, um neue Märkte zu erobern und sich im Wettbewerb mit den anderen Schiffen zu messen, wobei die Besatzung sich nach den Wünschen der Reederei zu richten hätte. Alle Beschäftigten säßen in diesem Boot und seien den gleichen Fährnissen ausgeliefert und könnten sie nur gemeinsam bewältigen. Man müsse trotz der widrigen oder gerade wegen der widrigen Umstände zusammenhalten.

Mit dieser Schiffsvision, so meine Interpretation, kann das Management legitimieren, dass es Leute entlassen muss und nicht sozial verträglich handeln kann, eben weil es sich zentral auf den Kunden beziehen *muss*. Zur absoluten Ausrichtung am (Welt-)Markt scheint es somit keine Alternative zu geben. Gleichzeitig hat die Schiffsmetapher auch eine sozialintegrative Funktion und setzt auf Gleichheit aller Beschäftigten, was wiederum dem neuen Leitbild von Eigenverantwortung und flachen Hierarchien entspricht. Dabei wird verschwiegen, dass ein großes Schiff streng hierarchisch organisiert ist, die Mannschaft hat den Befehlen des Kapitäns und seiner Offiziere zu folgen. Die von den Mitarbeitern verwendete Metapher des „Feldherrn" verweist genau auf diese (militärische) Rangordnung, auf die Konzentration von sozialer Macht in der Hand des Managers und den Anspruch auf Autorität.

Das neue Managementkonzept führt nun zu gravierenden Veränderungen der Arbeitsorganisation der Laborleiter. Diese werden in den Interviews auch sprachlich deutlich: Wurden sie früher als „Prüfleiter" bezeichnet, so heißen sie nun „Laborleiter" oder gar „Labormanager". Setzt man anhand des Interviewmaterials idealtypisch den alten gegen den neuen Typus so ergeben sich folgende Charakteristika: Der Prüfleiter zeichnet sich durch Spezialistentum, Engagement für die Mitarbeiter/innen und einen engen Kontakt zum Labor aus; er hat sich im Betrieb hochgearbeitet und teilweise keine akademische Ausbildung. Der Labormanager hingegen ist charakterisiert durch Flexibilität, geringes Interesse an den Belangen seiner Mitarbeiter/innen und hat kaum noch Kontakt zum Labor; er verfügt über eine akademische Ausbildung und möglichst Berufserfahrungen im Ausland. Er soll die neuen Unternehmenswerte inkorporiert haben, insbesondere die unbedingte Orientierung an schnellen Ergebnissen und Gewinnen, eine starke Technikfixierung und ein schonungsloser Umgang mit den Mitarbeiter/innen.

So äußert beispielsweise der sich selbst als „Labormanager" bezeichnende Dr. Heinrich: „Wer diesen Sprung nicht schafft, zu Hightech hin, der wird im Prinzip überflüssig. Das liegt in der Natur der Sache."

Die Angestellten positionieren sich zu diesem neuen Managertypus sehr unterschiedlich. Dabei fällt auf, dass dieses Thema unter den männlichen Interviewten stärker verhandelt wird, also bedeutsamer ist, als unter den weiblichen. Während die einen Dr. Baldus bewundern und ihm nacheifern, sehen andere diese Entwicklung kritisch. Setzt man ihre jeweilige soziale Positionierung im Werk dazu in Bezug, so fällt auf, dass diejenigen Mitarbeiter, welche von einem weiteren beruflichen Aufstieg ausgehen und sich nach oben orientieren, sich ausgesprochen positiv zum Vorgesetzten in Bezug setzen. Diejenigen, die ihre weitere berufliche Zukunft im Werk gefährdet sehen, stehen diesem neuen Typus skeptisch gegenüber.

Dr. Steger verortet sich selbst auf der Seite des alten Managertypus. Er beklagt die zunehmende soziale Kälte unter den Mitarbeiter/innen und setzt sich aus seiner Sicht weiter für ihre Belange ein und bemühe sich immer wieder, gemeinsame Unternehmungen in der Freizeit anzuregen. Er sieht sich gegenwärtig in einer Situation, in der seine Handlungsoptionen durch den Wandel eingeschränkt werden. Symbolisiert wird dies im Interview durch den Verlust des Einzelbüros im Rahmen der so genannten „Büroraumkompaktierung". Gleichzeitig orientiert sich Dr. Steger aber am neuen Managerideal und betont immer wieder seine Flexibilität. Er erkennt den neuen Managertypus als hegemonial an, und indem er sich selbst als „alt-romantisch" bzw. im Alter von Mitte 40 als „alt" bezeichnet, schreibt er sich eine untergeordnete Position in der neuen Ordnung zu, unter der er gleichwohl leidet, denn eigentlich hatte er eine Berufskarriere im Auge, in der er selbst mehr mitbestimmen kann.

Der berufliche Entwicklungsweg nimmt im Interview mit Dr. Steger einen breiten Raum ein. Er stellt sich als einen Mann dar, der eine „klassische Karriere" im Werk gemacht und bereits früh ein persönliches Karriereziel formuliert hat: „Ich möchte gern ein bisschen mehr mitbestimmen". Er thematisiert ausführlich, wie sicher eine lebenslange berufliche Anstellung im Werk bisher galt, und erzählt von seinen Mitarbeitern, die ihn in der Zeit des Personalabbaus „tagtäglich" mit Anfragen konfrontiert haben: „Sag mal, wie sieht es denn aus, ich habe Angst, ich habe gebaut, ich habe Familie zu Hause, sage mir mal, bin ich nächste Woche bei Dir [zum Entlassungsgespräch]?" In diesem Zitat kommt zugleich die Vorstellung vom männlichen Familienernährer zum Ausdruck, die Dr. Steger auch in folgender Geschichte thematisiert: „Also meine Schwiegermutter hat mich bisher nur ein einziges Mal herzlich umarmt. Das war als ich aus dem Vorstellungsgespräch herauskam und gesagt habe, ich habe einen Job im Chemiewerk gekriegt. Weil da war für sie klar, ihre Tochter ist versorgt". Wenn die soziale Anerkennung von Männern jedoch vor allem auf ihrer Versorgerposition beruht, erklärt sich auch, warum die Transformation des Normalarbeitsverhältnisses für sie so bedrohlich ist. Aber nicht nur die finanzielle Absicherung des Lebens, sondern auch der Lebenssinn durch Erwerbsarbeit spielt bei dem drohenden Verlustszenario eine wichtige Rolle. Eindrücklich beschreibt Dr. Steger das Beispiel eines entlassenen Kollegen, der nun vor lauter Langeweile zum dritten Mal den Gartenzaun streicht. In der Vision eines anderen Interviewten geht der Verlust von Arbeit mit Alkoholismus und Depressionen einher.

Hinsichtlich der Thematisierung der beruflichen Karrieren zeigen sich erhebliche Differenzen im Material. So nehmen der Stellenabbau und die damit einhergehende Verunsicherung in einigen Interviews einen sehr großen Raum ein. Ähnlich wie Dr. Steger thematisieren diese Interviewten, dass Kündigungen bis zur Umstrukturierung etwas Unvorstellbares waren, das Werk habe immer nur expandiert. Hingegen spielt der Stellenabbau in anderen Interviews kaum eine Rolle. Der bereits zitierte Dr. Heinrich etwa teilt sogar die Ansicht des Managements, dass er für die Zukunft des Werkes notwendig sei. Er spricht über seine weiteren Karrierepläne, über seine laufenden Qualifikationen in Richtung Führung und Management und sieht seine Zukunft positiv, obwohl aus seiner Sicht keine aktuellen Aufstiegschancen für ihn bestehen.

Auch hier zeigt sich der bereits oben aufgezeigte Zusammenhang: Diejenigen, deren berufliche Zukunft im Werk gefährdet ist oder zumindest stagniert, thematisieren den Stellenabbau und die Sorge um ihre weitere Karriere ausführlich, während dies bei denjenigen, die eine berufliche Karriere vor sich sehen, nicht der Fall ist.

4. Resümee

Für männliche Beschäftigte, die ihren Lebensentwurf auf den industriegesellschaftlichen Männlichkeitsentwurf orientiert haben, so lässt sich aus dem Interviewmaterial schlussfolgern, bringen die gegenwärtigen Veränderungen erhebliche Verunsicherungen mit sich, die biographisch be- und verarbeitet werden müssen. Jedoch zeigen sich unter den männlichen Arbeitnehmern große Unterschiede: Auf das hier bezogene Beispiel von unbefristet Beschäftigten im so genannten Normalarbeitsverhältnis[3] ist zu fragen, warum gelingt es bestimmten Arbeitnehmern Transformationsprozesse aktiv mitzugestalten? Welche biographischen Ressourcen sind mit Auf- und Abstiegen in einer sich wandelnden

Hierarchie verbunden? Es lässt sich die These formulieren, dass Arbeitnehmer, die sich am Ideal des industriegesellschaftlichen Männlichkeitskonstrukts orientieren, stärker von Verunsicherungen betroffen sind. Welche Männlichkeitskonstruktion lässt sich hingegen bei den Aufsteigern finden?

In dieser Hinsicht scheint es mir sinnvoll, an die Thesen von Lange (2003) zur Verbindung von Männlichkeit und Management anzuknüpfen und diese zukünftig empirisch zu fundieren. Er vertritt die These, dass die Ressource Männlichkeit die Praxis des Managements in entscheidender Weise prägt und umgekehrt die Praxis des Managements Einfluss auf verschiedene Erscheinungsformen von Männlichkeit in der Organisation hat. Idealtypisch unterscheidet Lange zwischen einem paternalistischen, einem strategischen und einem neuen Managementkonzept, die je mit spezifischen Männlichkeitskonzepten korrespondieren. Aus einem historisch-chronologischen Blickwinkel löste ein Konzept das andere ab, wobei sich nach Lange bis heute paternalistische Elemente finden lassen. Das aktuelle Managementkonzept ist gekennzeichnet durch tendenziell flachere Hierarchien, die Dezentralisierung von Kompetenzen und Entscheidungsbefugnissen, insgesamt schlankere, dynamischere Betriebsstrukturen, vermehrt projektorientierte Arbeitsprozesse in kleinen, leistungsfähigen Teams, verbesserte Partizipationsmöglichkeiten, höhere Eigenverantwortung bei der Entscheidungsfindung und Qualitätssicherungsprozessen. Lange diskutiert, dass zunächst angenommen wurde, dass mit diesem Managementkonzept auch ein Aufstieg von Frauen einhergehen könnte, denn für die neuen Führungsaufgaben sei nun der „ganze Mensch" mit seinen sozialen und emotionalen Fähigkeiten gefragt. Gerade Einfühlungsvermögen, Teamkompetenz und andere soziale Kompetenzen gelten in unserer Kultur der Zweigeschlechtlichkeit als weiblich. Der in den 1980er Jahren einsetzende Wechsel zu diesen neuen oder modernen Managementformen hat jedoch nicht zu einem vermehrten Aufstieg von Frauen geführt: Zum einen haben sich Männer die entsprechenden sozialen Kompetenzen in entsprechenden Managerseminaren angeeignet, zum anderen hat sich gezeigt, dass Kontrolle und Disziplinierung nicht aus dem Betriebsalltag verschwunden sind, sondern eine „autoritär-aggressive Männlichkeit" (ebd.) neuen Aufwind erhalten hat.

Diese Perspektive lässt sich gewinnbringend auf den analysierten Fall anwenden und führt zu weitergehenden Forschungsfragen. In der visionären Metapher des Schiffs finden sich Elemente einer Männlichkeitskonstruktion, die Connell als „Front-Männlichkeiten" (Connell 1998, 97; 1999) bezeichnet, eine Männlichkeit, die sich zuerst bei der Eroberung und Kolonialisierung der Neuen Welt im 15. und 16. Jahrhundert konstituierte, die selbst ein von Männern gelenktes

Unternehmen war. Die Konquistadores verkörpern für ihn den ersten kulturellen Typus moderner Männlichkeit, der durch Aggressivität, zügellose Gewalt, Gier nach Reichtum und einen egozentrischen Individualismus gekennzeichnet ist und in der Geschichte der Männlichkeit(en) in immer wieder neuen Variationen auftaucht. Auch Böhnisch formuliert in seiner Analyse des „digitalen Kapitalismus" die These, dass mit der Globalisierung die „'männlichen Prinzipien' der Externalisierung" weiter vorangetrieben werden; Männlichkeit neu aufgefordert [wird]" (Böhnisch 2006, 279). Diesen Zusammenhang zwischen den neuen marktzentrierten Managementkonzepten und historisch tradierten Männlichkeitskonstruktionen gilt es zukünftig genauer zu spezifizieren. Eine solche Analyse würde auch der aktuellen Debatte um hegemoniale Männlichkeit (vgl. dazu Meuser/Scholz 2005) mehr Tiefenschärfe verleihen. Bekanntlich geht Connell (1998, 1999) davon aus, dass sich hegemoniale Männlichkeit gegenwärtig in den technokratischen Milieus des globalen Managements konstituiert, empirisch belegt ist diese viel zitierte Annahme bisher jedoch kaum. Die neue Marktideologie und die damit verbundene neue Form des Kapitalismus fordert darüber hinaus auch eine erneute Analyse der Verflechtung von Kapitalismus und Androzentrismus heraus.

Anmerkungen

1 Im Mittelpunkt der Arbeits- und Industriesoziologie standen auf Grund ihrer Orientierung an bestimmten Branchen wie der Automobilindustrie generell männliche Arbeitnehmer, ohne dass jedoch deren Geschlecht explizit in den Blick genommen wurde. Eine Ausnahme bildet die Analyse von Dörre über männliche ostdeutsche Leiharbeiter in der Automobilindustrie (Dörre 2005).
2 Zur Anlage des Projektes und zur Methode der Forschungswerkstatt vgl. Ludwig (2007). Zu dieser Fallanalyse vgl. Scholz (2007), der Band enthält weitere Interpretationen dieses Falles.
3 Zu analysieren ist, wie sich die Transformationsprozesse in anderen Arbeitsverhältnissen gestalten. Klaus Dörre (2005) verweist anhand seiner Untersuchung von Leiharbeitern in der Automobilindustrie darauf, dass in dieser seiner Definition nach prekären Arbeitsform sich langfristig eine „Reproduktionsproblematik" (ebd., 199) konstituiert: Die Unsicherheit, ob das Arbeitsverhältnis fortgesetzt wird, führt dazu, dass keine langfristige Familienplanung vorgenommen werden kann, zugleich kann die wochenlange Abwesenheit von der Familie diese destabilisieren. Mit der „Reproduktionsproblematik" ist ein weiterer zentraler Aspekt angesprochen. Wurde in dieser Hinsicht bisher vor allem untersucht, wie Frauen die Vereinbarung von Beruf und Familie gelingt bzw. welche Probleme sie in dieser Hinsicht lösen müssen, so gilt es diesen Aspekt auch für Männer zu untersuchen.

Literatur

Aulenbacher, Brigitte (2005): Subjektivierung von Arbeit. Ein hegemonialer industriesoziologischer Topos und was die feministische Arbeitsforschung und Gesellschaftsanalyse dazu zu sagen hat. In: Lohr, Karin/Nickel, Hildegard M. (Hg.) (2005): Subjektivierung von Arbeit - Riskante Chancen. Münster, 34-64.

Behnke, Cornelia/Liebold, Renate (2001): „Ich habe die Arbeit immer in den Vordergrund gestellt" Die Bedeutung der Arbeit im Leben männlicher Führungskräfte. Ein Fallbeispiel. 1. Tagung AIM Gender. http://www.ruendal.de/ [gesichtet am 02.01.2007].

Bereswill, Mechthild (2006): Männlichkeit und Gewalt. Empirische Einsichten und theoretische Reflexionen über Gewalt zwischen Männern im Gefängnis. In: Feministische Studien 24, 242-255.

Böhnisch, Lothar (2006): Zum Wandel von Männlichkeit und männlicher Sozialisation im „digitalen Kapitalismus". In: Bilden, Helga/Dausien, Bettina (Hg.): Sozialisation und Geschlecht. Theoretische und methodologische Aspekte. Opladen, 275-289.

- (2003): Die Entgrenzung der Männlichkeit. Verstörungen und Formierungen des Mannseins im gesellschaftlichen Übergang. Opladen.

-/Winter, Reinhard (1993): Männliche Sozialisation. Bewältigungsprobleme männlicher Geschlechtsidentität im Lebenslauf. Weinheim.

Bründel, Heidrun/Hurrelmann, Klaus (1999): Konkurrenz, Karriere, Kollaps. Männerforschung und der Abschied vom Mythos Mann. Stuttgart/Berlin/Köln.

Connell, Robert W. (1999): Der gemachte Mann. Männlichkeitskonstruktionen und Krise der Männlichkeit. Opladen.

- (1998): Männer in der Welt: Männlichkeiten und Globalisierung. In: Widersprüche 18, 91-106.

Döge, Peter/Volz, Rainer (2004): Männer - weder Paschas noch Nestflüchter. Aspekte der Zeitverwendung von Männern nach den Daten der Zeitbudgetstudie 2001/2002 des Statistischen Bundesamtes. In: APUZ B46/2004, 13-23.

Dörre, Klaus (2005): Prekäre Beschäftigung - ein unterschätztes Phänomen in der Debatte um Marktsteuerung und Subjektivierung. In: Lohr, Karin/Nickel, Hildegard M. (Hg.): Subjektivierung von Arbeit - Riskante Chancen. Münster, 180-206.

Engler, Wolfgang (2002): Die Ostdeutschen als Avantgarde. Berlin.

Hollstein, Walter (1999): Männerdämmerung. Von Tätern, Opfern, Schurken und Helden. Göttingen.

- (1992): Die Männer. Vorwärts oder zurück? München.

Krüger, Helga (2001): Gesellschaftsanalyse: der Institutionenansatz in der Geschlechterforschung. In: Knapp, Gudrun-Axeli/Wetterer, Angelika (Hg.): Soziale Verortung der Geschlechter. Münster, 63-90.

Lange, Ralf (2003): Management, Männlichkeiten und Geschlechterdemokratie. Zur sozialen Konstruktion von hegemonialer Männlichkeit im Management von Organisationen. In: Heinrich Böll Stiftung (Hg.): Geschlechterdemokratie wagen. Königsstein, 105-125.

Liebold, Renate (2005): „Meine Kinder fragen mich schon lange nichts mehr." - die Kehrseite einer beruflichen Erfolgsbiographie. In: Zahlmann, Stefan/Scholz, Sylka (Hg.): Scheitern und Biographie. Die andere Seite moderner Lebensgeschichten. Gießen, 89-107.

Lohr, Karin/Nickel, Hildegard M. (Hg.) (2005): Subjektivierung von Arbeit - Riskante Chancen. Münster.

Ludwig, Achim (Hg.) (2007): Lernender Forschungszusammenhang und Innovative Arbeitsforschung (in Vorbereitung).

Manske, Alexandra (2005): Prekarisierung auf hohem Niveau. WebWorker und die Ungleichheitsordnung von Arbeit. Dissertation, Humboldt-Universität zu Berlin.

Meuser, Michael (2007): Der „kranke" Mann - wissenssoziologische Anmerkungen zur Pathologisierung des Mannes. In: Dinges, Martin (Hg.): Männlichkeit und Gesundheit im historischen Wandel 1850-2000. Stuttgart, 73-86 (im Druck).

- (2006): Geschlecht und Männlichkeit. Soziologische Theorie und kulturelle Deutungsmuster. 2. überarbeitete und aktualisierte Auflage. Wiesbaden.

- (2005): Männlichkeitskonstruktionen ohne Hegemonieanspruch? Gemeinsamkeiten und Differenzen ost- und westdeutscher Männlichkeiten. In: Schäfer, Eva/Dietzsch, Ina/Drauschke, Petra/Peinl, Ines/Penrose, Virginia/Scholz, Sylka/Völker, Susanne (Hg.): Irritationen Ostdeutschland. Geschlechterverhältnisse seit der Wende. Münster, 147-153.

- (2004): Nichts als alter Wein in neuen Schläuchen? Männlichkeitskonstruktionen im Informationszeitalter. In: Kahlert, Heike/Kajatin, Claudia (Hg.): gender@future. Geschlechterverhältnisse im Informationszeitalter. Frankfurt am Main, 73-93.

-/Scholz, Sylka (2005): Hegemoniale Männlichkeit - Versuch einer Begriffsklärung aus soziologischer Perspektive. In: Dinges, Martin (Hg.): Männer - Macht - Körper. Hegemoniale Männlichkeiten vom 12. Jahrhunderts bis zur Gegenwart. Frankfurt am Main, 220-241.

Moldaschl, Manfred/Voß G. Günter (Hg.) (2002): Subjektivierung von Arbeit. München/Mering.

Müller, Hans-Peter (2005): Lebensführung durch Arbeit? Max Weber und die Soziologie von Arbeit und Beruf heute. In: Lohr, Karin/Nickel, Hildegard M. (Hg.): Subjektivierung von Arbeit - Riskante Chancen. Münster, 17-34.

Parsons, Talcott (1968): Sozialstruktur und Persönlichkeit. Frankfurt am Main.

Pongratz, Hans/Voß, Günter (1998): Der Arbeitskraftunternehmer. Eine neue Grundform der Ware Arbeitskraft? In: Kölner Zeitschrift für Soziologie und Sozialpsychologie 50, 131-158.

Scholz, Sylka (2004): Männlichkeiten erzählen. Identitätskonstruktion ostdeutscher Männer. Münster.

- (2007): „Also ausschließlich Zahlen orientiert, ausschließlich an Erträgen orientiert" - Der Wandel von Unternehmenskultur, Management und beruflichen Karrieremustern. In: Ludwig, Achim (Hg.): Lernender Forschungszusammenhang und Innovative Arbeitsforschung (in Vorbereitung).

Voß, Günter G./Weiß, Cornelia (2005): Ist der Arbeitskraftunternehmer weiblich? In: Lohr, Karin/Nickel, Hildegard M.: Subjektivierung von Arbeit - Riskante Chancen. Münster, 65-91.

Maja Apelt/Cordula Dittmer

„Under pressure" – Militärische Männlichkeiten im Zeichen Neuer Kriege und veränderter Geschlechterverhältnisse

Das Militär bestimmt wie kaum ein anderer Lebensbereich die Konstruktion von Männlichkeit und ist selbst in hohem Maße von Männlichkeit durchdrungen. Dieser Zusammenhang ist aber nicht universell, sondern ein konkret historisches Ergebnis des Modernisierungsprozesses, in dem das Militär einen wichtigen, aber bisher viel zu wenig beachteten Stellenwert einnimmt[1].

Männlichkeit wird im Folgenden als regulative Norm für das Handeln von Männern verstanden, wobei Normen immer erst durch das Handeln produziert, reproduziert und modifiziert werden. Männlichkeit wird getragen von Symbolen, Ideologien, sozialen Gepflogenheiten, Körperbildern und Diskursen, die mit der Kategorie Mann verbunden werden. Die Normen wirken disziplinierend auf das Verhalten von Männern, aber auch von Frauen. Die Wirkung von Männlichkeitsnormen auf Frauen ist ambivalent, denn zum einen müssen Frauen sich diesen Normen unterordnen, sofern sie die gleichen Positionen wie Männer einnehmen oder einzunehmen versuchen. Zugleich müssen sich Frauen auch in männlich bestimmten Bereichen mit den Normen für Weiblichkeit auseinandersetzen. Das heißt, man kann die Normen für Männlichkeit(en) und Weiblichkeit(en) einerseits als Normen für Genusgruppen, andererseits auch als Normen für soziale Positionen, die jeweils bestimmten Geschlechtern zugerechnet werden, verstehen. In der Auseinandersetzung mit diesen Normen entstehen unterschiedliche Geschlechterpraktiken und differenzierte Geschlechterverhältnisse.

Mit der Bildung von Nationalstaaten dienen die Streitkräfte[2] der Monopolisierung staatlicher vorwiegend nach außen gerichteter Gewalt. In dem folgenden Artikel wird dargestellt:
- worauf die besondere Verknüpfung von Militär und Männlichkeit basiert,
- wie im Militär Männlichkeit „hergestellt" wird,
- wie sich das Verhältnis von Militär und Männlichkeit(en) aktuell verändert und
- welche offenen Fragen hinsichtlich der Theorie und Empirie von Männlichkeit bestehen.

1. Militär und Männlichkeit

Die gesellschaftsprägende Verknüpfung von Männlichkeit und Militär entstand im 19. Jahrhundert. In früheren Phasen waren Frauen auf vielfältige Weise an Militär und Krieg beteiligt: als Tross- und Schanzweiber, Marketenderinnen, als Prostituierte oder auch als Kämpferinnen in Männerkleidern. Erst mit der Einführung der stehenden Heere, der Professionalisierung und Disziplinierung der Soldaten und dem Heiratsverbot für Soldaten vollzog sich zunächst sukzessive der Ausschluss von Frauen aus dem Militär. Mit der erfolgreichen Einführung der Wehrpflicht 1913/14 wurde das Militär nach und nach zu einer „Schule der Männlichkeit" (Paulsen in Frevert 1997, 147). Bezogen auf Deutschland macht Frevert dafür mehrere Faktoren verantwortlich:

- die „aufklärerische Adelskritik", die der dezidiert männlichen Erziehung, der Körperkraft, Körperbeherrschung und Tapferkeit einen hohen Stellenwert beimaß,
- die Nationalstaatsbildung und die Konstruktion der wehrhaften Nation im „heiligen Volkskrieg" gegen Frankreich,
- die Bereitschaft der Offiziere, das Militär als Erziehungsanstalt einzurichten und selbst zu „Lehrmeistern der Nation" zu werden.

Die „Söhne des Vaterlandes" lernten in dieser Armee „ohne Unterschied der Geburt" fortan strenge Disziplin, Gehorsam, Mut, Hingebung sowie das Gefühl der Zusammengehörigkeit, ein Glied einer gewaltigen Masse zu sein.

Die Bedeutung, die das Militär für die Konstruktion von Männlichkeit erlangte, lässt sich aber auch anders und grundsätzlicher aus dem Anachronismus der modernisierten bürgerlichen Geschlechterverhältnisse herleiten. Dieser ist einerseits durch einen nachhaltigen Individualisierungsprozess und die Entlassung aus ständischen, traditionellen und religiösen Bindungen gekennzeichnet. Mit der Auflösung der Familie als ganzheitliche Produktionsgemeinschaft vollzog sich die Trennung von Haus- und Erwerbsarbeit, von Produktion und Reproduktion, die Polarisierung von drinnen und draußen, von Familie und Arbeit. Die Familie wurde privatisiert und emotionalisiert, die Arbeit erhielt den Charakter einer Vertragsbeziehung und wurde versachlicht. Die moderne Gesellschaft war in Bezug auf die Frauen allerdings zunächst eine „halbierte Moderne" (Beck 1993), die Individualisierung ein männliches Projekt. So waren die allgemeinen Bürgerrechte zunächst auf die Männer beschränkt, während die Frauen auf die Familie verwiesen und unter das männliche Oberhaupt untergeordnet wurden. Dieser Widerspruch zwischen einer Gesellschaft, die die Freiheit, Gleichheit und Brüderlichkeit (!) proklamierte, die Frauen aber zugleich auf die familiale, durch die Industrialisierung entwertete Rolle reduzierte, war der Hintergrund für die Etablierung einer eigenständigen politischen Frauenbewegung. Mit der Durchsetzung des Wahlrechts für Frauen 1918 wurden Männer und Frauen als prinzipiell gleichberechtigte Bürger eines Nationalstaates konzipiert, denen im Wesentlichen gleiche Rechte eröffnet und gleiche Pflichten zugemutet wurden. Die Modernisierung bewirkte also sowohl eine Abwertung wie eine Aufwertung der Geschlechterdifferenz mit tiefgreifenden Folgen für beide Geschlechter und stellte die Grundlage dar für eine neue normative Konstruktion von Geschlechtercharakteren – von Männlichkeit und Weiblichkeit – als das andere Projekt der Moderne.

Für die Männer als Genusgruppe war der Modernisierungsprozess aber ebenso wenig konfliktfrei. Die Entlastung der Familie von der Produktionsfunktion bedeutete für das männliche Familienoberhaupt, dass seine Funktion aus der Familie ausgelagert wurde, ihm wurde damit die Basis seiner Autorität entzogen (Sennett 1990). Der Positionsverlust in der Familie, die neuen Arbeitsbeziehungen und die erstarkende Frauenbewegung führten zur Verunsicherung des tradierten Männlichkeitsideals. Die Männer versuchten nun, dieser Entmachtung mit einem verstärkten „doing gender" oder besser einem „doing masculinity" entgegenzuwirken. Das Militär bot mit seinen auf den traditionellen Männlichkeitsidealen basierenden Tugenden von Kraft, Mut und Heldentum, der Romantisierung des Krieges als persönlichem Freiheitskampf und der „jungmännliche[n] Initiation" (Frevert 2001) die perfekte Projektionsfläche zur Wiederherstellung und Etablierung des belasteten Männlichkeitsideals. Das Militär wurde zu einer „Schule der Männlichkeit", das der militarisierten Männlichkeit die eigene Dominanz sicherte (Doppler 2005). Der Militärdienst als eine der einflussreichsten Sozialisationsinstanzen für den Übergang des Jugendlichen zum Erwachsenendasein – vom Jungen zum Mann – wurde durch zivilisationskritische Männerbünde und männliche Gesangsvereine, Turn- und Wohltätigkeitsvereine, studentische Verbindungen oder Jugendbewegungen, die, ebenso wie das Militär, die Geschlechterrollen wieder klar voneinander trennten, unterstützt.

Die Begeisterung für den Ersten Weltkrieg speiste sich auch aus der Hoffnung auf eine Bewährung der Männlichkeit in Heldentum und Kampf (Frevert 1990). Aufgrund der verheerenden militärischen Niederlage wurde das Militär in seiner Rolle als stabilisierender Rückzugsraum für militarisierte Männlichkeit infragegestellt. Bis zum Ausbruch des Zweiten Weltkriegs übernahmen diese Funktion vor allem die paramilitärischen Gruppen der Nationalsozialisten (Frevert 1990).

Die symbolische Stärkung von militarisierter Männlichkeit erscheint also als ein Versuch, dem durch Modernisierung bedingten strukturellen Machtverlust entgegenzuwirken. Militarisierte Männlichkeit(en) wurden damit zu einem kulturellen, sozialen und symbolischen Medium der Bewältigung von Modernisierungsfolgen.

Aufgrund der spezifischen deutschen Vergangenheit entwickelte die Bundeswehr ein ambivalentes Verhältnis zu militarisierter Männlichkeit. Zum einen stellte sie weniger den männlichen Kämpfer als vielmehr die Technikbegeisterung, den Sport- und Teamgeist in den Vordergrund. Zum anderen betont sie die preußischen Militärtraditionen und suchte das Militär als Männerbund festzuschreiben. Damit aber widersprach die Bundeswehr den allgemein-gesellschaftlichen Veränderungen, bis sie im Jahr 2000 durch den Europäischen Gerichtshof dazu gezwungen wurde, den weitgehenden Ausschluss von Frauen aus dem Militär aufzuheben (Apelt/Dittmer/Mangold 2005). Welche Rolle die Verknüpfung von Militär und Männlichkeit und welche Bedeutung militarisierte Männlichkeit für die Bewältigung von Modernisierungsfolgen auch heute noch in der Bundeswehr spielen, wird in den folgenden Abschnitten analysiert.

2. Militärische Sozialisation als männliche Sozialisation

Die Verknüpfung von Militär und Männlichkeit spiegelt sich v.a. in der militärischen Sozialisation wieder. Diese umfasst mehrere ineinander greifende Mechanismen: *Erstens* ist die militärische Ausbildung der Rekruten an der Anerziehung von Eigenschaften wie Mut, Entschlossenheit, physische Fitness, Kampfgeist, Angriffslust und Kameradschaft orientiert; Eigenschaften, die für einen siegreichen Kampf als unerlässlich und als männlich gelten (Klein 2001, 196; Dittmer 2007).

Ein *zweiter* Mechanismus erschließt sich bei genauerer Betrachtung des „heimlichen Lehrplans" der militärischen Ausbildung. Die Rekruten befinden sich in der Situation einer totalen Institutionalisierung (Goffman 1973; Apelt 2004a). Sie werden ihrer Identitätsausrüstung – ihrer individuellen Kleidung, ihres Namens, der Frisur, des bisher eingeübten Verhaltens – sowie jeglicher Privatsphäre und Rückzugsmöglichkeit beraubt und über Gehorsamstests, Normenfallen u. ä. (Treiber 1973; Steinert 1973) extrem verunsichert. Die Rekruten werden – so Haubl (1988); Erdheim (1982); Hoffmann (1988) – in die Position eines weiblichen Objektes versetzt, das zunächst typisch weibliche Tätigkeiten, wie Betten Machen, Aufräumen, Putzen übernehmen muss.

„Ich fürchte, dass das Ausplaudern des Geheimnisses des hiesigen Männerhauses nicht [...] zu dessen Auflösung führen wird: Hinter den Mauern der Kaserne muss der Rekrut zuerst einmal die Frauenrolle, so wie sie in unserer Gesellschaft üblich ist, zu spielen lernen: er übt mit höchster Präzision das Bettenmachen, Aufräumen und Putzen. Unversehens merkt er, dass er sich laufend die Frage stellen muss, ob er auch passend angezogen sei, ob sein Gewand richtig sitze und der Gelegenheit entspreche oder nicht. Noch nie musste ich mich so oft täglich umziehen wie im Militär." (Erdheim 1982, 69; Klein 2001, 196f.)

Ein Rekrut hat dies im Rahmen eines von uns geführten Interviews wie folgt formuliert:

„Ein Normalsterblicher glaubt zuerst gar nicht, dass jemand so pingelig sein kann, ein Normalsterblicher denkt, gut einmal am Tag, wenn ich fege und wische ist schon ganz schön pingelig und wir machen es zweimal [...]. Immer morgens und abends wird's gemacht, wird durchgewischt, staubgewischt, ja vorher natürlich gefegt [...]. Ich wette, beim Bund zieht man sich mehr um, wie jedes Topmodel [...]. Also beim Bund immer, immer. Wir ziehen jetzt den Anzug an, den Anzug, dazu darfst nur das anziehen, Sportanzug nur weiße Socken, Ausgehanzug nur schwarze Socken [...], Flecktarn [...], grüne Socken." (Rekrut, Panzergrenadier, männlich)[3]

Dieser weibliche Objektstatus kann als ein zentraler Motor zur Produktion von Männlichkeit im Militär interpretiert werden. Zunächst werden die Individuen in ihrem Selbst verunsichert, verweiblicht und entindividualisiert. Die Männlichkeit erwächst dann aus der aktiven Überwindung dieser Position. Die Rekruten gewinnen im Laufe ihrer Ausbildung an Männlichkeit, in dem sie die ihnen gestellten militärischen Aufgaben bewältigen. Sie überwinden den Objektstatus, indem sie die Kontrolle der Organisation internalisieren (oder aber, indem sie sich den Mechanismen der totalen Institution zu entziehen suchen[4]). Sie entkommen den Sanktionierungen, indem sie sich selbst kontrollieren. Dies bedeutet – so Foucault –, dass die Rekruten zu Subjekten werden, indem sie im Gehorsam gegenüber den Regeln *sich selbst* unterordnen (Foucault 1994). Diese Selbstbeherrschung stellt traditionell ein männliches Prinzip dar (Foucault 1986, 109). Indem der Mann zu sich selbst ein Verhältnis der Beherrschung herstellt, wird er fähig zur Herrschaft über andere (Maihofer 1995; auch Apelt 2004b).

Der *dritte* Mechanismus männlicher Sozialisation im Militär besteht im Ausschluss privater, familialer und sexueller Beziehungen und dem Aufbau quasi-familialer Beziehungen militärischer Kameradschaft. Kameradschaft bezieht sich dabei zum einen auf den Zusammenhalt der Soldaten auf gleicher Ebene und auf das Vertrauen und die enge Bindung zum Vorgesetzten. Der Vorgesetzte wird zum Vater- und Mutterersatz. Er führt – einem Vater ähnlich – seine Soldaten in den Einsatz und „heil wieder nach Hause". Er tröstet sie einer Mutter ähnlich, wenn sie Leid ertragen müssen:

„Kameradschaft ist genauso, dass der eine Soldat meiner Einheit die Trennung von seiner Ehefrau durchleben muss und zwei Kinder dabei hat, dass er von uns und von mir aufgenommen wird, dass man ihm ein Bettchen gibt oder was zu essen und irgendwo, wo er bleiben kann, bis er 'ne Wohnung findet [...]. Das sind Beispiele für Kameradschaft." (Hauptmann, Panzergrenadier, männlich)

Die Kameradschaft fungiert hier als Ersatzfamilie, die Vorgesetzten schützen und umsorgen ihre Soldaten wie eigene Kinder; droht eine Partnerschaft zu zerbrechen, so rücken die Kameraden wie eine Familie zusammen. Diese familialen Strukturen stehen nicht im Widerspruch zur hierarchischen Über- und Unterordnung, sondern ergänzen diese (Kühne 1996a; 1996b).

Dieser Mechanismus wurde bereits in der Industriesoziologie unter dem Begriff des „Betriebsclans" analysiert. Vor allem in Deutschland versuchten die Unternehmer – in Anlehnung an die mittelalterlichen Zünfte – den Auseinanderfall von Familie und Arbeit über die väterliche Autorität und die mütterliche Fürsorge wiederherzustellen (Sennett 1990, 77; Weber 1986; Pascale/Athios 1982). Die mütterliche Kameradschaft unterstützt nicht die Integration in die Gemeinschaft, sondern auch den Ausschluss von Frauen und Familie. Männlichkeit integriert die weiblichen Eigenschaften und macht die Frauen nicht nur entbehrlich, sondern zu einem Störfaktor (Apelt 2005).

3. Der Wandel des Verhältnisses von Militär und Männlichkeit

Der Wandel des Verhältnisses von Militär und Männlichkeit bezieht sich auf drei Aspekte:
- auf die Rolle des Militärs für die Konstruktion von Männlichkeit,
- auf die Veränderungen militärischer Männlichkeit und
- auf die Differenzierungen innerhalb militärischer Männlichkeit und den Auseinandersetzungen zwischen unterschiedlichen militärischen Männlichkeiten.

3.1 Das Militär und die gesellschaftliche Konstruktion von Männlichkeit

Gezeigt wurde bereits, dass das Militär erst im 19. Jahrhundert für die gesellschaftliche Konstruktion von Männlichkeit hegemonial wurde. Beginnend mit der Nachkriegszeit und stärker noch seit den 1960er Jahren löste sich diese enge Verknüpfung von Militär und Männlichkeit zunehmend auf. Dafür lassen sich mehrere Faktoren verantwortlich machen:

Erstens rückte das Militär durch die lang anhaltende Friedensphase in Europa in eine gesellschaftliche Randposition. *Zweitens* erschienen Kriege durch die Entwicklung der Atombombe nicht mehr führbar, das Militär verlor an Akzeptanz.

Drittens wurden mit der Individualisierung und Demokratisierung die militärischen Normen und Werte zunehmend als fremdartig und altertümlich wahrgenommen. *Viertens* hat sich die als Ausnahmeregelung geschaffene Möglichkeit der Kriegsdienstverweigerung und der Ableistung des Zivildienstes in der öffentlichen Wahrnehmung zu einer gesellschaftlich anerkannten Wahloption neben dem Wehrdienst etabliert. Ein immer größerer Teil der zudem gut gebildeten Jugendlichen entscheidet sich für den Zivildienst und damit – so Bartjes (1996) – gegen traditionelle männliche Rollen und für eine andere Form von Männlichkeit.

Obwohl seit den Auslandseinsätzen das Image der Streitkräfte in Deutschland aber auch anderen europäischen Staaten aufgebessert wurde, sind sie als Arbeitgeber – dies zeigen Analysen des Bewerberaufkommens – vor allem für Modernisierungsverlierer attraktiv. Genauer: das Militär ist für Männer (und Frauen) attraktiv, deren Chance besonders hoch ist, zu den Modernisierungsverlierern zu gehören. Das sind vor allem Haupt- und Realschulabsolventen mit geringen beruflichen Alternativen aus Regionen mit besonders hoher Arbeitslosigkeit (Heikenroth 2000, 39), die im Militär auch einen Rückzugsraum für traditionelle Männlichkeit suchen.

3.2 Der Wandel militärischer Männlichkeit

Bereits in den 1960er Jahren stellt Janowitz (1965; 1971) auf Basis von Befragungen von US-Offizieren fest, dass sich diese vom Bild des heroischen Kämpfers lösen und sich zunehmend mit dem Bild des pragmatischen Managers, der den Waffeneinsatz zugunsten politischer Lösungen zurückstellt, identifizieren. Dies lässt sich u.a. – so Janowitz – mit der wachsenden Bedeutung spezialisierter Fachkenntnisse und der abnehmenden Bedeutung von Befehl und Gehorsam zugunsten von Beeinflussung, Überzeugung und Gruppenkonsens begründen.

Mit dem Wandel des Krieges und dem erweiterten Aufgabenspektrum der Streitkräfte insbesondere seit den 1990er Jahren befindet sich das Militär zunehmend in einem schwierigen Spagat: Einerseits erfordern Peacekeeping und Peacebuilding den weiteren Abschied vom heroischen Kämpfer; der Soldat soll politische, soziale, diplomatische, interkulturelle und ökonomische Kompetenzen erwerben. Andererseits werden diese Peacekeeping-Einsätze gefahrvoller, die Truppen erhalten immer häufiger ein „robustes Mandat", d.h. der Einsatz von Waffen zur Erzwingung, Wahrung oder Wiederherstellung des Friedens ist erlaubt, die Grenzen zwischen Friedens- und Kampfeinsätzen schwinden. Zudem erhalten die Streitkräfte wieder mehr und mehr „echte" Kampfaufträge. Darüber, welche Folgen dies für die Professionalisierung des Soldatenberufs, für den Stellenwert des heroischen Kämpfers im Militär und für die Ausbildung der Soldaten hat, wird nicht nur in der Öffentlichkeit, sondern auch innerhalb der Streitkräfte offen debattiert.

Teil dieser Debatte ist (explizit!) die Frage, wie männlich die Streitkräfte sein dürfen oder sein müssen: Männlichkeit sei dabei einerseits funktional im Sinne einer (friedenssichernden) Demonstration von Macht und der Fähigkeit zum Schutz der Zivilbevölkerung (Cockburn/Hubic 2002), zugleich aber führe sie zu Macho-Gehabe, erhöhe die Gefahr des Machtmissbrauchs und sexueller Übergriffe u.a.m. Männlichkeit könne einerseits eine Ressource sein, um die psychischen Belastungen des Umganges mit Verwundungen und Sterben besser aushalten zu können, sie würde andererseits aber verhindern, dass sich Soldaten ihren einsatzbedingten Traumata stellen.

Ein erhöhter Frauenanteil würde die negativen Implikationen einer männlichen Armee abmildern, zudem würden Frauen in Krisensituationen deeskalierend wirken. So vermutet der ehemalige Brigadegeneral Bernd Kiesheyer, dass der Skandal um die Totenschändung in Afghanistan[5] in Gegenwart von Frauen nicht passiert wäre: „Soldatinnen wirken auch sehr beruhigend auf Soldaten. Und wenn sie in der Patrouille sind, könnte ich mir vorstellen, dass der positive Einfluss unserer Soldatinnen so etwas verhindern würde". Ähnlich sieht es der ehemalige Kommandeur der Friedenstruppen im Kosovo, General Klaus Reinhardt: „Der Ton wird ziviler, der zwischenmenschliche Kontakt ist weniger ruppig" (Spiegel Online 2006)[6].

3.3 Interne Differenzierungen und die Auseinandersetzungen um hegemoniale Männlichkeit im Militär

Die veränderten Einsatzszenarien für die Streitkräfte führen auch zu Fragen nach der Differenzierung oder Einheitlichkeit des Soldatenberufs und zu Fragen nach der Positionierung von Teilstreitkräften und Truppengattungen innerhalb der Streitkräfte, die sich auch als soziale Kämpfe zwischen unterschiedlichen Männlichkeiten interpretieren lassen (Barrett 1999).

Hier zeigt sich, dass mehrere Aspekte eng verwoben sind:
- das Prestige einer Truppengattung,
- die physischen und intellektuellen Anforderungen an den Dienst,
- die Aufgaben und der Stellenwert der jeweiligen Truppen in den Auslandseinsätzen,
- die Integrations- oder Ausschlussbemühungen gegenüber weiblichen Soldaten und

– die dazugehörige Konstruktion von Männlichkeit.

Wie diese Aspekte zusammenwirken, lässt sich auf Grundlage unserer Forschungen anhand eines Vergleichs zwischen einem Panzergrenadierbataillon und einem Lazarettregiment illustrieren.

Panzergrenadiere gelten häufig als Sinnbild des Soldatenberufs, sie bilden gemeinsam mit den Jäger- und Panzertruppen den Kern der Kampftruppen. Traditionell besteht ihre Aufgabe im Krieg darin, die Panzertruppen mit einem Schützenpanzer (auf- oder abgesessen) zu begleiten. Der Schlachtruf der Panzergrenadiere ist ein dreifaches „Dran! Drauf! Drüber!" und wird bei Appellen lautstark vorgetragen. Innerhalb der Streitkräfte der Bundeswehr hat sich scherzhaft der Spruch durchgesetzt: „Es ist kein Mensch, es ist kein Tier, es ist ein Panzergrenadier". Der (normale) Dienst in der Truppe ist bestimmt von Formal- und Schießübungen sowie Übungen im Feld. Ziel ist es, in jeder Situation kampfbereit zu sein. In den Auslandseinsätzen werden die Panzergrenadiere vor allem für die Patrouille und die Sicherung von Gebieten eingesetzt.

Ein Großteil der Soldaten lebt innerhalb der Woche in der Kaserne und fährt nur am Wochenende nach Hause. Die Kaserne erhält damit Züge einer totalen Institution. Panzergrenadierbataillone und -kompanien sind stark hierarchisch strukturiert – Statusunterschiede bestimmen deutlich die Kommunikation – zugleich funktionieren sie wie eine Ersatzfamilie mit einer besonders intensiven Kameradschaft:

„Die Grenadierzeit, die erste Zeit, [...] eine super Kameradschaft, man sagt immer das sind die Verrückten aber da muss einer dem anderen den Arsch decken, [...] man muss da schon sehr eng zusammen stehen [...], aber diese Kameradschaft dieses Leben in der Kompanie war schon genial, war einfach genial [...]. Bei den Kampftruppen oder bei den Grenadieren ist die ganz besonders ausgeprägt. Weil, ich muss mich drauf verlassen können, wenn wir irgendwohin düsen, dass alle dabei sind, alle an die Sachen denken, alles mithaben [...], war eine super Zeit." (Hauptmann, Sanitätsdienst, ehemaliger Panzergrenadier, männlich)

Die Kameradschaft wird dabei auch als ein Ergebnis der hohen körperlichen Belastungen betrachtet:

„Man wächst auch so zusammen durch diese ganzen Belastungen, wenn man da drei Tage auf einem Panzer ist als Beispiel [...] jetzt eine Übung, dann kommt der Schlafentzug und dann kommen die äußeren Witterungseinflüsse dazu, das ist einfach auch Kameradschaft, dass man als Führer auch mal sagt: Sie legen sich jetzt hin und ich bin halt drei Stunden dran." (Feldwebel, Panzergrenadiere, männlich)

Auf diese enge Kameradschaft, die hohen körperlichen Anforderungen und die Darstellung von Disziplin, Gehorsam, körperlicher Stärke und Kampfkraft beziehen sich der Stolz und das Männlichkeitsbild der Panzergrenadiere. Dies wird auch von anderen Einheiten anerkannt, allerdings gilt der Dienst auch als intellektuell wenig fordernd.

Gehörten die Panzergrenadiere zum Kernbestand eines klassischen Massenheeres, so sind sie von den Umstrukturierungs- und Modernisierungsprozessen sowie von den Einsparungsprozessen aktuell besonders stark betroffen: Die Zahl der Standorte und der Bataillone wurde und wird in der Bundeswehr deutlich verkleinert. Dem Eindruck als Verlierer der Reformen zu erscheinen und der drohenden Erosion des Bildes vom klassischen Kämpfer begegnen die Panzergrenadiere, indem sie an den „alten" Idealen festhalten oder diese diskursiv noch verstärken. Zugleich wird in den Interviews deutlich, dass Disziplin und Härte allein nicht mehr legitimierbar sind; in der Ausbildung sei es wichtig „aus dem Soldaten von gestern einen Peacekeeper von morgen" (Hauptmann, Panzergrenadiere, männlich) zu machen.

Unter den Panzergrenadieren fanden sich zum Zeitpunkt unserer Untersuchung die größten Vorbehalte gegen weibliche Soldaten. Frauen erscheinen hier als das Andere, das Fremde: Sie tauchen in den Erzählungen der Soldaten als Ehefrauen oder Freundinnen auf, denen der Beruf des Soldaten völlig fremd ist oder die ihre Männer verlassen. Durch die langen Abwesenheitszeiten zerbrechen familiale Umfelder, „Beziehungen lösen sich auf, Ehen gehen kaputt" (Hauptmann, Panzergrenadiere, männlich).[7] Weibliche Soldaten erscheinen häufiger als in anderen militärischen Bereichen als Störfaktor. Sie werden mit dem Problem der Sexualität identifiziert, gelten als körperlich schwächer und weniger einsatzfähig. Vor allem aber seien Männer in der Gegenwart von Frauen nicht fähig, sich auf den normalen Dienst zu konzentrieren. Dies disqualifiziert – so die Meinung vieler Soldaten – nicht die Männer, sondern die Frauen für den Dienst in den Kampftruppen.

Der *Sanitätsdienst* ist erst seit der Bundeswehrreform im Jahr 2000 eine eigenständige militärische Organisationseinheit und damit den anderen Teilstreitkräften gleichgestellt. Vor dieser Reform waren die Sanitätssoldaten den Teilstreitkräften untergeordnet. Die Soldaten des Sanitätsdiensts sind im Sinne des humanitären Völkerrechts keine Kombattanten. Einerseits genießen sie so im Kriegsfall einen besonderen Schutz, solange sie keine Aufgaben übernehmen, die mit dem humanitären Auftrag unvereinbar sind[8]. Andererseits werden sie dadurch mit der Frage konfrontiert, ob sie überhaupt „echte" Soldaten seien.

Die Struktur des Sanitätsdienstes ist durch eine starke Differenzierung und Spezialisierung gekennzeichnet. Die Kameradschaft wird von den meisten Interviewten als weniger stark als z.B. bei den Panzergrenadieren eingeschätzt, zudem sprechen die Soldaten und Soldatinnen seltener von Kameradschaft als von

Teamgeist, Kollegialität oder Corporate Identity und nutzen dabei Begriffe aus der zivilen Arbeitswelt.

Für viele der von uns befragten männlichen Soldaten ist der Dienst im Sanitätsbereich die „Zweite Wahl" gewesen, sie hätten zumeist andere, eher männlich konnotierte Truppengattungen bevorzugt, betonen jetzt aber durchgehend, dass sie sich inzwischen im Sanitätsdienst wohl fühlen. Ihre Position innerhalb der Streitkräfte erscheint uns als ambivalent. Sie müssen sich einerseits gegenüber den Heeressoldaten als „echte" Soldaten beweisen und messen daher der Entwicklung und dem Erhalt militärischer Qualifikation und körperlicher Leistungsfähigkeit einen hohen Stellenwert bei. Zugleich sind sie stolz auf ihre hohe fachliche Qualifikation und das hohe Ansehen des Sanitätsdienstes in den Auslandseinsätzen.

Dies spiegelt sich in der Konstruktion von Männlichkeit und dem Verhältnis zu den weiblichen Soldaten wieder. Die Männer, die vorher im Heer gedient haben, vermissen teilweise die besondere Kameradschaft der Kampftruppen. Andere betonen, dass sie diesen Ton, wie er in reinen Männergruppen herrscht, ablehnen. Alle weisen mehr oder weniger mit Stolz darauf hin, dass die Integration der Soldatinnen im Sanitätsdienst erfolgreich wäre und dass sich die Heeressoldaten daran orientieren könnten. Sexuelle Übergriffe kämen hier nicht vor, dies wäre ein Problem anderer Teilstreitkräfte. Andererseits wurde die Befürchtung geäußert, dass der hohe Anteil von Frauen und die gleichstellungspolitischen Maßnahmen die Einsatzfähigkeit der Streitkräfte gefährdeten. Die Männlichkeit im Sanitätsdienst zeichnet sich v.a. durch eine hohe Professionalisierung, Teamorientierung, Flexibilität und demokratische und gleichberechtigte Interaktionsformen aus.

Der Vergleich beider militärischer Bereiche zeigt, dass das Prestige einer Truppengattung, ihre Organisation und die Darstellung ihrer Anforderungen in die Konstruktion von Männlichkeit eingehen. Dabei lassen sich die Integrationsfähigkeit genauso wie die Integrationsunfähigkeit gegenüber weiblichen Soldaten, die hohen körperlichen Anforderungen, aber auch die fachliche Qualifikation als Elemente von Männlichkeit inszenieren und instrumentalisieren. Zugleich scheint die Darstellung von Männlichkeit eine Ressource in den sozialen Kämpfen um das Prestige einer Truppengattung zu sein.

Eindeutig hegemonial ist keine der von uns untersuchten Männlichkeiten, genauso wenig wie eine Truppengattung allein einen Führungsanspruch geltend machen kann. Eher hat jeder militärische Bereich eine eigene Männlichkeitsnorm als Teil seiner Organisationskultur entwickelt, um damit Verhalten zu normieren, zu sanktionieren und ihm Sinn zu geben, um die Gemeinschaft und den Zusammenhalt zu fördern und sich nach außen abzugrenzen. Den Insignien des Kampfes und der Opferbereitschaft kommt dabei aber – trotz aller Veränderungen – immer noch eine herausragende Position zu.

Der Vergleich zeigt zudem, dass Männlichkeit für die Panzergrenadiere als eigenständige Ressource eine größere Bedeutung besitzt als für die Sanitätssoldaten. Panzergrenadiere können trotz Reformdruck noch immer auf den „echten" Soldaten als „echten" Mann verweisen, was für sie aufgrund der Reformen scheinbar besonders wichtig ist. Die Sanitätssoldaten scheinen zwischen dem Versuch, sich als „echte" Soldaten zu behaupten und so komplizenhaft (Connell 1999) von der traditionellen militärischen Männlichkeit profitieren zu können und dem Bestreben, sich davon abzugrenzen und eine eigene Männlichkeit zu etablieren, hin und her zu schwanken.

4. Offene Fragen zur Theorie und Empirie von Männlichkeit

Im Laufe unserer Auseinandersetzung mit den Geschlechterverhältnissen im Militär scheinen uns vor allem drei Fragen zur Theorie und empirischen Erforschung von Männlichkeit noch immer ungelöst:

1) Wie lässt sich Männlichkeit empirisch erforschen? Wird z.B. in narrativen Interviews direkt nach Männlichkeit gefragt, so entsteht das Problem, dass mit der sprachlichen Explikation das fraglos gegebene, praktische oder habituelle Wissen über Männlichkeit verändert wird. Differenzierungen oder auch innere Ambivalenzen können u.U. zugunsten des Anschlusses an bereits verbalisiertes Alltagswissen verschwinden. Wird andererseits nicht explizit nach Männlichkeit gefragt, wird das fraglos gegebene meist nicht kommuniziert. Dann müssen die ForscherInnen die (anderen) Aussagen zum Lebensweg, zum Beruf, zur Familie u.a.m. hinsichtlich ihrer Relevanz für Männlichkeit interpretieren.

Dies können sie, indem sie a) ihr eigenes Verständnis von Männlichkeit an den Text herantragen, indem sie b) versuchen, aus den Texten ein Verständnis von Männlichkeit zu generieren oder in dem sie c) die Interaktion zwischen InterviewerInnen und Interviewten analysieren. Die Gefahr der Reproduktion von bekannten Geschlechterstereotypen bleibt bestehen.

Die führt zu dem nächsten Problem:

2.) In welchem Verhältnis steht die Genusgruppe Männer zu Männlichkeit? Wenn Männlichkeit als soziale Praxis definiert wird, muss dann alles, was Männer tun und über Männer sagen, auch als „männlich" interpretiert werden? Wenn Männer formulieren, was einen guten Soldaten ausmacht, sprechen sie dann immer auch über Männlichkeit?

3.) Und wie lässt sich das Verhältnis von Männlichkeit und Weiblichkeit bestimmen? Welche Position können Frauen zu Männlichkeit einnehmen? Wie lässt sich z.b. interpretieren, wenn Frauen und Männer ein gleiches oder ähnliches Antwortverhalten zum Soldatenberuf zeigen? Sind Frauen dann vermännlicht, konstruieren sie eine neue Form von Weiblichkeit oder betreiben sie ein „undoing gender"? (Heintz/Nadai u.a. 1997; Hirschauer 2001)

Zwischen Frauen-, bzw. Geschlechterforschung und Männerforschung klafft u.E. immer noch eine Lücke. Die Frauenforschung hat in den 1970er und 1980er Jahren „Frau-Sein" als soziale Konstruktion entlarvt, Frauen werden seitdem nicht als Frauen geboren, sondern dazu gemacht. Später erkannte sie, dass mit einer Fokussierung auf „die Frau" die Geschlechterstereotype reproduziert werden, dass Unterschiede zwischen Frauen übersehen und die Bedeutung vermeintlich weiblicher Eigenschaften für soziale Benachteiligungen dagegen überhöht werden. Als Folge differenzierte sich die Frauenforschung u.a. zu einer Geschlechterforschung aus: So stehen die strukturellen Hintergründe sozialer Ungleichheit, Intersektionalität, die Beziehungen zwischen Frauen und das „doing und undoing gender" von Frauen und Männern auf der Forschungsagenda. Dies führt dazu, dass Weiblichkeit in diesen Forschungen keinen systematischen Platz mehr hat. Konträr dazu spielen in der Männlichkeitsforschung die Begriffe Männlichkeit, der männlichen Herrschaft und der hegemonialen Männlichkeit eine zentrale Rolle. Überspitzt formuliert, steht der Frauen- und Geschlechterforschung eine Männlichkeitsforschung gegenüber. Um jedoch die Relation von Männlichkeit und Weiblichkeit bestimmen zu können, ist es notwendig, beide Stränge theoretisch und empirisch enger zu verknüpfen.

Anmerkungen

1 Aktuelle unabhängige Studien zum Militär aus Geschlechter-Perspektive sind immer noch selten, denn zum Ersten die Beschäftigung mit dem Militär kann immer noch dem Ruf der SoziologInnen schaden und Karrierewege versperren (Seifert 2001), zum Zweiten besteht die Gefahr von verschiedenen Seiten politisch instrumentalisiert zu werden, zum Dritten ist der empirische Zugang zu den Streitkräften stark von politischen Stimmungen abhängig.

2 Die Begriffe Militär und Streitkräfte werden im Folgenden synonym verwendet.

3 Es handelt sich bei dem Datenmaterial um qualitative problemzentrierte Interviews nach Witzel (1982), die im Rahmen des DFG-Forschungsprojekts „Geschlecht und Organisation am Beispiel der Bundeswehr" (2002-2005) durchgeführt wurden. An dem Projekt waren neben den beiden Autorinnen auch Prof. Dr. Jens-Rainer Ahrens und Dipl. Soz. Anne Mangold beteiligt. Es wurden drei Fallstudien in Heer (ein

Panzergrenadierbataillon), Sanitätsdienst (ein Lazarettregiment) und Marine (eine Fregatte und ein Truppenversorger) durchgeführt sowie zahlreiche ExpertInneninterviews erhoben.

4 Scholz zeigt anhand von lebensgeschichtlichen Interviews mit Männern, die zwischen Mitte der 1950er und Mitte der 1960er Jahre in der DDR geboren wurden und dort ihren Wehrdienst abgeleistet haben, dass die Männer ihren Subjektstatus erwerben, indem sie sich zum einen individuelle Freiräume erobern, und zum anderen fungiert das kameradschaftliche Gemeinschaftserlebnis unter Männern als Möglichkeit, die Erlebnisse zu verarbeiten (Scholz 2005).

5 Im Oktober 2006 veröffentlichte die BILD-Zeitung Fotos, auf denen Bundeswehrsoldaten in teilweise sexistischer Pose mit einem Totenschädel hantieren.

6 Offensichtlich haben beide Offiziere bereits vergessen, dass Ende 2003 US-amerikanische Soldaten und Soldatinnen gemeinsam irakische Häftlinge folterten.

7 Allerdings handelt es sich – einer internen Studie des Sozialwissenschaftlichen Instituts der Bundeswehr zufolge – bei der Behauptung der höheren Scheidungsrate aufgrund der Auslandseinsätze um einen gut gepflegten Mythos. Die Trennungsrate liegt nach einem Einsatz bei 26 % der nicht-verheirateten und bei 3 % der verheirateten Paare. Der Einsatz ist zumeist nicht die Ursache, sondern der Anlass einer Trennung (Hoffmann 2006, 5).

8 Diese Regelung des Kriegsrechts legitimierte 1975 die Öffnung des medizinischen Bereichs für Frauen.

Literatur

Apelt, Maja (2004a): Männliches Militär und die Subjektkonstruktion weiblicher Soldaten. In: Delitz, Jürgen/Gyldenfeldt, Heinrich von/Rimek, Jochen (Hg.): Institution im sozialen Wandel. Hamburg, 63-88.

– (2004b): Militärische Sozialisation. In: Gareis, Sven Bernhard/Klein, Paul (Hg.): Handbuch Militär und Sozialwissenschaft. Wiesbaden, 26-39.

– (2005): Militär, Kameradschaft und Familie. In: Kümmel, Gerhard (Hg.): Diener zweier Herren. Soldaten zwischen Bundeswehr und Familie. Frankfurt am Main, 149-168.

–/Dittmer, Cordula/Mangold Anne (2005): „Die Bundeswehr auf dem Weg zur Gleichstellung der Geschlechter?". In: Ahrens, Jens-Rainer/Apelt, Maja/Bender, Christiane (Hg.): Frauen im Militär. Empirische Befunde und Perspektiven zur Integration von Frauen in die Bundeswehr. Wiesbaden, 108-131.

Barrett, Frank J. (1999): Die Konstruktion hegemonialer Männlichkeit in Organisationen: Das Beispiel der US-Marine. In: Eifler, Christine/Seifert, Ruth (Hg.): Soziale Konstruktionen – Militär und Geschlechterverhältnis. Münster, 71-91.

Bartjes, Heinz (1996): Der Zivildienst als Sozialisationsinstanz. Theoretische und empirische Annäherungen. Weinheim/München.

Beck, Ulrich (1993): Die Erfindung des Politischen. Zu einer Theorie reflexiver Modernisierung. Frankfurt am Main.

Cockburn, Cynthia/Hubic, Meliha (2002): Gender und Friedenstruppen. Die Perspektive bosnischer Frauenorganisationen. In: Harders, Cilja/Roß, Bettina (Hg.): Geschlechterverhältnisse in Krieg und Frieden. Perspektiven feministischer Analyse internationaler Beziehungen. Opladen, 199-218.

Connell, Robert W. (1999): Der gemachte Mann. Konstruktion und Krise von Männlichkeiten. Opladen.

Dittmer, Cordula (2007): Military bodies, weapon use and gender in the German Armed Forces. In: Heil, Reinhard/Kaminski, Andreas/Stippak, Markus u.a. (Hg.): Tensions. Technological and Aesthetic (Trans)Formations of Society. Bielefeld (im Erscheinen).

Doppler, Doris (2005): Männerbund Management. Geschlechtsspezifische Ungleichheit im Spiegel soziobiologischer und ethnologischer Konzepte. München/Mehring.

Erdheim, Mario (1982): 'Heiße' Gesellschaften - 'Kaltes' Militär. In: Kursbuch 67' 59-70.

Foucault, Michel (1986): Sexualität und Wahrheit. Bd. 2. Der Gebrauch der Lüste. Frankfurt am Main.

- (1994): Überwachen und Strafen. Die Geburt des Gefängnisses. Frankfurt am Main.

Frevert, Ute (1990): „Wo du hingehst..." - Aufbrüche im Verhältnis der Geschlechter. In: Nitschke, August/Ritter, Gerhard A./Peukert, Detlev/vom Bruch, Rüdiger (Hg.): Jahrhundertwende. Der Aufbruch in die Moderne 1880 - 1930. Bd.2. Reinbek/ Hamburg, 89-118.

- (1997): Das Militär als „Schule von Männlichkeit". Erwartungen, Angebote, Erfahrungen im 19. Jahrhundert. In: Dies. (Hg.): Militär und Gesellschaft im 19. und 20. Jahrhundert. Stuttgart, 145-173.

- (2001): Die kasernierte Nation. Militärdienst und Zivilgesellschaft in Deutschland. München.

Goffman, Erving (1973): Asyle. Über die soziale Situation psychiatrischer Patienten und anderer Insassen. Frankfurt am Main.

Haubl, Rolf (1988): „...wo Männer noch Männer sind!" Zur Sozialisation des Homo clausus im Militär. In: Vogt, Wolfgang R. (Hg.): Militär als Lebenswelt. Streitkräfte im Wandel der Gesellschaft (II). Opladen, 57-68.

Heikenroth, André (2000): Wer will zur Bundeswehr? Eine Potenzialanalyse. Ergebnisse der allgemeinen Bevölkerungsumfrage 1998 des Sozialwissenschaftlichen Instituts der Bundeswehr (SOWI), SOWI-Arbeitspapier Nr. 123. Strausberg.

Heintz, Bettina/Nadai, Eva/Fischer, Regula (1997): Ungleich unter Gleichen. Studien zur geschlechtsspezifischen Segregation des Arbeitsmarktes. Frankfurt am Main/New York.

Hirschauer, Stefan (2001): Das Vergessen des Geschlechts. Zur Praxeologie einer Kategorie sozialer Ordnung. In: Heintz, Bettina: Geschlechtersoziologie. Sonderheft 41 der Kölner Zeitschrift für Soziologie und Sozialpsychologie, 208-235.

Hoffmann, Gisbert (1988): ICH-Stärkung unerwünscht? Über die Folgen der Über-Ich-Dominanz und der Es-Unterdrückung im Militär. In: Vogt, Wolfgang R. (Hg.): Militär als Lebenswelt. Streitkräfte im Wandel der Gesellschaft (II). Opladen, 69-82.

Hoffmann, Isabell (2006): Familie im Einsatz. In: DIE ZEIT, 39, 21. September 2006, 5.

Janowitz, Morris (1965): Militär und Gesellschaft. Boppard am Rhein.

- (1971): The professional soldier. A social and political portrait. New York/London.

Klein, Uta (2001): Militär und Geschlecht in Israel. Frankfurt am Main/New York.

Kühne, Thomas (1996a): Kameradschaft – „das Beste im Leben des Mannes". Die deutschen Soldaten des Zweiten Weltkriegs in erfahrungs- und geschlechtergeschichtlicher Perspektive. In: Geschichte und Gesellschaft 22, 504-529.

- (Hg.) (1996b): Männergeschichte – Geschlechtergeschichte. Männlichkeit im Wandel der Moderne. Frankfurt am Main/New York.

Maihofer, Andrea (1995): Geschlecht als Existenzweise. Macht, Moral, Recht und Geschlechterdifferenz. Frankfurt am Main.

Pascale, Richard Tanner/Athos, Anthony G. (1982): Geheimnis und Kunst des japanischen Managements. München.

Scholz, Sylka (2005): Männliche Identität und Wehrdienst. In: Ahrens, Jens-Rainer/Apelt, Maja/Bender, Christiane (Hg.): Frauen im Militär. Empirische Befunde und Perspektiven zur Integration von Frauen in die Bundeswehr. Wiesbaden, 173-191.

Seifert, Ruth (2001): ‚Militär und Geschlecht' in den deutschen Sozialwissenschaften. Eine Skizzierung der aktuellen Forschungssituation. In: L'Homme. Zeitschrift für Geschichtswissenschaft 12, 134-143.

Sennett, Richard (1990): Autorität. Frankfurt am Main.

Spiegel Online (2006): Nach der Totenschändung: Ex-Offiziere empfehlen den Einsatz von mehr Soldatinnen. In: Spiegel Online vom 30. Oktober 2006, http://www.spiegel.de/politik/deutschland/0,1518,445088,00.html, 16.11.2006.

Steinert, Heinz (1973): Militär, Polizei, Gefängnis usw. Über die Sozialisation in der „totalen Institution" als Paradigma des Verhältnisses von Individuum und Gesellschaft. In: Walter, Heinz (Hg.): Sozialisationsforschung. Bd. 2: Sozialisationsinstanzen und Sozialisationseffekte. Stuttgart, 227-249.

Treiber, Hubert (1973): Wie man Soldaten macht. Sozialisation in „kasernierter Gesellschaft". Düsseldorf.

Weber, Claudia (1986): Die Zukunft des Clans. Überlegungen zum japanischen Organisationstyp und Managementstil. Feministische Studien 5, 124-140.

Witzel, Andreas (1982): Verfahren der qualitativen Sozialforschung. Überblick und Alternativen. Frankfurt am Main/New York.

Anja Tervooren

Männlichkeiten und Sozialisation
Die allmähliche Verfertigung der Körper

Sozialisation ist der Prozess des sich in erster Linie in Alltagssituationen konstituierenden Zum-Geschlecht-Werdens. Zwar kommen Kinder meist mit einem eindeutigen Geschlecht auf die Welt, doch befindet sich Geschlecht als körperliche Existenzweise und gesellschaftliche Kategorie in einem beständigen Prozess des Machens und Gemacht-Werdens. In den Beschreibungen dieses Prozesses schlägt das Pendel, je nach Konzept des Verhältnisses von Subjekt und Gesellschaft, einmal mehr zu der Seite des aktiven Tuns und das andere Mal zu der des mehr oder weniger passiven Erlebens aus. An dieser Schnittstelle sind Sozialisationstheorien angesiedelt und treffen sowohl Aussagen über das Verhältnis von Subjekt und Gesellschaft als auch über das Konzept von Geschlecht.

Im Folgenden werden in einem ersten Teil die wichtigsten Strömungen in der Auseinandersetzung mit Männlichkeit und Sozialisation vorgestellt. Zunächst wird die Debatte um geschlechtsspezifische Sozialisation, die Weiblichkeit mit Benachteiligung verbindet, als historisch älteste Position erläutert und gezeigt, wie dieser Ansatz heute für das männliche Geschlecht in Anschlag gebracht wird. Im nächsten Schritt werden Positionen präsentiert, welche die Ambivalenz gelebter Männlichkeit herausarbeiten und die Vielfältigkeit von Männlichkeiten einführen. Die rekonstruktive Wende zur Alltäglichkeit der Geschlechterkonstruktionen wird im dritten und im vierten Schritt die Einflüsse von Queer Theory und Dekonstruktion aufgezeigt, die dazu führen, dass vor allem die Übergänge zwischen den Geschlechtern in den Blick genommen werden. Im fünften Schritt wird herausgearbeitet, wie innerhalb der homosozialen Gruppe der Jungen das eigene Geschlecht modelliert wird. Im zweiten Teil wird auf der Grundlage eines empirischen Beispiels eine Skizze einer Sozialisationstheorie vorgestellt, die *Einüben von Geschlecht und Begehren* genannt wird, Impulse der vorgestellten Paradigmen aufnimmt und ein dynamisches Modell der Verfestigung von Geschlecht im Körper entwickelt.

1. Männlich sein oder männlich werden

1.1 Geschlecht als Benachteiligung

Die Debatte um geschlechtsspezifische Sozialisation entwickelte sich Ende der sechziger Jahre des 20. Jahrhunderts. In Folge der Kritik an der Vererbung von

Bildungschancen und als Vorlauf der Bildungsexpansion wurde neben Schicht auch Geschlecht als Konstituente von Bildungsbenachteiligung ausgemacht. Explizit war es die Zugehörigkeit zum weiblichen Geschlecht, die schlechtere Bildungs- und Berufschancen nach sich zog. Der Ansatzpunkt dieser von Frauen formulierten Kritik lag auf der Benachteiligung, die aus einer hierarchischen Geschlechterordnung erwachse und durch Parteilichkeit und Fördermaßnahmen ausgeglichen werden solle. Jungen und Männer wurden in solch einer Perspektive per se als machtvoll angesehen und mit der Forderung konfrontiert, Macht abzugeben. In den im Anschluss an die Etablierung der Frauenforschung vorrangig von männlichen Wissenschaftlern entwickelten *antisexistischen Ansätzen* wurde aus diesem Grunde zunächst keine eigene Theorie von Geschlecht vorgelegt, sondern Analyse und Forderungen der Frauen übernommen und als andere Seite der Medaille ausgearbeitet. Damit schien nicht nur die Macht-, sondern auch die Schuldfrage geklärt.

Anfang der 1990er Jahre wurde das im feministischen Diskurs entwickelte Konzept der Parteilichkeit auch für den männlichen Nachwuchs in Anspruch genommen und erstmals darauf verwiesen, dass „die Mehrzahl der 'schwierigen Kinder' unserer Gesellschaft Jungen sind" (Schnack/Neutzling 1990, 7). Ausbuchstabiert wurde dieser Tatbestand anhand der weniger erfolgreichen Bildungskarrieren, der häufigeren Delinquenz und der gefährdeten Gesundheit des aufwachsenden männlichen Geschlechts. War dem Verhältnis von männlichen und weiblichen Erwachsenen zu dieser Zeit die Täter-Opfer-Dichotomie noch eingeschrieben, boten sich die „kleinen Helden in Not" (Schnack/Neutzling 1990) in besonderer Weise an, auch einmal das männliche Geschlecht zumindest in seiner nicht erwachsenen Form als Opfer der Verhältnisse darzustellen. Mit der Jahrtausendwende wird das Thema der Bildungsbenachteiligung der Jungen zu einem dominanten Diskurs der Tagespresse und setzt sich auch in der Bildungssoziologie durch (z.B. Diefenbach/Klein 2002). Männliche Sozialisation erscheint zunehmend als prekär und Jungen anstatt der Mädchen werden als das andere Geschlecht markiert.[1] Dabei sind die Schuldigen schnell ausgemacht: Die Lehrerinnen, die – geschult durch die kritische Debatte um Koedukation – den Jungen zu wenig Aufmerksamkeit schenkten. Im Anschluss wird die Forderung laut, mehr Angebote speziell für Jungen bereitzuhalten und Jungenförderung zu etablieren. Ulrike Schmauch merkt zu Recht an, dass diese Debatte im Denkmuster „Benachteiligung – Bevorzugung" verhaftet bleibe, das nicht besser werde, wenn man es nur umdrehe und die Notwendigkeit zur Ungleichbehandlung immer schon voraussetze. Sie führt weiter aus, ein Blick auf das Erwerbsleben lehre, dass Gleichberechtigung nicht Angleichung nach oben, sondern nach unten bedeute und die Spätmoderne für beide Geschlechter unterbrochene Erwerbsbiographien, eine Prekarisierung der Arbeitsplatzsituation, wenig Aufstiegschancen etc. bereithalte (Schmauch 2006, 35f.).

Das Sozialisationsparadigma wird bei der Rede von der Benachteiligung häufig in klassischer Weise als Verinnerlichung von Normen zum Einsatz gebracht und Sozialisation als Prozess, der sich von oben nach unten vollzieht, verstanden. Die Benachteiligung geschieht den Mädchen oder Jungen, weil sie übermächtigen Strukturen gegenüberstehen. Auch wenn in Sozialisationstheorien seit den 1980er Jahren vom „aktiv realitätsverarbeitenden Subjekt" (Hurrelmann 1986, 64) ausgegangen wird, wird die Kluft zwischen Subjekt und Gesellschaft im Benachteiligungsparadigma selten überbrückt, klare Dichotomien zwischen männlich/weiblich und machtvoll/machtlos konstruiert und die Gruppe der Jungen letztendlich homogenisiert (Budde/Faulstich-Wieland 2005).[2]

1.2 Ambivalente Männlichkeiten

Nachdem sich diese Täter-Opfer-Perspektive etabliert hatte, vergingen an die fünfzehn Jahre bis sie von zwei Positionen her fundamental in Frage gestellt wurde. Erstens wird die Schieflage von der Seite feministischer Frauen selbst aufgearbeitet, die das einfache Benachteiligungs- und Unterdrückungsmodell kritisieren. Erst Mehrfachunterdrückung und dann Mittäterschaft von Frauen wird hervorgehoben, in langen Diskussionen die Durchkreuzung unterschiedlicher Differenzen vor allem von Ethnie und Geschlecht in den Blick genommen und die Geschlechterperspektive aktuell in Richtung von Intersektionalität erweitert (Lutz 2003; Knapp 2005). Zweitens wurde Männlichkeit im Verlauf dieser Debatte als der nicht untersuchte Pol ausgemacht, der aus diesem Grund das unbestrittene Zentrum geblieben sei, und Forschungen zu Männlichkeit als neues Untersuchungsfeld in den Kultur- und Sozialwissenschaften etabliert.

Im deutschsprachigen Raum wird in der Debatte um Männlichkeit und Sozialisation vor allem der Ansatz Robert Connells zur hegemonialen Männlichkeit populär, den er auf der Basis von Lebensgeschichten erwachsener Männer aus unterschiedlichen Milieus entwickelte. Männlichkeit, die Connell als „Konfiguration einer Praxis" beschreibt, sei in gesellschaftlichen Machtbeziehungen, Produktionsbeziehungen und in emotionalen Bindungsstrukturen verortet, in denen sich vier Formen von Beziehungen zwischen Männlichkeiten zeigten. Die „Hegemonie" fungiere als kulturelles Ideal und arbeite an der „Unterordnung" von Männern, die am untersten Ende einer Hierarchie innerhalb von Männlichkeit platziert werden. In der „Komplizenschaft" dagegen sei es möglich von der hegemonialen Männlichkeit zu profitieren, ohne sie zu verkörpern, während die „Marginalisierung" als Effekt der Ermächtigung auf der anderen Seite ausgewiesen wird (Connell 2000, 97ff.). Connell erarbeitet auf dieser Grundlage ein dynamisches, relationales Modell von Männlichkeiten, das nicht nur deren unterschiedliche Formen (schwarz/weiß, Arbeiter/Angestellter etc.) unterscheidet, sondern darüber hinaus Differenzen innerhalb dieser Milieus berücksichtigt und historisch sich wandelnde Strukturen einbezieht. Methodisch gesehen gerät Sozialisation rückblickend in den Fokus, theoretisch stehen die Konfiguration der Geschlechterverhältnisse und die Teilhabe an der Macht im Vordergrund, die mit den Handlungspraxen Einzelner verbunden sind.

Lothar Böhnisch situiert Ambivalenz weniger in den Beziehungen innerhalb der Gruppe der Männer als im Subjekt selbst, das den Wandel der Geschlechterverhältnisse auszubalancieren hat und bearbeitet das Thema männliche Sozialisation aus der Perspektive der „Bewältigung", die er als ein Streben nach Handlungsfähigkeit versteht. Nachmoderne Männlichkeit berge aufgrund des entstandardisierten Lebenslaufs ein hohes Risiko, Krisen zu erleben und deren Bewältigung verlaufe unterschiedlich, je nach den Spielräumen, die Männern zur Verfügung stehen. Sozioökonomische Ressourcen und das Erfahrungsrepertoire, um Männlichkeit im Gleichgewicht zu halten, seien von der jeweiligen Lebenslage abhängig und können gelingende oder problematische Bewältigungsmuster, z.B. die Abspaltung von Erfahrungen, nach sich ziehen. Böhnischs psychosoziales Modell von Männlichkeit, das er vom kleinen Jungen bis zum alten Mann durchdekliniert, setzt neben den sozioökonomischen Bedingungen psychische Prozesse zentral und weist ihnen die Funktion zu, zwischen Struktur und Subjekt zu vermitteln (Böhnisch 2004).

Beide Ansätze setzen strukturtheoretisch ein und richten die Aufmerksamkeit darüber hinaus auch auf die Verbindung von Subjekt und Struktur. Der kleinteiligere Machtbegriff ermöglicht es, die Ambivalenz gelebter Männlichkeiten mit ihren möglichen Gewinnen und Verlusten in den Blick zu nehmen und damit der ungleichen Verteilung von Macht auf die Spur zu kommen. Die Praktiken selbst und die Art und Weise, wie diese sich im Subjekt verfestigen, werden jedoch nicht eingehender beleuchtet.

1.3 Geschlechter alltäglich herstellen

Mit Beginn der 1990er Jahre gerät das Sozialisationskonzept von Seiten der Geschlechterforschung her in den Mittelpunkt der Kritik, da es die Trennung zwischen Individuum und Gesellschaft reproduziere, so dass ersteres stets als Objekt der Umstände erscheinen müsse (Bilden 1991, 279). Sozialisationstheorien, so wird bemängelt, seien auf der Seite der Struktur verortet, so dass gesellschaftliche Flexibilisierungen nicht gefasst und der Körper in seiner Materialität nicht berücksichtigt werden könne. Aufgrund dieser Kritik treten sozialisationstheoretische Ansätze in den Hintergrund und werden geradewegs tabuisiert (Maihofer 2002).

Gegen ein Sozialisationsmodell, dem vorgehalten wird, stets mit dem Ziel Erwachsenheit zu operieren und Kinder und Jugendliche mit einem Defizit zu versehen, tritt unter anderen die neue sozialwissenschaftliche Kindheitsforschung an, die das Kind als Akteur begreift und dessen je eigene Weise, seine Welt aufzufassen und zu formen, mit empirischen, häufig ethnographischen Methoden rekonstruiert (Thorne 1993; Breidenstein/Kelle 1998). Im Rückgriff auf den Ansatz des *doing gender* werden Formen der alltäglichen interaktiven Herstellung von Geschlecht herausgearbeitet (West/Zimmerman 1991). Geschlecht sei nicht immer schon da, sondern werde erst in seinem Vollzug in Körperhaltungen, dem Umgang mit kulturellen Objekten, in Ritualen, Alltagstheorien und Institutionen hervorgebracht und identifizierbar. Somit stehen die Subjekte mit ihren Handlungen im Mittelpunkt dieses Ansatzes und das *doing* wird in seinen verschiedenen Varianten untersucht.

Ein Trend zur Rekonstruktion von Praktiken lässt sich für die Geschlechterforschung allgemein ausmachen: Nachdem in der ersten Phase der Frauenforschung Gesellschaftsanalysen in den Vordergrund gerückt wurden, fand in den 1990er Jahren eine Umorientierung zu mikrosoziologischen Analysen statt, flankiert durch den zunehmenden Einfluss des rekonstruktiven Paradigmas in den Sozialwissenschaften. So wird nicht mehr gefragt, was Geschlecht ist, sondern wie Geschlecht hergestellt wird und Modelle, die Sozialisation als top-down-Prozess denken, von bottom-up-Ansätzen, welche die Praktiken der Geschlechterunterscheidung oder Geschlechterinszenierung rekonstruieren, abgelöst.

Der soziale Konstruktivismus dieser ethnomethodologischen Spielart reduziert jedoch seine Betrachtung auf die Interaktion zwischen Subjekten. Durch diesen Fokus wird die Frage gesellschaftlicher Normen und ihrer Wirkungen ungenügend in Rechnung gestellt, so dass Strukturen und damit das, was die Subjekte vorfinden, unterbelichtet bleiben. Aufgrund dieses strukturtheoretischen Defizits geraten die Unterwerfung der Subjekte und die Historizität der Arten und Weisen, wie Geschlechter gelebt werden, aus dem Blick.

1.4 Gegen den Strich lesen: Dekonstruktion und Queer Theory

Den Theorien zu Geschlecht und Sozialisation wird in den 1990er Jahren auch vorgeworfen, sie perpetuierten die Vorstellung, ein mit sich identisches Individuum sei möglich, und arbeiteten auf diese Weise an der Konstruktion eines weiblichen und männlichen Sozialcharakters mit. Anknüpfend an das Paradigma der Dekonstruktion und dessen Identitätskritik wird stattdessen aufgezeigt, dass eine kohärente Geschlechtsidentität notwendig verfehlt werden müsse. Carol Hagemann-White hat für die Sozialisationsforschung bereits sehr früh darauf hingewiesen, dass Männlichkeit und Weiblichkeit nur zwei Pole eines Kontinuums darstellen, deren jeweils kulturspezifische Ausprägung angeeignet wird (Hagemann-White 1984). Ende der 1980er Jahre wird die Aufmerksamkeit auf die Zwischenräume zwischen den Geschlechtern gelenkt, auf Geschlechtsidentitäten, in denen sich soziales Geschlecht und Begehren nicht aus einem körperlichen Geschlecht, das auch nicht mehr eindeutig bestimmt erscheint, herleiten lassen. Fokussiert werden nicht-normative Geschlechterinszenierungen und die Brüche im Lebenslauf. Zu Recht wird immer wieder kritisch angemerkt, dass die Vorstellung eines flexiblen, sich über die Lebenszeit in seinen Selbstentwürfen immer wieder verändernden Individuums die Erfordernisse des Lebens in einer globalisierten Welt bediene. Helga Bilden hat schon früh darauf hingewiesen, dass der rasante Wandel der Gesellschaft nach anderen Sozialisationsmodellen verlange (1991) und, so führt Andrea Maihofer den Gedanken weiter (2002), deshalb auch hervorbringe. In diesem Kontext sollte auch in Betracht gezogen werden, dass die Bedeutung des über Bildschirmmedien vermittelten Imaginären zunimmt, eine große Bandbreite möglicher Leben zugänglich wird und aus diesem Grunde der Mediensozialisation größere Bedeutung als bisher beigemessen werden muss (z.B. Bilden 2006; Böhnisch 2006).

Dieser Forschungsstrang wurde maßgeblich von Judith Butlers „Unbehagen der Geschlechter" (1991) beeinflusst. Für Butler bildet sich Geschlecht in den Akten des Körpers, in symbolischen Inszenierungen, die etwas wiederholen und gleichzeitig verändern, was sie vorfinden. Im Rückgriff auf die Sprechakttheorie John L. Austins geht sie über die Ebene der Performance hinaus und fügt noch die der Performativität hinzu. Die performative Äußerung zitiert eine Norm, die aber im Derridaschen Sinne stets verfehlt werden muss, so dass ein Überschuss an Bedeutung entsteht, der Strukturen stets übersteige. Bezugnehmend auf dieses Modell der Performativität der Geschlechtsidentität nach Butler spricht Paula-Irene Villa vom „Scheitern" als produktiven Bestandteil eines Sozialisationskonzeptes (Villa 2006).

Dieses Paradigma, entwickelt am Beispiel von Subkulturen Erwachsener, fand vereinzelt seinen Weg auch in die Kindheits- und Jugendforschung. So stellt

Barrie Thorne in ihrer ethnographischen Studie US-amerikanischer Schulhöfe einen Jungen vor, der viel Zeit investiert, um die Praktiken der Mädchen, wie z.b. kunstvolle Choreographien im Seilspringen, zu erlernen und im Englischen als „Sissy" identifiziert werden könnte (Thorne 1993). Ken Corbett beschreibt die Figur des „Girlyboy", die er an der weiblich anmutenden Inszenierung von Jungen festmacht. Auch wenn er bemerkt, dass nur ein Teil dieser Jungen, wenn auch ein großer, später homosexuell wird, plädiert er dafür, zu erwägen, dass es eine homosexuelle Kindheit geben könnte (Corbett 1999). Judith Halberstam spricht von „Female Masculinity" und zeigt, dass männliche Körperinszenierungen auch von durch seine Geschlechtsorgane als weiblich bestimmten Körpern, seien sie erwachsen oder nicht, präsentiert werden und zeigt dies am Tomboy, dem sich männlich inszenierendem Mädchen. Körperinszenierung und Phänomenologie fasst sie also nicht als selbstverständliche Einheit auf (Halberstam 1999).

In diesen Arbeiten wird die Ausdifferenzierung der Studien zu Sexualität deutlich, die erstens Sexualität nicht schon durch das Geschlecht festgelegt sehen und zweitens als Queer Studies sexuelle Lebensformen beleuchten, welche die heterosexuelle Matrix nicht abbilden. Im deutschsprachigen Raum wird die Aufmerksamkeit seit 2000 auch zunehmend auf das Thema Intersexualität gerichtet, also auch körperliche Arten und Weisen, ein nicht ganz männliches Geschlecht zu leben und die rigiden, häufig in Kindheit und Jugend situierten medizinischen und juristischen Behandlungsweisen kritisiert (Klöppel 2002; Dietze 2003; Lang 2005; NGBK 2005).

Nachdem in Interaktionsanalysen die Struktur gänzlich in den Hintergrund gerückt wurde, erhält das Sozialisationskonzept als Vermittlung zwischen Struktur und Subjekt in den poststrukturalistisch beeinflussten Analysen wieder größere Aufmerksamkeit. Diese werden allerdings selten mit rekonstruktiven Methoden verknüpft und entwickeln ihre Schlussfolgerungen häufig aus Beispielen des Besonderen und nicht des Allgemeinen, lenken aber den Blick auf die „feinen Unterschiede" (Bourdieu 1982) in den männlichen Geschlechterinszenierungen.

1.5 Leben in homosozialen Räumen

Nachdem lange Zeit die Dynamik von Geschlechtern und Geschlechterverhältnissen im Vordergrund stand, wird bald gefragt, wie es geschehen kann, dass diese so beharrlich fortbestehen. Im Anschluss an Pierre Bourdieus Arbeiten, vor allem an den 1997 auf Deutsch veröffentlichten Aufsatz „Die männliche Herrschaft", wird so einerseits die Habitualisierung, die im folgenden zweiten Teil aufgegriffen wird, und damit die Vermittlung zwischen Struktur und Körper eingehender untersucht, und andererseits das Leben in homosozialen Räumen in den Blick genommen. Letzteres zeigt zum Beispiel Michael Meuser an Hand des überdurchschnittlich hohen Risikohandelns von männlichen Jugendlichen auf. Dieses sieht er nicht als Schwierigkeit, sondern als Normalität ihres Sozialisationsprozesses an. In der Jungengruppe gehe es nicht allein darum, sich von den Mädchen räumlich zu separieren, sondern sich über das „Inventar einer 'normalen Männlichkeit' und die dazugehörenden Werthaltungen, Einstellungen und Orientierungen ins Einvernehmen zu setzen" (Meuser 2005, 319). Meuser schlägt vor, den Sozialisationsprozess von Jungen im Sinne eines Einübens von „doing masculinity" aufzufassen, und nimmt an, dass die Art und Weise, Zweigeschlechtlichkeit anzueignen geschlechtstypisch differenziert ist und sich als einerseits homosoziale und andererseits kompetitive Praxis vollzieht (Meuser 2006, 163).

Mechthild Bereswill untersucht homosoziale Räume in extremer Form, wenn sie junge Männer nach ihren Erfahrungen im Gefängnis vor allem auch mit Gewalt befragt. Gewalt wird als konstitutives Element der Hervorbringung von Geschlechterverhältnissen begriffen und das Gefängnis trage maßgeblich dazu bei, „das Selbstideal von sozial randständigen jungen Männern zu verfestigen und sich gegenüber Schmerz, Demütigung und Angst zu immunisieren" (Bereswill 2006, 252). Sabine Jösting führt Gruppendiskussionen in Freundschaftsgruppen 13-17-jähriger Jungen aus bildungsnahen und bildungsfernen Schichten durch und stößt auf drei Praktiken, mit denen sich diese als männlich darstellen: den Umgang mit Technik, das gemeinsame Betreiben von Sport und die Selbstdarstellung als heterosexuell, die nicht auf die Anwesenheit von Mädchen angewiesen sei. Die gängige These, Mädchen seien in diesem Alter weiter entwickelt, erklärt sie damit, dass Jungen zur gleichen Zeit die ernsten Spiele des Wettbewerbs spielten, sich in konkurrierenden Spielen und Sportarten messen, Technikkompetenz aneignen und damit Schlüsselkompetenzen für den späteren Beruf akkumulieren, während sich die Mädchen in Beziehungsarbeit übten (Jösting 2005).

Sozialisation wird in den vorgestellten Theorien wesentlich in der Peergroup lokalisiert und von den dort situierten kollektiven Orientierungen aus analysiert, die häufig in Gruppendiskussionen erhoben werden. Herausgearbeitet wird, wie nicht nur das Ziel der Sozialisation, sondern auch die Art und Weise von Mädchen und Jungen, sich diesem zu nähern, variieren. Bei der getrennten Betrachtung treten die Differenzen innerhalb der Gruppe der Jungen und der Mädchen deutlicher hervor, weil die Geschlechtergruppe nicht als homogenisierende Rahmung eingesetzt werden kann.

2. Widerstreitende Männlich- und Körperlichkeiten: Männlich-Werden in der Praxis

Im Folgenden wird der These nachgegangen, dass Prozesse der Sozialisation von Geschlecht langfristig angelegt sind, sich jedoch in einzelnen, wiederholten Inszenierungen entfalten. Damit wird in der Analyse sowohl eine rekonstruktive, an den Praktiken der Akteuren orientierte Perspektive eingenommen als auch das Konzept einer Struktur fokussiert, die für deren Tradierung sorgt. Untersucht werden anhand einer Videobeobachtung zwei Jungengruppen, die auf einem Schulfest tanzen und konkurrierende Männlichkeitskonzepte aushandeln, die homosozialen und kompetitiven Praktiken also als Grundlage des Sozialisationsprozesses ausgewiesen. Unter den vorgestellten Jungen werden Hierarchien innerhalb von Männlichkeit ausgehandelt, wenn auch die Verteilung von Macht im ästhetischen Kontext in der Waage gehalten werden kann.[3] Dabei sind nicht nur die Vorbilder umkämpft, welche ausgesucht werden, sondern auch die Arten und Weisen, wie mit diesen verfahren wird. Allerdings, so wird im Folgenden gezeigt werden, inszeniert man Männlichkeit zwar unterschiedlich und der Bezug auf Bewegungen und Körperformationen, die als weiblich gelten könnten, fällt verschieden aus, dennoch treffen sich die Jungen mit ihren Inszenierungen letztlich in der Figur eines kontrollierten, sich autonom gerierenden Subjekts. Anhand des Beispiels aus einer ethnographischen Untersuchung wird, ausgehend von den Praktiken einer konkreten Szene, ein Modell der allmählichen Verfestigung von Geschlecht im Körper vorgestellt.

2.1 Haltungen anderer nachahmen

Kinder lernen, sich als Jungen und Mädchen zu inszenieren und zu Männern und Frauen zu werden, und orientieren sich dabei nicht selten an Medienvorbildern. In diesem Fall führen zwei etwa gleichaltrige Jungengruppen, welche die fünften und sechsten Klassen einer sechsjährigen Berliner Grundschule besuchen, unterschiedliche Männlichkeiten auf einem Schulfest der Öffentlichkeit vor. Vier Breakdancer stellen auf Individualität setzende Männlichkeiten dar, in denen sich allein auf den eigenen und nicht auf die Körper der anderen verlassen wird. Im Kreis stehend, tritt einer nach dem anderen in die Mitte und präsentiert spontan zu einem tiefen Sprechgesang, wie er im Rap üblich ist, mehr oder weniger gekonnte akrobatische Bewegungen, in denen der Körperschwerpunkt auf die Höhe der Füße verlagert wird. Sie greifen auf Posen zurück, die zunächst im Rahmen einer afroamerikanisch codierten Arbeiterklasse-Männlichkeit bekannt wurden und heute einen selbstverständlichen Bestandteil globalisierter Jugendkulturen bilden.

Die Performance ihrer Vorgänger auf der Bühne ist diametral entgegengesetzt angelegt: sie besteht aus synchronen hüftschwingenden Bewegungen, die gemeinsam geübt wurden, und einer Gestik, die vor allem Gesicht und Hände einbezieht. In dem Videoclip „I want it that way", der ihnen als Vorlage diente, wird der Abschied der Boygroup Backstreet-Boys, die unter Jubeln und Weinen der vor allem weiblichen Fans, erst über die Gangway eines Flughafens laufen und dann ein Flugzeug besteigen, ins Bild gesetzt. In den einerseits weichen, andererseits häufig martialisch wirkenden Bewegungen der kleinen Jungen wird gleichzeitig der Wunsch nach Verschmelzung als auch die dazu im Gegensatz stehende Notwendigkeit nach Trennung aufgeführt. Während die erste Gruppe die melancholische Männlichkeit eines Videoclips der Backstreet-Boys in ihrer synchronen Performance und zwei fast profanen Gesten – sie schütteln immer wieder den Kopf und fassen sich in theatralischer Langsamkeit an das Herz – als Gruppenformation, welche die Verneinung der Trennung stilisiert, umsetzt, demonstriert letztere mit ihrem Breakdance hauptsächlich Autonomie.

Pierre Bourdieu spricht davon, dass Geschlecht gelernt wird, und legt dabei einen weiten, praktischen Lernbegriff zugrunde. Er unterscheidet drei Arten von Lernen: Erstens das unbewusste Lernen durch Gewöhnung, das sich in Routinen vollzieht, zweitens das kognitive Lernen durch explizite Regeln und drittens ein praktisches Lernen, das stets ein körperliches Lernen ist und sich in Strukturübungen ereignet:

„Zwischen dem Lernen durch schlichte Gewöhnung einerseits, bei dem der Lernende unmerklich und unbewußt die Grundzüge von 'Kunst' und Lebenskunst erwirbt, [...] und der expliziten und ausdrücklichen Übertragung durch Vorschriften und Regeln andererseits sieht jede Gesellschaft Strukturübungen vor, mit denen diese oder jene Form praktischer Meisterschaft übertragen werden dürfte." (Bourdieu 1999, 138)

Zu den Strukturübungen zählen laut Bourdieu vor allem Rituale wie der rituelle Zweikampf oder der Austausch von Geschenken, ritualisierte Gesellungsformen wie die Versammlung der Männer und Spiele, die durch Regelhaftigkeit und agonale Prinzipien bestimmt sind. Das Wesentliche des „modus operandi" wird in der Praxis im Zustand des Praktischen vermittelt, ohne die Stufe des Diskurses zu erreichen. Man ahmt nicht „Vorbilder" nach, sondern Haltungen anderer (Bourdieu 1999, 136). Besonders für informelle pädagogische Praxen, zu denen das Lernen unter Kindern gehört, gilt, dass der Körper das, was er in der Vergangenheit erlernte, nicht erinnert, indem er es sich ins Gedächtnis ruft, sondern ausagiert und wieder erlebt. Die Weitergabe von Praktiken geschieht zwischen den Körpern, weil über den Körper unmittelbar die Motorik anderer Körper angesprochen wird. Der Körper repräsentiere nicht etwas anderes, auf das er in seiner Phänomenologie verweise, sondern sei selbst, was er zeige.

Um den materiellen Körper in seiner Verknüpfung mit symbolischen Praxen zu beschreiben, schlägt Pierre Bourdieu den Begriff der „körperlichen Hexis" vor: „Die körperliche Hexis ist die realisierte, *einverleibte*, zur dauerhaften Disposition, zur stabilen Art und Weise der Körperhaltung, des Redens, Gehens und damit des *Fühlens* und *Denkens* gewordene politische Mythologie" (Bourdieu 1999, 129, Herv. im Orig.). Körperhaltungen stellen damit gesellschaftliche und politische Verhältnisse nicht nur aus, sie sorgen auch dafür, dass diese zur Grundlage für Denken und Fühlen werden. Im Anschluss an Bourdieu fasse ich den Körper als Basis der gesellschaftlichen Geschlechterdifferenz und der Differenzen innerhalb eines Geschlechts auf. Bourdieus Begriff der körperlichen Hexis stellt jedoch kein Beschreibungsrepertoire für die Variationen der Geschlechterdifferenz und deren fortlaufende Veränderungen bereit.

Auch Judith Butler geht davon aus, dass sich Vorstellungen von natürlicher Zweigeschlechtlichkeit in den Haltungen des Körpers zeigen. Um Geschlecht als körperlichen Akt zu beschreiben, spricht Judith Butler in ihren frühen Arbeiten von einem „leiblichen Stil" (1991a, 205). Sie weist darauf hin, dass Stile, die im Verlauf des Lebens eingeübt werden, eine Geschichte haben, die diese Stile sowohl bedingt als auch beschränkt. Der leibliche Stil kann somit also nicht als Selbststilisierung aufgefasst werden. In ihm verfestigen sich laut Butler die Vorstellungen vom „natürlichen Geschlecht", der „wirklichen Frau" oder dem „wirklichen Mann" nach und nach. Leibliche Stile zeigen letztendlich Körper, die auf „natürliche" Weise in zwei und nur zwei Geschlechter aufgeteilt zu sein scheinen. So drücke sich Geschlecht nicht durch Gang, Gestik und Haltung aus, sondern es werde umgekehrt die Essenz eines inneren Geschlechts durch die Akte des Körpers und damit auch durch spezifische Formen von Gestik, Haltung und Bewegungen produziert. Im Unterschied zu Bourdieu arbeitet Butler darüber hinaus mit einem Performancebegriff, der den Körper und geschlechtlich kodierte symbolische Positionen nicht zusammenschließt: „Die Begriffe Mann und männlich können dann ebenso einfach einen männlichen und einen weiblichen Körper bezeichnen wie umgekehrt die Kategorien Frau und weiblich" (Butler 1991, 23).

2.2 Männlichkeiten erproben

Bevor die Fans des Pops ihren Tanz als Zugabe zum zweiten Mal aufführen können, wird dieser bereits von den Breakdancern persifliert. Sie greifen die auffälligsten Merkmale der von den Backstreet Boys gezeigten Männlichkeit auf. Einerseits halten sie diese für effeminiert, andererseits scheint ihnen deren Auftreten mit überdeutlichem Machismo gepaart zu sein und deshalb schwingt einer der Kritiker ein imaginäres überlanges Genital pantomimisch vor seinem Körper. Da einer der Breaker, Binol, die kleinen Backstreet Boys regelrecht nachäfft und in ihr Territorium auf der Bühne einbricht, gerät seine Inszenierung zum abfälligen Kommentar.

Die Jungen verhandeln darüber, inwieweit ihr Tanz Anleihen bei von ihnen als weiblich konnotierten Bewegungsformen machen darf, und kommen in dieser Frage zu gegensätzlichen Schlüssen. Die Breaker setzen völlig auf Autonomie und auf akrobatische Bewegungen, während die Jungen einen Popsong aufgreifen und im synchronen Schwingen der Hüften durchaus Weiblichkeit inkorporieren. Für die Breakdancer ist offensichtlich die Gefahr der Marginalisierung, wenn nicht sogar der Unterordnung so virulent, dass sie sich mit der gezeigten Akrobatik auf die für sie sichere Seite begeben.[4]

Wenn beide Gruppen, die einen ex- und die anderen implizit, Haltungen anderer nachahmen, verfehlen sie diese notwendig. Sie tanzen mit ihren Kinderkörpern eine Choreographie nach, die im Original von jungen Männern mit ausgewachsenen Körpern vorgeführt wird, und nicht nur deshalb wirken die Bewegungen, die von den kleinen Jungen nicht beherrscht werden, stilisiert, überdeutlich oder aber einfach wenig gekonnt. Kinder und Jugendliche wiederholen Formen von Geschlecht nicht allein, vielmehr werden sie häufig zusammen mit anderen wiederholt inszeniert, ausprobiert, gezeigt, verglichen und verändert. Die Blicke der anderen und damit die Peer-Group sind dabei von herausragender Bedeutung. Die Aneinanderreihung verschiedener Performances, das Noch-einmal-machen, das Vergleichen und Schauen macht das Suchende dieses Vorgangs aus, der Neues erschafft. Da Geschlechterverhältnisse und Geschlechterinszenierungen historisch bedingt und stets veränderlich sind, bilden sich neue Muster nicht, weil die Kinder und Jugendliche ein Vorbild verfehlen, sondern weil sie neue, dem Alter der Kinder oder Jugendlichen angemessene und den Modernisierungsprozessen unterworfene Formen von Geschlecht und Begehren erproben. Ausgegangen wird in der Analyse nicht von einem stabilen Normsystem, das durch Handlungspraktiken wiederholt, verfehlt bzw. unterlaufen werden kann, sondern der Fokus auf die jeweiligen Bearbeitungsprozesse von Geschlechternormen und Normansprüchen in ihrer situativen Spezifik verschoben.

Formen des Erprobens vollziehen sich am Ende der Kindheit in ritualisierter Art und Weise, häufig im Rahmen einer Peer-Öffentlichkeit. In der Peer-Group werden Geschlechterinszenierungen ausprobiert, gezeigt, angenommen oder verworfen und erneut inszeniert. Sie wird so zur Instanz der Bewertung angemessener und unangemessener Inszenierungen von Geschlecht und Begehren und modelliert den Prozess des Einübens. Im Einüben entstehen Stilisierungen von Geschlecht, denen die Arbeit, welche die Kinder in sie investieren, noch sehr anzumerken ist. Diese Stilisierungen können, müssen aber nicht auf den körperlichen Veränderungen, welche die Adoleszenz mit sich bringt, fußen; viele Kinder nehmen diese in der Inszenierung vorweg und produzieren einen zu diesem Zeitpunkt noch fiktionalen Körper. Sie erweitern den eigenen Körper in ihren Körperstilen prothetisch und evozieren eine Gestalt, die sie zu dem entsprechenden Zeitpunkt noch nicht besitzen.

2.3 Männlichkeiten einüben

Doch letztendlich, und das wird in der Persiflage der Backstreet Boys durch die Breaker vorweggenommen, werden jeweils Formen von Männlichkeit aufgeführt, die sich über Autonomie zu konstituieren trachten. Die Variante der Backstreet Boys-Imitatoren vermag in der eigenen melancholischen Grundhaltung und im Bestehen auf den eigenen Willen „I want it that way" keine Person mit eigenem Willen neben sich dulden. Wenn vorgetanzt wird, kann deshalb nur einer der Jungen den vorderen Teil der Bühne belegen, während die anderen sich ihm deutlich sichtbar unterordnen. Kooperation findet statt, aber nur in Form synchroner Bewegungen, die sich an einem Meister orientieren und verschiedene Bewegungsformen, die offen miteinander konkurrieren, werden in dieser Choreographie nicht zugelassen. Einen eigenen Stil kann jeweils nur ein einzelner Junge vorführen, niemals zwei Jungen zur gleichen Zeit. Die Breaker dagegen simulieren gar keine Gemeinsamkeit, sondern gehen nacheinander in die Mitte der Bühne und machen sich so die Zuschauergunst gegenseitig nicht streitig.

Als Scharnier zwischen der sich ereignenden, beobachtbaren Inszenierung von Geschlecht und ihrer sich langsam über die Zeit hinweg entwickelnden Sozialisation wird in Anlehnung an das Modell der Strukturübungen von Pierre Bourdieu von *Einüben von Geschlecht und Begehren* gesprochen. Einüben umschreibt einen Prozess, der Möglichkeiten des Erprobens einbezieht und in die Verkörperung von Geschlecht und Begehren mündet. „Einüben" übernimmt weniger den Gedanken der Struktur als vielmehr die Idee der Übens. Dieser Prozess des Einübens meint die Wiederholung konkreter Handlungen, die fehlgehen können, korrigiert und erneut inszeniert werden. Dieser lässt sich, so die These in Anlehnung an Bourdieu, am genauesten in Ritualen untersuchen. Das Präfix „ein" unterstreicht die Wiederholung des Übens und verweist auf die gesellschaftlichen Strukturen, die von den Kindern aufgegriffen werden. Das Verb „üben" bezieht immer schon das Fehlgehen mit ein, ohne dessen negative Bedeutung des *Noch-nicht-Könnens* in den Vordergrund zu stellen. *Einüben* betont die Unabdingbarkeit der „Verfehlung" und beschreibt damit ihr produktives Potential, das in der Neuschöpfung liegt. Das Bild oder Vorbild wird notwendig verfehlt und in diesem Vorgang entsteht etwas Neues, das es so zuvor nie gegeben hat. Damit ist Einüben sowohl durch die Eigenaktivität des Subjekts als auch durch das Geschehen und Geschehenlassen charakterisiert.

Beim Einüben von Geschlecht und Begehren findet keine Imitation oder Nachahmung des Vorhergehenden statt, sondern eine Reinszenierung, in der die symbolische und soziale Sphäre verknüpft wird und die Neues schafft. Das Einüben wiederholt etwas, ohne dass sie das Vorgegebene bloß ausdrücken würde, es zeigt sich als Transformation des Bestehenden, das ein spezifisches Verhältnis von Ähnlichkeit und Differenz generiert. Dabei wird die Eigenaktivität betont und gleichzeitig den Strukturen Aufmerksamkeit gezollt, denn die Kinder und Jugendlichen sind dem Bestehenden auch unterworfen. Sie nähern sich einem Männlichkeits- und Weiblichkeitsbild immer nur an und entwickeln durch Stilisierungen, körperliche Stile, Konzepte des sozialen Geschlechts und Modelle des Begehrens, die teilweise geschlechterübergreifend eingeübt werden. In der beständigen Wiederholung der Geschlechterinszenierungen durch die Peer-Group werden diese nach und nach verfestigt. Die Materie verkörpert die symbolischen Formen und ihre Macht im Körperstil. Der Prozess des Verkörperns unterliegt beständigen Korrekturen durch die Peer-Group, hinterlässt jedoch auf lange Sicht seine Spuren in der Materie des Körpers. Das Einüben spannt sich demnach von der Stilisierung, in der avisierte Körperstile, Formationen von Macht und Geschlecht und Inszenierungen von Begehren wiederholt und erprobt werden, bis zu ihrer Verkörperung.

Anmerkungen

1 So gibt etwa Cornelia Nitsch ihrem Erziehungsratgeber für Eltern männlicher Kinder den Titel „Jungen sind einfach anders" (Nitsch 2002).

2 In der angloamerikanischen Debatte wird anhand des Paradigmas der Benachteiligung aber auch an der Überkreuzung der Kategorien Geschlecht und Ethnizität und damit an den Differenzen innerhalb der Kategorie gearbeitet (z.B. Sewell 1997; Lesko 2000; Martino/Meyenn 2001; Haywood/Mac/Ghaill 2003, 70ff.).

3 Auf dieser Grundlage könnte auch die Benachteiligungsperspektive präzisiert werden: Es sind bestimmte Männlichkeitsinszenierungen, mit denen Jungen im Bildungswesen nicht erfolgreich sind. Anhand des folgenden Beispiels lässt sich das allerdings nur andeuten, erst auf der Basis der zugrunde liegenden ethnographischen Studie (Tervooren 2006), in der die Jungen im Kontext von Peer-Group und Schule analysiert werden, lässt sich solch eine Interpretation mit Hilfe vergleichbarer Situationen verdichten. Es zeigt sich, dass es die Breakdancer sind, die Schwierigkeiten in der Schule haben und sich in den Gruppendiskussionen als „schwere Jungs" darzustellen suchen, auch wenn ihnen dies noch nicht so recht gelingen will.

4 Binol selbst imitiert im Kontext einer Video-AG am Nachmittag auf Bitten der anwesenden Mädchen den Popsänger Tarkan vor der Kamera und singt für die vorrangig von der Mädchenclique veranstaltete Talkshow mit Größen aus Pop und HipHop wie Foxy Brown, den Spice Girls, Missy Elliott und Tupac dessen Lied „Simarik". Binol tanzt mit wippenden Hüften und imitiert auch den mehrfach angedeuteten Kuss, der zum Refrain gehört. Auf dem dazugehörigen Videoclip geht Tarkan singend durch ein südeuropäisches Dorf und wird von Frauen regelrecht verfolgt. Trotzdem wehrt sich Binol, als die Aufnahme seiner Tarkan-Imitation auf eben diesem Schulfest vorgeführt werden soll, vehement. Sein Argument lautet: „Dann meinen alle, ich bin schwul."

Literatur

Bereswill, Mechthild (2006): Männlichkeit und Gewalt. Empirische Einsichten und theoretische Reflexionen über Gewalt von Männern im Gefängnis. In: Feministische Studien 24, 242-255.

Bilden, Helga (1998): Geschlechtsspezifische Sozialisation. In: Klaus Hurrelmann/Dieter Ulich (Hg.): Handbuch der Sozialisationsforschung. Weinheim/Basel, 279-301.

– (2006): Sozialisation in der Dynamik von Geschlechter- und anderen Machtverhältnissen. In: Bilden, Helga/Dausien, Bettina (Hg.): Sozialisation und Geschlecht. Theoretische und methodologische Aspekte. Opladen, 44-70.

Böhnisch, Lothar (2004): Männliche Sozialisation. Eine Einführung. Weinheim/München.

– (2006): Zum Wandel von Männlichkeit und männlicher Sozialisation im „digitalen Kapitalismus". In: Bilden, Helga/Dausien, Bettina (Hg.): Sozialisation und Geschlecht. Theoretische und methodologische Aspekte. Opladen, 275-288.

Bourdieu, Pierre (1982): Die feinen Unterschiede. Frankfurt am Main.

– (1997): Die männliche Herrschaft. In: Irene Dölling/Beate Krais (Hg.): Ein alltägliches Spiel. Geschlechterkonstruktion in der sozialen Praxis. Frankfurt am Main, 153-217.

– (1999/1980): Sozialer Sinn. Kritik der theoretischen Vernunft. Frankfurt am Main.

Breidenstein, Georg/Kelle, Helga (1998): Geschlechteralltag in der Schulklasse. Weinheim/München.

Budde, Jürgen/Faulstich-Wieland, Hannelore (2005): Jungen zwischen Männlichkeit und Schule. In: King, Vera/Flaake, Karin (Hg.): Männliche Adoleszenz. Sozialisation und Bildungsprozesse zwischen Kindheit und Erwachsenensein. Frankfurt/New York, 37-53.

Butler, Judith (1991/1990): Das Unbehagen der Geschlechter. Frankfurt am Main.

Connell, Robert W. (2000/1995): Der gemachte Mann. Konstruktion und Krise von Männlichkeiten. Opladen.

Corbett, Ken (1999): Homosexual Boyhood: Notes on Girlyboys. In: Rottnek, Matthew: Sissies and Tomboys. Gender Nonconformity and Homosexual Childhood. New York/London, 107-139.

Diefenbach, Heike/Klein, Michael (2002): „Bringing Boys Back In." Soziale Ungleichheit zwischen den Geschlechtern im Bildungswesen zuungunsten von Jungen am Beispiel der Sekundarschulabschlüsse. In: Zeitschrift für Pädagogik 6, 938-958.

Dietze, Gabriele (2003): Allegorien der Heterosexualität. Intersexualität und Zweigeschlechtlichkeit – eine Herausforderung an die Kategorie Gender. In: Die Philosophin. Forum für feministische Theorie und Philosophie, 9-35.

Gilbert, Rob/Gilbert, Pam (1998): Masculinity goes to School. London/New York.

Halberstam, Judith (1998): Female Masculinity. Durham/London.

Hagemann-White, Carol (1984): Sozialisation: Weiblich – männlich? Opladen.

Haywood, Chris/Mac an Ghaill, Mártín (2003): Men and Masculinities. Buckingham/Philadelphia.

Hirschauer, Stefan (1993): Die soziale Konstruktion der Transsexualität. Frankfurt am Main.

Hurrelmann, Klaus (1986): Einführung in die Sozialisationstheorie. Über den Zusammenhang von Sozialstruktur und Persönlichkeit. Weinheim.

Jösting, Sabine (2005): Jungenfreundschaften. Zur Konstruktion von Männlichkeit in der Adoleszenz. Wiesbaden.

Klöppel, Ulrike (2002): XXoXY ungelöst. Störungsszenarien in der Dramaturgie der zweigeschlechtlichen Ordnung. In: polymorph (Hg.): (K)ein Geschlecht oder viele? Transgender in politischer Perspektive. Berlin, 153-180.

Knapp, Gudrun-Axeli (2005): »Intersectionality« – ein neues Paradigma feministischer Theorie? Zur transatlantischen Reise von »Race, Class, Gender«. In: Feministische Studien 23, 68-81.

Lesko, Nancy (Hg.) (2000): Masculinities at School. Thousand Oaks/London/New Delhi.

Lindemann, Gesa (1993): Das paradoxe Geschlecht. Transsexualität im Spannungsfeld von Körper, Leib und Gefühl. Frankfurt am Main.

Lutz, Helma (2003): Differenz als Rechenaufgabe: Über die Relevanz der Kategorien Race, Class und Gender. In: Dies./Wenning, Norbert: Unterschiedlich verschieden. Differenz in der Erziehungswissenschaft. Opladen, 215-229.

Martino, Wayne/Meyenn, Bob (Hg.) (2001): What about the Boys? Issue of Masculinity and Schooling. Buckingham/Philadelphia.

Maihofer, Andrea (2002): Geschlecht und Sozialisation. Eine Problemskizze. In: Erwägen Wissen Ethik 13, 13-26.

Meuser, Michael (2005): Strukturübungen. Peergroups, Risikohandeln und die Aneignung des männlichen Geschlechtshabitus. In: King, Vera/Flaake, Karin (Hg.): Männliche Adoleszenz. Sozialisation und Bildungsprozesse zwischen Kindheit und Erwachsenensein. Frankfurt/New York, 309-323.

– (2006): Riskante Praktiken. Zur Aneignung von Männlichkeit in den ernsten Spielen des Wettbewerbs. In: Bilden, Helga/Dausien, Bettina (Hg.): Sozialisation und Geschlecht. Theoretische und methodologische Aspekte. Opladen, 163-178.

Neue Gesellschaft für Bildende Kunst (Hg.) (2005): 1-0-1 [one' o ne] intersex. Zwei-Geschlechter-System als Menschenrechtsverletzung. Berlin.

Nitsch, Cornelia (2002): Jungen sind einfach anders. Warum Söhne eine andere Erziehung brauchen. München.

Rottnek, Matthew (1999): Sissies and Tomboys. Gender Nonconformity and Homosexual Childhood. New York/London.

Schmauch, Ulrike (2005): Was geschieht mit kleinen Jungen? – Ein persönlicher Blick auf die Entwicklung des Jungenthemas von den 70er Jahren bis heute. In: Rose, Lotte/Dies. (Hg.): Jungen – die neuen Verlierer? Auf den Spuren eines öffentlichen Stimmungswechsels. Königstein/Ts., 26-41.

Schnack, Dieter/Neutzling, Rainer (1990): Kleine Helden in Not. Jungen auf der Suche nach Männlichkeit. Reinbek bei Hamburg.

Sewell, Tony (1997): Black Masculinities and Schooling. How Black boys survive modern schooling. Oakhill/Stoke on Trent/Staffordshire.

Tervooren, Anja (2006): Im Spielraum von Geschlecht und Begehren. Ethnographie der ausgehenden Kindheit. Weinheim/München.

Thorne, Barrie (1993): Gender Play. Girls and Boys in School. New Brunswick/New Jersey.

Villa, Paula-Irene (2006): Scheitern – ein produktives Konzept zur Neuordnung der Sozialisationsforschung. In: Bilden, Helga/Dausien, Bettina (Hg.): Sozialisation und Geschlecht. Theoretische und methodologische Aspekte. Opladen, 219-238.

West, Candance/Zimmerman, Don H. (1991): Doing Gender. In: Judith Lorber/Susan A. Farell (Hg.): The Social construction of gender. Newbury Park/London/New Delhi, 13-37.

Mechthild Bereswill

Sich auf eine Seite schlagen
Die Abwehr von Verletzungsoffenheit als gewaltsame Stabilisierung von Männlichkeit

Zu den Verdiensten von Frauenbewegungen und feministischer Wissenschaft zählen die politische Anklage und die wissenschaftliche Analyse von Gewalt im Geschlechterverhältnis: Männliche Herrschaft wird durch Gewalt abgesichert; Unterdrückungsverhältnisse finden ihren Ausdruck in Gestalt direkter wie symbolischer Gewalt, die in die Geschlechterbeziehungen sowohl traditionaler als auch moderner Gesellschaften eingeschrieben ist. Auf diese feministischen Analysen von Gewalt nimmt auch Pierre Bourdieu (1997, 2005) in seinen Texten zur männlichen Herrschaft Bezug. Geschlechterverhältnisse sind demnach Gewaltverhältnisse und Geschlechterhierarchien Ausdruck verschiedener Formen von Gewalt, die in Institutionen, in hegemoniale Repräsentationen von Geschlechterdifferenz und in Geschlechterbeziehungen eingeschrieben sind (Dackweiler/Schäfer 2002; Hagemann-White 2002; Schröttle 1999; Stövesand 2005).

Solche allgemeinen Feststellungen zur Bedeutung von Gewalt für die Strukturierung von Geschlechterverhältnissen sagen noch nichts über das Verhältnis zwischen Geschlecht als einer Strukturkategorie sozialer Ungleichheit und den konkreten Handlungsmustern von Frauen oder Männern. Sie spiegeln sich aber trotzdem in einem – wissenschaftlich wie populär – recht etablierten Deutungsmuster, das lautet: Gewalt ist männlich. Hierbei überlagern sich Perspektiven auf Herrschaft und Gewalt mit Zuschreibungen von Geschlechterdifferenz. Unterstellt wird ein scharfer Kontrast zwischen Männlichkeit, Gewalt und der Position des aktiven Täters auf der einen und Weiblichkeit, Gewalt und der Position des passiven Opfers auf der anderen Seite (Bereswill 2006a, 2006b; Stövesand 2004). So legen Forschungstitel wie „Sexuelle Gewalt. Männliche Sozialisation und potentielle Täterschaft" (Heiliger/Engelfried 1995) oder Zeitschriften, die mit „Machos. Feinde der Menschheit" (Pfeiffer 2001) titeln, eine bruchlose Übersetzung zwischen strukturellen Geschlechterhierarchien, zweigeschlechtlich gespurten Sozialisationsprozessen und der konkreten Gewaltausübung durch Männer nahe. Solche impliziten Verknüpfungen hatte auch Lerke Gravenhorst (1988a, 1988b) im Blick, als sie die Männerbilder feministischer Forschung hinterfragte.

Nun lässt sich bei aller Kritik an feministischen, kriminologischen und medialen Zuschreibungen, Verkürzungen oder Verallgemeinerungen zum Verhältnis von Gewalt und Geschlecht trotzdem fragen: Bestätigen weltweite Statistiken zu

Gewalt im Geschlechterverhältnis nicht doch, wie sehr Gewalt und Männlichkeit einander und damit eine ganz bestimmte soziale Ordnung zwischen den Geschlechtern stützen? Nehmen wir beispielsweise nur die Angaben der hiesigen Polizeilichen Kriminalstatistik (PKS) von 2005 zu den wegen sexueller Nötigung und Vergewaltigung ermittelten, einer Tat *verdächtigen* Personen, finden wir bei sexueller Nötigung und Vergewaltigung 99% und bei Gewaltkriminalität 87,4% Männer als mögliche Täter. Auch wenn sich eine umstrittene Statistik wie die PKS vortrefflich für die sozialkonstruktivistische Kritik an gesellschaftlichen Konstruktionen von Devianz und Geschlecht eignet (Popp 2003; Spindler 2006), so weisen die in ihr abgebildeten Tendenzen doch auf ein erklärungsbedürftiges und ausgesprochen zählebiges Phänomen hin: Im Hellfeld beobachtete Gewalt wird mehrheitlich von Männern verübt (oder sie wird ihnen gesellschaftlich immer wieder zugerechnet und damit auch zugetraut). Darauf verweist auch die Auffälligkeit von heranwachsenden Männern, denen Gewalthandeln zur Last gelegt wird und deren gruppenbezogene Handlungsmuster Soziologen wie Michael Meuser (2002, 2005), Joachim Kersten (1986, 1997) oder James W. Messerschmidt (1993) als funktional für die Herstellung und die Verteidigung von Männlichkeit analysieren (vgl. auch Bereswill 2001, 2003, 2006b).[1]

Die an den gesellschaftstheoretischen Ansätzen von Robert W. Connell und Pierre Bourdieu orientierte handlungstheoretische Lesart von Männlichkeit und Gewalt stellt einen wichtigen Beitrag zur Geschlechterforschung dar: Gewalt im Geschlechterverhältnis wird im Hinblick auf die Konstitution und Konstruktion von Männlichkeit durchbuchstabiert, indem nicht nur die *heterosozialen*, sondern auch die *homosozialen* Dimensionen von Gewalt in den Blick genommen und in ihrer Bedeutung für die soziale Ordnung einer Gesellschaft untersucht werden. Anders gesagt: die Beziehung von Gewalt und Geschlecht entfaltet sich mit Blick auf Männlichkeit im Kontext einer doppelten Relationalität – zwischen Männern und Frauen und zwischen Männern, jeweils gedacht als soziale Gruppen, die in einem wechselseitigen, hierarchischen Verhältnis zueinander stehen (Connell 1995; Connell/Messerschmidt 2005). Wird das Geschlechterverhältnis in feministischen Theorieansätzen als ein Strukturzusammenhang gedacht, in dem Frauen als eine Genusgruppe der Gruppe der Männer untergeordnet sind (Becker-Schmidt 1987, 2004), verschiebt sich der Blickwinkel nun in Richtung einer Vielzahl von Konfigurationen der Über- und Unterordnungsdynamiken auch zwischen Männern, die ebenfalls mit Gewalt ausgehandelt werden. Hegemoniale Männlichkeit bildet hierbei den Bezugspunkt für alle Konfigurationen, Weiblichkeit bleibt generell untergeordnet und wird auch als Mittel der Degradierung zwischen Männern eingesetzt (Bereswill 2006b, 2007).

Im vorliegenden Text wird das Verhältnis von Männlichkeit und Gewalt weiter ausgelotet, indem die handlungstheoretische zu einer konflikttheoretischen Perspektive hin geöffnet wird. Zunächst wird die handlungstheoretische Auffassung von Gewalt als einer kontextgebundenen Männlichkeitsressource weiter vorgestellt und diskutiert. Anschließend wird einem Aspekt nachgegangen, der auf einen zentralen und zugleich verdeckt gehaltenen Männlichkeitskonflikt im Umgang mit Gewalt verweist: die mit der verpönten Position des schwachen Opfers verbundene „Verletzungsoffenheit" (Popitz 1992) von Männern in Gewaltkonflikten. Untersucht wird die Spannung zwischen der „Verletzungsmacht" (ebd.) und der „Verletzungsoffenheit" in Gewaltkonflikten zwischen Männern am Beispiel einer wirkmächtigen Institution, auch unter Bezug auf eigene Forschungsergebnisse: Die theoretische Frage nach dem Verhältnis von Männlichkeit und Gewalt wird anhand der alltäglichen Gewaltinteraktionen von Männern im Gefängnis exemplifiziert. In diesem Raum zeigt sich wie unter einem Brennglas, wie zerbrechlich die umkämpfte Größe Männlichkeit ist und wie die Zerstörung und gleichzeitige Stabilisierung von Männlichkeit durch Gewalt ineinander greifen. Dabei stellt sich aber auch die Frage: Was geschieht im homosozialen Gruppenprozess mit den verletzungsoffenen und angstvollen Momenten, die alle Akteure durchleben? Welche Bedeutung erfahren dabei überdeterminierte Zuschreibungen von Geschlechterdifferenz? Wie korrespondieren die interaktive Stabilisierung und gleichzeitige Bedrohung von Männlichkeit in einem hermetischen institutionellen Rahmen mit Verwerfungen im Geschlechterverhältnis? Die Fragen rücken die Bedeutung von Leerstellen, Brüchen, Konflikten und damit verbundenen Ambivalenzen im Verhältnis von Männlichkeit und Geschlecht in den Blick. Diese Perspektive wird am Beispiel von Gewalt im Gefängnis weiter konkretisiert, mit dem Ziel einer weiteren theoretischen Differenzierung des Verhältnisses von Männlichkeit und Gewalt.

1. Gewalt als Sozialisationsmodus und als Männlichkeitsressource

Einer der ersten Autoren, der die Diskrepanz zwischen Zuschreibungen von Devianz und Mechanismen sozialer Kontrolle gegenüber Frauen und gegenüber Männern für den westdeutschen Kontext in den Blick genommen hat, ist Joachim Kersten (1986, 1997). So argumentiert er bereits vor gut zwanzig Jahren in einem Text über Jungen und Mädchen in geschlossenen Einrichtungen der Jugendhilfe, der auf Forschungen des Deutschen Jugendinstituts (DJI) beruht, soziale Kontrolle gegenüber Jugendlichen sei vergeschlechtlicht und würde von diesen auch entsprechend geschlechtsbezogen bewältigt, wobei seine Analyse die Beziehung zwischen sozialer Herkunft und Geschlecht einbezieht. Bereits hier deutet sich an, was Kersten später, im Anschluss an die Arbeiten des US-amerikanischen Soziologen James Messerschmidt (1993) weiter ausführt. Beide konzipieren das Verhältnis von Männlichkeit und abweichendem Verhalten, genauer gesagt Kriminalität, als eine lebenslagenspezifische, Kontext bezogene Form der Bewerkstelligung von Männlichkeit („accomplishing masculinity") und gehen für marginalisierte, sozial wenig anerkannte Männer, die sich an hegemonialen Idealen von Männlichkeit messen, von einer *Kompensationsdynamik* aus: Gewalt ist demnach eine letzte Möglichkeit für Männer mit wenig gesellschaftlicher Macht und wenigen materiellen wie symbolischen Ressourcen, ihre Männlichkeit zu verteidigen. Entscheidend ist dabei die These, dass sie ihre Ausgrenzung bekämpfen und sie zugleich verfestigen, indem sie sozial verpönte Formen der Hypermaskulinität praktizieren (Findeisen/Kersten 1999; Bereswill 2006b, 2007; vgl. auch Spindler in diesem Band).[2]

Die These von Gewalt als einer Bewerkstelligung prekärer Männlichkeit verweist auf einen Aspekt männlicher Herrschaft, den auch Michael Meuser (2003) betont: Es ist der doppelgesichtige Charakter von Gewalt. Sie bedroht die soziale Ordnung einer Gesellschaft und damit auch die Geschlechterordnung, und sie stabilisiert diese Ordnung zugleich. So ist beispielsweise das gruppenbezogene Gewalthandeln männlicher Adoleszenter aus Meusers Sicht funktional für die Aneignung einer normalen Männlichkeit; ihr gewaltbetontes Risikoverhalten interpretiert er im Anschluss an Bourdieu als eine „Strukturübung", mit deren Hilfe der männliche Geschlechtshabitus inkorporiert wird (2005). Dabei betont er die Bedeutung der homosozialen Dimension von Männlichkeit, deren Anerkennung nur in der kompetetiven, rivalisierend-spielerisch angelegten Dynamik einer Männergruppe gewährleistet ist; Frauen spenden demnach lediglich Beifall, sind aber keine ernst zu nehmenden Gegnerinnen im Kampf. Gewaltbereitschaft ist eine Handlungsressource für die wechselseitige Anerkennung als männlich, zumindest so lange es sich um den reziproken Austausch von Gewalt handelt, bei dem nicht Opfer und Täter – oder etwa Frauen und Männer –, sondern gleichrangige Gegner miteinander um den Sieg ringen.[3]

Im Mittelpunkt der verschiedenen Ansätze steht die Analyse des Verhältnisses von Männlichkeit und Gewalt als wechselseitige Verstärkung; Gewalt wird als eine geschlechtsgebundene Handlungsressource betrachtet. Während der Fokus bei Kersten und Messerschmidt auf dem Zusammenhang von Marginalisierung und Geschlecht liegt, betont Meuser die normalisierende Dimension von Gewalt für Männlichkeit generell. Abweichendes Verhalten ist demnach funktional

Sich auf eine Seite schlagen 105

für die Einübung einer gesellschaftlichen Normalität, in der Männer andere Männer und Frauen dominieren.

Die funktionalistische Sicht auf Männlichkeit und Gewalt bereichert die Geschlechterforschung in zwei Hinsichten: Zum einen wird Gewalt im Geschlechterverhältnis als ein Ordnung bildendes und stabilisierendes, männerbündisch strukturiertes Muster sozialer Unterordnung erfasst. Zum anderen wird darauf verwiesen, dass gesellschaftlichen Kontrastkonstruktionen von Normalität und Abweichung ein gemeinsamer sozialer Sinn unterliegt (Matza 1969). Vor diesem Hintergrund verweist die Beziehung von Devianz und Geschlecht nicht auf (individuelle oder individualisierbare) Störungen, sondern auf die Stabilisierung von (Geschlechter-)Normen durch Abweichung. Abweichendes Verhalten wird als gesellschaftliches Phänomen thematisiert, statt individualisiert oder etwa psychologisiert zu werden.

Zugleich bleibt die Frage nach dem Verhältnis zwischen subjektivem und sozialem Sinn und den damit einher gehenden Verwerfungen unberührt: Lässt sich einerseits schwer bestimmen, was für die soziale Ordnung einer Gesellschaft funktional und was für sie dysfunktional ist (Becker 1973), rückt die Frage nach den Selbstdeutungen der Akteure sozialen Handelns hinter die Kategorie des geteilten sozialen Sinns. Damit bleibt letztlich offen, was Tony Jefferson in seiner Kritik an Messerschmidts Männlichkeitstheorie auf den Punkt bringt:

„... it never asks a second crucial question, namely, why only particular men from a given class or race background (usually only a minority) come to identify with the crime option, while others identify with other resources to accomplish their masculinity. To answer this requires incorporating a theory of subjectivity." (Jefferson 1996, 341)

Dieser auf eine psychodynamische Auffassung von Subjektivität bezogene Einwand gegen eine ausschließlich ressourcen- und handlungstheoretisch ausgerichtete Konzeption von Männlichkeit verweist zudem auf eine weitere Frage: Ist Männlichkeit identisch mit dem, was wir sehen, was Männer tun? Auf diese Überlegungen wird später wieder zurück zu kommen sein. Zunächst soll gezeigt werden, dass die bisher referierten Ansätze zum Verhältnis von Männlichkeit und Gewalt einen starken Widerhall in den Deutungs- und Handlungsmuster von Männern im Gefängnis finden.

2. Undurchlässige Männlichkeit – abgespaltene Weiblichkeit – umkämpfte Heterosexualität

Einschlägige Studien zu Männern im Gefängnis veranschaulichen, wie Männlichkeit unter den Bedingungen von Geschlossenheit zu einer umkämpften Größe wird (Sykes 1974; Bowker 1977; Toch 1975, 1992, 1998). So hat Gresham M. Sykes in seiner Weg weisenden Studie zu einem US-amerikanischen Hochsicherheitsgefängnis für Männer herausgearbeitet, wie intensiv die Autonomiekrise einer Gefangenschaft und Krisen von Männlichkeit miteinander korrespondieren, wobei diese Dynamik durch angedrohte und ausgeübte Gewalt in der Gefangenensubkultur in Gang gehalten wird (vgl. auch Bereswill 2001, 2004; Koesling 2003; Neuber 2003, 2007). Von großer Bedeutung ist dabei zudem die Verteidigung des eigenen Ansehens als *männlich und heterosexuell*, wobei die Abwehr von Homosexualität, ihre Abwertung als weiblich und die Angst vor der Vergewaltigung durch einen anderen Mann ineinander verschränkt sind (Sykes 1974, 72, 95; zum heteronormativem Blick bei Sykes vgl. Bereswill 2004, 102). Fassen wir die Befunde von Studien zu Männern in Gefängnissen oder in anderen „totalen Institutionen" (Goffman 1973) wie dem Militär unter einer geschlechtertheoretischen Perspektive zusammen, ergibt sich ein deutliches Bild: Wir haben es mit einer binär codierten Matrix zu tun, auf der Weiblichkeit und Männlichkeit sich als Bezugsgrößen für weich und hart, schwach und stark, gefährdet und sicher erweisen. Hinzu kommen die Assoziation von Weiblichkeit mit männlicher Homosexualität: Der homosexuelle Mann gilt als effeminiert und im Gefängnis wird betont zwischen sogenannten homosexuellen Neigungen, Sexualität zwischen heterosexuell identifizierten Männern und homosexueller Gewalt als Mittel der Unterdrückung unterschieden (Sykes 1974; Koesling 2003; vgl. auch den Beitrag von Andreas Kraß in diesem Band).

Der Kampf um anerkannte Männlichkeit wird von einem machtvollen Affekt in Gang gehalten, der mit dem Ideal der zu verteidigenden Ehre korrespondiert: Es ist die Scham, verbunden mit der weiblich markierten, verpönten Position des öffentlich bloß gestellten, ausgelieferten und schwachen Opfers, nicht zuletzt von sexueller Gewalt in der Gruppe. Die folgende Abbildung zeigt, wie die komplexe Dynamik der Auf- und Abwertungen zwischen Männern sich auf die binären Deutungsmuster der Geschlechterdifferenz herunterbrechen lässt, wenn wir die Handlungsmuster und Zuschreibungen von Männern, besonders in Gruppensituationen, denen sie nicht ausweichen können, betrachten.

Die Herstellung und Verteidigung von Männlichkeit *durch* Gewalt beruht auf einer bipolar strukturierten Dynamik von Ein- und Ausschluss, mit dem Ziel, die der heterosexuellen, ehrenhaften Männlichkeit komplementäre Position als inferior bloßzustellen, zu bekämpfen und schließlich abzuspalten. Um diese Achse der gegenseitigen Auf- und Abwertung drehen sich auch die durch Gewalt geprägten Auseinandersetzungen in der Subkultur bundesdeutscher Jugendgefängnisse, die gegenwärtig mehrheitlich von heranwachsenden Männern be-

Weiblichkeit
Opfer

Scham
Heteronormativität
Ehre

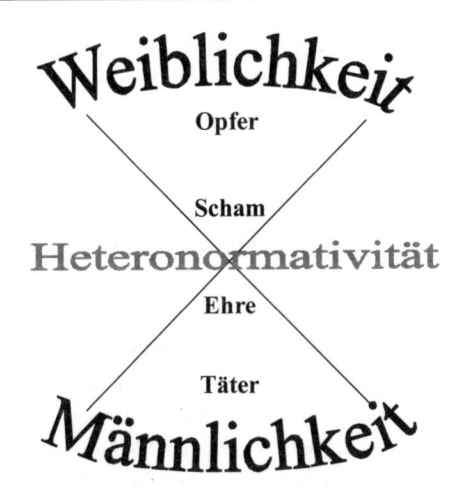

Täter
Männlichkeit

legt sind.[4] Dies bestätigen die Interviewerzählungen junger Inhaftierter, in denen der Sinn, die Zwangsläufigkeit und Selbstverständlichkeit von angedrohter und ausgeübter Gewalt im Gefängnis nachvollziehbar werden.[5] Der *Sinn* von Gewalt bestimmt sich dabei mehrheitlich über die Verteidigung von Ehre und die Absicherung der eigenen Position in einer dynamischen Rangordnung sowie die gewaltförmig strukturierte Beteiligung an Geschäften des illegalen Marktes (vgl. Bereswill 2001, 2006b). Als *zwangsläufig* gilt Gewalt im Gefängnis aus Sicht der Inhaftierten aufgrund des geschlossenen Charakters der Institution, der es nicht erlaubt auszuweichen. *Selbstverständlich* ist Gewalt für sie, weil der aktive Umgang mit ihr in den meisten Fällen zu ihren Alltagserfahrungen auch außerhalb des Gefängnisses zählt. Hinzu kommt, dass wir es mit heranwachsenden Männern zu tun haben, deren Erfahrungshorizont im Umgang mit Gewalt nicht nur durch Täterschaft, sondern auch durch Erfahrungen als Opfer von Gewalt gekennzeichnet ist. Männliche Jugendliche und Heranwachsende, die im Zusammenhang von Gewalt auffallen, sind nicht nur die häufigsten Täter, sie sind auch die häufigsten Opfer von Gewalt und zwar in der eigenen Gruppe wie im familiären Kontext (Hosser/Raddatz 2005). Diese Konstellation verschärft die kollektive Abwehr der Position des Opfers dramatisch.

Das Gefängnis ist ein hermetischer Raum, in dem die latente Verknüpfung von Opfer- und Täterpositionen mit Konstruktionen von Geschlechterdifferenz plötzlich überbelichtet wird. Resümieren wir die Situation in der geschlossenen Institution, wird Männlichkeit hier bedroht, sie wird herausgefordert und muss verteidigt werden (Sykes 1974; Toch 1975, 1992; Bereswill 2001, 2006b). Zugleich erhöht sich die Gefahr, (erneut) zum Opfer von Gewalt zu werden, unter dem Druck der Gruppe zusammenzubrechen (Toch 1975, 1992). Vor diesem Hintergrund springt die überzogene Selbstdarstellung von Männern als unverletzlich, wehrhaft und kampfbereit ganz besonders stark ins Auge (Toch 1998; Sim 1994). Im hermetischen Raum Gefängnis spitzen kulturelle Leitbilder von harter Männlichkeit sich zu, sie werden überbelichtet und verweisen zugleich auf ihre ausgeblendete Kehrseite: auf die grundsätzliche Verletzungsoffenheit des Subjekts, die abgewehrt und umgedeutet werden muss, um der alltäglichen Gefährdung zu entgehen. Der „real man" im Gefängnis ist gewaltbereit und verfügt zugleich über ein hohes Maß an Selbstkontrolle, er ist ehrenhaft und schlägt andere Männer, denen er überlegen ist, aus strategischen Gründen, nicht aufgrund unkontrollierter Affekte (Sykes 1974; Bereswill 2006b). Aus dieser idealisierten Figur einer überlegenen Männlichkeit sind alle Momente der Angst, der Kränkung und des Schmerzes ausgegrenzt, zugunsten eines übermächtigen Ideals von ehrenhafter Männlichkeit.

Ein so überzogenes, grandioses Autonomieideal, dem auch viele der von uns interviewten Adoleszenten anhängen, ist nur im Kontext institutioneller Geschlossenheit umfassend zu verstehen. Im Angesicht des institutionell forcierten Autonomieverlusts wird Geschlecht zur Ressource der Selbstverteidigung, und schematische Versionen von Hypermaskulinität dominieren das Feld. Institutionelle Geschlossenheit und subkulturelle Gewalt gehen Hand in Hand mit rigiden Entwürfen einer wehrhaften Männlichkeit, aus der alles Weiche, Verletzliche ausgegrenzt bleiben soll. Angedrohte und ausgeübte Gewalt sichert und gefährdet die Platzierung als Mann in einer Rangordnung unter Männern. Wer zum Opfer von Gewalt oder Vergewaltigung wird, sich unterdrücken lässt, dem droht der Männlichkeitsverlust, er wird mit Weiblichkeit markiert, beispielsweise, indem er zur Nägelmaniküre, zum Putzen der sanitären Anlagen und zum Kaffeekochen oder zu sexualisierten Handlungen vor der Gruppe gezwungen wird. Schwache Inhaftierte werden als „Schmachthaken", „Fotzen" oder „Muschis" markiert, ihre starken Kontrastfiguren als „Rüden", „Hirsche" oder „Wölfe". Die eigene Klassifizierung hängt maßgeblich davon ab, ob jemand die Ankunftssituation gut übersteht, wie er von anderen als „Frischfleisch" taxiert, getestet und eingeschätzt wird (vgl. die ausführliche Interpretation in Bereswill 2001). Aus allen genannten Zuschreibungen spricht die Bedeutung des Körpers für die gelungene Durchsetzung erfolgreicher Männlichkeitsentwürfe. Es ist allerdings zu einseitig, sich den Körper als eine Art Ressource, einen Einsatz in den ernsten Spielen des Wettbewerbs zwischen Männern zu denken – wie Michael Meuser dies für das Risikoverhalten Adoleszenter vorschlägt (2005). Diese Lesart bestätigt die Posen von jungen Männern im öffentlichen Raum und wird ihrerseits durch die Selbstdarstellungen junger Inhaftierter bestätigt, wie wir an der folgenden Passage aus einem Interview unserer Studie nachvollziehen können:

„Ich bin hier reingekomm und hatte auch Schiß gehabt. Hab das nicht so gezeigt. Ich bin, ich hab gedacht, 'ach was soll's, hier drinnen ist es genau so wie draußen'. Bin dann genauso cool und lässig, wie ich draußen halt rumgegangen bin, auch hier in der Freistunde rumgegangen. Da hat man mich halt so angeguckt, was ich so für einer bin und so. Das ist mir am Arsch vorbeigegangen."

Die Sequenz aus einem Interview im westdeutschen Wohngruppenvollzug ist in mehrfacher Hinsicht typisch für die Erzählungen von Inhaftierten, auch über ganz verschiedene Anstalten hinweg. Der Sprecher betont die Spannung in der Gruppe, er beschreibt, wie bewusst er den taxierenden Blick der anderen wahrnimmt. Er weiß um die Bewährungsprobe, die er zu bestehen hat, und er stellt seinen Erfolg in der Erzählung nach: Er kennt die Regeln des Bluffs, weiß sie anzuwenden, rettet sich durch Lässigkeit und gibt sich cool - eine Haltung, mit der er seine Fähigkeit zur Selbstkontrolle auch in gefährlichen Momenten betont: Weder zeigt er seine Angst, noch wirkt er verkrampft oder aufgeregt. Er hat seine Affekte und seinen Körper unter Kontrolle - so jedenfalls lautet seine Botschaft an die Forscherin, die mit ihm spricht, und so lautet auch die Botschaft an die anderen Gefangenen der Szene. Unter einer handlungstheoretischen Perspektive erweisen sich Körper und Geschlecht als ineinander verschränkte Ressourcen der Selbstverteidigung; die latente Gewalt der Szene stützt die soziale Ordnung in der Gruppe und bedroht sie zugleich im anvisierten Kampf um die Rangordnung zwischen den Akteuren.

Zugleich verweist die Sequenz aber auch auf eine Dimension von (angedrohter) Gewalt in der Gruppe, die in den über determinierten Posen männlicher Selbstverteidigung nicht aufgeht: Es ist die Angst, der „Schiß", vor den Übergriffen durch andere, die keineswegs nach der ersten Begutachtung eines Neuen in der Freistunde verschwindet (Bereswill 2006b). Vor diesem Hintergrund stellt sich die Frage nach den Leerstellen der überschüssigen Posen: Was geschieht mit den Opferängsten von Männern, was mit ihrer existenziellen Erfahrung von alltäglicher Angst (nicht nur) im Gefängnis? Die Frage leitet über zu den im nächsten Abschnitt in den Blick genommenen Manövern der Angstabwehr, im Umgang mit dem alltäglichen Schwanken zwischen Sicherheit und Angst.

3. Erschütterte Männlichkeit – schwankende Sicherheit – schützende Abwehr

Die auffällige Abwehr eigener Schwäche, wie sie sich auch in der bereits zitierten Interviewsequenz zeigt, ist sehr typisch für unsere Interviewgespräche mit jungen Gefangenen: Sie erzählen ausführlich über die andauernden Konflikte, ihren, wie sie es nennen, „Stress" in der eigenen Gruppe, und sie beteuern zugleich mit Nachdruck, selbst nicht von Viktimisierung betroffen zu sein (Bereswill 2006b). Dieses Darstellungsmuster fällt besonders im Auftakt der Interviews im Gefängnis auf, der mit einer provozierenden Aufforderung beginnt: „Erzählen Sie mir bitte darüber, wie es war, als Sie im Gefängnis angekommen sind." (vgl. den Leitfaden in Bereswill 1999). Provozierend ist die Frage deshalb, weil sie den Einzelnen auf die schmerzhafte Erfahrung zurückwirft, sich von einem Tag auf den anderen dem rigiden, autoritär strukturierten Regelwerk der sozialen Organisation Gefängnis unterwerfen zu müssen.[6] Während dieser Schmerz, die damit zusammenhängende Wut und der Versuch des Widerstands gegen die Autoritäten aber nur von wenigen unserer Gesprächspartner an den Anfang des Interviews gestellt werden, weisen die Auftaktdialoge mehrheitlich ein anderes Darstellungsmuster auf: Die jungen Männer rücken ihre eigene Gruppe, die Gefangenen in den Mittelpunkt der Aufmerksamkeit und geraten dabei in ein Dilemma. Können sie sich so von ihrer Kränkung durch die Institution abgrenzen und müssen ihren Schmerz über den Freiheitsentzug nicht gleich zu Beginn mit einer fremden Person teilen, geraten sie nun in den Zugzwang, über ihre alltägliche Gefährdung und Angst in der Subkultur zu sprechen. Dieser Zwickmühle weichen sie aus, indem sie – wie auch der bereits zitierte Inhaftierte – ihre Angst vor der eigenen Gruppe aussprechen und im gleichen Atemzug zurücknehmen: „Also ehrlich gesagt ich hab's mir härter vorgestellt" – so lautet eine sehr typische Aussage, die der folgenden von der Struktur her gleicht: „Weil ich nicht wusste, was auf drauf, was hier drin auf mich drauf zukommt, weil man hört ja da und da was, aber s' ging, ist ja eh nen Kindergarten hier".

Solche augenscheinlichen Rationalisierungen von Angst, verbunden mit der Relativierung oder auch Verleugnung einer tatsächlich dauerhaften Gefährdung der eigenen Sicherheit kaschieren die Angst und die Verletzungsoffenheit des Einzelnen. Der Interviewdialog reproduziert diese Dynamik, indem der jeweilige Erzähler gleich zu Beginn auf eine Provokation reagieren und sich gegen diese schützen muss. Es handelt sich um die Camouflage der eigenen Verletzungsoffenheit; betont wird auch hier die eigene Unverletzbarkeit; eine Strukturparallele zum Markieren von Lässigkeit in der Freistunde: Wer kann die Demonstration von Unverletzbarkeit, verbunden mit der gleichzeitigen Bereitschaft, den eigenen Körper zu riskieren, glaubwürdig und abschreckend genug markieren und durchhalten? Die Frage fasst eine komplexe Interaktion zusammen, deren Dynamik durch schnelle Wechsel, Auf- und Abwertungen und die Androhung, zum Opfer zu werden, in Gang gehalten wird.

Was dabei abgewehrt werden muss, ist die mit der Opferposition verbundene Angst des Subjekts. Dies verdeutlicht die folgende Sequenz, in der zuerst die Strategie ihrer Überwindung und dann die Angst selbst zur Sprache kommen: „Da hast du nur den Großen markiert, so nach dem Motto, aber in Wirklichkeit hattest du selber Angst". Hier wird nicht nur der Gegner, sondern auch die eigene Angst mit Hilfe einer Täuschung, eines Bluffs in Schach gehalten. Der Erzähler artikuliert, was aus der handlungstheoretischen Lesart von Männlichkeit herauszufallen droht: Das soziale Handeln von Individuen und ihr inneres Empfinden als Subjekt sind keine identischen Dynamiken; Gewalt mag eine rationale Ressource der Verteidigung von Männlichkeit sein, sie ist aber auch mit Schmerz und Angst verbunden und verweist somit auf, auch unbewusste, Affekte und Konflikte des Subjekts, die durch strategisches Handeln nicht wirkungslos werden. Damit einher geht eine dauerhafte Ambivalenz, das innere Schwanken zwischen der eigenen Verletzungsoffenheit auf der einen und Verletzungsmacht auf der anderen Seite. Diese Opfer-Täter-Ambivalenz wird auf der Handlungsebene kaschiert, indem Bezug auf dominante Symbolisierungen wehrhafter Männlichkeit genommen und die Männergruppe als Ort der wechselseitigen Anerkennung in Anspruch genommen wird. Damit ist die Ambivalenz im Inneren der Akteure aber nicht grundsätzlich beigelegt. Sie wird lediglich stillgestellt, indem Angst und Schmerz abgespalten und auf andere verschoben werden. Im Gegenteil: Verweist nicht gerade der Überschuss von gewaltsamen Männlichkeitsentwürfen auf die Virulenz einer verworfenen Seite von Männlichkeit? Deren Wirkmacht spiegelt sich noch in dem Bedürfnis, sich auf eine Seite zu schlagen. Die folgende Abbildung illustriert den beschriebenen Verdeckungszusammenhang.

Das psychodynamisch inspirierten Konzept der *Ambivalenz* öffnet den Blick für einen Konflikt, der sich als innere Zerreißprobe zwischen verschiedenen Positionen niederschlägt. So gewinnen wir einen Blick auf das dialektische Verhältnis zwischen der kulturellen Verknüpfung von Männlichkeit und Gewalt einerseits und der eigensinnigen Affektlogik des Subjekts, dessen Position nicht durchgängig verletzungsmächtig ist.[7] Das bedeutet auch, die Aneignung sozialer Konstruktionen von Zweigeschlechtlichkeit erfolgt nicht bruchlos; kulturelle Identitätsangebote und -zwänge und (männliche) Subjektivität gehen nicht ineinander auf. Männlichkeit ist keine reibungslose Größe, sie ist in sich wider-

Heteronormativität

Weiblichkeit ◄──────► **Männlichkeit**

Opfer ◄──► *Täter*   *Opfer* ◄──►Täter

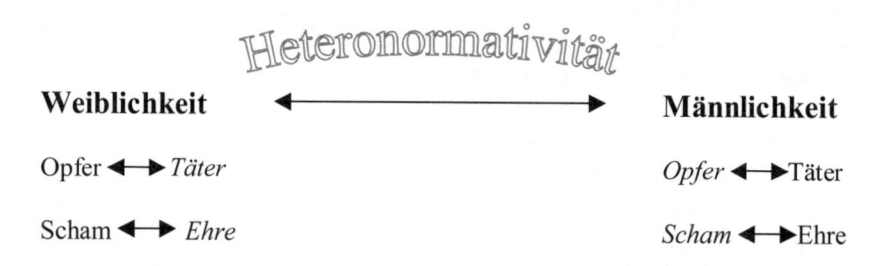

Scham ◄──► *Ehre*   *Scham* ◄──►Ehre

sprüchlich. Was auf der Ebene eindeutiger, binär codierter Zuschreibungen abgespalten werden kann – Schwäche, Weiblichkeit und das Begehren zwischen Männern – wirkt in den (unbewussten) Ängsten und Wünschen des Subjekts weiter.

4. Zerbrechliche Autonomie – verleugnete Abhängigkeit – verpönte Bindungen

Folgen wir der konflikttheoretischen Perspektive und kehren zu einer eingangs aufgeworfenen Frage zurück. Ist Männlichkeit, was wir sehen, das Männer tun? Die Antwort auf diese Frage fällt mit Blick auf die zugespitzten Selbstbehauptungskämpfe zwischen Männern im Gefängnis sehr widersprüchlich aus: Hier wird Männlichkeit höchst relevant gemacht, aktiv herausgefordert und mit Gewalt verteidigt. Wir können tatsächlich *sehen*, wie Männlichkeit zuerst erschüttert, dann reproduziert und schließlich gesteigert und verfestigt wird. Wir können aber auch rekonstruieren, wie Männlichkeit durch das konstituiert wird, was aus den sichtbaren, den manifesten Deutungs- und Handlungsmustern der Akteure ausgeklammert bleibt – durch eine nicht zu hintergehende Verletzungsoffenheit der Akteure, wie sehr sie diese auch aus sich heraus auf andere zu projizieren suchen.

Wenn Sykes in seiner fünfzig Jahre zurückliegenden, strukturfunktionalistisch angelegten Studie zu Männern im Gefängnis schreibt, es seien die Schmerzen des Freiheitsentzugs, die das Handlungssystem von Inhaftierten im Gefängnis in Gang halten (1974, 79), argumentiert er in eine ähnliche Richtung: Die Kämpfe in der Subkultur werden von den verdrängten, Konflikt besetzten Momenten der Subjekte angetrieben, deren Quelle aber nicht die Subkultur selbst, sondern der Druck der autoritären Institution ist. Damit fokussiert auch Sykes die Wechselbeziehung zwischen den subjektiven und kollektiven Dynamiken sozialen Handelns: Es ist die tiefe Kränkung des Autonomieverlusts, die aus seiner Sicht den Dreh- und Angelpunkt der gewaltförmigen Selbstverteidigung von Männern darstellt. Mit anderen Worten: Die allmächtige Figur des „real man" ist eine kollektive Selbsttäuschung von Männern im Gefängnis, deren Alltag durch Abhängigkeit, Unterordnung und Unterwerfung gekennzeichnet ist. Überschüssige Autonomieideale, Gewalt und soziale Ächtung hängen demnach eng zusammen. Hier zeigt sich der systematische Anknüpfungspunkt zwischen den ressourcen- und handlungstheoretischen Ansätzen zu Männlichkeit und Gewalt und einer konflikttheoretischen Erweiterung des Blicks auf die mit der Kompensationsdynamik verbundenen Verwerfungen, nicht nur im Subjekt, sondern auch in den gesellschaftlichen Konstruktionen hegemonialer Männlichkeit. Was aus den Konfigurationen legitimer Männlichkeit herausfällt, stützt diese zugleich: Konfigurationen marginalisierter oder untergeordneter Männlichkeit, deren mangelnde Anerkennung hart umkämpft wird.

Denn die verpönte Variante abweichender Männlichkeit verweist zugleich auf ihre gesellschaftlich hoch angesehenen Spielarten: Rationalität, Autonomie und Selbstkontrolle zählen zu den tradierten Tugenden erfolgreicher Männlichkeit. Hier finden die Akteure ihren kulturellen Stoff zur (Selbst)Verteidigung einer zerbrechlichen Autonomie, deren schwache und abhängige Seiten auf andere verschoben werden, um unverletzlich zu bleiben – zumindest dem äußeren Anschein nach. Was dabei auf der Strecke bleibt, sind nicht zuletzt Formen einer wechselseitigen Anerkennung, verbunden mit einer dialektischen Version von Autonomie und Bindung, auch zwischen Männern.

Das Verhältnis von Gewalt und Geschlecht weiter auszuloten erfordert theoretische und methodische Strategien, die es erlauben, den äußeren Eindruck einer gewaltsamen Männlichkeit zu erschüttern: Wie kann die innere Spannung zwischen der Verletzungsoffenheit und Verletzungsmacht von Subjekten für die Untersuchung von Männlichkeit zusammengehalten werden? Worauf verweisen verdeckt gehaltene Opfer-Täter-Ambivalenzen im Geschlechterverhältnis? Wie korrespondieren Dynamiken von Gewalt und Geschlecht mit der Wechselbeziehung von Autonomie und Bindung, nicht zuletzt zwischen Männern? Solche Fragen weisen in Richtung einer subjekttheoretisch fundierten Soziologie der Geschlechterverhältnisse, die soziale Phänomene als dialektische Verschränkung zwischen äußeren und inneren Verhältnissen untersucht und soziales Handeln aus einer, auch an den unbewussten Konflikten der Akteure interessierten Perspektive in den Blick nimmt. Die augenscheinliche Verknüpfung zwischen Männlichkeit und Gewalt wird vor diesem Hintergrund zum Ausgangspunkt, nicht zum Ankerpunkt der weiteren theoretischen Konturierung von Männlichkeit als einer Dimension der Kategorie Geschlecht.

Anmerkungen

1 Aus Forschungen, die zeigen, dass auch junge Frauen Gewalt ausüben und diese Erfahrungen in ihre Weiblichkeitsvorstellungen zu integrieren in der Lage sind, kann in diesem Text nicht ausführlich eingegangen werden (vgl. Bruhns/Wittmann 2002; Meuser 2002; Bereswill 2006a).

2 Findeisen und Kersten (1999) schlagen vor, die soziale Lage von marginalisierten Männern mit dem US-amerikanischen Konzept der „underclass" zu erfassen. Dieser Vorschlag verweist darauf, dass die Begriffe, mit denen wir derzeit verschiedene Dimensionen sozialer Ungleichzeitigkeit zu erfassen suchen, recht verschwommen sind (Bereswill 2007). Das Konzept der „underclass" zu importieren, verspricht allerdings keine zufrieden stellende Lösung, weil er mit seinem direkten Bezug auf die race relations der US-amerikanischen Gesellschaft historisch anders gelagerte Dynamiken sozialer Ungleichheit abbildet und zudem schon für den US-amerikanischen Kontext viel Kritik auf sich gezogen hat.

3 Die von Bourdieu (1997, 2005) vertretene Sicht, dass Männlichkeit sich im homosozialen Raum stiftet, dort hergestellt, erobert und verteidigt wird, wirft verschiedene Fragen zum symbolischen System der Zweigeschlechtlichkeit, zur Gestalt von Geschlechterverhältnissen und zu gesellschaftlichem Wandel auf: Haben Frauen, besser gesagt: besitzt Weiblichkeit tatsächlich nur eine Spiegelungsfunktion für die Stabilisierung von Männlichkeit? Das von Bourdieu beschriebene Muster der binären Distinktion lässt sich für seine Forschung in der Kabylei oder die von ihm herangezogenen Texte von Virginia Woolf sicher rekonstruieren. Aber schon in die „Fahrt zum Leuchtturm (Woolf 1987/1927) durchkreuzt eine Frauenfigur die „ernsten Spiele des Wettbewerbs zwischen Männern", indem sie den Anspruch erhebt, als unabhängige Künstlerin mitzuspielen, wie sehr das auch mit den Weiblichkeitsvorstellungen ihrer Zeit kollidiert. Anders gesagt: In welchem Verhältnis stehen Bourdieus Setzungen zu männlicher Herrschaft und gesellschaftlicher Wandel im Geschlechterverhältnis zueinander?

4 Die bisher angedeuteten Anerkennungskämpfe in der Subkultur finden sich auch zwischen Mädchen und jungen Frauen in geschlossenen Institutionen; sie sind aber aus zwei Gründen nicht unmittelbar mit denen der jungen Männer zu vergleichen. Während die Beziehung von Gewalt und Männlichkeit als eine „Normverlängerung" gesehen werden kann (Hagemann-White 2002), muss die von Gewalt und Weiblichkeit immer noch als ein Bruch mit geltenden Normen betrachtet werden; hinzu kommt, dass Mädchen und junge Frauen in kleineren Einheiten, in der Regel angegliedert an den Frauenvollzug inhaftiert sind und damit einen anderen institutionellen Rahmen erleben als junge Männer, die teilweise zu mehr als 400 männlichen Adoleszenten in einer Anstalt untergebracht sind.

5 Ich beziehe mich in diesem Beitrag auf ausgewählte Ergebnisse der Studie „Gefängnis und die Folgen", die von 1998 bis 2003 am Kriminologischen Forschungsinstitut Niedersachsen (KFN) durchgeführt wurde (zu den laufenden Folgestudien vgl. die Angaben auf der homepage des Instituts: www.kfn.de). Meine Ausführungen neh-

men ausschließlich auf den qualitativen Teil dieser Längsschnittstudie Bezug (zum methodischen Vorgehen vgl. Bereswill 1999). Es handelt sich um eine Untersuchungsgruppe von insgesamt 43 jungen Inhaftierten, die in offenen Interviews über ihre Erfahrungen im Gefängnis und über ihre Biographien erzählen. Die Basis des vorliegenden Textes bilden ausführliche, Theorie geleitete hermeneutische Interpretationen von sehr aussagekräftigen Interviewerzählungen, die in enger Zusammenarbeit mit Almut Koesling erhoben und gemeinsam mit ihr und Anke Neuber sowie in mehreren Forschungswerkstätten mit Studierenden ausgewertet wurden. Die ausführliche Interpretation am Material tritt im Folgenden in den Hintergrund und der Fokus liegt auf der Verdichtung zentraler Muster.

6   Die Einstiegsfrage war allerdings nicht als Provokation geplant, ihre bemerkenswerte Wirkung, die damit verbundene Beziehungsarbeit im Forschungsdialog und das Erkenntnispotenzial zeigten sich erst im Verlauf des Forschungsprozesses.

7   Regina Becker-Schmidt und Gudrun-Axeli Knapp haben dieses Konzept für die widersprüchlichen Erfahrungen von Frauen ausbuchstabiert und sprechen in diesem Zusammenhang davon, dass Geschlecht eine Konfliktkategorie ist (Becker-Schmidt/ Knapp 1987; Becker-Schmidt 2004); die systematische Übersetzung dieser Perspektive auf die Dimension Männlichkeit steht noch aus.

Literatur

Becker, Howard S. (1973/1963): Outsiders. Studies in the Sociology of Deviance. London/ New York.

Becker-Schmidt, Regina (1987): Die doppelte Vergesellschaftung, die doppelte Unterdrückung. In: Unterkircher, Lilo/Wagner, Ina (Hg.): Die andere Hälfte der Gesellschaft. Österreichischer Soziologentag 1985. Wien, 10-25.

- (2004): Doppelte Vergesellschaftung von Frauen: Divergenzen und Brückenschläge zwischen Privat- und Erwerbsleben. In: Becker, Ruth/Kortendiek, Beate (Hg.): Handbuch Frauen- und Geschlechterforschung. Theorie, Methoden, Empirie, Wiesbaden, 62-71.

-/Knapp, Gudrun-Axeli (1987): Geschlechtertrennung – Geschlechterdifferenz. Suchbewegungen sozialen Lernens. Bonn.

Bereswill, Mechthild (1999): Gefängnis und Jugendbiographie. Qualitative Zugänge zu Jugend, Männlichkeitsentwürfen und Delinquenz. (JuSt-Bericht 4) KFN-Forschungsbericht Nr. 78. Hannover.

- (2001): „Die Schmerzen des Freiheitsentzugs" – Gefängniserfahrungen und Überlebensstrategien männlicher Jugendlicher und Heranwachsender. In: Bereswill, Mechthild/ Greve, Werner (Hg.): Forschungsthema Strafvollzug. Interdisziplinäre Beiträge zur kriminologischen Forschung, Band 21. Baden Baden, 253-285.

- (2003): Gewalt als männliche Ressource? – theoretische und empirische Differenzierungen am Beispiel junger Männer mit Hafterfahrungen. In: Lamnek, Siegfried/Boatca,

Manuela (Hg.): Geschlecht Gewalt Gesellschaft. Otto-von-Freising-Tagungen der Katholischen Universität Eichstätt-Ingolstadt, Band 4. Opladen, 123-137.
- (2004): „The Society of Captives" - Formierungen von Männlichkeit im Gefängnis. Aktuelle Bezüge zur Gefängnisforschung von Gresham M. Sykes. In: Kriminologisches Journal 36/2, 92-108.
- (2006a): „Weiblichkeit und Gewalt" - grundsätzliche Überlegungen zu einer undurchsichtigen Beziehung. In: Zander, Margaritha/Hartwig, Luise/Jansen; Irma (Hg.): Geschlecht Nebensache? Zur Aktualität einer Gender-Perspektive in der Sozialen Arbeit, 245-257.
- (2006b): Männlichkeit und Gewalt. Empirische Einsichten und theoretische Reflexionen über Gewalt zwischen Männern in Gefängnissen. In: Feministische Studien 2, 242-255.
- (2007): Undurchsichtige Verhältnisse. Marginalisierung und Geschlecht im Kontext der Männlichkeitsforschung. In: Klinger, Cornelia, Knapp, Gudrun-Axeli/Sauer, Birgit (Hg.): Achsen der Ungleichheit - Achsen der Differenz. Verhältnisbestimmungen von Klasse, Geschlecht, Rasse/Ethnizität (erscheint im Herbst 2007).

Bettermann, Julia (2002): Frauen als Täterinnen häuslicher Gewalt. In: Sozialmagazin 27/6, 16-26.

Bourdieu, Pierre (1997): Die männliche Herrschaft. In: Krais, Beate/Dölling, Irene (Hg.): Ein alltägliches Spiel. Geschlechterkonstruktionen in der Praxis. Frankfurt am Main, 153-217.

Bowker, Lee Harrington (1977): Prison Subcultures. Lexington.

Brückner, Margrit (1983): Die Liebe der Frauen. Über Weiblichkeit und Misshandlung. Frankfurt am Main.

- (2002): Wege aus den Gewalt gegen Frauen und Mädchen. Eine Einführung. Frankfurt am Main.

Bruhns, Kirsten/Wittmann, Svendy (2002): „Ich meine, mit Gewalt kannst du dir Respekt verschaffen". Mädchen in gewaltbereiten Jugendgruppen. Opladen.

Connell, R.W. (1995): Masculinities. Berkeley.

-/Messerschmidt, James W. (2005): Hegemonic Masculinity. Rethinking the Concept. In: Gender & Society 19/6, 829-859.

Dackweiler, Regina-Maria/Schäfer, Reinhild (2002) (Hg.): Gewalt-Verhältnisse. Feministische Perspektiven auf Geschlecht und Gewalt. Frankfurt am Main/New York.

Findeisen, Hans-Folkmar/Kersten, Joachim (1999): Der Kick und die Ehre. Vom Sinn jugendlicher Gewalt. München.

Gloor, Daniela/Meier, Hanna (2004): Gewaltbetroffene Männer. In: Switchboard 163, 20-21.

Goffman, Erving (1973/1961): Asyle. Über die Situation psychiatrischer Patienten und anderer Insassen. Frankfurt am Main.

Gravenhorst, Lerke (1988a): Private Gewalt von Männern und feministische Sozialwissenschaft. In: Hagemann-White, Carol/Rerrich, Maria S. (Hg.): FrauenMännerBilder. Männer und Männlichkeit im feministischen Diskurs. Bielefeld, 12-25.

– (1988b): Opposition gegen das Patriarchat und Solidarität mit Männern – Zur Notwendigkeit und Legitimität eines zentralen feministischen Dilemmas. In: Hagemann-White, Carol/Rerrich, Maria S. Rerrich (Hg.): FrauenMännerBilder. Männer und Männlichkeit im feministischen Diskurs. Bielefeld, 60-76.

Hagemann-White, Carol/Kavemann, Barbara/Ohl, Dagmar (1997): Parteilichkeit und Solidarität. Praxiserfahrungen und Streitfragen zur Gewalt im Geschlechterverhältnis. Bielefeld.

– (2002): Gewalt im Geschlechterverhältnis als Gegenstand sozialwissenschaftlicher Forschung und Theoriebildung: Rückblick, gegenwärtiger Stand, Ausblick. In: Dackweiler, Regina-Maria/Schäfer, Reinhild (Hg.): Gewalt-Verhältnisse. Feministische Perspektiven auf Geschlecht und Gewalt. Frankfurt am Main/New York, 29-52.

Heiliger, Anita/Engelfried, Contanze (1995): Sexuelle Gewalt. Männliche Sozialisation und potentielle Täterschaft. Frankfurt am Main/New York.

Jefferson, Tony (1996): Introduction. In: The British Journal of Criminology 36/3, 337-347.

Kersten, Joachim (1986): Gut und (Ge)Schlecht: Zur institutionellen Verfestigung abweichenden Verhaltens bei Jungen und Mädchen. In: Kriminologisches Journal, 13/4, 241-257.

– (1997): Risiken und Nebenwirkungen: Gewaltorientierung und die Bewerkstelligung von Männlichkeit und Weiblichkeit bei Jugendlichen der underclass. In: Kriminologisches Journal, Beiheft 6, 103-114.

Koesling, Almut (2003): „Auf Deutsch gesagt" – Die Sprache als Landkarte der Insassengemeinschaft. In: Bereswill, Mechthild (Hg.): Entwicklung unter Kontrolle? Biographische Entwürfe und alltägliche Handlungsmuster junger Inhaftierter. Interdisziplinäre Beiträge zur kriminologischen Forschung, Band 25. Baden Baden, 112-132.

Matza, David (1973/1969): Abweichendes Verhalten. Untersuchungen zur Genese abweichender Identität. Heidelberg.

Messerschmidt, James W. (1993): Masculinties and Crime. Critique and Reconzeptualization of Theory. Boston.

Meuser, Michael (2003): Gewalt als Modus von Distinktion und Vergemeinschaftung. Zur ordnungsbildenden Funktion männlicher Gewalt. In: Lamnek, Siegfried/Boatca, Manuela (Hg.): Geschlecht Gewalt Gesellschaft. Otto-von-Freising-Tagungen der Katholischen Universität Eichstätt-Ingolstadt, Band 4. Opladen, 37-54.

– (2002): „Doing Masculinity". Zur Geschlechtslogik männlichen Gewalthandelns. In: Dackweiler, Regina-Maria/Schäfer, Reinhild (Hg.): Gewalt-Verhältnisse. Feministische Perspektiven auf Geschlecht und Gewalt, Frankfurt am Main/New York, 53-78.

Neuber, Anke (2003): Der Zusammenhang zwischen Gewalthandeln im Gefängnis und Männlichkeitsentwürfen aus einer subjekttheoretischen Perspektive. In: Bereswill, Mechthild (Hg.): Entwicklung unter Kontrolle? Biographische Entwürfe und alltägliche Handlungsmuster junger Inhaftierter. Interdisziplinäre Beiträge zur kriminologischen Forschung, Band 25. Baden Baden, 133-154.

- (2007): Gewalt und Männlichkeit bei inhaftierten Jugendlichen. In: Lüdtke, Jens/Baur, Nina (Hg.). Was macht den Mann zum Mann? Beiträge zur Konstruktion von Männlichkeit in Deutschland. Opladen (im Erscheinen).

Pfeiffer, Christian (2001): Machos. Feinde der Menschheit. In: Die Zeit 16, 9.

Popitz, Heinrich (1992/1986): Phänomene der Macht. Tübingen.

Popp, Ulrike (2003): Das Ignorieren „weiblicher" Gewalt als „Strategie" zur Aufrechterhaltung der sozialen Konstruktion vom männlichen Täter. In: Lamnek, Siegfried/ Boatca, Manuela (Hg.): Geschlecht Gewalt Gesellschaft. Otto-von-Freising-Tagungen der Katholischen Universität Eichstätt-Ingolstadt, Band 4. Opladen, 195-211.

Schröttle, Monika (1999): Politik und Gewalt im Geschlechterverhältnis. Bielefeld.

Sim, Joe (1994): Tougher than the rest? Men in Prison. In: Newburn, Tim/Stanko, Elizabeth A. (Hg.): Men, Masculinities, and Crime – Just Boys Doing Business? London, 100-117.

Spindler, Susanne (2006). Corpus Delicti. Münster.

Stövesand, Sabine (2005): Gewalt und Macht im Geschlechterverhältnis. In: WIDERSPRÜCHE 25/95, 45-60.

- (2004): Gewalt im Geschlechterverhältnis. Ist die Gleichstellung verwirklicht? In: Standpunk Sozial 2, 32-40.

Sykes, Gresham M. (1974/1958): The Society of Captives. A Study of a Maximum Security Prison. Princeton/New Jersey.

Toch, Hans (1975): Men in Crisis. Human Breakdowns in Prison. Chicago.

- (1992): Violent Men: an Inquiry into the Psychology of Violence. Washington D.C.

- (1998): Hypermasculinity and Prison Violence. In: Bowker, Lee Harrington (Hg.): Masculinities and Violence. Thousand Oaks/London/New Delhi, 168-178.

Woolf, Virginia (1987/1927): Die Fahrt zum Leuchtturm. Berlin/Weimar.

Susanne Spindler

Im Netz hegemonialer Männlichkeit:
Männlichkeitskonstruktionen junger Migranten

Junge migrantische Männer werden schon seit einigen Jahren im medialen, wissenschaftlichen und Alltags-Diskurs als überwiegend problematisch wahrgenommen. Zum einen ist dies ihren realen Problemlagen geschuldet, die in der Schule offensichtlich werden. An Ereignisse wie das in der *Rütli-Schule*[1] schließt sich eine bundesweite Diskussion um junge Migranten in der Schule an. Pädagoginnen und Pädagogen fühlen sich überfordert, können der Heterogenität in den Klassen nicht gerecht werden, die Jugendlichen werden zu Störern. Schulen, an denen diese Probleme auftauchen, sind Haupt- oder Sonderschulen, und meist liegen sie in sozial benachteiligten Stadtteilen. Dort wird dann die oft schwierige soziale Lage jugendlicher Migranten auch auf den Straßen augenscheinlich. Verschiedene Studien verweisen immer wieder auf die Bedeutung von sozial- und bildungspolitischen Komponenten und mangelnden Chancen für die schulischen Erfolge junger Migranten und Migrantinnen (PISA 2000/2003; Auernheimer 2003). So erneuerte auch der UN-Bildungsbeauftragte Vernor Muñoz Villalobos in seinem im Februar 2007 erschienenen Sonderbericht seine scharfe Kritik vom Jahr zuvor und forderte die Bundesregierung auf, der extremen Selektivität des deutschen Schulsystems, die diskriminierende Effekte vor allem auf nicht-deutsche Kinder habe, zu begegnen.

Fast unabhängig von diesen bildungspolitischen Auseinandersetzungen verläuft ein anderer Strang der Diskussion: Geht es um die Entwicklung der Jugendlichen hinsichtlich problematischer biographischer Verläufe, vor allem bezüglich auffälligen und gewalttätigen Verhaltens junger Männer, so wird die soziale und ökonomische Situation der Jugendlichen vernachlässigt und die Diskussion konzentriert sich auf die Relevanz der kulturellen Andersartigkeit. Seit einigen Jahren führen Medien und Wissenschaft dabei auch die Geschlechterfrage ins Feld. Durchaus vorhandene problematische Männlichkeitskonstruktionen wie eine „Macho-Männlichkeit" (Pfeiffer/Wetzels 2000) interpretieren sie als familiär tradiert und kulturell bedingt (vgl. z.B. Ates 2005; Kelek 2006; Pfeiffer/ Wetzels 2000). Diese Debatten verorten die Männlichkeit der jungen Migranten als aus dem Ruder gelaufen, als eindeutig neben der Norm deutscher Männer liegend und rechnen sie damit als Abweichler aus dem Durchschnitt der Männer heraus. Migrantische junge Männer repräsentieren also einerseits tatsächlich vorhandene Problemlagen und werden andererseits mit Bildern verknüpft die eng mit verbreiteten Vorstellungen von Geschlechterkonstrukten *der Ande-*

ren, von Migranten allgemein, oder türkischen Männern im Besonderen verbunden sind.

Im Folgenden soll die Sicht dieser jungen Männer/Jugendlichen selbst aufgegriffen werden. Gemeinsam mit zwei Kollegen habe ich im Rahmen eines Forschungsprojektes mit jungen Migranten, die in der skizzierten Art und Weise beschrieben werden, biographisch-narrative Interviews geführt. Ziel des Projektes war es, Kriminalitätskarrieren von jugendlichen Migranten zu rekonstruieren und deren Bedingungsgefüge zu analysieren (vgl. Bukow u.a. 2003). Unsere Interviewpartner waren zum Zeitpunkt des Interviews zwischen 16 und 22 Jahren alt, alle hatten einen Migrationshintergrund und ihr Lebensmittelpunkt war vor der Inhaftierung in Köln. Sie wurden in drei Haftanstalten interviewt (Untersuchungshaft in Köln, Strafhaft in Heinsberg und Siegburg) und waren, sofern sie schon verurteilt waren, vor allem wegen Gewaltdelikten und Drogendelikten inhaftiert.

Nach einer kurzen Einführung in die Theorie hegemonialer Männlichkeit rekonstruiere ich biographische Themen der Jugendlichen und jungen Erwachsenen und setze diese zu Formen hegemonialer Männlichkeit in Beziehung. Dabei werde ich aufzeigen, wie sich die Jugendlichen an gesellschaftlichen Vorgaben abarbeiten, sich an ihnen reiben und gleichzeitig orientieren, wie sie versuchen eigene Wege zu finden und dabei meist scheitern. Ich werde die folgenden Ausführungen auf die Frage konzentrieren, inwiefern sich gesellschaftlich als abweichend gekennzeichnete Formen von Männlichkeit - darunter vor allem gewalttätige Ausprägungen - rekonstruieren lassen, die im System der Männlichkeiten aber durchaus vorgesehen sind und hegemoniale, anerkannte Formen von Männlichkeit stützen. Herangehen möchte ich über die Frage der gesellschaftlichen Machtverteilung durch Geschlecht und dies an einigen Beispielen exemplarisch rekonstruieren.[2] Dazu gehe ich darauf ein, dass sich die jugendlichen Migranten in einem gesellschaftlichen Gesamtzusammenhang bewegen, der bestimmte Konstruktionen von Geschlecht vorsieht, darunter auch gewalttätiges Verhalten. Die Handlungen der Jugendlichen werden darin sichtbar als ein Teil dieser Diskurse, und selbst wenn ihre Handlungen auf Gegendiskurse verweisen oder von ihnen selbst als Widerstand angelegt sind, entkommen sie der hegemonialen Logik männlicher Herrschaft nicht. Sie wirkt auf die Jugendlichen ebenso wie auf den Rest der Mehrheitsgesellschaft.

Ich betrachte drei Themenfelder. Zum ersten erfolgt ein wichtiger Teil männlicher Identitätsbildung in der Verortung als „arbeitender Mann". Die Jugendlichen wissen aber, dass sie diese männliche Identität über berufliche Anerkennung kaum erlangen können.(1) Sie begeben sich dann auf die Suche nach

Auswegen, die oft im Zusammenschluss mit anderen liegen. Darauf weise ich im nächsten Teil hin, wo das Agieren unterschiedlicher Männerbünde, in der die Dynamik der Cliquen in der Abarbeitung an Vertretern hegemonialer Männlichkeit, nämlich der Polizei, deutlich wird. (2) Des Weiteren stellt sich die Frage nach Zustimmung oder Ablehnung allgemein akzeptierter Geschlechternormen, wenn man nach der Verortung der Jugendlichen in einer heteronormativen Gesellschaft fragt. Inwiefern konstruieren und verteidigen sie diese? (3)

1. Dimensionen hegemonialer Männlichkeit

Fragt man danach, in welcher Weise Geschlecht das Handeln von Männern formiert, wird in den verschiedenen Lebensbereichen der jugendlichen Biographien deutlich, dass Geschlecht, vor allem in der Überkreuzung mit anderen Faktoren wie Ethnizität, Klasse und sexuelle Orientierung eine entscheidende Rolle für die Biographien junger Männer spielt. Die Ausprägungen der Männlichkeitskonstruktionen der Jugendlichen und ihr geschlechtliches Verhalten erscheinen dann verständlich, wenn man einbezieht, dass sie von männlicher Macht ausgeschlossen werden. Die jugendlichen Biographien zeigen, dass die Jugendlichen sich in einem permanenten Ringen um gesellschaftlich anerkannte und „normale" Männlichkeit befinden und versuchen, sich hegemonialer Männlichkeit anzunähern.

Was ist genau mit hegemonialer Männlichkeit gemeint? Connell (vgl. 2000 und Connell/Messerschmidt 2005) bezeichnet mit hegemonialer Männlichkeit die ungleichheitsstrukturierende Kraft von Geschlecht: Männlichkeitskonstruktionen beanspruchen Hegemonie, streben danach, gruppieren sich darum. Eliten formulieren durch soziale Praxis (vgl. Meuser 2006, 169) in einer langen Tradition Rechte für sich und haben Mittel entwickelt, sie aufrechtzuerhalten. Sie beziehen sich auf ihr männliches Geschlecht und weitere Merkmale, wie weiß und heterosexuell zu sein, mächtig und beruflich erfolgreich. Das sind alles Ideale, denen sich Männer immer wieder annähern möchten. Der Zugang zur hegemonialen Männlichkeit wird also durch Faktoren durchkreuzt, die sich vorrangig auf Klasse, Ethnizität, Alter, Bildungsstand aber auch auf Merkmale wie Religion beziehen können. Es zeigt sich, dass Geschlecht im Zusammenspiel mit anderen Kategorien das Handeln formt, denn Männlichkeit und Macht können nicht automatisch gleichgesetzt werden. Die hegemoniale Männlichkeit stellt also die Unterordnung von anderen sicher, zum einen der Frauen, aber eben auch die anderer Männer. Ihre Kehrseite findet sich in der untergeordneten Männlichkeit, die, wie Michael Meuser betont, nur mit hegemonialer

Männlichkeit zusammengedacht werden kann und sich durch diese konstituiert. Er schlägt vor,

„... hegemoniale Männlichkeit als generatives Prinzip der Konstruktion von Männlichkeit zu begreifen, das sich gleichermaßen, wenn auch in unterschiedlicher Ausprägung, sowohl in perfekten Verkörperungen hegemonialer Männlichkeit (so es diese überhaupt gibt) als auch in den sehr viel häufiger verbreiteten untergeordneten Männlichkeiten auffinden lässt" (Meuser 2006, 161).

Wenn diese untergeordneten Männlichkeiten – wie das bei den jungen männlichen Migranten geschieht – zudem in den Fokus der öffentlichen Aufmerksamkeit geraten, profitieren letztlich andere Männer davon: Patriarchale gesellschaftliche Bestände werden nunmehr hauptsächlich bei den jungen Migranten verortet, der patriarchale „Rest" verschwindet dabei.

2. Zugänge zu Arbeit und das Wissen der Jugendlichen um Formen anerkannter Männlichkeit

Im Zuge der Globalisierungs- und Prekarisierungsprozesse von Arbeit könnte man vermuten, dass männliche Identität und Erwerbsarbeit nicht mehr so eng verknüpft seien wie einst. Döge (2000, 21) verzeichnet allerdings eine sich gegenteilig entwickelnde Tendenz, in der zentrale männliche Attribute unter neoliberalen Bedingungen relevanter werden und zugleich sich immer mehr Männer auf der anderen Seite dieser Bilder wiederfinden, mit sozialen Abstieg und Ausschluss aus der Arbeitswelt zurechtkommen müssen (vgl. dazu auch Sylka Scholz in diesem Band).

Wie stellt sich diese Dynamik in den Biographien der von uns interviewten Jugendlichen und Heranwachsenden dar? Zu dem Zeitpunkt, als wir sie in der Haft antrafen, waren ihre Lebenswege schon sehr problematisch verlaufen. Wie weit entfernt die Jugendlichen von hegemonialer Männlichkeit sind und wie bewusst sie sich dessen sind, zeigt sich in ihren Erzählungen zu Schule und Berufszugängen. Sie beschäftigen sich mit ihren vorwiegend negativen Erfahrungen, schlechten oder gar keinen Abschlüssen. Sie sehen darin ein ihnen eigenes Anderssein, das ihnen ständig vorgehalten wird. Sie wissen, dass dies weitere Konsequenzen hat, dass sie auf dem regulären Arbeitsmarkt kaum eine Chance haben werden. Und zugleich wissen sie, dass Arbeit für die Platzierung als Mann eine große Bedeutung hat, da Arbeit und die Identität als Mann eng miteinander verknüpft sind, wie das folgende Zitat von Adnan, einem in Deutschland aufgewachsenen jungen Mann mit türkischem Migrationshintergrund zeigt:

„Ich weiß et nicht, wenn ich keinen Halt finde, fällt mir nix ein, was ich machen könnte. Arbeiten kann ich nirgendswo oder gibt mir keiner Arbeitsstelle, schätz ich mal. Jetzt draußen hat mir also haben die mich alle abgelehnt, hör zu 'nit so gerne Junge'. Ne ja und sagen Sie mal, was soll was was soll man da noch machen, ich weiß es nicht mehr, ich weiß es nicht mehr; so schön aussehen geht auch nit oder, ja geht nicht/(räuspern)/ kein ich bin schon 21, andere 21-jährige haben schon ne Wohnung, haben ne Freundin, haben ein Auto und was weiß ich, danach sehnt man sich auch. Ne, und dann guckt man, warum hab ich das nicht, dann will man das auch haben, (I: hm), dann will man das auch haben so."[3]

Studien zum Thema Beruf und Geschlecht belegen, dass gerade junge Männer in ihrer Berufswahl auf Möglichkeiten zur Erlangung von Statusfaktoren wie gutes Gehalt, Aufstiegsmöglichkeiten und berufliche Anerkennung bedacht sind. Sie wollen sich damit nicht nur von Frauen abheben, sondern auch von anderen Männern, beispielsweise jenen, die die Möglichkeiten zur Berufswahl gar nicht haben (vgl. Lemmermöhle 2002). Mit solchen jungen Männern zu konkurrieren, ist für die interviewten Heranwachsenden kaum möglich. An diesen Tendenzen arbeiten sie sich ganz unterschiedlich ab. Den jungen Männern stehen wenige Ressourcen im Sinne ökonomischen, sozialen, kulturellen oder symbolischen Kapitals (vgl. Bourdieu 1983) zur Verfügung. Ihnen wird ihr Geschlecht zu einem Orientierungsmoment, das sie nutzen. Zugleich verfügen sie in ihrer Männlichkeit nicht über genügend Macht, die eigene und auch die oft marginalisierte familiäre Lage wieder zurechtzurücken. Dies verstärkt ihr Gefühl, als Mann zu versagen. Wo die Zugänge zu anerkannter Männlichkeit in weite Ferne rücken, gerät die Konstruktion von Geschlecht der Jugendlichen immer mehr in Bedrängnis. Einige Biographien zeigen in der Folge, dass sich die Jugendlichen von ihren Familien und der Schule distanzieren. Gerade bezogen auf die Familie wollen sie damit eine Möglichkeit schaffen, sich von der nicht-hegemonialen gesellschaftlichen Positionierung der Migranten auszunehmen. Sie wenden sich lieber einem Freundeskreis und Cliquen zu, suchen gemeinsam mit jungen Männern, die sich in einer ähnlichen Situation befinden, nach anderen Formen des Lebens. Sie sind aber nicht nur als Opfer dieser Lage zu sehen, sondern bilden mit der Suche nach Wegen und Strategien Handlungsmöglichkeiten aus, die eng mit Männlichkeit verknüpft sind: Sie entdecken in diesem Moment „die Ressource Männlichkeit" (Messerschmidt 1993; Bereswill 2006). Sie legen sich männliche Attribute zu, die ihrer eigenen Orientierung dienen. Es zeigen sich Modifikationen hegemonialer Männlichkeit, die sie in Ermangelung von Alternativen statt mit legitimierter mit illegitimer Gewalt ausstatten. Dazu gehört zum Beispiel, in illegalisierte Märkte wie beispielsweise das Drogenmilieu hineinzugehen, was auch eine Art „beruflicher Karriere" sein könnte (vgl. Bereswill 2004, 191ff). Trotz der Schwierigkeiten innerhalb des Milieus und seiner Instabilität, sehen sie hierin oftmals die einzige Option, sich ökonomisch zu etablieren und sich symbolisch mit mehr Macht auszustatten. Damit produzieren sie eine zwar fragile, aber dennoch innerhalb des Systems wirkende „inoffizielle" Form hegemonialer Männlichkeit.

3. Auseinandersetzung mit sozialer Kontrolle: Streben nach und Anerkennung von hegemonialer Männlichkeit durch „Abweichung"

Gerade im Zusammenhalt von Cliquen verdeutlicht sich die große Bedeutung von Männlichkeit – sie wird, neben der migrantischen Herkunft, zum konstituierenden Merkmal der Clique und des Verhaltens in der Clique. Hier ist man, wie Adnan das beispielsweise benennt, mit „coolen Jungs" zusammen, vor denen andere „Respekt" haben. In ihrem Verhalten geben sich die Cliquen männlich, provozieren in der Öffentlichkeit, okkupieren und beanspruchen Terrains. Sie zeigen sich stark, mächtig, durchsetzungsfähig und überlegen, auch unter Einsatz von Gewalt. Diese Eigenschaften gelten als männliche und sorgen für sichere Positionen in der Gruppenhierarchie (vgl. Bereswill 1999, 11). Das öffentliche Auftreten hat das Ziel der Sichtbarkeit, die Jugendlichen wollen Aufmerksamkeit erregen (vgl. Findeisen/Kersten 1999, 37).

Sicherlich ist es oft auch einem Mangel an familiären Ressourcen geschuldet, dass die Jugendlichen sich im öffentlichen Raum aufhalten. Gerade junge Flüchtlinge finden in der sehr eingeschränkten Wohnsituation keinen Raum, den sie sich aneignen können. Zugleich stellt ihre Anwesenheit eine Provokation für Anwohner und Anwohnerinnen sowie Sicherheitskräfte dar. Dabei wird besonders die Polizei zur Projektionsfläche von Macht und Männlichkeit, an der sich die Jugendlichen abarbeiten. Polizisten sind in mehrerlei Hinsicht Repräsentanten hegemonialer Männlichkeit: Die Organisation selbst gilt als männliche, sie hat eine gesellschaftliche Kontrollfunktion und ist mit Macht und sogar mit Waffengewalt ausgestattet. Clique und Polizei haben bestimmte Funktionen und Hierarchien, die eng mit „Krieger-Männlichkeiten" (Behr 2001, 106ff) in Verbindung stehen. Für Hüttermann (vgl. 2000, 21) ist die Parallele zwischen Cliquen und Polizei jene, dass Männlichkeit und Männersolidarität der „übergeordnete Ethos" beider Gruppen sind. Zusätzlich ist die Gegnerschaft dazu prädestiniert, die eigene Gruppe nach innen zu stabilisieren durch den äußeren Feind, zugleich aber auch mit diesem Feind zu wetteifern, was die kompetetive Struktur der Herstellung und Verteidigung von Männlichkeit unterstreicht (Meuser 2005). Es erstaunt also nicht, dass die Jugendlichen ausgerechnet in der Polizei den für sie würdigen Gegner sehen. Insbesondere männliche Beamte und migrantische junge Männer repräsentieren Gegenbilder, die jedoch auf gleiche Ideale hegemonialer Männlichkeit verweisen. Der Kampf mit und gegen die Polizei verspricht also Nähe zu dominanten, hegemonialen Formen männlicher Anerkennung. So erzählt beispielsweise einer unserer Interviewpartner, Muhammet:

„Draußen hab ich immer Freunde von mir, hab ich immer draußen bei der Polizei verteidigt. Ich war der Beste von die, die Deutsch konnten, da hab ich immer so die Polizei Quatsch gemacht so mit Sprüche un so (I: hm), da kannt ich von denen immer die besten, meinte, komm die nennen mich immer so Q., mein Spitzname, da ham die mich immer so genannt. Da ham die gesagt 'komm mach die fertig die Polizei so, du kannst doch gut Deutsch'. Mann, die machen uns die ganze Zeit fertig, weißt du, die Polizei macht uns mit Sprüchen so fertig, so 'ihr ihr dreckige Ausländer' meistens so, dass uns die Polizisten, die hassen die Deutschen meistens äh die Ausländer und dann sagen die zu uns so und dann hab ich immer so (...), den hab immer fertig gemacht die Deutschen und so hab ich gesagt, ihr Deutschen und so du du Deutsche und du sei ma ruhig' und so (5)."

Trotz der offensichtlichen Unterlegenheit Muhammets wird in dem Zitat doch deutlich, dass er stolz darauf ist, dass die anderen Cliquenmitglieder ihn dazu auserkoren haben, sie gegen die Polizei zu verteidigen. Damit weist er auf seine hohe Position in der Rangordnung der Clique hin. Eine solche Konfrontationen mit ihren Gegnern kann von Seiten der Jugendlichen als „Bewerkstelligung von Geschlecht" (Messerschmidt 1993; Findeisen/Kersten 1999, 82) interpretiert werden. Die Jugendlichen versuchen damit ihrer Umwelt männliche Hegemonie abzutrotzen, die ihnen verwehrt wird. Zugespitzt lässt sich festhalten: Mit zunehmender Kriminalisierung wird Männlichkeit immer wichtiger.

Die Cliquen haben auch die Funktion, die marginalisierte Lage auszugleichen. Im Unterschied zur Polizei verfügt die Clique aber über keine gesellschaftlich legitimierte Macht. Die Gruppen sind meist migrantische Zusammenschlüsse, was darauf hinweist, dass die Jugendlichen eine Gruppe kreieren, der sie angehören dürfen. Hier wird die Herkunft nicht in Frage gestellt, sondern ist im Gegenteil konstitutives Element. Die Gruppe kann so auch dazu dienen, Diskriminierungserfahrungen zu verarbeiten, einen Solidaritätsraum zu bieten, Vergeltung an der Mehrheitsgesellschaft zu üben. Auch das spiegelt sich in Muhammets Äußerung wider. Er ist zwar der Anführer der Gruppe, aber dennoch ein Teil, und wie die anderen Gruppenmitglieder auch sieht er in dem Zusammenschluss die Möglichkeit, sich gemeinsam als *Ausländer* wehren zu können. Die verhaspelte Passage zeigt zugleich, dass er sich immer noch über die Unterlegenheit aufregt, zeigt die Wut des Jugendlichen, nicht gegen die Polizei anzukommen. In der Gruppe erproben die jungen Männer dann oft übertriebene Muster von Männlichkeit, wenn sie meinen, damit Vorteile oder Macht zu erlangen.

In der Frage des Zusammenhangs von Migrationshintergrund und Männlichkeit zeigt sich in den Gruppen, dass die Jugendlichen auch Klischees über Migranten und Migrantinnen reproduzieren. Sie erklären dann, dass sie eben anders oder gewalttätig seien, weil sie türkischer oder sonstiger Herkunft sind. Den Vorstellungen der Mehrheitsgesellschaft kommt das entgegen. So gehen die Jugendlichen auf aneignende Weise mit den Zuweisungen um, die sie im Alltag erfahren. Das wendet sich aber in einem Bumerang-Effekt gegen sie. Sie tragen damit selbst dazu bei, auf das gängige Stereotyp des gewalttätigen Ausländers festgelegt zu werden.

In ihren Versuchen, in selbstgeschaffenen Zusammenhängen durch Männlichkeit Macht zu erhalten, scheitern die jungen Männer und verfestigen ihre randständige Position. Die Überlegenheit der staatlichen Kontrolle ist allgegenwärtig in ihrem Leben und ihnen ist auch klar, dass sie scheitern müssen. Spätestens wenn sie strafmündig sind und inhaftiert werden können, wird ihnen ihre randständige Position deutlich, da ihnen nun die Abschiebung droht.

Im folgenden Kapitel geht es um weitere Formen und Felder der Suche nach anerkannter Männlichkeit. Es zeigt sich, dass einige der jungen Männer mit konventionellen Geschlechtervorstellungen durchaus übereinstimmen und versuchen, Männlichkeit durch die Übereinstimmung mit der Konvention herzustellen.

4. Suche nach anerkannter Männlichkeit: Bewegung in der Heteronormativität

Das Ringen der Jugendlichen um Männlichkeit lässt sich in dem Versuch der Herstellung von Heteronormativität ablesen, die wichtiger Teil der hegemonialen Männlichkeit ist. Heteronormativität setzt als Grundgedanken voraus, dass es (nur) zwei binäre Geschlechter gibt, nämlich Mann und Frau und dazu passende Eigenschaften und Verhaltensweisen. Als Norm des Begehrens gilt das heterosexuelle Begehren zwischen Mann und Frau. Teil dessen ist weiterhin die Annahme einer inneren Einheit für die Identität der Geschlechter, die Geschlechtsidentität, anatomisches Geschlecht und dazu gehörendes Begehren umschließt (vgl. Butler 1991, 38). Heteronormativität ordnet somit die Gesellschaft, strukturiert das Zusammenleben nach und von Geschlechtern und ist der Gradmesser, der innere wie äußere Kohärenz und Abweichung bestimmt. Homosexuelle Männlichkeit wird insofern als Abweichung definiert. Zugleich greift sie die Normierung an und stellt damit eine Bastion und die Ordnung hegemonialer Männlichkeit in Frage. In der Auseinandersetzung um Geschlechterpositionierung wird sie weiterhin unterworfen und rangiert noch immer unten (vgl. Connell 2000, 238). Die Konstitution der Heteronormativität lässt sich in den Interviews gut in der Beschäftigung der Jugendlichen mit heterosexuellen Paarbeziehungen sowie mit Homosexualität aufweisen. Sie sind bemüht, Heteronormativität herzustellen oder zu verteidigen, um sich damit anerkannter Männlichkeit zu nähern. Ich möchte im Folgenden aufzeigen, inwiefern sich die Jugendlichen an männlichen Geschlechternormen orientieren und abarbeiten. Wann und in welchen Kontexten beschäftigen sich die Jugendlichen mit Hetero- oder Homosexualität? Welche Bedeutungen kommen der jeweiligen Form zu? Welche gesellschaftlichen Bedeutungszuweisungen spiegeln sich darin wider?

4.1 Heterosexuelle Beziehungen

Die Beschäftigung mit Homosexualität in den Interviews der Jugendlichen zeigt, dass sie sich durchgängig von dieser abgrenzen möchten. Sie sind darauf bedacht, nicht als schwul etikettiert zu werden. Das können sie auch dadurch tun, dass sie sich als eindeutig heterosexuell entwerfen. Eine der Hauptkomponenten hegemonialer Männlichkeit ist das konstante sexuelle Interesse an Frauen (vgl. Lorber 1999, 114). Die Darstellung des Interesses an Mädchen und Frauen und Erzählungen über Beziehungen können damit auch[4] als Versuch der Jugendlichen verstanden werden, an anerkannter Männlichkeit zu partizipieren. Deutlich zeigt sich, wie stark Heterosexualität für die Norm steht (vgl. den Beitrag von Andreas Kraß zu Heteronormativität in diesem Band).

Unseren Interviewpartnern bleiben nur wenige Ressourcen, anerkannte Männlichkeit zu produzieren. Daher liegt der Rückschluss nahe, dass sie Hegemonie nicht vorrangig in Abgrenzung zu anderen Männern, sondern in Abgrenzung zu Frauen schaffen. Deshalb habe ich mir die Erzählungen der Jugendlichen über Frauen und Mädchen genauer angeschaut. Es tauchen in einigen Interviews Erzählungen über Formen körperlicher Gewalt gegen Frauen auf oder sprachlich herablassende Beschreibungen von Frauen. Frauen werden manchmal zur Projektionsfläche, um bestimmte, als vergeschlechtlicht beschriebene Eigenschaften zu bearbeiten, wie Schwäche oder Opfer-sein. Damit können die jungen Männer diese Eigenschaften von sich fernhalten (vgl. den Beitrag von Mechthild Bereswill in diesem Band). Erzählen sie allerdings von heterosexuellen Paarbeziehungen, tauchen in der Regel andere Themen und Zuschreibungen auf. Dabei betonen die Jugendlichen beispielsweise nicht die Reproduktionsfunktion von Frauen, sondern sehen gerade in individualisierten Paar- oder Patchworkverhältnissen oder der Berufstätigkeit von Frauen eine Chance. Sie selbst sind ohnehin nicht in berufliche Kontexte eingespannt, und es ist für sie schwierig, eine nicht erwerbstätige Freundin zu haben. Ein Beispiel für eine solche Beziehung zeigt Adnans Biographie, der vor seiner Inhaftierung eine Liebesbeziehung zu einer Frau mit Kind hatte. Adnan sieht in dieser Beziehung ein weites Feld der Erprobung seiner selbst, konstruiert sich dabei als „Familienvater" und will darin Normalität und auch normale Männlichkeit leben. Er erzählt:

„Ich hab jetzt draußen bei der gewohnt, lief gut, wir hatten ein Kind. Ich hab es als mein Kind akzeptiert, wir waren die größten Freunde, ne, dicksten Freunde mit dem Piko. War immer schön, wenn der mich morgens wecken bong bong ne ich gehauen und (lacht) der Kleine war gut. Na jetzt weiß ich nicht, ob ich wieder da hin kann. (I: hm). Ja das ist ne ganz liebe Frau, ja die arbeitet im Fitnessstudio, macht selber Fitness."

Ebenso wie die Partnerin handhabt er die Situation pragmatisch, wobei sich die vergeschlechtlichte Arbeitsteilung und damit verbundene Formen der Darstellung von Männlichkeit erübrigen. Befreit vom „Joch der alleinigen Ernährerrolle" (Beck/Beck-Gernsheim 1990, 47), die er ohnehin nicht ausfüllen kann, bieten sich hier Chancen, hegemoniale Männlichkeitsmuster nicht stabil zu halten, sondern sie offener gestalten zu können.[5]

In einigen weiteren Biographien offenbart sich die Relevanz des Migrationshintergrundes der Jugendlichen in ihrer Beziehung zu Mädchen. Levent, ein kurdischer Jugendlicher erzählt, dass die Mutter seiner Freundin der Tochter die Beziehung verbietet, da es ihr nicht passt, dass die Tochter einen Ausländer zum Freund hat:

„Die erste Freundin ja war deutsche Freundin (4). Ja und wegen seine Mutter sind wir auseinander gegangen, die mochte keine Ausländer so, hat die gesagt 'meine Mutter will nich' und so. Hab ich gesagt: 'Okay wenn die nich will, eigentlich das hat mit uns nix zu tun was deine Mutter will oder nich. Ich will doch nich mit deine blöde Mutter zusammen sein' (lacht)."

Ein weiterer Aspekt für Beziehungen zwischen Deutschen und Nichtdeutschen liegt darin, dass ihnen bei Heirat oft die so genannte Scheinehe unterstellt wird. Murat, kurdischer Herkunft, nach drei Jahren im Asylverfahren gescheitert und in die Türkei zurückgekehrt, erfährt, dass seine deutsche Freundin, die er in der Türkei kennen lernte, schwanger ist. Er reist nach Deutschland ein und gibt bei der Einreise den Grund an, warum er zurückkehrt. Er möchte seine Freundin heiraten, was das einzige Mittel für die beiden ist, ihre Beziehung in der Bundesrepublik zu leben. Er möchte den Antrag auf Asyl in der Nähe seiner Freundin stellen. Weil er aber zuletzt in Köln lebte, wird er wieder dort untergebracht. Auf Grund der Residenzpflicht kann er seine Freundin kaum sehen. Wie Murat, so sind viele MigrantInnen dem Vorwurf der Scheinehe ausgesetzt, wobei die Beziehung als Schwindel abgestempelt wird und versucht wird zu verhindern.

Damit entsteht das Bild eines bestimmten männlichen Typus von Einwanderer: Dieser nutzt die Liebe der Frau (des emotionalen Wesens) schamlos aus, um Zutritt zur Bundesrepublik zu bekommen; das Recht darauf erschleicht er sich manchmal durch ein Kind. Die emotionale und naive Frau fällt darauf rein. Hier verschränken sich Bilder von Migranten mit Konstruktionen von Geschlecht und ergeben Stereotype, die dann herangezogen werden, um Migranten abweisend gegenüberzustehen. Im Fall Murats verhindert das Ausländeramt schon im Vorfeld, dass er in die Nähe seiner Freundin kommen kann.

Beziehungen zu Mädchen geben den Wünschen und Vorstellungen der Jugendlichen oft Gestalt und damit verbundene Männlichkeiten sind oft weit entfernt von gewalttätigen Formen, die sie dennoch weiterhin an anderen Stellen ausleben.

4.2 Auseinandersetzung mit und Ablehnung von Homosexualität

Interviewpassagen, in denen die Jugendlichen sich mit Homosexualität beschäftigen, gibt es in vielen Interviews, sie verdeutlichen die Rolle der sexuellen Orientierung für die Konstruktion und die Position von Geschlecht. Unter dem Stichwort „Homosexualität" verhandeln die Jugendlichen diverse Erfahrungen, in deren Mittelpunkt die Konstitution von (geschlechtlichen) Machtverhältnissen steht. Die Interviews thematisieren, dass Macht sich in Zusammenhang mit Homosexualität schon durch den bloßen Verdacht, jemand könne schwul sein, herstellen lässt und damit schon eine heterosexuelle Normalität in Abrede stellt. Muhammet, ein jugendlicher Flüchtling, der mit dem Tag seiner Strafmündigkeit inhaftiert wurde, erzählt von einem Mithäftling:

„So 'n Italiener, der hat der hat so – ich kann den verstehen weißt du, aber die die Leute verstehn den nich, die ham den immer so geärgert, erst ham die gelabert wie im Knast wie immer die sagen 'der is Arschficker und so der is schwul' und so, und dann der weint immer. Wie seine Freunde so die, die kann nich hier anrufen, die kann schon hier anrufen, aber die ham meistens keine Zeit für den weißt du, und der weint un so, in der Klasse hat bei Beamte geweint und so und so und die Leute ham den gesehen, die Jugendliche wie der weint, 'ah schaut ma den ma an, der weint und so das is doch nich normal' und so, und dann sind bei uns hier in Knast sagt man 'Zinker' so Petzen."

Muhammet erzählt, dass die anderen Insassen den Jungen damit ärgern, dass sie ihn als schwul bezeichnen. Homosexualität ist hier zweifelsohne mit einem Stigma belegt, zugleich eine alltägliche Beleidigung, kein besonderer Vorfall. Die anderen empfinden den Jugendlichen als unmännlich, da er in aller Öffentlichkeit weint. Muhammet nimmt sich in seiner Beziehung zu dem Jungen davon aus; er gibt sich verständnisvoll für die Situation des anderen und hütet sich davor ihn schwul zu nennen. Die anderen seien unfair zu dem Jungen. Er beschreibt zusätzlich ein homophobes Verhalten der Häftlinge, was sich darin ausdrückt, folgt man Theweleit (1977, 78ff), dass homophobe Männer sich besonderer Männertümelei verschreiben und den Abstand zwischen sich und dem Anderen damit betonen, dass die eigenen Mittel die wahrlich männlichen seien. Für Muhammet beinhaltet Homosexualität einen schwerwiegenden Vorwurf, der keinesfalls leichtfertig gemacht werden darf. Grund für Muhammets Sensibilität bezüglich dieses Themas ist auch, dass er selbst die Erfahrung gemacht hat, dem Verdacht der Homosexualität ausgesetzt zu sein – und zwar nachdem der sexualisierte Missbrauch, der an ihm durch den neuen Mann seiner Mutter verübt wurde, ans Tageslicht kam. So stellt sich auch Muhammet selbst die Frage, ob er nun homosexuell sei oder nicht, genauer gesagt antizipiert er einen gesellschaftlichen Vorwurf und die damit verbundene Abwertung sich selbst gegenüber. Abdul, sein älterer Bruder, mit dem wir auch ein Interview führen konnten, beschreibt die Reaktion Muhammets über das Bekanntwerden der an ihm verübten sexualisierten Gewalt:

„Ja, hat das gesehen und mein klein Bruder hat das erzählt, ja und danach da sind immer so abgehauen und so, hat gesagt immer gedacht die rufen dem Schwule so, ist immer abgehauen und so, war immer Schlägerei gemacht, hat mal mit Messer gestochen und so, der ist nie zu Hause gekomen, nur Polizei hat ihm immer festgenommen zu Hause ist ein- eine Stunde geblieben, ist immer wieder abgehauen."

Für Muhammet stellt sich durch die erlebte sexualisierte Gewalt die Frage nach seiner sexuellen Orientierung, die ihm nun vielleicht als falsche oder verirrte gesellschaftlich vorgehalten werden könnte. Die Erfahrung des Missbrauchs bedeutet zugleich eine Schuldzuweisung der Jugendlichen an sich selbst und den Zweifel, ob sie nicht doch mit einer ihnen eigenen, aber vielleicht bislang verborgenen Homosexualität die Männer dazu gebracht haben, sie als homosexuell zu verorten. Verstärkt wird der Vorgang dadurch, dass, wie Theweleit (vgl. 1978, 367) dies für Kadettenanstalten herausgearbeitet hat, derjenige, der den Analverkehr erdulden oder erleiden muss, als Besiegter gilt und in dieser Situation besonders erniedrigt ist. Gewalttätigkeiten, wie Abdul sie berichtet, können Muhammet in dieser Situation auch dazu dienen, anderen klar zu machen, dass er trotzdem ein richtiger Mann ist. Die Beschäftigung der Jugendlichen und Heranwachsenden um die in Frage gestellte eigene sexuelle Orientierung und vergeschlechtlichte Identität wird damit besonders brisant, wenn sie wie im Fall Muhammets, eine Beschäftigung mit erlittener sexualisierter Gewalt darstellt.[6] Betroffene Jugendliche bezeichnen die Männer als homosexuell, deren Opfer sie wurden und die ein Gewaltverhältnis in körperlich-sexualisierter Form angedroht und ausgelebt haben.

Gewalt erfahren auch oft die, die dem Verdacht der Homosexualität ausgesetzt sind. Gewalt an Homosexuellen kann nach Connell (vgl. 2000, 234) dabei auch die Funktion haben, Männlichkeit zu verteidigen. Das Verprügeln von Homosexuellen wird zur Rache, die der Täter stellvertretend für die Gesellschaft an den Verrätern der Männlichkeit auslebt.

Die geschlechtliche Ordnung, die Heteronormativität präsentiert, zeigt sich (nicht nur bei diesen) Jugendlichen als enorm wirkmächtig. Gerade wenn sie die Erfahrung der Abweichung machen oder dem Verdacht der Abweichung ausgesetzt sind, versuchen sie, besonders männlich zu sein. Heteronormativität stellt kohärente Gesellschaftskörper dar, mit denen sich die Jugendlichen konform zeigen möchten. Das Beispiel Muhammets zeigt, dass er um die Abweichung von gesellschaftlicher Norm weiß und darauf in wilder und unberechenbarer Weise reagiert und offensichtlich nicht einordnen kann, wo er nun hingehört. Somit konstruieren heteronormative Regulierungsverfahren nicht nur eine innere Einheitlichkeit von sex, gender und Begehren, sondern eben auch eine innere Zerrissenheit, wenn die Jugendlichen feststellen müssen, dass sie der Kohärenz nicht Genüge leisten können. Gewalttätigkeit kann dann auch der Versuch sein, Männlichkeit wieder herzustellen und sich mit gesellschaftlichen Vorgaben konform zu zeigen.

5. Zusammenfassende Bemerkungen

Sicherlich lassen sich in den Biographien junger Migranten Stereotype abweichender Männlichkeit finden, aber es wird ebenso deutlich, dass diese die Konsequenz ihrer Lebensbedingungen sind. In der Entwicklung der Konstruktion der Männlichkeit der Jugendlichen zeigt sich, dass sie Ausschluss und Subordination mit der Ressource Männlichkeit begegnen wollen. Ein Weg ist der Zusammenschluss im Männerbund, in dem Zugehörigkeit durch Männlichkeit und Migrationshintergrund definiert werden. Damit versuchen sie sich der hegemonialen Männlichkeit anzunähern. Körperlichkeit wird dabei immer wichtiger, das zeigt sich auch daran, dass sie vor allem Gewaltdelikte verüben und mit dem Körper agieren. Ihre Körper werden dabei zur Ressource und zum Ausweg aus ihrer Lage (vgl. zum Thema Körper auch den handlungstheoretischen Beitrag von Michael Meuser in diesem Band).

Wenn eine hypermaskuline männliche Ausstattung des Körpers als Notwendigkeit betrachtet wird, weil sie der Alltagsbewältigung dient, dann hat das Konsequenzen: Die Jugendlichen müssen dann mit ihrem Körper *arbeiten* und ihn auch *be-arbeiten*. Die Betonung männlicher Körperlichkeit, oft durch Training des Körpers verstärkt, lehnt sich an ein normatives Ideal an, wobei sich im männlichen Körper Tugenden wie Selbstkontrolle und Ordnung widerspiegeln sollen (vgl. Mosse 1997, 17). Die Jugendlichen kreieren damit keine vollkommen neuen oder absonderlichen männlichen Verhaltensweisen. Sie weichen nicht generell vom Prinzip des den Männern zugeordneten Verhaltens ab, aber sicherlich im Grad der Ausprägung. Ziel der jungen Männer ist es, Ausschluss und Unterordnung zu begegnen, sie erreichen aber das Gegenteil: Der Ausschlussprozess wird in der gewalttätigen Ausstattung von Männlichkeit verstärkt, da sie eine bedrohliche Außenwirkung haben und von anderen als Gefahr wahrgenommen werden. Damit wird nicht nur der Einsatz gewalttätiger Formen von Männlichkeit für die Jugendlichen verstärkt, sondern auch die strukturelle Gewalt.

Männlichkeit ist für die Jugendlichen widersprüchlich: Sie ist eine von wenigen Ressourcen und dient der Orientierung. Wird sie aber zum Mittel, den Großteil des Alltags zu gestalten, wird sie zur Falle. In dem Versuch, sich hegemonialer Männlichkeit anzunähern, umkreisen sie diese zwar, können sie aber nicht erreichen. Die jugendlichen Bearbeitungen von Geschlecht können so auch als Versuch gelesen werden, Kohärenz zu gesellschaftlichen Idealen herzustellen, die dann jedoch scheitern. Das bedeutet zugleich, dass sie der Ordnung der hegemonialen Männlichkeit zustimmen. Die Zustimmung der Subjekte ist im Gramscischen Sinn ein Element von Hegemonie, ohne dass sie nicht hergestellt werden kann (vgl. Connell 2000, 98). Mit ihren Konstruktionen stehen die jungen Männer also nicht außerhalb von Gesellschaft, sondern bewegen sich mittendrin, so die Kernthese. Liest man also die Aktionen der Jugendlichen als Suche nach Kohärenz mit gesellschaftlichen Geschlechterkonstruktionen, so wird zugleich deutlich, dass sowohl ihre Bemühungen ins Leere laufen oder fehlgeleitet sind, als auch, dass Zugänge zur kohärenten Lebensführung verschlossen bleiben.

Anmerkungen

1   Die Rütli-Schule, eine Hauptschule im Berliner Bezirk Neukölln wird überwiegend von jungen Migrantinnen und Migranten besucht. Im März 2006 schrieben Lehrer und Lehrerinnen dieser Schule einen Brief an den Senat, in dem sie auf die Gewaltverhältnisse in der Schule hinwiesen. Durch die Presse wurde kolportiert, dass sie in diesem so genannten Brandbrief die Auflösung der Schule forderten, was sich später als unwahr herausstellte. Die Lehrer und Lehrerinnen wollten vor allem auf die soziale Situation hinweisen. Der Brief löste eine bundesweite Diskussion über die Gewaltbereitschaft junger männlicher Migranten an Schulen aus.

2   Das soll nicht bedeuten, dass hier monokausale Zusammenhänge zwischen gesellschaftlicher Verfasstheit und der Verortung der Jugendlichen darin vorliegen, die zudem noch Ausschließlichkeit in der Erklärung beanspruchen. Um aber einen vertieften Einblick in die Thematik zu bekommen, halte ich eine Zuspitzung für notwendig. Einen möglichst weiten Horizont zur Beantwortung der Frage, welche Rolle die soziale, ökonomische und migrantische Lage für die Konstruktionen von Geschlecht der Jugendlichen spielt, habe ich in meiner Dissertation gespannt (vgl. Spindler 2006). Die folgenden Ausführungen bündeln Teilergebnisse daraus.

3   Erklärung der Transkriptionszeichen: (...) = Passage ausgelassen, (( ))//Kommentierung eines Phänomens, Kennzeichnung von Beginn und Ende; kursiv = betont, (5) = fünf Sekunden Pause.

4   Es geht bei den Erzählungen über Beziehungen und Mädchen sicherlich nicht nur um die Konstruktion heterosexueller Männlichkeit, sondern die Erzählungen sind auch eine Beschäftigung mit ihrer konkreten Lebenssituation, in der die Jugendlichen und Heranwachsenden der Problematik, die das Gefängnis für eine Beziehung darstellt, ausgesetzt sind. Einige von ihnen hatten vor der Inhaftierung eine Freundin, einige versuchen diese Beziehung über das Gefängnis hinweg aufrechtzuerhalten und damit auch Zukunft zu entwerfen.

5   Krüger (vgl. 2002, 65f) geht davon aus, dass die Individualisierung Spielräume hervorgebracht hat, die eher im privaten Alltag denn in den Institutionen zu finden sind, und es daher Ungleichzeitigkeiten und Verschiebungen in verschiedenen gesellschaftlichen Bereichen bezüglich der Konstitution von Geschlechterverhältnissen gibt.

6   Im Forschungsprojekt sind wir darauf gestoßen, dass ein Teil der jungen Männer Opfer sexualisierter Gewalt war, und zwar vorwiegend außerhäuslicher Gewalt in einem pädosexuellen Milieu. Auch Muhammets Opfererfahrung ist hier zu verorten, da der neue Mann der Mutter, der der Flüchtlingsfamilie eigentlich das Aufenthaltsrecht sichern sollte, diesem Milieu angehörte.

Literatur

Ates, Seyran (2005): „Multikulti ist verantwortungslos." Interview mit Seyran Ates, die tageszeitung vom 28.02.2005.

Auernheimer, Georg (Hg.) (2003): Schieflagen im Bildungssystem. Die Benachteiligung der Migrantenkinder. Opladen.

Beck, Ulrich/Beck-Gernsheim, Elisabeth (1990): Das ganz normale Chaos der Liebe. Frankfurt am Main.

Behr, Rafael (2001): Gefährdete und gefährliche Jugend und andere Konflikte um Männlichkeit in der Polizei. In: Döge, Peter/Meuser, Michael (Hg.): Männlichkeit und soziale Ordnung. Neuere Beiträge zur Geschlechterforschung. Opladen, 105-122.

Bereswill, Mechthild (1999): Gefängnis und Jugendbiographie. Qualitative Zugänge zu Jugend, Männlichkeitsentwürfen und Delinquenz. KfN-Forschungsbericht Nr. 78, Hannover.

- (2004): Zwischen Transformationsprozess und Adoleszenzkrise. In: Miethe, Ingrid/ Kajatin, Claudia/Pohl, Jana (Hg.): Geschlechterkonstruktionen in Ost und West. Biographische Perspektiven. Münster, 179-199.
- (2006): Männlichkeit und Gewalt. Empirische Einsichten und theoretische Reflexionen über Gewalt zwischen Männern im Gefängnis. In: Feministische Studien 2, 242-255.

Bourdieu, Pierre (1983): Ökonomisches Kapital – Kulturelles Kapital – Soziales Kapital. In: Bourdieu, Pierre (1997): Die verborgenen Mechanismen der Macht. Schriften zu Politik und Kultur 1. Hamburg, 49-80.

Bukow, Wolf-Dietrich/Jünschke, Klaus/Spindler, Susanne/Tekin, Ugur (2003): Ausgegrenzt, eingesperrt und abgeschoben. Migration und Jugendkriminalität. Opladen.

Connell, Robert W. (2000): Der gemachte Mann. Konstruktion und Krise von Männlichkeiten. Opladen.

-/Messerschmidt, James W. (2005): Hegemonic Masculinity. Rethinking the Concept. In: Gender & Society 19/6, 829-859.

Döge, Peter (2000): Geschlechterdemokratie als Männlichkeitskritik. Männerforschung, Männerpolitik und der „neue Mann". In: Aus Politik und Zeitgeschichte. Beilage zur Wochenzeitung Das Parlament. 28. Juli, 31/32. 18-23.

Findeisen, Hans-Volkmar/Kersten, Joachim (1999): Der Kick und die Ehre. Vom Sinn jugendlicher Gewalt. München.

Hüttermann, Jörg (2000): Polizeialltag und Habitus: Eine sozialökologische Fallstudie. In: Soziale Welt 5, 7-24.

Kelek, Necla (2006): Die verlorenen Söhne. Plädoyer für die Befreiung des türkischmuslimischen Mannes. Köln.

Krüger, Helga (2002): Gesellschaftsanalyse: der Institutionenansatz in der Geschlechterforschung. In: Knapp, Gudrun-Axeli/Wetterer, Angelika (Hg.): Soziale Verortung der Geschlechter. Gesellschaftstheorie und feministische Kritik. Münster, 63-90.

Lemmermöhle, Doris (2002): Neue Chancen – alte Zwänge: Berufsfindungsprozesse junger Frauen. In: Regionalstelle Frau und Beruf (Hg.): Fachtagung Arbeit und Geschlecht. Bottrop, 12-28.

Lorber, Judith (1999): Gender-Paradoxien. Opladen.

Messerschmidt, James W. (1993): Masculinities and Crime. Critique and Reconzeptualization of Theory. Boston.

Meuser, Michael (2005): Strukturübungen. Peergroups, Risikohandeln und die Aneignung des männlichen Geschlechtshabitus. In: King, Vera/Flaake, Karin (Hg.): Männliche Adoleszenz. Sozialisation und Bildungsprozesse zwischen Kindheit und Erwachsensein. Frankfurt am Main/New York, 309-324
- (2006): Hegemoniale Männlichkeit. Überlegungen zur Leitkategorie der men's studies. In: Aulenbacher, Brigitte/Bereswill, Mechthild/Löw, Martina/Meuser, Michael/ Mordt, Gabriele/Schäfer, Reinhild/Scholz, Sylka (Hg.): FrauenMännerGeschlechterforschung. State of the Art. Münster, 160-174.

Mosse, George L. (1997): Das Bild des Mannes. Zur Konstruktion der modernen Männlichkeit. Frankfurt am Main.

Pfeiffer, Christian/Wetzels, Peter (2000): Junge Türken als Täter und Opfer von Gewalt. Hannover: KfN-Forschungsbericht Nr. 81.

PISA-Studien 2003/2005: http://www.mpib-berlin.mpg.de/pisa/ und http://pisa.ipn.uni-kiel.de/pisa2003/index.html.

Spindler, Susanne (2006): Corpus delicti. Männlichkeit, Rassismus und Kriminalisierung im Alltag jugendlicher Migranten. Münster.

Theweleit, Klaus (1977): Männerphantasien Bd.1. Frauen, Fluten, Körper, Geschichte. Frankfurt am Main

– (1978): Männerphantasien Bd.2. Zur Psychoanalyse des weißen Terrors. Frankfurt am Main.

Andreas Kraß
Der heteronormative Mythos
Homosexualität, Homophobie und homosoziales Begehren

> „In jedem kleinbürgerlichen Bewußtsein gibt es kleine Schattenbilder des Gauners, des Vatermörders, des Päderasten usw., die von den Richtern von Zeit zu Zeit aus ihren Gehirnen geholt, auf die Anklagebank gesetzt, ausgekostet und verurteilt werden." (Barthes 1964, 142)

Das Anliegen der Queer Studies besteht in der Dekonstruktion von Heteronormativität, also jener repressiven Gesellschafts-, Denk- und Zeichenordnung, die auf den Binarismen des Geschlechts (Mann/Frau) und der Sexualität (hetero/homo) beruht (vgl. Jagose 2001; Kraß 2003; Perko 2005). Dieses Anliegen hat einen akademischen, einen politischen und einen ethischen Aspekt. Der *akademische* Aspekt betrifft den Sachverhalt, dass eine ideologisch voreingenommene Wissenschaft unseriös ist. Heteronormativität ist eine Ideologie, die im Wissenschaftsbetrieb als solche kaum wahrgenommen wird. Wer in kultur- oder sozialwissenschaftlichen Analysen eine heteronormative Brille aufsetzt, reproduziert die heteronormativen Strukturen des Untersuchungsgegenstandes und bleibt blind für dessen queere Dimension, d.h. für die Widersprüche und Paradoxien, die eine Lektüre verlangen, die quer zur heteronormativen Ordnung liegt. Somit fällt das Argument, die Queer Studies betrieben eine ideologische Interessenspolitik, auf die Kritiker zurück, die ihrerseits ein ideologisch geschlossenes Welt- und Menschenbild propagieren. Insofern die heteronormative Ordnung, die es zu dekonstruieren gilt, repressiv ist, eignet den Queer Studies ein *ethischer* Aspekt. Dieser besteht nicht nur in der Fürsprache für diskriminierte Minderheiten, sondern auch und vor allem in der Analyse des übergreifenden Systems, das die Konstruktion von Außenseitern als Normalisierungsstrategie einsetzt. Ein derartiges System übt seine repressive Wirkung auch auf jene aus, die sich in der Majorität wähnen dürfen, denn den Idealbildern von Männlichkeit, Weiblichkeit und Heterosexualität kann eben deshalb, weil es sich um Idealbilder handelt, niemand gerecht werden. Daher plädieren die Queer Studies für eine Menschenfreundlichkeit, die den Menschen als solchen in den Blick nimmt, unabhängig von seinem Geschlecht oder seiner sexuellen Präferenz. Hieraus resultiert der *politische* Aspekt, das Engagement für eine Gesellschaftsordnung, die die Prinzipien der Gleichberechtigung und Menschenwürde umfassend respektiert und nicht aufgrund von Tabus und Phobien vor der Sexualität haltmacht. In folgenden Überlegungen, die den Beitrag der Queer Studies zur Männlichkeitsforschung umreißen, werden die ideologischen Prinzipien und rhetorischen Strategien, mit denen sich die Heteronormativität beständig ihrer selbst versichert, aufgezeigt und hinterfragt (vgl. Barthes 1964). Im Fokus steht das prekäre, durch das Regulativ der Homophobie organisierte Verhältnis zwischen männlicher Macht, männlichem Begehren und männlicher Sexualität (vgl. Sedgwick 1993). Den theoretischen Prämissen der Queer Studies entsprechend, werden die Kategorien des Geschlechts und der Sexualität nicht als biologische Fakten, sondern als diskursive Konstrukte und performative Effekte aufgefasst (vgl. Butler 1991). Der Beitrag beginnt mit diskursgeschichtlichen Überlegungen zur männlichen Homosexualität (1), wendet sich dann der patriarchalischen Strukturierung des männlich-homosozialen Begehrens zu (2-4) und schließt mit einer kritischen Analyse des heteronormativen Mythos (5).

1. Homosexualität

Die Homosexualität ist zwei Jahre älter als die Heterosexualität – jedenfalls was die Terminologie anlangt. Zwar wurden beide Begriffe gleichzeitig geprägt – nämlich in einem Brief vom 6. Mai 1868, den Karl Maria Kertbeny an Karl Heinrich Ulrichs schrieb (Katz 1996, 52) –, doch gelangten sie nacheinander an das Licht der Öffentlichkeit. Maßgeblich für ihre Verbreitung war die „Psychopathia sexualis" des Psychiaters und Rechtsmediziners Richard von Krafft-Ebing. Das Wort „homosexual" fügte er erstmals in die zweite Auflage seiner sexualwissenschaftlichen Studie ein, wo er von „homosexuale[r] Idiosynkratie" spricht (1887, 88; vgl. Halperin 1990, 155). Das Wort „heterosexual" erscheint hingegen erstmals in der vierten Auflage, wo von „heterosexuale[r] Empfindung" und „heterosexuale[m] Verkehr" die Rede ist (1889, 96, 99; vgl. Katz 1996, 54). In der ersten, 1886 erschienenen Auflage fehlten noch beide Begriffe. Diese Daten sind von Belang, weil sie demonstrieren, dass Heterosexualität und Homosexualität nicht so alt wie die Menschheit, sondern Erfindungen des 19. Jahrhunderts sind. Die Opposition einer heterosexuellen und einer homosexuellen Variante des erotischen Begehrens ist kein biologisches Faktum, sondern ein diskursives Produkt, das sich der politischen Debatte um den Paragraphen 175 verdankt. Dieser wurde 1871 eingeführt, 1935 verschärft, 1945 übernommen, 1969 entschärft und erst 1994 aus dem Strafgesetzbuch gestrichen. Wenn in den publizistischen und akademischen Schriften gegen die Kriminalisierung des gleichgeschlechtlichen Sexualverkehrs nicht mehr von „Sodomie" und „Unzucht", sondern von „Homosexualität" und „conträrer Sexualempfindung" (Krafft-Ebing benutzte beide Begriffe) die Rede war, so zeugt dies von jenem Paradigmenwechsel, der sich in der zweiten Hälfte des 19. Jahrhunderts vollzog. Das Argument, das die Gegner der Kriminalisierung ins Feld führten, beruhte auf der Pathologisierung der Homosexualität: Wenn diese nicht auf freier Wahl, sondern auf einer angeborenen Devianz beruhe, so sei sie nicht schuldfähig und folglich nicht als kriminelles Vergehen zu ahnden. So liberal die Pathologisierung der gleichgeschlechtlichen Sexualität ursprünglich gemeint war, so reaktionär muss sie heute – mit ihren verheerenden Folgen in der Zeit des Nationalsozialismus und darüber hinaus – erscheinen.

Mit ihr ging ein grundlegend verändertes Bild dessen einher, der sexuelle Handlungen mit einer Person des gleichen Geschlechts vollzieht. Michel Foucault beschrieb diesen historischen Wandel im ersten Band seiner Geschichte der Sexualität mit Bezug auf den homosexuellen Mann:

„Die Sodomie – so wie die alten zivilen oder kanonischen Rechte sie kannten – war ein Typ verbotener Handlung, deren Urheber nur als ihr Rechtssubjekt in Betracht kam. Der Homosexuelle des 19. Jahrhunderts [hingegen] ist zu einer Persönlichkeit geworden, die über eine Vergangenheit und eine Kindheit verfügt, einen Charakter, eine Lebensform, und die schließlich eine Morphologie mit indiskreter Anatomie und möglicherweise rätselhafter Physiognomie besitzt. Nichts von alledem was er ist, entrinnt seiner Sexualität. Sie ist überall in ihm präsent: allen seinen Verhaltensweisen unterliegt sie als hinterhältiges und unbegrenzt wirksames Prinzip; schamlos steht sie ihm ins Gesicht und in den Körper geschrieben, ein Geheimnis, das sich immerfort verrät. Sie ist ihm konsubstantiell, weniger als Gewohnheitssünde denn als Sondernatur. Man darf nicht vergessen, dass die psychologische, psychiatrische und medizinische Kategorie der Homosexualität sich an dem Tage konstituiert hat, wo man sie – und hier kann der berühmte Artikel Westphals von 1870 über 'die conträre Sexualempfindung' die Geburtsstunde bezeichnen – weniger nach einem Typ von sexuellen Beziehungen als nach einer bestimmten Qualität sexuellen Empfindens, einer bestimmten Weise der innerlichen Verkehrung des Männlichen und des Weiblichen charakterisiert hat. Als eine der Gestalten der Sexualität ist die Homosexualität aufgetaucht, als sie von der Praktik der Sodomie zu einer Art innerer Androgynie, einem Hermaphroditismus der Seele herabgedrückt worden ist." (Foucault 1983, 58)

Foucault fasst den diskursgeschichtlichen Umbruch in einer griffigen Sentenz zusammen: „Der Sodomit war ein Gestrauchelter, der Homosexuelle ist eine Spezies" (ebd.). Mit anderen Worten: Sodomie war eine Frage des falschen Tuns, Homosexualität eine Frage des falschen Seins, in diesem Falle des falschen männlichen Seins.

Die Geburt des Homosexuellen korrespondiert mit der Erfindung der Sexualität, die als solche ebenfalls eine Vorstellung des 19. Jahrhunderts ist. Entsprechend versteht Foucault (1983, 127) sie nicht als überzeitliches Phänomen, sondern als neuzeitliches Dispositiv, d.h. als Anordnung von Institutionen, Diskursen und Praktiken, die sich auf vier typische Figuren konzentriert: den perversen Erwachsenen (insbesondere den homosexuellen Mann), die hysterische Frau, das masturbierende Kind – und das familienplanende Paar. Es handelt sich um eine Art unheilige Familie, die im selben Maße sexualisiert wurde, wie die Heilige Familie, bestehend aus Maria, der jungfräulichen Mutter, Joseph, dem enthaltsamen Vater und Jesus, dem göttlichen Kind, im Zeichen der Keuschheit stand. Wenn die Sexualität ihre Normalität in der Weise konstituiert, dass sie sich von einem Gruselkabinett sexueller Irrläufer abgrenzt, so gilt wiederum, dass sich die Heterosexualität – als normale Variante der Sexualität – gegenüber der Homosexualität – als perverser Variante der Sexualität – sekundär verhält.

Krafft-Ebing differenziert zwischen homosexueller Perversität und homosexueller Perversion (1912, 226f.). Erstere betrifft die Zwangshomosexualität, also Sexualhandlungen in reinen Männergesellschaften („Gefängnissen, Schiffen, Kasernen, Bagnos, Pensionaten usw."), die nicht auf eine Perversion im pathologischen Sinne schließen lassen. Leitet man aus dieser Unterscheidung eine Typologie imaginärer Vorstellungen von männlicher Homosexualität ab, so lassen sich zwei Typen benennen: eine homosexuelle und eine heterosexuelle. Die *homosexuelle* Homosexualität ist die stereotype Vorstellung, die sich die heterosexuelle Gesellschaft vom homosexuellen Mann macht. Traditionell – also im Verständnis des 19. Jahrhunderts – ist dies das pathologische Bild des effeminierten Mannes, in dessen Körper eine weibliche Seele wohnt. Modern – also im Verständnis des 20. und 21. Jahrhunderts – ist dies das nicht mehr pathologisch, sondern soziologisch konzipierte Bild des schwulen Mannes, dessen angeblich typischer Habitus – Mobilität, Promiskuität, parakoitaler Sex, Kinderlosigkeit, Fetischisierung des männlichen Körpers – inzwischen auf die Heterosexuellen abgefärbt sei und somit ein neues Sexualitätsdispositiv hervorgebracht habe (Reiche 2004). Die *heterosexuelle* Homosexualität hingegen gilt nicht als pervers, sondern spielt insofern im Rahmen der Normalität, als es sich angeblich um einen Ausrutscher (aufgrund von Alkohol), eine Not (aufgrund von Frauenmangel) oder eine Phase (aufgrund der Pubertät) handelt. Hier geht es, wie bei der Sodomie, um die bloße Tat, den Fehltritt, der nicht auf eine bestimmte Identität, ein spezifisches Sein schließen läßt. Diese Bilder sind allesamt homophob, weil sie auf latenten oder manifesten Stereotypen basieren.

2. Homosoziales Begehren

Einen möglichen Grund für die Erfindung der Homosexualität im 19. Jahrhundert legt Niklas Luhmann in seiner Studie „Liebe als Passion" nahe. Darin formuliert er die These, dass erst um 1800, im beginnenden Zeitalter der Romantik, Liebe, Ehe und Sexualität integriert worden seien. Erst in der Romantik sei die Ehe von Hierarchie auf Egalität und von Ökonomie auf Intimität umgestellt worden. Als Modell und Katalysator habe der Diskurs der passionierten Männerfreundschaft gewirkt, der vom Diskurs der romantischen Liebesehe absorbiert worden sei. Wenn aber Gatten Freunde sind, die einander lieben und miteinander schlafen, was sind dann Freunde? Die romantische Liebe, so argumentiert Luhmann, habe sich deswegen gegen die passionierte Freundschaft als leitender Code der Intimität durchsetzen können, weil es ihr gelungen sei, nicht nur das Element der Partnerschaftlichkeit, sondern auch der Sexualität zu integrieren. Dies war jener nicht möglich, im Gegenteil musste sich die Männerfreundschaft fortan des Verdachts der Sexualität erwehren. Damit war ein Problem entstanden, das zuvor noch kaum eine Rolle spielte: die Opposition von männlicher Freundschaft und männlicher Homosexualität.

Diesem Problem geht die Literaturwissenschaftlerin Eve Kosofsky Sedgwick in ihrer Untersuchung „Between Men" nach. Darin prägt sie den Begriff des homosozialen Begehrens (*homosocial desire*), der sich als analytisches Instrument der Queer Theory bewährt hat. Sedgwick analysiert Konstellationen der Geschlechter und des Begehrens in literarischen Werken jener Epoche, die der Erfindung der Homo- und Heterosexualität vorausgeht, nämlich der Zeit von der Mitte des 18. bis zur Mitte des 19. Jahrhunderts. Ihre These lautet, dass sich in diesen hundert Jahren das „Kontinuum des männlichen homosozialen Begehrens" umstrukturiert habe (Sedgwick 1993, 1). „Homosozial" ist ursprünglich ein soziologischer Terminus, der Bindungen zwischen Personen desselben Geschlechts markiert. Es handelt sich um eine neologistische Analogiebildung zu „homosexuell", die aber gerade nicht eine latente oder manifeste sexuelle Dimension solcher Beziehungen unterstellt. Im Gegenteil basieren männlich-homosoziale Beziehungen, die man im Englischen als *male bonding* bezeichnet, auf dem Ausschluss der Sexualität; sie gehen also mit Homophobie, mit panischer Angst und Feindseligkeit gegen Homosexualität einher. Die komplizierte affektive Struktur männlich-homosozialer Beziehungen umfasst Sedgwick mit der psychoanalytischen Kategorie des Begehrens, die sie im Sinne von Libido versteht: als erotisches Potential, das nicht auf bestimmte sexuelle Manifestationsformen festgelegt ist. Wenn vom männlich-homosozialen Begehren die Rede ist, so steht folglich die - wie auch immer geartete - affektive Dimension von Beziehungen zwischen Männern auf dem Prüfstand, das soziale Bindemittel, das sich durchaus auch als Hass und Feindschaft oder in weniger emotionaler Weise äußern kann.

Dem Sachverhalt, dass Homosozialität nicht auf Homosexualität reduzibel ist, diese aber auch nicht als Möglichkeit ausschließt, sucht Sedgwick in der Weise methodologisch gerecht zu werden, dass sie ein virtuelles Kontinuum des homosozialen Begehrens veranschlagt:

„Das 'Homosoziale' in den Horizont des 'Begehrens', des potentiell Erotischen zu ziehen, bedeutet dann, die potentielle Ungebrochenheit eines Kontinuums zwischen homosozial und homosexuell zu postulieren - ein Kontinuum, dessen Sichtbarkeit in unserer Gesellschaft für Männer von Grund auf zertrümmert ist." (Sedgwick 1993, 1f.; hier und im folgenden meine Übersetzung)

Die virtuelle Ungebrochenheit soll aber nicht genetisch, sondern strukturell verstanden werden; es geht nicht darum, den Ursprung jeglicher homosozialer Beziehung im homosexuellen Begehren zu suchen, sondern vielmehr um eine „Strategie, die es ermöglicht, über die Struktur von Beziehungen, die Männer mit Männern unterhalten, generalisierende Aussagen zu machen und die historischen Differenzen dieser Struktur zu markieren" (Sedgwick 1993, 2). Dieses Kontinuum stellte sich in vormodernen Epochen, die das Konzept der Sexualität noch nicht kannten, anders dar als heute; der Diskurs der Männerfreundschaft konnte einen Grad an Intensität und Intimität erreichen, der aus heutiger Perspektive der Homosexualität verdächtig nahe kommt, nach damaligem Verständnis aber gänzlich unverdächtig war.

Das Kontinuum des homosozialen Begehrens stellt sich bei Männern anders dar als bei Frauen: „Die unterscheidende Opposition zwischen 'homosozial' und 'homosexuell' scheint in unserer Gesellschaft für Frauen viel weniger tiefgreifend und dichotom zu sein als für Männer" (Sedgwick 1993, 2, vgl. 5). Daher könne man, wie groß der politische und emotionale Widerstreit auch sei, sinnvoll behaupten, „daß Frauen, die Frauen lieben, und Frauen, die Frauen unterrichten, studieren, aufziehen, stillen, über sie schreiben, für sie auf die Straße gehen, sie wählen, einstellen oder in anderer Weise die Interessen anderer Frauen fördern, übereinstimmenden und eng verwandten Tätigkeiten nachgehen" (Sedgwick 1993, 2f.). Folglich müsse das Adjektiv „homosozial", wenn es auf Beziehungen zwischen Frauen angewendet werde, weniger scharf gegen „homosexuell" abgegrenzt werden; vielmehr könne es das gesamte Kontinuum bezeichnen. Wie aber verhält es sich im Falle des männlich-homosozialen Begehrens? Gibt es hier nicht auch ein Kontinuum zwischen Männern, die Männer lieben, einerseits und Männern, die die Interessen von Männern fördern, andererseits? „Ganz im Gegenteil", argumentiert Sedgwick:

> „Ein großer Teil der überaus nützlichen jüngeren Literatur über patriarchalische Strukturen legt nahe, daß die 'obligatorische Heterosexualität' in männlich dominierte Verwandtschaftssysteme eingebaut ist oder daß Homophobie eine *notwendige* Konsequenz solcher patriarchalischer Institutionen ist wie der heterosexuellen Ehe." (1993, 3, Hervorhebung im Original)

Demnach sind patriarchalische Gesellschaften prinzipiell paradox strukturiert: Einerseits behalten sie die Macht den Männern vor, andererseits institutionalisieren sie die Verbindung von Mann und Frau zum Zwecke der Reproduktion und zur Weitergabe der Macht vom Vater an den Sohn. Heterosexualität ist das Prinzip, das die männliche Homosozialität stützt. Insofern Gesellschaften patriarchalisch strukturiert sind, beruhen sie auf männlicher Homosozialität; insofern sie heteronormativ strukturiert sind, beruhen sie auf der Heterosexualität. Das Paradox zwischen dem homosozialen und dem heterosexuellen Modell der Vergesellschaftung wird durch das prohibitive Instrument der Homophobie zum Ausgleich gebracht. Homophobie spaltet aus dem virtuellen Kontinuum des männlichen homosozialen Begehrens die Sexualität ab; sie sorgt für die Errichtung eines unversöhnlichen Gegensatzes zwischen „Männern, die Männer fördern", und „Männern, die Männer lieben". Das Abfallprodukt dieser Spaltung, die Sexualität, wird auf das andere Geschlecht projiziert; insofern sind Heterosexualität als Gebot der Liebe zwischen Mann und Frau und Homophobie als Verbot der Liebe zwischen Mann und Mann komplementär aufeinander bezogen.

3. Homophobie

Wie Sedgwick (1993, 3) betont, ist die Homophobie ein konstitutives Merkmal des Patriarchats; sie ist ihm strukturell inhärent. Eine zweite Säule der Diskriminierung, auf der das Patriarchat aufruht, ist die Misogynie, die Frauenfeindlichkeit, welche letztlich die Kehrseite der Homophobie darstellt: „Die Unterdrückung des homosexuellen Anteils der menschlichen Sexualität, und folglich die Unterdrückung der Homosexuellen ist [...] ein Produkt desselben Systems, dessen Gebote und Beziehungen Frauen unterdrücken" (Gayle Rubin, zit. Sedgwick 1993, 3). Eine Gesellschaftsform, die den heterosexuellen Mann privilegiert, behindert den Zugang der Frauen und schwulen Männer zur Macht; sie erklärt die Gruppe der Frauen und Homosexuellen zur Minderheit – wobei es, statistisch gesehen, die Gruppe der heterosexuellen Männer ist, die eine Minorität darstellt. Homophobie und Misogynie sind auch in der Weise verschränkt, dass es, dem Inversionsmodell entsprechend, die angeblich „weibliche Natur" des schwulen Mannes sei, die ihn vom heterosexuellen Mann unterscheide. Dies bedeutet aber, dass „Weiblichkeit" als solche abgewertet und dem Ideal der „Männlichkeit" subordiniert wird. Sedgwick geht so weit, die historischen Manifestationen der patriarchalischen Unterdrückung der Homosexuellen als Genozid zu bezeichnen, und stellt für die Vereinigten Staaten fest: „Unsere eigene Gesellschaft ist in brutaler Weise homophob; und die gegen Männer und Frauen gerichtete Homophobie ist nicht willkürlich oder freiwillig, sondern dicht in die Textur der Verhältnisse von Familie, Geschlecht, Alter, Klasse und Rasse hineingewebt. Unsere Gesellschaft könnte nicht aufhören, homophob zu sein, ohne dass sich ihre ökonomischen und politischen Strukturen veränderten" (Sedgwick 1993, 3f.).

Wie zwischen männlicher und weiblicher Homosozialität zu differenzieren ist, so besteht auch ein Unterschied zwischen Homophobie gegen Schwule und Lesben. Diese Differenz lässt sich daran ablesen, dass es vorwiegend oder ausschließlich männliche Homosexualität ist, die kriminalisiert und von der Justiz geahndet wird. Dies ist freilich kein Zeichen der Toleranz, sondern der Ignoranz. Patriarchalische Gesellschaften können die Verfolgung lesbischer Frauen insofern vernachlässigen, als diese bereits durch grundsätzliche Frauenfeindlichkeit abgedeckt ist. In dem Maße, wie die weibliche Homosexualität politisch vernachlässigt wird, kehrt sie als erotische Phantasie wieder: Der Patriarch „genießt" sie als Voyeur und behauptet sich somit noch einmal als Subjekt des Begehrens. Eine solche Option steht ihm im Falle der Schwulenfeindlichkeit nicht zur Verfügung. Denn diese Form der Homophobie fungiert als jener Keil, der das Kontinuum des männlich-homosozialen Begehrens aufbricht. Zugespitzt formuliert, steht auf der einen Seite – als emphatisches Wunschbild des homosozialen Begehrens – die Männerfreundschaft (vgl. Kraß 2002), auf der anderen Seite – als homophobes Zerrbild des homosozialen Begehrens – die männliche Homosexualität. Dieser Binarismus wird mit der Opposition von Körper und Seele verknüpft: Während die Männerfreundschaft als seelische Verbindung aufgefasst wird, die das körperliche Begehren ausschließe, wird die männliche Homosexualität als körperliche Verbindung vorgestellt, die wiederum die Seele ausschließt, der also das Potential einer Liebe im ganzheitlichen Sinne, wie sie im heterosexuellen Konzept der romantischen Liebe selbstverständlich ist, abgesprochen wird.

Homophobie ist nicht eine urmenschliche Furcht, ein angeborener Ekel, sondern ein performativer Akt, der kulturell eingeübt und durch diskursive Wiederholung aufrechterhalten wird. Das neuzeitliche Patriarchat, das sich auf das Prinzip der Heterosexualität verpflichtet, um das latente oder manifeste Prinzip der Homosozialität zu kaschieren, bedient sich der Homophobie, um die homosexuelle Option in der Ablehnung präsent zu halten. Insbesondere in Institutionen und Situationen, die von männlicher Homosozialität geprägt sind, wird das Zerrbild des Homosexuellen permanent aufgerufen, um es zurückzuweisen. In der Zurückweisung, die sich in Diskursen und Akten der Verlachung, Verleumdung und Verachtung äußern kann, wird das Abgelehnte vergegenwärtigt. Eine ähnlich paradoxe Strategie der Homophobie hat Judith Butler (2006, 164-198) am Beispiel des US-amerikanischen Militärs analysiert. Während es heterosexuellen Soldaten durchaus erlaubt ist, über Homosexualität zu sprechen, bleibt dies den homosexuellen Soldaten streng untersagt (*don't ask, don't tell*). Bereits das homosexuelle Bekenntnis wird als homosexuelle Handlung aufgefasst, die nicht nur eine Aussage, sondern eine Aufforderung und Versuchung impliziert. Den Worten dessen, der seine Homosexualität erklärt, wird eine ansteckende Wirkung zugeschrieben, die nach dem Modell einer sexuell übertragbaren Krankheit, insbesondere von AIDS imaginiert wird. In der paranoiden Logik der Homophobie ist Homosexualität kontagiös, und zwar nicht erst in ihrer physischen Ausübung, sondern schon in der verbalen Artikulation. So wird, was Butler die „Fiktion des homophoben Imaginären" (2006, 170) nennt, durch die Tabuisierung der Homosexualität in Gang gesetzt. Das Tabu bringt dasjenige, was es verbietet, allererst hervor. Überspitzt formuliert, ist Homophobie somit nicht das Gegenteil, sondern ein Modus der Homosexualität.

Auch die Rede von der Zwangshomosexualität ist ein homophober Diskurs. Das Argument lautet, dass in reinen Männergesellschaften, in „totalen Institutionen" (Goffman 1973) wie Gefängnissen, Kasernen und Internaten, die Abwesenheit von Frauen, mit denen sexuelle Handlungen vollzogen werden könnten, in der Weise kompensiert werde, dass die Männer selbst sexuelle Handlungen miteinander vollzögen. Deswegen seien sie aber nicht homosexuell, was man auch daran erkennen könne, dass sie derartige Praktiken wieder ablegten, wenn sie die homosozialen Institutionen verließen und in die heterosexuelle Normalität zurückkehrten. Diese Argumentation ist nur in der heteronormativen Logik des Patriarchats schlüssig: in der Logik einer „totalen Institution", die ihrerseits von Zwangsheterosexualität geprägt ist. Damit soll nicht die häufig anzutreffende Meinung bestätigt werden, dass Homophobie ein Ausdruck verdrängter Homosexualität sei, die immer dann freigesetzt werde, wenn die heterosexuelle Option längerfristig außer Reichweite sei. Die Erfahrung lehrt vielmehr, dass sich in homosozialen Milieus das wiederholt, was auch aus heterosozialen Milieus bekannt ist, nämlich die Sexualisierung der Machtverhältnisse. Wie die Vergewaltigung von Frauen durch Männer weniger als Ausübung von Sexualität denn als Ausübung von Macht aufgefasst wird, ist auch die Vergewaltigung von Männern durch Männer in dieser Weise zu verstehen. Dabei scheint die Lust an der Ausübung sexueller Gewalt größer zu sein als der Ekel vor gleichgeschlechtlichen sexuellen Handlungen. Wie sozialwissenschaftliche Studien zeigen, werden Männer, die im Gefängnis (Bereswill 2006) oder im Asyl (Thielen 2006) sexueller Gewalt zum Opfer fallen, von ihren Verfolgern verweiblicht. Hier zeigt sich noch einmal, wie eng Homophobie und Misogynie verschränkt sind, aber auch, wie die Verweiblichung männlicher Opfer dazu dient, die Überschreitung des Ekelgefühls zu ermöglichen. Wenn das penetrierte Opfer als „weiblich" wahrgenommen wird, kann der penetrierende Täter sich selbst immer noch als „männlich" verstehen, obgleich er sich auf sexuelle Handlungen an einem anderen Mann einlässt.

Diese Gemengelage verweist auf den von Sigmund Freud beschriebenen Sachverhalt, dass das Ekelgefühl, das die Differenz zwischen Normalität und Perversion reguliere, nicht ein biologisches Gesetz, sondern „häufig rein konventionell" sei und seinerseits „durch die Libido überwunden werden kann" (2004, 54f.). Dies betrifft insbesondere auch den Analverkehr, der vielfach als Inbegriff des homosexuellen Verkehrs gilt:

„Klarer noch [...] erkennt man bei der Inanspruchnahme des Afters, daß es der Ekel ist, welcher dieses Sexualziel zur Perversion stempelt. Man lege mir aber die Bemerkung nicht als Parteinahme aus, daß die Begründung dieses Ekels, diese Körperpartie diene der Exkretion und komme mit dem Ekelhaften an sich – den Exkrementen – in Berührung, nicht viel stichhaltiger ist als etwa die Begründung, welche hysterische Mädchen für ihren Ekel vor dem männlichen Genitale abgeben: es diene der Harnentleerung." (Freud 2004, 55)

Das Ekelgefühl kann somit nicht als Begründung für die Natürlichkeit der Heterosexualität bemüht werden; vielmehr handelt es sich um ein erlerntes, habituell gewordenes Regulativ der Heteronormativität. Der homophobe Affekt ist nicht Symptom einer biologischen Ordnung, sondern Effekt einer sozialen Vereinbarung. Wenn im Rahmen der Zwangshomosexualität, bei der es sich in der Regel um sexuellen Missbrauch handelt, die soziale Barriere des homophoben Ekels außer Kraft gesetzt wird, so bleibt dennoch das heteronormative Prinzip intakt.

4. Erotische Dreiecke

Wie kann man nun dem homosozialen Begehren, das sich in doppelter Weise kaschiert: durch die Zurückweisung der Homosexualität und die Verpflichtung auf die Heterosexualität, auf die Spur kommen? Eve Sedgwick hat ein hermeneutisches Verfahren vorgeschlagen und vorgeführt, das sich in der literaturwissenschaftlichen Praxis bewährt hat und gewiss auch für die sozialwissenschaftliche Praxis, zum Beispiel im Rahmen qualitativer Analysen, eignet (1993, 21-27). Sedgwick argumentiert, dass die „Struktur des homosozialen Kontinuums [...] kulturell kontingent, nicht ein angeborener Zug der 'Männlichkeit' oder 'Weiblichkeit'" sei (1993, 5). Wenn sie feststellt, dass das Kontinuum des homosozialen Begehrens im Falle der Männer gebrochen, im Falle der Frauen aber relativ intakt sei, so ist dies nicht als absolutes Gesetz, sondern als Aussage über neuzeitliche Formen des Patriarchats zu verstehen. Um Konstellationen des männlich-homosozialen Begehrens zu analysieren, schlägt sie vor, nicht allein die Beziehungen der Männer untereinander zu fokussieren, sondern auch jene Beziehungen, welche die betreffenden Männern zu Frauen unterhalten. Die Erweiterung des Blickwinkels ist erforderlich, weil in der heteronormativen Ordnung des Patriarchats männlich-homosoziales Begehren stets mit heterosexuellem Begehren verschränkt ist.

Sedgwick geht von René Girards These aus, dass Begehren prinzipiell mimetisch sei, dass also das Begehren, das eine Person entwickelt, letztlich auf der Nachahmung des Begehrens einer zweiten, als Leitbild und Rollenmodell erwählten Person beruhe (Girard 1999, vgl. Kraß 2004). Etwas zu begehren heißt demnach, sich mit einer verehrten Person zu identifizieren, deren Begehren man begehrt. Folglich sind am Prozess der Identifikation drei Instanzen beteiligt: das Subjekt des Begehrens, das Objekt des Begehrens und der Mittler des Begehrens. Mit Hilfe dieses triangulären Modells – das man auch in Freuds ödipalem Dreieck antrifft – lassen sich literarische Dreiecksgeschichten deuten, in denen zwei Männer um eine Frau rivalisieren. Wie Girard betont, ist der Affekt, den der begehrende Mann auf die begehrte Frau richtet, zuweilen schwächer als jener Affekt, den er auf den tatsächlichen oder vermeintlichen Rivalen richtet. Eben dies ist die Konstellation, die Sedgwick aufgreift und für ihr Lektüreverfahren nutzbar macht. Sie verschiebt die Position des Mittlers vom Rivalen auf das umstrittene Objekt des Begehrens: die Frau. Ihre These lautet, dass in literarischen Texten, die vor dem Hintergrund einer patriarchalischen Kultur geschrieben wurden, die Frau vielfach als Schauplatz eines zwischen zwei Männern zirkulierenden Begehrens figuriert. Die Achse des homosozialen Begehrens, die zwischen den rivalisierenden Männern besteht, wird lesbar über eine dritte, weibliche Figur, auf die beide tatsächlich oder vermeintlich ihr heterosexuelles Begehren richten.

Freilich ist dies nur eine mögliche Erscheinungsform des erotischen Dreiecks; zu fragen ist auch nach der Präsenz anderer Spielarten des erotischen Dreiecks: Spielarten, in denen – um nur einige Beispiele zu nennen – eine Frau zwei Männer oder zwei Frauen einen Mann begehren, in denen die Geschlechtsidentität des Subjekts, Mittlers oder Objekts des Begehrens ambivalent ist, in denen alle Positionen mit Personen desselben Geschlechts besetzt sind. Zu prüfen ist jeweils, ob die betreffenden Varianten des erotischen Dreiecks das heteronormative System bekräftigen, enthüllen oder unterlaufen.

5. Der heteronormative Mythos

Die Heteronormativität ist nicht nur eine totale, sondern auch eine imaginäre Institution. Wie Cornelius Castoriadis (1990) gezeigt hat, werden Gesellschaften durch imaginäre Vorstellungen eingesetzt. Dies gilt auch für die heteronormative Gesellschaft, die ihrerseits auf imaginären Bildern vom Unterschied der Geschlechter und Sexualitäten basiert. Die Mythen der Heteronormativität, die die alltägliche Lebenswelt durchdringen, lassen sich mit Hilfe von Roland Barthes' Studie „Mythen des Alltags" rekonstruieren. Diese teils essayistische, teils theoretische Analyse typischer ideologischer Strategien der französischen Bourgeoisie verdient, fünfzig Jahre nach ihrem ersten Erscheinen, für die Queer Studies wiederentdeckt zu werden. Barthes beschreibt sieben Denkfiguren, die auch die Logik des heteronormativen Mythos bestimmen. Es sind, genauer gesagt, Figuren der Gedankenlosigkeit, die in das Ressort der Agnotologie fallen – jener neuen Wissenschaft, die Techniken der kulturellen Produktion von Unwissen untersucht.

Die erste ideologische Strategie, die Barthes benennt, ist das *Serum*, die Verabreichung einer kleinen Injektion, die die Gesellschaft gegen die Gefahr eines größeren Umsturzes immunisiert. Ein partielles Unrecht wird anerkannt, um ein prinzipielles Unrecht zu verschleiern; eine lokale Subversion wird toleriert, um die allgemeine Ordnung aufrechtzuerhalten. Ein effektives heteronormatives Serum ist die Toleranzgeste gegenüber Schwulen und Lesben. Sie ist konservativ, insofern sie die Grenzziehung zwischen duldender Mehrheit und geduldeter Minderheit aufrechterhält. Die Toleranzgeste ist eine Form positiver Diskriminierung, die, in der liberalen Pose der Anerkennung, die Differenz gegenüber jenen bekräftigt, die der Anerkennung bedürfen. Sie lässt die Hierarchie der sozialen Verhältnisse unberührt; wer seine Toleranz erklärt, konstituiert sich auf diese Weise als Repräsentant einer Mehrheit, die der Minderheit die gewährte Toleranz ebenso gut versagen könnte.

Die zweite Strategie des bürgerlichen Mythos ist die *Geschichtslosigkeit*. Die bürgerliche Gesellschaft entzieht den Objekten, von denen sie spricht, ihre Geschichte; sie besitzt und genießt sie, ohne Verantwortung für ihre Herkunft zu übernehmen. In der heteronormativen Ideologie ist die narkotische Strategie des Geschichtsentzugs besonders wirksam. Sie ignoriert die historische Veränderlichkeit der Geschlechter und des Begehrens, indem sie sie im wissenschaftlichen Diskurs der Naturgesetzlichkeit oder im religiösen Diskurs der Schöpfungsordnung verhandelt und somit zu unveränderlichen Tatsachen erklärt. Ein wichtiger methodischer Ansatzpunkt der Queer Studies ist daher die Historisierung des Begehrens, insbesondere die Erkenntnis, dass Sexualität nicht ein überzeitliches Existential, sondern ein pathologischer Diskurs des 19. Jahrhunderts ist.

Eine dritte Strategie ist die *Identifizierung*, d.h. die Anpassung des Fremden an das bürgerliche Selbstbild: „Der Kleinbürger ist ein Mensch, der unfähig ist, sich den Anderen vorzustellen. Wenn der Andere sich seinen Blicken zeigt, wird der Kleinbürger blind, oder er ignoriert oder leugnet ihn, oder aber er verwandelt ihn in sich selbst" (Barthes 1964, 141f.). Wer eine heteronormative Brille trägt, wird diejenigen, die sich der Heteronormativität entziehen, nicht erkennen; sie sind für ihn nicht intelligibel, weil er keine Begriffe für sie hat. Barthes nennt fünf Aspekte der Identifizierung: Blindheit, Ignoranz, Leugnung, Assimilation und Exotismus. Eine Gesellschaft, die eine Monokultur des heterosexuellen Begehrens pflegt, wird blind für die Existenz von Schwulen und Lesben; in ihrem homogenen Welt- und Menschenbild ist für Menschen, die nicht das andere, sondern das eigene Geschlecht begehren, kein Platz. Dringen sie dennoch in den Bewusstseinshorizont der heteronormativen Gesellschaft ein, so werden sie entweder ignoriert und geleugnet, also willentlich aus dem Denken verbannt, oder sie werden in stereotype Bilder transformiert, die dem heteronormativen Denken nicht mehr gefährlich werden können. Zwei Techniken der imaginären Bewältigung lassen sich unterscheiden: Assimilation und Exotismus. Assimilation ist der Versuch, den Anderen sich selbst ähnlich zu machen, d.h. ihn an jene Klischees zu assimilieren, die man von sich selbst entworfen hat. So werden Lesben und Schwule oftmals nach dem Modell der Inversion als männliche Seele im weiblichen Körper bzw. als weibliche Seele im männlich Körper imaginiert; entsprechend häufig wird die Frage gestellt, wer denn innerhalb der gleichgeschlechtlichen Beziehung die „männliche" und wer die „weibliche" Rolle übernehme. Diese Frage impliziert eine Entkoppelung von anatomischem Geschlecht (*sex*) und sozialem Geschlecht (*gender*), die, konsequent weiter gedacht, auf eine Dekonstruktion der heteronormativen Geschlechterordnung hinausläuft; doch werden diese Konsequenzen wiederum geleugnet, ignoriert oder verkannt. Die Technik der Exotisierung hingegen läuft nicht auf die Angleichung, sondern auf die Verfremdung des Anderen hinaus; er wird „zum reinen Objekt, zum Spectaculum, zum Kaperle" (Barthes 1964, 143). So zeigt die Berichterstattung über die Paraden zum Christopher Street Day alljährlich nur die Drag Queen her, den schwulen Paradiesvogel, hinter dessen folkloristischem Bild die differenzierte Realität und das politische Anliegen der schwullesbischen Emanzipationsbewegung verschwinden.

Die vierte Strategie ist die *Tautologie*, eine Gedankenfigur, die fragliche Sachverhalte nicht zu erklären sucht, sondern die Frage selbst verbietet und das Verbot als Antwort kaschiert. Das eigene Unvermögen, den fraglichen Sachverhalt zu verstehen, zu erklären und zu benennen, wird als Eigenschaft auf den betreffenden Sachverhalt selbst projiziert. Die Tautologie ersetzt rationales durch magisches Denken, daher „kann sie sich nur hinter einem autoritären Argument verschanzen. So antworten die Eltern, die mit ihrem Latein am Ende sind: 'Das ist so, weil es so ist'." (ebd.) Die zirkuläre Logik der Tautologie ist auch im heteronormativen Denken präsent; sie steht hinter den Strategien der Geschichtslosigkeit und der Identifizierung: Wenn die Dinge keine Geschichte haben, dann sind sie so, wie sie sind (weil Gott sie so geschaffen hat, weil die Natur sie so geordnet hat); wenn das Andere über keine eigene Identität verfügen darf, dann muss es so sein, wie ich es mir vorstelle.

Die fünfte Strategie nennt Barthes das *Weder-noch*; sie besteht darin, „zwei Gegensätze aufzustellen, den einen mit Hilfe des andern ins Gleichgewicht zu bringen und sie dann beide zu verwerfen" (Barthes 1964, 144). Das Denken in Oppositionen dient der Reduktion von Komplexität: „Man stellt einander gegenüber, zwischen dem zu wählen schwierig war, man entflieht dem unerträglichen Realen, indem man es auf zwei Gegensätze zurückführt, die sich nur in dem Maße das Gleichgewicht halten, in dem sie formal und um ihr spezifisches Gewicht erleichtert sind" (ebd.). Auch diese Gedankenfigur, die Barthes mit der Metapher der Waage illustriert, bestimmt den heteronormativen Mythos. Die vielfältigen Spielarten des Begehrens werden in eine polare Ordnung eingespannt, die auf der Opposition der Geschlechter beruht. Die Menschheit wird in zwei gegensätzliche Gruppen eingeteilt, in Männer und Frauen, und dieser Kontrast wird durch das Prinzip der Heterosexualität zum Ausgleich gebracht. So gibt es zwei Geschlechter, aber nur ein Begehren. Der Binarismus der Geschlechter kehrt als Binarismus der Geschlechtlichkeit insofern wieder, als der Heterosexualität die Homosexualität entgegengesetzt wird. Weil die Homosexualität nicht als zweite Option des Begehrens, sondern als perverse Ausnahme verstanden wird, die die heterosexuelle Regel bestätigt, mündet auch dieser Gegensatz in das monologische Prinzip der Heteronormativität.

Auch die Strategie der *Quantifizierung* dient der Simplifikation: „Dadurch, daß der Mythos jede Qualität auf eine Quantität reduziert, spart er Intelligenz: er begreift das Wirkliche mit geringerem Aufwand" (Barthes 1964, 144). Dass dieses Denkmuster auch im heteronormativen Mythos gilt, zeigt am prägnantesten der „kleine Unterschied", auf den die qualitative Differenz der Geschlechter zurückgeführt wird: auf die Länge des Penis, den der Mann der Frau voraus hat. Als Messlatte der Männlichkeit strukturiert er die symbolische Hierarchie des männlich-homosozialen Begehrens im Sinne der heterosexuellen Homosexualität. Barthes illustriert die Strategie der Quantifizierung am Beispiel des Schauspielers, dessen Natürlichkeit „vor allem eine deutlich sichtbare Menge von Effekten" (1964, 145) ist. Diese Aussage korrespondiert mit der These der Queer Studies, dass die im heteronormativen Denken beschworene Natürlichkeit des Geschlechts nichts anderes sei als ein Effekt performativer Akte (vgl. Butler 1991). Die Reduktion von Qualität auf Quantität ist von einem antiintellektuellen Impuls geprägt: Es geht nicht darum zu ergründen, wie sich etwas verhält, sondern zu bemessen, was sein materieller Gegenwert ist.

Schließlich ist noch die Strategie der *Feststellung* zu nennen, die Neigung des Mythos zum Sprichwort, zum gesunden Menschenverstand: „Die bürgerliche Ideologie bringt hier ihre wesentlichen Interessen unter: den Universalismus, die Ablehnung einer Erklärung, eine unveränderliche Hierarchie der Welt" (Barthes 1964, 145). Auch für die heteronormative Ideologie gilt, dass sie die Dinge nimmt, wie sie angeblich immer schon waren; auch die heteronormative Feststellung ist „nicht auf eine zu schaffende Welt gerichtet, sie muß sich mit einer schon geschaffenen Welt decken, muß die Spuren dieser Hervorbringung unter der Evidenz des Ewigen verbergen" (Barthes 1964, 146). Wer die Strategien und Figuren des heteronormativen Mythos kennt, der weiß auch, wie man ihn dekonstruiert. Man muss das Festgestellte lockern, und das heißt: sich gegen das Serum immunisieren, der Gegenwart die Geschichte zurückgeben, differenzieren statt identifizieren, die Kausalität wieder ins Recht setzen, das Weder-noch in ein Sowohl-als-auch überführen und quantitative Bemessung durch qualitative Analyse ersetzen.

Literatur

Barthes, Roland (1964): Mythen des Alltags. Frankfurt am Main [Mythologies, Paris 1957].
Bereswill, Mechthild (2006): Männlichkeit und Gewalt. Empirische Einsichten und theoretische Reflexionen über Gewalt zwischen Männern im Gefängnis. In: Feministische Studien 24, 242-255.
Butler, Judith (2006): Haß spricht. Zur Politik des Performativen. Frankfurt am Main [Excitable Speech, New York/London 1997].
– (1991): Das Unbehagen der Geschlechter. Frankfurt am Main [Gender Trouble, New York/London 1990].
Castoriadis, Cornelius (1990), Gesellschaft als imaginäre Institution. Entwurf einer politischen Philosophie. Frankfurt am Main [L'institution imaginaire de la société, Paris 1975].

Fone, Byrne (2000): Homophobia. A History. New York.

Foucault, Michel (1983): Der Wille zum Wissen (Sexualität und Wahrheit, Bd. 1). Frankfurt am Main [Histoire de la sexualité, 1: La volonté de savoir, Paris 1976].

Freud, Sigmund (2004, zuerst 1905): Drei Abhandlungen zur Sexualtheorie. Einleitung von Reimut Reiche. Frankfurt am Main.

Girard, René (1999): Figuren des Begehrens. Das Selbst und der Andere in der fiktionalen Realität. Wien/München (Beiträge zur mimetischen Theorie, Bd. 8). [Mensonge romantique et vérité romanesque, Paris 1961].

Goffman, Ervin (1973): Asyle. Über die soziale Situation psychiatrischer Patienten und anderer Insassen. Frankfurt am Main [Asylums, Chicago 1961].

Halperin, David M. (1990): One Hundred Years of Homosexuality and Other Essays on Greek Love. New York/London.

Jagose, Annamarie (2001): Queer Theory. Eine Einführung. Berlin [Queer Theory, New York 1996].

Katz, Jonathan Ned (1996): The Invention of Heterosexuality. New York/London.

Krafft-Ebing, Richard von (1997): Psychopathia sexualis. München. Nachdruck der 14., von Alfred Fuchs hg. Auflage Wien 1912. [1. Auflage Stuttgart 1886, 2. Auflage Stuttgart 1887, 4. Auflage Stuttgart 1889].

Kraß, Andreas (Hg.) (2003): Queer denken. Gegen die Ordnung der Sexualität (Queer Studies). Frankfurt am Main.

- (2004): Queer lesen. Literaturgeschichte und Queer Theory. In: Rosenthal, Caroline/Frey-Steffen, Therese/Väth, Anke (Hg.): Gender Studies. Wissenschaftstheorien und Gesellschaftskritik. Würzburg, 233-248.

- (2002): Männerfreundschaft. Bündnis und Begehren in Michel de Montaignes Essay De l'amitié. In: Kraß, Andreas/Tischel, Alexandra (Hg.): Bündnis und Begehren. Ein Symposium über die Liebe. Berlin, 127-141.

Luhmann, Niklas (1996, zuerst 1982): Liebe als Passion. Zur Codierung von Intimität. Frankfurt am Main.

Perko, Gudrun (2005): Queer-Theorien. Ethische, politische und logische Dimensionen plural-queeren Denkens. Köln.

Reiche, Reimut (2004): Homosexualisierung der Sexualität. Eine Zeitdiagnose. In: Reiche, Reimut: Triebschicksal und Gesellschaft. Über den Strukturwandel der Psyche. Frankfurt am Main/New York (Frankfurter Beiträge zur Soziologie und Sozialphilosophie 5), 177-189.

Sedgwick, Eve Kosofsky (1993, zuerst 1985): Between Men. English Literature and Male Homosocial Desire. New York.

Thielen, Marc (2006): Trügerische Sicherheit - Homophobie als Quelle problematischer Lebenssituationen schwuler Flüchtlinge aus dem Iran im deutschen Asyl. In: Feministische Studien 24, 290-302.

Michael Meuser

Männerkörper
Diskursive Aneignungen und habitualisierte Praxis

1. Zur Entwicklung einer Soziologie des Körpers

Die Soziologie hat den Körper entdeckt. War der Körper vor 20 Jahren als ein anerkannter Gegenstand von Forschung und Theoriebildung in der Soziologie noch weitgehend abwesend, so kann man gegenwärtig durchaus von einem Körperboom sprechen – nicht nur in den Diskursen und Praxen einer „Inszenierungsgesellschaft", sondern auch in der soziologischen Reflexion hierauf. Letzteres findet seinen Niederschlag in einer Fülle einschlägiger Publikationen.[1] Auf dem letzten Soziologiekongress, 2006 in Kassel, gab es eine ganze Reihe von Veranstaltungen, die den Körper zum Gegenstand hatten. Die Blicke richteten sich u.a. auf den geschlechtlichen Körper, den alternden Körper, den Körper im Jugendalter, den Körper im Recht, auf Körperpolitiken. So viel Körper wie auf diesem Kongress hatte es in der deutschen Soziologie zuvor nicht gegeben.[2]

Der aktuelle soziologische Körperboom hat mehrere Quellen. Ein entscheidender Anstoß war der feministische Körperdiskurs. Der Feminismus hat den weiblichen Körper erfolgreich zum Gegenstand sowohl politischer Auseinandersetzungen als auch wissenschaftlicher Diskussionen gemacht. In den feministischen Emanzipationsdebatten hatte der weibliche Körper von Beginn an in zweifacher Hinsicht eine „exponierte Stellung": als primäres Objekt patriarchaler Unterdrückung wie als Ort von Befreiungshoffnungen (Rose 1992, 113). Er wurde „zum politischen 'Kampfplatz' um die Autonomie des (weiblichen) Selbst" (Villa 2000, 53). Die im frühen Feminismus der 1970er und 1980er Jahre zwar nicht unbedingt dominante, aber doch prominente Perspektive, eine (vermeintliche) weibliche Körpernähe der instrumentellen Vernunft des Mannes entgegenzusetzen, hat nicht unwesentlich dazu beigetragen, die Kritik am cartesianischen Dualismus zu befördern, die eine Prämisse der rezenten Körpersoziologie ist. Dieser Dualismus wurde als eine typisch männliche Konstruktion beschrieben und als eine zentrale Ursache für die Ausblendung weiblicher Erfahrungswelten aus der Wissenschaft benannt.

Als für die körpersoziologische Theoriediskussion in hohem Maße bedeutsam hat sich die in der rezenten Geschlechtersoziologie vorherrschende konstruktivistische Perspektive erwiesen, derzufolge nicht nur das Geschlecht, sondern auch der (geschlechtliche) Körper als sozial konstruiert begriffen wird. Dies hat eine Entnaturalisierung des sozialwissenschaftlichen Körperdiskurses entscheidend befördert. Der Körper wird als ein in Diskursen und Interaktionen hergestellter Sinnkörper konzipiert, der – zumindest in der radikal-konstruktivistischen Perspektive – kein materiales Eigenleben außerhalb seiner kulturellen und sozialen Konstruktion hat (Butler 1991; Hirschauer 1993).[3] Demzufolge ist es nicht möglich, einen materialen Körper von einem Sinnkörper zu unterscheiden, da der Körper nicht anders denn als kultureller Körper gegeben ist. Dieser körpertheoretische Ansatz ist in der Geschlechterforschung alles andere als unumstritten (Meuser 2004a); aber auch dann, wenn man den Körper als eine gleichermaßen materiale *und* symbolische Realität begreift, wird man konzedieren müssen, dass der radikal-konstruktivistische Ansatz der körpersoziologischen Theoriediskussion entscheidende Impulse gegeben hat. Körpererfahrungen lassen sich demnach nicht als vor- oder außersozial begreifen, sie werden wie andere Erfahrungen „innerhalb einer spezifischen symbolischen Ordnung gemacht" (Maihofer 2002, 69).

Ein zweiter Entstehungshintergrund für die Soziologie des Körpers ist der Diskurs der Postmoderne. Dieser Diskurs hat wesentlich dazu beigetragen, die körperliche Dimension sozialen Handelns in Erinnerung zu rufen. Die postmoderne Rationalitätskritik bestreitet, dass es eine singuläre Autorität gibt, durch die wir die Welt begreifen (Turner 1996, 17). Auch hier wird das cartesianische „cogito, ergo sum" attackiert und damit der Dualismus von Körper und Geist. Joas (1992, 365) begreift den Diskurs der Postmoderne als eine „grundlagentheoretische Provokation"; sie mache die selbstverständliche Fortführung der rationalistischen Tradition in der soziologischen Handlungstheorie unmöglich.

Diesem Diskurs zufolge ändert sich die Funktion des Körpers in der Postmoderne grundlegend: er wird vom zu disziplinierenden Instrument der industriellen Produktion (harte körperliche Arbeit) zum Objekt kultureller Inszenierungen bzw. zum gezielt genutzten Ausdrucksmedium (vermeintlich) frei gewählter Zugehörigkeiten zu subkulturellen Milieus und Szenen. Der junge, attraktive Körper wird zum Ideal, um den sich eine 'Industrie' bemüht, die von der Kommerzialisierung des Körpers lebt und sie zugleich vorantreibt. Die körperliche Selbstdarstellung und ein adäquates Körper-Image werden in wachsendem Maße identitätsrelevant, eine vorteilhafte Performance verspricht Distinktionsgewinne. Die Individuen werden für den Zustand ihres Körpers verantwortlich gemacht. Folglich werden Investitionen in den Körper bzw. in dessen Erscheinung notwendig. Diesen Ansprüchen sind tendenziell alle Gesellschaftsmitglieder unterworfen; sie betreffen nicht mehr nur (junge) Frauen, sondern auch Männer und alte Menschen beiderlei Geschlechts. Letzteres zeigen die Imperative eines „successful aging", die von den Männern u.a. sexuelle Fitness, definiert als Erektionsfähigkeit, bis ins (hohe) Alter fordern. Vor diesem Hintergrund wird der kommerzielle Erfolg von

Sildenafil (Viagra) deutlich: als eine vergeschlechtlichte Technologie des Männerkörpers (Mamo/Fishman 2001; Marshall/Katz 2002).

Die Befassung mit dem männlichen (Geschlechts-)Körper hat ihre Ursprünge in beiden skizzierten Diskursen. Einerseits thematisiert die Soziologie der Männlichkeit den männlichen Körper (auch) auf der Grundlage des feministisch initiierten geschlechtertheoretischen Körperdiskurs. Zum anderen kann die im Kontext des postmodernen Diskurses entstandene Aufmerksamkeit für den Körper nicht übersehen, dass die skizzierte Körperaufwertung beide Geschlechter betrifft, Männer wie Frauen. Mit der Absage an den cartesianischen Dualismus von Körper und Geist werden auch die Zuordnungen und Polaritäten obsolet, welche die bürgerliche Geschlechterordnung fundieren. Gleichungen und Oppositionen wie Frau, Natur, Körper, Emotion versus Mann, Kultur, Geist, Rationalität verlieren ihre (vermeintliche) Plausibilität. Körperlichkeit kann folglich nicht mehr als exklusives Merkmal von Weiblichkeit verstanden werden, wie dies für den Geschlechterdiskurs der bürgerlichen Gesellschaft charakteristisch ist.

Im Folgenden soll zunächst dieser Diskurs skizziert werden, um dann vor diesem Hintergrund einschätzen zu können, welche Veränderungen für die Konstruktion von Männlichkeit damit verbunden sind, dass gegenwärtig die Körperlichkeit des Mannes vermehrt zu einem Gegenstand von Diskursen wird. Dies wird an zwein dieser Diskurse erläutert: an dem populärmedialen Diskurs von Männerzeitschriften und an dem wissenschaftlichen der Männergesundheitsforschung. Letzterer Diskurs problematisiert und kritisiert eine typisch männliche Praxis: körperriskantes Handeln. In einem abschließenden Kapitel wird gezeigt, in welcher Weise das Riskieren des eigenen Körpers in der Strukturlogik der kulturellen Konstruktion von Männlichkeit verankert ist.

2. Diskursive Entkörperlichung

Der Körper ist wie kein anderes Medium geeignet, die Geschlechterdifferenz zu symbolisieren. Die biologischen Unterschiede, insbesondere der anatomische Unterschied der Sexualorgane, erscheinen „als unanfechtbare Rechtfertigung des gesellschaftlich konstruierten Unterschieds zwischen den Geschlechtern" (Bourdieu 1997a, 169). Im Geschlechterdiskurs der bürgerlichen Gesellschaft des 18. und 19. Jahrhunderts, dessen symbolisches Erbe bis in die Gegenwart reicht, spielt der Körper eine eigentümliche Rolle in der Naturalisierung der Geschlechterdifferenz. Die für diesen Diskurs konstitutive Annahme eines essentiellen Unterschieds von Männern und Frauen erfährt einen geradezu paradigmatischen Ausdruck darin, dass nur das eine Geschlecht, das weibliche, mit Körperlichkeit konnotiert wird, das andere, das männliche, hingegen nicht. Dieser Diskurs konzipiert den (bürgerlichen) Mann als ein Wesen, dessen Handeln, anders als das der Frau, nicht von seiner Körperlichkeit bestimmt wird. Von der Frau heißt es, sie sei dem Diktat der Körperlichkeit unterworfen. Die schriftlichen – populären wie wissenschaftlichen – Dokumente dieses Diskurses enthalten eine Fülle derartiger Deutungen: von Rousseaus „Emile" über die Konversationslexika und die medizinischen, insbesondere gynäkologischen Texten des 19. Jahrhunderts bis hin zu psychologischen, anthropologischen und soziologischen Abhandlungen (Honegger 1991). Mit Ferdinand Tönnies' Unterscheidung von – weiblich konnotiertem – „Wesenwillen", bestimmt als „das psychologische Äquivalent des menschlichen Leibes", und – männlich konnotierten – „Kürwillen", bestimmt als „ein Gebilde des Denkens selber" (Tönnies 1979/1887, 73), hat dieser Diskurs seinen Weg in die Soziologie gefunden (Meuser 2006a, 21ff.). Das bürgerlich-männliche, rationale Selbst entwirft sich als „Souverän gegenüber seinem eigenen Körper" (List 1993, 132) und delegiert die Momente des Körperlichen an den weiblichen Körper.

Gegenüber dem Allgemeinen der Vernunft, das der Mann repräsentiert, gilt die Körperlichkeit der Frau als das Besondere, das der Erklärung harrt. Der weibliche Körper ist der bevorzugte Gegenstand der Wissensproduktion des Körperdiskurses des 19. Jahrhunderts. Dies setzt sich bis in die jüngste Vergangenheit hinein fort. Noch in der modernen Biomedizin ist es vor allem der weibliche Körper, der in medizinischen Termini verstanden wird (Oudshoorn 2004, 242; vgl. auch Duden 2002). Es ist der weibliche Körper, der pathologisiert und damit zum Objekt wissenschaftlicher Forschung wird.[4] Über den männlichen Körper herrscht Schweigen. Thomas Laqueur (1992, 36) bemerkt in seiner Geschichte des geschlechtlichen Körpers, es sei wahrscheinlich nicht möglich, „eine Geschichte des männlichen Körpers und seiner Freuden zu schreiben, weil die historische Überlieferung in einer Kulturtradition zustande kam, in der eine solche Geschichte nicht nötig war". Mithin mangelt es an einschlägigen Dokumenten. Gleichwohl galt, da das Allgemeine und nicht das Besondere die Norm repräsentiert, der männliche Körper – als menschlicher Körper – als Norm, gegenüber der der weibliche Körper als Abweichung, als unvollkommener Körper gesehen wurde und deswegen pathologisiert werden konnte (Sobiech 1994, 27).

Körperlichkeit wird an die Anderen delegiert. Dies sind jedoch nicht nur die Frauen. Es ist bekannt, dass die Geschlechterideologie der bürgerlichen Gesellschaft ihre Wirkung vor allem im Bürgertum selbst entfaltet hat. Die Anderen sind auch andere Männer. Vor dem Hintergrund der Connellschen Unterscheidung von hegemonialer und untergeordneten Männlichkeiten (Connell 1987) lässt sich konstatieren, dass die (diskursive) Entkörperlichung des Mannes ein zentrales Element hegemonialer Männlichkeit ist, an dem andere Männlichkeiten nicht oder in geringerem Maße teilhaben bzw. hatten. Das Allgemeine der (männlichen) Vernunft war auch binnengeschlechtlich nicht ungeteilt. In der Arbeiterklasse spielte über körperliche Kraft dokumentierte Virilität bis weit ins 20. Jahrhundert hinein eine nicht unerhebliche Rolle (Welskopp 1995). Gegenüber dieser 'rohen' Männlichkeit stand die 'feinsinnige' des bürgerlichen Mannes nicht minder in einem Verhältnis der (abwertenden) Distinktion wie gegenüber der als essentiell körperfundiert wahrgenommenen Weiblichkeit. Trotz dieser internen geschlechtlichen Differenzierung kommt ein gemeinsames Geschlechtliches darin zum Ausdruck, dass in beiden sozialen Milieus der Mann über die Leistung, die er erbringt, definiert ist, also über ein Tun, und nicht über ein bloßes körperliches Sein, wie es den Frauen zugeschrieben wurde. Der Unterschied zwischen den Männern besteht darin, dass die (berufliche) Leistung in dem einen Milieu wesentlich auf Körper*einsatz* angewiesen war, in dem anderen nicht. Auch dort, wo Männlichkeit mit viriler Körperlichkeit konnotiert wird, bleibt der Körper Mittel zum Zweck, der anderswo definiert wird. Der Körper ist hier ein verfügbares Instrument männlichen Wollens, nicht auferlegtes Schicksal.

In der zeitgenössischen Mode erfuhr der bürgerliche Geschlechter- und Körperdiskurs eine exemplarische Materialisierung. Mode ist als eine vergeschlechtlichte Körpertechnologie zu begreifen, die über die Kleidung die Geschlechterordnung in die Körper einschreibt. In der Frauenmode des 19. Jahrhunderts wurden die sekundären Geschlechtsmerkmale stark betont, während der Kleidungsstil des Mannes von praktischer Funktionalität bestimmt war (Mentges 2004). Weiblichkeit, Mode und Schönheit gingen eine enge symbolische Verbindung ein. Das bürgerliche Männerkleid entzog sich hingegen dem Diktat der Mode. Mode verwies auf den Körper und auf Geschlechtlichkeit „Mode wurde zum Inbegriff der Weiblichkeit und wurde zum Gegenpol der [...] 'vernünftigen' Männerterritorien wie Politik, Armee und Wissenschaften" (Brändli 1996, 103). Wenn auch die Frauenkleider die weibliche Haut vielfach verbargen, so blieben doch die Körperformen sichtbar, während sich unter dem dunklen Sakko der Männer deren Körper nur mehr erahnen ließ. Die männliche Kleidung sollte die Bewegungsfreiheit des Trägers nicht behindern. Alle Hinweise auf die sexuelle Potenz des Mannes waren getilgt. „Der Körper des Mannes war wirkungsvoll tabuisiert" (ebd., 111). Mit der 'Entkörperlichung' des männlichen Kleidungsstils grenzte sich der bürgerliche Mann allerdings nicht nur von den Frauen ab, sondern auch von dem aristrokatischen Kleidungsstil, welcher nicht nur bei Frauen, sondern auch bei Männern die Körperlichkeit betonte.

Der skizzierte Körperdiskurs ist ein Differenzdiskurs und darin Teil der Konstruktion polarer Gegensätzlichkeiten der Geschlechter, wie sie Karin Hausen (1976) als fundierend für die bürgerliche Geschlechterordnung beschrieben hat. Er erweist sich als äußerst persistent. Dies zeigt sich z.B. in Studien zu Attraktivitätsvorstellungen; Männer machen die Attraktivität von Frauen weitgehend an deren körperlicher Erscheinung (Aussehen) fest, für Frauen hingegen sind Faktoren wie Einkommen und Status der Männer von hoher Bedeutung (Mikula/ Stroebe 1991). Als ein weiterer Indikator kann gelten, dass die Struktur des weiblichen Körperselbstkonzepts differenzierter ist als die des männlichen, weil die Aufmerksamkeit für den eigenen Körper bei Frauen höher ist als bei Männern (Mrazek 2006. 86). Auch weisen Frauen in Umfragen höhere Unzufriedenheitswerte hinsichtlich des eigenen Körpers auf (Kreikebaum 1999, 123ff.). Dies lässt sich als Dokument dafür begreifen, dass die körperliche Erscheinung für das Selbstkonzept von Frauen bedeutsamer ist als für dasjenige von Männern.

3. Diskursive Aneignungen des Männerkörpers

Allerdings ist festzustellen, dass zumindest auf der Diskursebene die Unterschiede zwischen weiblichen und männlichen somatischen Kulturen sich zu verwischen beginnen. Der männliche Körper wird in wachsendem Maße zu einem Gegenstand expliziter Diskurse. In der Werbung ist der männliche Körper inzwischen zu einer geläufigen Projektionsfläche geworden. Der Blick auf den männlichen Körper ist enttabuisiert, der (nackte) männliche Körper wird vermehrt als Kaufanreiz eingesetzt, er wird zum Objekt ästhetischer Gestaltung (Willems/Kautt 1999; Zurstiege 2001). Im medizinisch-pharmakologischen Diskurs des „erfolgreichen Alterns" (s.o.) werden Sollwerte männlicher Sexualität verhandelt. Die Gesundheitsforschung hat den Mann als Problemfall im Visier. In einem neuen medialen Männlichkeitsdiskurs wird der Erfolg des Mannes nicht nur an seine körperliche Fitness, sondern auch an sein Aussehen geknüpft. All dies hat zur Folge, dass der männliche Körper zu einer (Gestaltungs-)Aufgabe wird. Männern wird eine erhöhte Aufmerksamkeit auf den eigenen Körper abverlangt. Dies sei anhand der beiden zuletzt genannten Entwicklungen, Gesundheitsforschung und medialer Männlichkeitsdiskurs, erläutert.

3.1 Der Männerkörper als Gestaltungsaufgabe

In Gestalt von an Männer adressierten Zeitgeist- und Lifestyle-Magazinen wie „GQ" (Gentlemen's Quarterly) und vor allem „Men's Health", welche sich auf einem insgesamt von rückläufigen Auflagenzahlen betroffenen Zeitungs- und Zeitschriftenmarkt behaupten können, hat sich ein Körperdiskurs entwickelt, der Männern ein vielfältiges Körperwissen vermittelt (Meuser 2003). Dieses Wissen betrifft vornehmlich die männliche Körperpräsentation. Männlichkeit erscheint nicht zuletzt als eine Frage des richtigen sowie des richtig inszenierten Körpers. Um dies zu erreichen, muss der Körper (bzw. müssen bestimmte Partien desselben) gezielt bearbeitet und gestaltet sowie mit den geeigneten Accessoires ausgestattet werden. Dieses neue Männerbild erfordert tendenziell eine Dauerbeobachtung des eigenen Körpers. Den Zumutungen eines perfekten Körpers zu unterliegen ist nicht länger ein durchaus zweifelhaftes „Privileg" der Frauen; die Männer beginnen, daran zu partizipieren[5]. Der Mann muss sich, so die Botschaft dieses Diskurses, nicht minder als die Frau anstrengen und – ebenso wie sie in die ihre – in seine körperliche Attraktivität investieren, um Beachtung bei den Angehörigen des anderen Geschlechts zu erlangen. Das impliziert allerdings (noch) nicht, dass Männlichkeit nun in gleicher Weise wie Weiblichkeit durch eine Attraktivität für das andere Geschlecht bestimmt ist.[6] Gleichwohl wird der männliche Körper zum Objekt evaluierender Wahrnehmungen, und die Bewertungen von Angehörigen des anderen Geschlechts gehen in das männliche Körperkonzept ein (für ein empirisches Beispiel vgl. Meuser 2003).

Der Männerkörper gewinnt an Gewicht allerdings nicht nur im Kontext heterosexueller Beziehungen, seine perfekte Gestaltung erscheint als unbedingte Voraussetzung, um in sämtlichen Lebensbereichen (intimen wie öffentlichen, privaten wie beruflichen) erfolgreich zu handeln. Auch in der homosozialen Dimension lassen sich, so die Botschaft, über den Körper Distinktionsgewinne erzielen, nicht zuletzt in der Konkurrenz um berufliche Positionen. Im Zuge einer Subjektivierung von Arbeit wird die „ganze Person" bedeutsam und damit auch der Körper. Die in der Arbeitssoziologie entwickelte These der Subjektivierung von Arbeit bezieht sich auf die Beobachtung, dass in der Erwerbsarbeit, vor allem in den Dienstleistungsberufen, die Trennung von Person und Arbeitskraft an Bedeutung verliert. Subjektivierung von Arbeit ist ein neuer Modus der Rationalisierung, in dem auf die Kreativität, Spontaneität, Emotionalität und Sensualität der Arbeitenden zurückgegriffen wird. Sie zielt auf eine „ganzheitliche Nutzung von Haltungen, Fähigkeiten und Fertigkeiten" (Aulenbacher 2005, 37). „Subjektivität mutiert vom Störfaktor […] zum expliziten Potential, das auch eingefordert wird. Damit wird Subjektivität zugleich unmittelbar einem ökonomischen Verwertungsdruck unterzogen" (Kratzer u.a. 2004, 347). Beispielhaft und pointiert formuliert: „Lean Management" benötigt schlanke Manager. Wer seinen Körper nicht „im Griff" hat, der, so wird vermutet, hat auch seine Lebensführung nicht unter Kontrolle. Ästhetische Kriterien der Körperpräsentation und -wahrnehmung gehen eine (neue) Verbindung mit Leistungskriterien wie Zähigkeit und Belastbarkeit ein.

Dieser Diskurs scheint Früchte zu tragen. In einer Studie über Körpererleben von Männern zeigen Beate Hofstadler und Birgit Buchinger (2001), dass vermehrt auch unter Männern eine homosoziale Rangordnung über den Körper hergestellt wird. Der Körper des Mannes wird nicht nur dadurch, dass er riskiert wird, sondern auch in seiner ästhetischen Dimension zum Einsatz in den ernsten Spielen des Wettbewerbs, in denen sich Bourdieu zufolge Männlichkeit konstituiert (s.u.).

3.2 Der Männerkörper als Problemfall

Geradezu als Problemfall erscheint der männliche Körper im rezenten Diskurs der Gesundheitsforschung. Vor dem Hintergrund von Befunden, die auf einen – im Vergleich zu Frauen – schlechteren Gesundheitsstatus von Männern hinweisen (geringere Lebenserwartung und höhere Inzidenz von z.B. Bluthochdruck, Herzinfarkt, Suizid), problematisiert ein Spezialgebiet, die Männergesundheitsforschung[7], die Art und Weise, wie die Mehrzahl der Männer sich auf den eigenen Körper bezieht (Meuser 2007). Von dem „zerbrechlichen Mann" (Kraemer 2000) ist die Rede, und es wird gefragt: „Is being a man a disease?" (Meryn/Steiner 2002). Der Diskurs der Männergesundheitsforschung ist ein Defizitdiskurs. So konstatieren etwa Heidrun Bründel und Klaus Hurrelmann: „Männlichkeit ist gesundheitlich ‚kontraproduktiv'" (Bründel/Hurrelmann 1999, 145). Der Titel ihres Buches, „Konkurrenz – Karriere – Kollaps", zieht eine unmissverständliche Verbindungslinie zwischen den Anforderungen, die mit der männlichen Geschlechtsrolle verbunden sind, und zu erwartenden negativen körperlichen Konsequenzen einer diesen Anforderungen gerecht werdenden Rollenperformanz. Ähnlich heißt es in einem Artikel des „Men's Health Journal": „Having to be strong, not show weakness, and taking risks are the attributes often associated with masculinity that are identified as being responsible for men's negative health practices and outcomes" (Robertson 2003, 111).

Der positive Gegenhorizont ist 'weiblich'. Positiv bewertet wird nicht nur das Gesundheitsverhalten, das Frauen selbst an den Tag legen, ihnen wird zudem attestiert, sie hätten ein besseres Verständnis männlicher Gesundheit als die Männer selbst (White 2001). So wie im populären Männlichkeitsdiskurs der 1970er und 1980er Jahre der „gefühlsgegenwärtigen" Frau der gefühlsarme Mann gegenübergestellt wird (Meuser 2006a, 147ff.), kontrastiert die Männergesundheitsforschung die gesundheitskompetente Frau dem gesundheitsinkompetenten Mann. Den Frauen werden ein „besseres Gesundheitsbewußtsein" (Maschewsky-Schneider 1994, 29) als den Männern und ein sorgfältigerer Umgang mit dem eigenen Körper attestiert. Der Umgang, den Männer gewöhnlich mit ihrem Körper pflegen, wird als „schonungslos" beschrieben (Bründel/Hurrelmann, 1999, 128ff). In den Diagnosen eines defizitären Bezugs des Mannes auf den eigenen Körper verkehrt sich die für den bürgerlichen Geschlechterdiskurs eigentümliche Setzung des männlichen Körpers als Norm in ihr Gegenteil. Gegenwärtig gelten eher die Frauen als „körper-kompetent". Wenn diagnostiziert und kritisiert wird, Männer achteten „weniger als Frauen auf Körpersignale", gingen „mit den ersten Symptomen einer Krankheit sorgloser um als Frauen", ernährten „sich ungesünder als Frauen", schnitten sowohl beim Gesundheitsbewusstsein als auch beim Gesundheitsverhalten „im Vergleich zu Frauen schlechter ab", und wenn diese Diagnosen in das Fazit münden „Männlichkeit ist gesundheitlich 'kontraproduktiv'" (Bründel/Hurrelmann, 1999, 130, 134, 145), dann wird zum einen das Gesundheitsverhalten der Frauen zum Maßstab, an dem auch Männer sich orientieren sollen. Zum anderen werden die Defizite des männlichen Gesundheitsverhaltens deutlich betont.

Die Männergesundheitsforschung stellt eine Verbindung von Männlichkeit und (problematischer) Körperlichkeit her. Der Tendenz nach wird das männliche Geschlecht auf diese Weise zu einem Besonderen, das das weibliche Geschlecht schon lange ist. Dies scheint es auch möglich zu machen, (behandlungsbedürftige) körperliche Zustände bei Männern zu diagnostizieren, die zuvor als unbestreitbare „Domäne" von Frauen galten. In der Andrologie gibt es eine Diskussion darüber, ob es bei Männern eine der Menopause vergleichbare Erscheinung gibt (Dunsmuir 2002; Krause 1996): „Andropause", „Klimakterium virile", „male menopause", „ageing male syndrome" sind die Begriffe, unter denen diese Frage verhandelt wird. Hier ist nicht der Ort zu entscheiden, ob es ein Klimakterium virile tatsächlich gibt; aus wissenssoziologisch-diskursanalytischer Perspektive ist es aufschlussreich genug zu notieren, dass eine Semantik, die der Gynäkologie entstammt, herangezogen wird, um lebensphasenspezifische Veränderungen des männlichen Körpers zu erfassen.

Es bedürfte einer genauen Beobachtung der weiteren Entwicklung dieses Diskurses wie des der Männergesundheitsforschung generell, um zu entscheiden, ob sich hier ein Bedeutungsverlust einer androzentrischen Weltsicht ankündigt. Wöllmann (in diesem Band) begreift den Diskurs der Andrologie als einen Versuch der Modernisierung hegemonialer Männlichkeit. Mit Blick auf die Logik, welche z.b. der andrologischen Behandlung von Erektionsstörungen zugrunde liegt, ist dies gewiss plausibel. Andererseits scheint mir das Entstehen von Männergesundheitsforschung und Andrologie erst möglich zu sein vor dem Hintergrund des Wandels der Geschlechterverhältnisse und des Fraglich-Werdens männlicher Dominanz. Erst vor diesem Hintergrund ist es (denk-)möglich geworden zu fragen, ob Mannsein eine Krankheit sei, und Männern eine Orientierung an einem weiblichen Körperverständnis zu empfehlen.

4. Riskierte Körper

Die Männergesundheitsforschung sieht den schlechteren Gesundheitsstatus von Männern u.a. darin begründet, dass sie über eine geringere Körperreflexivität als Frauen verfügen. In der geringeren Körperreflexivität dokumentiert sich die lebenspraktisch folgenreiche Persistenz des Deutungsmusters einer Körperlosigkeit des Mannes. Mit Appellen, mehr auf die „Signale des Körpers" zu achten, versucht die Männergesundheitsforschung gewissermaßen, dem Mann einen Körper zu geben. Des Weiteren problematisiert sie eine Praxis, die der Strukturlogik hegemonialer Männlichkeit entspricht und die vor allem in der Phase der adoleszenten Aneignung einer erwachsenen Männlichkeit im homosozialen Kontext von den männlichen peers nachgerade eingefordert wird: Das Riskieren des eigenen Körpers ist Teil der ernsten Spiele des unter Männern ausgetragenen Wettbewerbs, in denen sich Pierre Bourdieu (1997a, 203) zufolge der männliche Habitus ausbildet. Die Adoleszenz, eine Zeit des Erprobens von Lebensformen, ist eine Lebensphase, in der junge Menschen ein erhöhtes Risikoverhalten praktizieren. Zahlreiche Forschungen zeigen zudem übereinstimmend, dass Risikoverhalten bei männlichen Adoleszenten in weitaus höherem Maße als bei weiblichen zu beobachten ist (Furstenberg 2000). Bekannte Formen sind exzessiver Alkoholkonsum („Kampftrinken") und riskante Manöver im Straßenverkehr. Das Riskieren des eigenen Körpers kennzeichnet aber auch viele der so genannten neuen Fun-Sportarten, die überwiegend von Jungen und jungen Männern praktiziert werden, z.B. Breakdance oder Skating. Typisch für männliches Risikohandeln ist eine Konnotation mit Härte, Zähigkeit, Belastbarkeit und Tapferkeit (Helfferich 1994, 58ff.; Kolip 1997, 111). Die Härte wird am eigenen Körper praktiziert, sie ist aber oft auch gegen andere Körper gerichtet.

Das körperriskante Handeln ist gewöhnlich und typischerweise in einen kollektiv-kompetitiven Rahmen eingebunden. Der Körper ist ein Einsatz in den ernsten Spielen des Wettbewerbs. Durch diese Rahmung erfährt das Risikohandeln seine geschlechtliche Konnotation: als Mittel der Darstellung und als Beweis der eigenen Männlichkeit im Wettstreit mit den gleichgeschlechtlichen peers. An anderer Stelle habe ich vorgeschlagen, das körperriskante Handeln männlicher Jugendlicher als „Strukturübung" (Bourdieu 1993, 138) zu begreifen, mittels welcher die kompetitive Logik als generierendes Prinzip von Männlichkeit erworben wird (Meuser 2005, 2006b). Im Risikohandeln wird, so betont auch Helfferich (1997, 153), „der Status respektierter Männlichkeit gelernt und verdient". Risikohandeln ist Teil der geschlechtlichen Sozialisation, d.h. Teil des Prozesses, in dem die Regeln geschlechtlicher Differenzierung angeeignet werden und eine spezifische, geschlechtstypische Position im sozialen Raum eingenommen wird.

Nicht nur Jungen und Männer handeln riskant. Die Differenz des Risikohandelns von Frauen und Männern ist entlang der Achse internalisierendes und externalisierendes Verhalten zu finden (Helfferich 1997; Kolip 1997). Als internalisierendes Verhalten gelten z.B. Essstörungen oder Medikamentenmissbrauch, als externalisierendes Verhalten werden u.a. exzessiver Alkoholkonsum oder Extremsportarten beschrieben. Typisch für ein externalisierendes, überwiegend von Männern praktiziertes Risikohandeln ist, dass es in der Regel nicht in individueller Abgeschiedenheit stattfindet, sondern in einem kollektiven Rahmen. Nur vor einem – mehr oder minder großem – Publikum entfaltet sich sein sozialer Sinn.

Dies findet einen institutionalisierten Ausdruck in einem sozialen Feld, das für die geschlechtliche Sozialisation männlicher Jugendlicher von hoher Bedeutung ist: im Sport. Männliches Risikohandeln hat hier einen festen und legitimen Platz. Eine Mitgliedschaft im sozialen Feld des Sports verlangt zwingend den Einsatz des Körpers. Männer favorisieren Sportarten, bei „denen der Körper als Mittel zu riskanten Auseinandersetzungen eingesetzt werden muss" (Gisler 1995, 654; vgl. auch Rose 1992, 116). Verletzungsanfällige Körperkontakte kennzeichnen typische Männersportarten, während bei typischen Frauensportarten der spielerische Ausdruck im Vordergrund steht. Bourdieu (1992) weist auf die heuristische Bedeutung des Sports für die Analyse des körperbasierten praktischen Sinns hin. Er begreift den Sport als eine Praxis, in der Verstehen elementar über den Körper erfolgt. In einer Studie über Jungenfreundschaften beschreibt Sabine Jösting (2005) den Sport als ein Feld, das sich in paradigmatischer Weise eignet, den kompetitiven Modus hegemonialer Männlichkeit anzueignen, da es „das sicherste, das eindeutigste und gesellschaftlich anerkannteste und verbreitetste Spielfeld zur Darstellung und Herstellung von Männlichkeit" ist (ebd., 257).

Das von der Gesundheitsforschung problematisierte männliche Körperverständnis ist, in vielfältigen Wettbewerbsspielen inkorporiert, zur „zweiten Natur" geworden und wird in institutionalisierten Praktiken wie dem Sport gestützt. Der Körperdiskurs der Männergesundheitsforschung problematisiert die bezeichnete Strukturlogik und macht sie für das als defizitär diagnostizierte männliche Gesundheitsverhalten verantwortlich. Allerdings tendiert dieser Diskurs dazu, die Beharrungskräfte der in die sozialisierten Körper eingeschriebene Wettbewerbslogik zu verkennen. Nichts verbürgt eine soziale Ordnung mehr als der Körper. Vor allem solche Wirklichkeitskonstruktionen haben Bestand, die in körperlichen Routinen fundiert sind. Die fraglose Gegebenheit, welche die Lebenswelt des Alltags auszeichnet, ist in der Vorreflexivität der körperlichen Praxis fundiert. „Die mit Hilfe des Körpers erzeugten Gewissheiten liegen tiefer als andere Gewissheiten unserer Weltbilder" (Gebauer 1984, 241). Das Riskieren des eigenen Körpers ist (noch) zu sehr vorreflexiv-habitualisierte Praxis, als dass es dem aufklärerischen Impetus der Männergesundheitsforschung zugänglich wäre. Sie schenkt der habitualisierten Basis körperriskanten Handelns zu wenig Beachtung. Orientiert an einem Verständnis von Geschlecht als soziale Rolle, begreift sie das riskante Handeln als ein Rollenattribut, das abgestreift werden kann, wenn es gelingt, eine Einsicht in dessen gesundheitsbedrohende Schädlichkeit zu vermitteln.

Anmerkungen

1 Vgl. für die deutschsprachige Soziologie u.a. Gugutzer 2004; Hahn/Meuser 2002; Jäger 2004; Koppetsch 2000; Schroer 2005. Für die internationale Diskussion ist vor allem die 1995 gegründete Zeitschrift „Body and Society" von Bedeutung.

2 Die zutreffende These einer bis in die jüngste Zeit reichenden Ausklammerung des Körpers aus der soziologischen Forschung und Theoriebildung bedarf insofern einer gewissen Relativierung, als es in den Werken mancher Klassiker der Soziologie durchaus Verweise auf die Bedeutsamkeit des Körpers für das Soziale und auch entsprechende Analysen gibt – vor allem bei Marcel Mauss, George Herbert Mead, Norbert Elias, Erving Goffman –, doch sind diese körpersoziologischen Ausführungen erst im Zuge der gegenwärtigen Aufmerksamkeit für den Körper (wieder-)entdeckt worden (Meuser 2004b; Shilling 1993). Hier zeigen sich deutliche Parallelen zur (Wieder-)Entdeckung geschlechtersoziologisch relevanter Ausführungen der Klassiker im Zuge der sich entwickelnden Frauen- und Geschlechterforschung.

3 In einer neueren Arbeit führt Judith Butler (2004, 185f.) aus, die Geschlechterdifferenz sei weder völlig gegeben noch völlig konstruiert, sondern beides. Die Frage nach dem Verhältnis von Biologischem und Kulturellem müsse immer wieder gestellt werden, eine endgültige Antwort sei aber nicht zu erwarten.

4 Dies beginnt sich in jüngster Zeit, im Zuge der Etablierung einer Andrologie, zu ändern; eine wachsende Medikalisierung des männlichen Körpers ist zu beobachten (vgl. den Beitrag von Wöllmann in diesem Band).

5 Diese 'Aufwertung' des männlichen Körpers ist Teil einer weiterreichenden, nicht nur die Männer involvierenden „somatischen Kultur", in der über den Körper kulturelles Kapital akkumuliert werden kann (Rittner 1999; Turner 1996). Insofern ist die Entwicklung einer körperreflexiven Männlichkeit nicht nur in geschlechtersoziologischen, sondern auch in kultursoziologischen Kategorien zu beschreiben.

6 Bourdieu (1997b, 229) zufolge ist in der gegebenen Geschlechterordnung „die Frau als symbolisches Objekt konstituiert, dessen Sein (esse) ein Wahrgenommen-Sein (percipi) ist". Dieses Wahrgenommen-Sein, durch Männer und durch andere Frauen, betrifft vor allem den weiblichen Körper.

7 Die Männergesundheitsforschung ist eine noch junge Richtung innerhalb der Gesundheitsforschung. Ende der 1990er Jahr aufgekommen, ist sie eine Reaktion auf die zwei Jahrzehnte zuvor entstandene Frauengesundheitsforschung, die das Thema Geschlecht in die gesundheitswissenschaftliche Forschung eingebracht hat.

Literatur

Aulenbacher, Brigitte (2005): Subjektivierung von Arbeit. Ein hegemonialer industriesoziologischer Topos und was die feministische Arbeitsforschung und Gesellschaftsanalyse dazu zu sagen haben. In: Lohr, Karin/Nickel, Hildegard Maria (Hg.): Subjektivierung von Arbeit. Riskante Chancen. Münster, 34-64.

Bourdieu, Pierre (1992): Programm für eine Soziologie des Sports. In: Ders.: Rede und Antwort. Frankfurt am Main, 193-207.

- (1993): Sozialer Sinn. Kritik der theoretischen Vernunft. Frankfurt am Main.

- (1997a): Männliche Herrschaft. In: Dölling, Irene/Krais, Beate (Hg.): Ein alltägliches Spiel. Geschlechterkonstruktion in der sozialen Praxis. Frankfurt am Main, 153-217.

- (1997b): Eine sanfte Gewalt. Pierre Bourdieu im Gespräch mit Irene Dölling und Margareta Steinrücke. In: Dölling, Inge/Krais, Beate (Hg.): Ein alltägliches Spiel. Geschlechterkonstruktion in der sozialen Praxis. Frankfurt am Main, 218-230.

Brändli, Sabina (1996): „... die Männer sollten schöner geputzt sein als die Weiber". Zur Konstruktion bürgerlicher Männlichkeit im 19. Jahrhundert. In: Kühne, Thomas: Männergeschichte – Geschlechtergeschichte. Männlichkeit im Wandel der Moderne. Frankfurt am Main, 101-118.

Bründel, Heidrun/Hurrelmann, Klaus (1999): Konkurrenz, Karriere, Kollaps. Männerforschung und der Abschied vom Mythos Mann. Stuttgart.

Butler, Judith (1991): Das Unbehagen der Geschlechter. Frankfurt am Main.

- (2004): Undoing Gender. New York/London.

Connell. R.W. (1987): Gender and Power. Society, the Person, and Sexual Politics. Cambridge.

Duden, Barbara (2002): Entkörperung der Moderne. Zur Genese des diagnostischen (Frauen-)Körpers zwischen Nachkrieg und heute. In: Kuhlmann, Ellen/Kollek, Regine (Hg.): Konfigurationen des Menschen: Biowissenschaften als Arena der Geschlechterpolitik. Opladen, 121-133.

Dunsmuir, W.D. (2002): Klimakterium virile. In: Kirby, Roger S./Kirby, Michael G./Farah, Riad N. (Hg.): Männerheilkunde. Bern, 225-238.

Furstenberg, Frank F. (2000): The Sociology of Adolescence and Youth in the 1990s: A Critical Commentary, Journal of Marriage and the Family 62, 896-910.

Gebauer, Gunter (1984): Hand und Gewißheit. In: Kamper, Dietmar/Wulf, Christoph (Hg.): Das Schwinden der Sinne. Frankfurt am Main, 234-260.

Gisler, Priska (1995): Liebliche Leiblichkeit: Frauen, Körper und Sport. In: Schweizerische Zeitschrift für Soziologie 21, 651-667.

Gugutzer, Robert (2004): Soziologie des Körpers. Bielefeld.

Hahn, Kornelia/Meuser, Michael (Hg.) (2002): Körperrepräsentationen. Die Ordnung des Sozialen und der Körper. Konstanz.

Hausen, Karin (1976): Die Polarisierung der „Geschlechtscharaktere" - Eine Spiegelung der Dissoziation von Erwerbs- und Familienleben. In: Conze, Werner (Hg.): Sozialgeschichte der Familie in der Neuzeit Europas. Stuttgart, 363-393.

Helfferich, Cornelia (1994): Jugend, Körper und Geschlecht. Die Suche nach sexueller Identität. Opladen.

- (1997): „Männlicher" Rauschgewinn und „weiblicher" Krankheitsgewinn? Geschlechtsgebundene Funktionalität von Problemverhalten und die Entwicklung geschlechtsbezogener Präventionsansätze. In: Zeitschrift für Sozialisationsforschung und Erziehungssoziologie 17, 148-161.

Hirschauer, Stefan (1993): Die soziale Konstruktion der Transsexualität. Über die Medizin und den Geschlechtswechsel. Frankfurt am Main.

Hofstadler, Beate/Buchinger, Birgit (2001): KörperNormen - KörperFormen. Männer über Körper, Geschlecht und Sexualität. Wien.

Honegger, Claudia (1991): Die Ordnung der Geschlechter: Die Wissenschaften vom Menschen und das Weib. Frankfurt am Main.

Jäger, Ulle (2004): Der Körper, der Leib und die Soziologie. Entwurf einer Theorie der Inkorporierung. Königstein/Ts.

Joas, Hans (1992): Die Kreativität des Handelns. Frankfurt am Main.

Jösting, Sabine (2005): Jungenfreundschaften. Zur Konstruktion von Männlichkeit in der Adoleszenz. Wiesbaden.

Kolip, Petra (1997): Geschlecht und Gesundheit im Jugendalter. Die Konstruktion von Geschlechtlichkeit über somatische Kulturen. Opladen.

Koppetsch, Cornelia (Hg.) (2000): Körper und Status. Zur Soziologie der Attraktivität. Konstanz.

Kraemer, S. (2000): The Fragile Male. In: British Medical Journal 321, 1609-12.

Kratzer, Nick u.a. (2004): Entgrenzung von Unternehmen und Arbeit - Grenzen der Entgrenzung. In: Beck, Ulrich/Lau, Christoph (Hg.): Entgrenzung und Entscheidung. Frankfurt am Main, 329-359.

Krause, Walter (1996): Andrologie - mehr als eine Behandlung männlicher Infertilität. In: Fortschritte der Medizin 114/34, 463-464.

Kreikebaum, Susanne P. (1999): Körperbild, Körperzufriedenheit, Diätverhalten bei Mädchen und Jungen im Alter von sieben bis dreizehn Jahren. Eine interkulturelle Vergleichsstudie (USA - D) und Längsschnittuntersuchung (D). Phil. Diss. Universität Köln.

Laqueur, Thomas (1992): Auf den Leib geschrieben. Die Inszenierung der Geschlechter von der Antike bis Freud. Frankfurt am Main.

List, Elisabeth (1993): Die Präsenz des Anderen. Theorie und Geschlechterpolitik. Frankfurt am Main.

Maihofer, Andrea (2002): Geschlecht und Sozialisation. Eine Problemskizze. In: Erwägen, Wissen, Ethik 13/1, 12-26.

Mamo, Laura/Fishman, Jennifer R. (2001): Potency in All the Right Places: Viagra as a Technology of the Gendered Body. In: Body & Society 7/4, 13-35.

Marshall, Barbara L./Katz, Stephen (2002): Forever Functional: Sexual Fitness and the Ageing Male Body. In: Body & Society 8/4, 43-70.

Maschewsky-Schneider, Ulrike (1994): Frauen leben länger als Männer - Sind sie auch gesünder? In: Zeitschrift für Frauenforschung 12/4, 28-38.

Mentges, Gabriele (2004): Mode. Zur Modellierung und Medialisierung der Geschlechterkörper in der Kleidung. In: Becker, Ruth/Kortendiek, Beate (Hg.): Handbuch Frauen- und Geschlechterforschung. Wiesbaden, 570-576.

Meryn, Siegfried/Steiner, Margarete (2002): Is Being a Man a Disease? Men's Health in the 21st Century. In: Men's Health Journal 4, 70.

Meuser, Michael (2003): Bekommt der Mann einen Körper? Geschlechtersoziologische und modernisierungstheoretische Aspekte der Körperaufwertung in aktuellen Männlichkeitsdiskurses. In: Alkemeyer, Thomas u.a. (Hg.): Aufs Spiel gesetzte Körper. Aufführungen des Sozialen in Sport und populärer Kultur. Konstanz, 169-185.

- (2004a): Frauenkörper - Männerkörper. Somatische Kulturen der Geschlechterdifferenz. In: Schroer, Markus (Hg.): Soziologie des Körpers. Frankfurt am Main, 271-294.

- (2004b): Zwischen „Leibvergessenheit" und „Körperboom". Die Soziologie und der Körper. In: Sport und Gesellschaft 1, 197-218.

- (2005): Strukturübungen. Peer Groups, Risikohandeln und die Aneignung des männlichen Geschlechtshabitus. In: King, Vera/Flaake, Karin (Hg.): Männliche Adoleszenz. Sozialisation und Bildungsprozesse zwischen Kindheit und Erwachsensein. Frankfurt am Main/New York, 309-323.

- (2006a): Geschlecht und Männlichkeit. Soziologische und kulturelle Deutungsmuster. 2. Aufl. Wiesbaden.

- (2006b): Riskante Praktiken. Zur Aneignung von Männlichkeit in den ernsten Spielen des Wettbewerbs. In: Bilden, Helga/Dausien, Bettina (Hg.): Sozialisation und Geschlecht. Theoretische und methodologische Aspekte. Opladen, 163-178.
- (2007): Der „kranke Mann" – wissenssoziologische Anmerkungen zur Pathologisierung des Mannes in der Männergesundheitsforschung. In: Dinges, Martin (Hg.): Männlichkeit und Gesundheit im historischen Wandel 1850-2000. Stuttgart, 73-86 (im Druck).

Mikula, Gerold/Stroebe, Wolfgang (1991): Theorien und Determinanten der zwischenmenschlichen Anziehung. In: Amelang, Manfred/Ahrens, Hans-Joachim/Bierhoff, Hans W. (Hg.): Attraktion und Liebe. Göttingen, 61-104.

Mrazek, Joachim (2006): Somatische Kultur, Körperkonzept und Geschlecht. In: Hartmann-Tews, Ilse/Rulofs, Bettina (Hg.): Handbuch Sport und Gesellschaft. Schorndorf, 78-88.

Oudshoorn, Nelly (2004): Die natürliche Ordnung der Dinge? Reproduktionswissenschaften und die Politik des 'Othering'. In: Lenz, Ilse/Mense, Lisa/Ullrich, Charlotte (Hg.): Reflexive Körper? Zur Modernisierung von Sexualität und Reproduktion. Opladen, 241-254.

Rittner, Volker (1999): Körper und Identität: Zum Wandel des individuellen Selbstbeschreibungsvokabulars in der Erlebnisgesellschaft. In: Homfeldt, Hans-Günther (Hg.): „Sozialer Brennpunkt" Körper. Körpertheoretische und -praktische Grundlagen für die Soziale Arbeit. Hohengehren, 104-116.

Robertson, Steve (2003): Men Managing Health. In: Men's Health Journal 2/4, 111-113.

Rose, Lotte (1992): Körper ohne Raum. Zur Vernachlässigung weiblicher Bewegungs- und Sportwelten in der feministischen Körper-Debatte. In: Feministische Studien 10/1, 113-120.

Schroer, Markus (Hg.) (2005): Soziologie des Körpers. Frankfurt am Main.

Shilling, Chris (1993): The Body and Social Theory. London.

Sobiech, Gabriele (1994): Grenzüberschreitungen. Körperstrategien von Frauen in modernen Gesellschaften. Opladen.

Tönnies, Ferdinand (1979/1887): Gemeinschaft und Gesellschaft. Grundbegriffe der reinen Soziologie. Darmstadt.

Turner, Bryan S. (1996): The Body and Society. 2. Aufl. London.

Villa, Paula-Irene (2000): Sexy Bodies. Eine soziologische Reise durch den Geschlechtskörper. Opladen.

Welskopp, Thomas (1995): Leben im Rhythmus der Hütte. Geschlechterbeziehungen in Stahlarbeitergemeinden des Ruhrgebiets und Pennsylvanias, 1890-1920. In: Westfälische Forschungen 45, 205-241.

White, Alan (2001): How Men Respond to Illness. In: Men's Health Journal 1/1, 18-19.

-/Cash, Keith (2004): The State of Men's Health in Western Europe. In: Journal of Men's Health & Gender 1/1, 60-66.

Willems, Herbert/Kautt, York (1999): Korporalität und Medialität: Identitätsinszenierungen in der Werbung. In: Willems, Herbert/Hahn, Alois (Hg.): Identität und Moderne. Frankfurt am Main, 298-362.

Zurstiege, Guido (2001): Im Reich der großen Metapher – Männlichkeit und Werbung. In: Döge, Peter/Meuser, Michael (Hg.): Männlichkeit und soziale Ordnung. Neuere Beiträge zur Geschlechterforschung. Opladen, 201-217.

Torsten Wöllmann

Zur Medikalisierung von Männlichkeiten
Das Beispiel Andrologie

> „A funny thing happened on the way to theorizing medicalization: men's bodies were ignored."
> (Rosenfeld/Faircloth 2006, 1)

1. Einleitung

Bis in jüngste Zeit hat sich die sozial-, kultur- und geschichtswissenschaftliche Forschung auf von ihr als geschlechtslos wahrgenommene und stärker noch auf weibliche Körper konzentriert, wenn Medikalisierungsprozesse in ihren Blick kamen. Die Medikalisierung[1] von Geschlecht scheint demnach mehr oder minder synonym zu sein mit der Medikalisierung von Frauen und von Weiblichkeiten. Sie kreuzt sich mit der Medikalisierung nicht normgerechter Sexualitäten (bspw. Homosexualität) und von geschlechtlicher Uneindeutigkeit im Sinne von „Intersexualität". In der Körpersoziologie, der Geschlechterforschung und den Studien zu Männern und Männlichkeiten ist der Männerkörper zwar nicht abwesend, doch als Produkt und Objekt medizinischer Definition und Regulierung ist er dort gemeinhin kein Thema.

Dafür lassen sich verschiedene Gründe ausmachen. Erstens wurde und wird Medikalisierung von Teilen der Forschung seit den 1970er Jahren insbesondere als Form der Disziplinierung und der sozialen Kontrolle von Armen, nichtbürgerlichen Milieus, Alten, Frauen, Kindern oder ethnisch bzw. rassistisch diskriminierten Gruppen untersucht. Nach Dana Rosenfeld und Christopher A. Faircloth (2006, 19) ist mit dieser Perspektivierung der Forschung auf die Medikalisierung von Devianz, von Subalternen und Marginalisierten aus dem Blick geraten, was gemeinhin nicht als deviant, sondern als hegemonial gilt – nicht zuletzt Männlichkeit.

Zweitens haben sich feministische Arbeiten auf die vergeschlechtlichenden Schließungsmechanismen einer männerdominierten und androzentrischen Medizin und auf die Medikalisierung von Frauenkörpern konzentriert:

„Natürlich gibt es gute Gründe für die Konzentration auf den weiblichen Körper. Die kritische Dekonstruktion medizinischer Diskurse über den weiblichen Körper ist eine sehr wichtige Strategie für Feministinnen, die die folgenreichen Konsequenzen der 'Medizinalisierung' des weiblichen Körpers offen legen und kritisieren. Das Problem ist jedoch, dass wir durch diese Vorgehensweise weiterhin dem Kaiser seine Kleider zugestehen – in diesem Fall die 'Natürlichkeit', die ihn vor Kritik und Dekonstruktion schützt." (Oudshoorn 2002, 109)

Und drittens wird in manchen Teilen der Männerforschung und der Gesundheitsforschung an der Medikalisierung von Männern mitgestrickt, anstatt die Medikalisierung von Männern kritisch zu rekonstruieren. Hierbei werden körperliche und gesundheitliche Probleme oder Risiken von Männern wie Erkrankungen der Herzkranzgefäße, Alkoholkonsum und ihre durchschnittlich geringere Lebenserwartung in engen Zusammenhang gebracht mit hegemonialer Männlichkeit bzw. der männlichen Geschlechtsrolle. Der Titel eines klassischen Beitrags lautet entsprechend: „Warning: the male sex role may be dangerous to your health" (Harrison 1978). Auch in der Gesundheitsforschung finden sich Beiträge, die diesen „Defizitdiskurs" (Meuser 2007) aufgreifen und Männlichkeit als Gesundheitsrisiko pathologisieren.[2] Gleichsam in Umkehrung der tradierten Hierarchisierung der Geschlechter wird das als geschlechtstypisch angenommene Gesundheits- und Krankheitsbewältigungsverhalten von Frauen zum Maßstab und Ideal, an dem gemessen das Gesundheits- und Krankheitsbewältigungsverhalten von Männern als defizitär erscheint (Riska 2003, 77). Die diskursive Konstruktion von Zweigeschlechtlichkeit und die Medikalisierung von Geschlecht fallen hier in eins.

Vor diesem Hintergrund ist es kaum verwunderlich, dass die medizinische Konstruktion und Regulierung von Männlichkeiten ein durchaus marginales Thema der Forschung ist. Was als eine nicht stattgefundene Medikalisierung von Männlichkeiten erscheint, ist zumindest teilweise die nicht stattgefundene *Erforschung* der Medikalisierung von Männlichkeiten (Rosenfeld/Faircloth 2006).

Männerkörper werden seit geraumer Zeit medikalisiert, aber die gängigen Medikalisierungsweisen von Männerkörpern führten lange nicht zur Ausbildung eines besonderen Spezialgebiets. Dies hat sich in jüngster Zeit geändert. Während sich in den vergangenen Jahren in Kultur- und Sozialwissenschaften die Rede über Men's Studies etablierte, formierten sich andernorts Diskussionszusammenhänge, die um Label wie Men's Health, Männermedizin, Männergesundheitsforschung[3] oder Ageing Male kreisen.

Im System der medizinischen Disziplinen nimmt dabei die Andrologie eine hervorgehobene Position ein, da sich mit ihr erstmals ein Spezialgebiet der Medizin über die Medikalisierung von Männerkörpern definiert. Mit der allmählichen Etablierung dieser biomedizinischen „Männerheilkunde" seit Mitte des 20. Jahrhunderts wird gewissermaßen ein Gegenstück zur Gynäkologie, einem der personell stärksten Facharztgebiete in Deutschland, eingerichtet. Dabei wird das Arbeitsfeld des neuen Medizinbereichs analog zur Gynäkologie ausgerichtet – so sollte aus der Perspektive des Andrologen Walter Krause „der heutige Androloge ein Ansprechpartner für den Mann sein, der geschlechtsspezifische Probleme hat, so wie es selbstverständlich ist, daß eine Frau bei 'weiblichen' Problemen einen Gynäkologen aufsucht" (1996, 463).

Die sich abzeichnende Institutionalisierung der Andrologie bricht, wenn auch zögerlich und schrittweise, mit der Tradition moderner Medizin, den Frauenkörper als das zu medikalisierende „Andere" zu setzen: Mit gut 150-jähriger Verzögerung und unter gründlich gewandelten Bedingungen „entdeckt" und erobert die Biomedizin nach dem Frauenkörper nun den Männerkörper als Spezialgebiet.

Im Folgenden frage ich danach, wie sich die Andrologie bislang entwickelt und welche Themen sie zu ihrem Wissens- und Arbeitsgebiet gebündelt hat: Wie entsteht mit der Genese der Andrologie eine Wissensdomäne, die ein biomedizinisches Bild des Männerkörpers konfiguriert?[4]

2. Geschlecht und Medikalisierung

Für lange Zeit galten Männer- und Frauenkörper in medizinischen Diskursen westlicher Gesellschaften nicht als prinzipiell verschieden. Der Frauenkörper wurde zwar als die unvollkommene Version des Männerkörpers wahrgenommen, Frauenkörper und Männerkörper standen auch in diesem Modell in einem hierarchischen Verhältnis zueinander, allerdings nicht in einem Verhältnis der Polarität. Die medizinische Konstitution moderner Zweigeschlechtlichkeit in Gestalt der diskret voneinander geschiedenen „biosozialen" (Paul Rabinow) Gruppen „Männer" und „Frauen" ist Gegenstand der Untersuchungen von beispielsweise Claudia Honegger (1991), Londa Schiebinger (1993) und Thomas Laqueur (1992). Diese Studien rekonstruieren, welcher Beitrag zur Konstruktion und Regulierung von Zweigeschlechtlichkeit, Weiblichkeit und Männlichkeit mit der Formierung der Felder und Diskurse moderner Wissenschaften und Medizin geleistet wurde. Nach Laqueur (1992) fand erst im späten 18. Jahrhundert, nach neueren Studien schon um 1600 (vgl. Churchill 2005) ein grundlegender Wandel vom „Ein-Geschlecht-Modell" der Humoralpathologie[5] zum modernen „Zwei-Geschlechter-Modell" statt. Das Zwei-Geschlechter-Modell installierte eine allumfassende Differenz zwischen Männerkörpern und Frauenkörpern, die sie inkommensurabel und sogar gegensätzlich machte und die im Medium von Anthropologie, Biologie, Psychologie und Medizin erforscht werden konnte.

Der Frauenkörper wurde „mit einer krankhaften Sondernatur versehen" und repräsentierte zugleich „Natur" (Bührmann 1998, 91). Dieses Konzept der biologischen Geschlechterdifferenz fundierte wissenschaftlich die Polarität der

Geschlechtscharaktere in der bürgerlich-kapitalistischen Gesellschaft. Zur Sondernatur von Frauen gehörte ihre Identifikation mit Reproduktion und Sexualität, wobei die weibliche Gebärfähigkeit von besonderer Bedeutung war. Sexualität und Reproduktion definierten die „Natur der Frau" auf unvergleichlich fundamentalere Weise als die „Natur des Mannes".

Analog zur „Generalisierung des Mannes zum Menschen der Humanwissenschaften" wurde die „Besonderung der Frau zum Studienobjekt einer mit philosophischen, psychologischen und soziologischen Ansprüchen auftretenden medizinischen Teildisziplin" unternommen: Der Gynäkologie. Seit den 1820er Jahren trat die Gynäkologie ihren Siegeszug als „die Wissenschaft vom Weibe schlechthin" (Honegger 1991, 6) an. Mit der Professionalisierung der Gynäkologie gegen Ende des 19. Jahrhunderts gingen die Gründung wissenschaftlicher und beruflicher Assoziationen, die Publikation von Fachzeitschriften und die zunehmende klinische Verankerung einher. Dieses medizinische Fachgebiet wurde konstituiert, indem es spezifische, nämlich vergeschlechtlichte Körper zum Zentrum seiner Wissensproduktion und materiellen Interventionen machte.

Einen intensiven Expansionsimpuls erhielten die Gynäkologie und ihre Infrastruktur schließlich durch den Aufstieg der Sexualendokrinologie in den 1920er und 1930er Jahren. Dieses Fachgebiet, das sich mit den Sexualhormonen befasst, reformulierte grundlegend das Konzept des Geschlechtskörpers: „Die Sexualendokrinologen führten ein quantitatives Modell des Geschlechtsunterschieds ein, in dem alle Organismen weibliche wie männliche Merkmale haben können" (Oudshoorn 2002, 269). Sowohl Männer als auch Frauen haben danach weibliche wie männliche Sexualhormone, während geschlechtliche Körperprozesse von einem komplexen Feedback-System zwischen den Keimdrüsen und dem Gehirn reguliert werden. Damit waren die Bestrebungen einer eindeutigen Lokalisierung von binär codierter Geschlechtlichkeit im Organismus ad absurdum geführt worden.

Die gegenwärtige Biowissenschaft und -medizin konzipiert die biologische Geschlechtlichkeit von Körpern sowohl multipler als auch kontinuierlicher, als es die Medizin im 19. Jahrhundert überwiegend tat. Das biologische Geschlecht wird nach mehreren Gesichtspunkten bestimmt: Neben Keimdrüsen, Keimzellen und Hormonen werden beispielsweise Chromosomen, Morphologie, verhaltensbiologische und zerebrale Merkmale berücksichtigt.

Das stellt jedoch nicht die asymmetrische Medikalisierung von Geschlechtskörpern infrage, für die die Regulierung und Kontrolle weiblicher Sexualität und Gebärfähigkeit nach wie vor wesentlich ist. Die Sexualendokrinologie beschäftigte sich in erster Linie mit dem Frauenkörper und versorgte die Medizinprofession mit Werkzeugen, welche Eingriffe ermöglichten, die vor der hormonalen Ära nicht vorstellbar waren: Die Einführung von neuen Diagnoseverfahren und Medikamenten erlaubte der Medizinprofession Interventionen in den Menstruationszyklus und die Menopause und machte so die „natürlichen" Merkmale der Reproduktion und des Alterns medizinisch handhabbar. Seit den 1970er Jahren hat es in der Frauenheilkunde und Geburtshilfe einen regelrechten Hormonboom gegeben: Das biomedizinische Großprojekt der „Pille", die Hormonsubstitution in den Wechseljahren, die Zyklusregulierung und Eisprungstimulation im Rahmen der Neuen Reproduktionstechnologien sind die wichtigsten Beispiele. Früherkennung und Vorsorge wurden immer wichtiger und die Medikalisierung weiblicher Lebensübergänge schritt voran.

Während die Gynäkologie bzw. Frauenheilkunde und Geburtshilfe etabliert und ausgebaut wurde, blieb die Etablierung einer „Andrologie" oder „Männerheilkunde" lange aus. Nichtsdestotrotz werden Männerkörper seit geraumer Zeit medikalisiert. Zeugungs- und Erektionsunfähigkeit, sexuelle Exzesse, Perversionen oder Enthaltsamkeit, körperliche Veränderungen im Kontext spezifischer Lebens- und Altersphasen, Aphrodisiaka, Onanie und erwerbsarbeits- oder kriegsbedingte Versehrungen körperlicher oder psychischer Art beispielsweise sind keine neuen Themen. Die Physiologie und Pathologie des männlichen Genitaltraktes oder des Männerkörpers in toto wurde allerdings nicht herangezogen, um die „Natur des Mannes" zu definieren.

Gleichwohl finden sich unabhängig voneinander frühe Versuche, der Gynäkologie eine Andrologie zur Seite zu stellen. Im Jahr 1887 schlussfolgerte beispielsweise der australische Gynäkologe und Professor für Medizin James Jamieson:

„In addition, therefore, to general anthropology, or the study of human beings, as distinguished from animals [...] we might properly speak of *Andrology* and *Gynaecology* as being concerned with the study of the physical and mental peculiarities of men and women respectively." (Jamieson 1887, 146, Hervorh. im Orig.)

Sein Vorschlag blieb ungehört. Auch Versuche in Großbritannien und den USA, die Urologie als Andrologie neu zu definieren, um sie vom damals gängigen Ruf der Quacksalberei zu befreien, scheiterten. So formierte sich 1891 beim *Congress of American Physicians and Surgeons* ein Komitee von Urologen als *Section of Andrology* – allerdings zog der Neologismus den Spott und die Verwunderung der anderen Kongressteilnehmer auf sich und konnte nicht nachhaltig etabliert werden (Niemi 1987). Der Vorschlag des englischen Urologen Kenneth Walker im Jahr 1923, das Studium der männlichen Reproduktionsorgane als „andrology" vom Studium des Harntraktes, der Urologie, zu trennen und der Gynäkologie zur

Seite zu stellen, blieb ebenfalls folgenlos (Walker 1923, V). Christina Benninghaus weist darauf hin, dass der Dortmunder Gynäkologe Fritz Engelmann im Jahr 1927 in Johann Veits *Handbuch der Gynäkologie* wie selbstverständlich und ohne jede weitere Erklärung von „Andrologen" schreibt (Engelmann 1927, 31; Benninghaus 2007). Dieses Beispiel deutet darauf hin, dass sich um den Begriff Andrologie in verschiedenen Kontexten und zu verschiedenen Zeiten normalisierte Redeweisen entwickelt zu haben scheinen. Um so erstaunlicher ist es, dass diese Diskurse wenige Jahrzehnte später in Vergessenheit geraten sind.

Dass biologische Männer nicht von einem separaten Spezialgebiet medikalisiert wurden, ist im Sinne der Herausbildung der modernen Geschlechterordnung kein bloßer Zufall: „[...] as the male was the standard of the species, he could not be set apart on the basis of his sex" (Moscucci 1990, 32). Die Einhegung und Monopolisierung eines spezifischen Arbeits- und Wissensbereichs fand ebenso wenig statt wie die Gewinnung von Bündnispartnern und der Aufbau einer Infrastruktur. Auch war die Bereitschaft von Patienten gering, sich als medizinische Problemfälle definieren zu lassen. Auf den Männerkörper zu setzen, war angesichts dieser Konstellation keine Erfolg versprechende Strategie für den Aufbau eines eigenständigen Spezialgebiets.

3. Zur Professionalisierung der Andrologie

Die früheren Prägungen des Begriffs „Andrologie" waren in Vergessenheit geraten, als 1951 ein weiterer Stichwortgeber für die Benennung eines neuen medizinischen Spezialgebiets auf den Plan trat: Harald Siebke, Professor für Frauenheilkunde und Direktor der Universitäts-Frauenklinik Bonn, veröffentlichte in jenem Jahr im *Zentralblatt für Gynäkologie* einen Aufsatz, in dem er die Praxis der fachärztlichen Beratung von Ehepaaren mit unerfülltem Kinderwunsch kritisierte. Im Zentrum seiner Kritik stand die tendenziell exklusive Ausrichtung der medizinischen Aufmerksamkeit auf die Ehefrauen und die ärztliche Vernachlässigung des männlichen Anteils an der Fortpflanzung. Siebkes Vorschlag, wie dieses Ungleichgewicht behoben werden könnte, wird im Titel des Aufsatzes deutlich: *Gynäkologe und Androloge bei der Sterilitätsberatung*. Dem für die Untersuchung und Behandlung der Ehefrau zuständigen Gynäkologen sei ein „Androloge" zur Seite zu stellen, der sich dem Ehemann zuzuwenden habe (Siebke 1951). Damit ist das Einfallstor der Andrologie benannt: Die Andrologie thematisierte den Männerkörper im Kontext der durch Kinderlosigkeit von ihrer Erfüllung abgehaltenen Ehe. Siebkes Aufsatz enthielt mit dem Begriff „Andrologie" einen Neologismus, der im Unterschied zu den früheren Erfindungen des

Wortes international aufgegriffen wurde und Siebke letztlich zum Namensgeber eines neuen Spezialgebiets der Medizin machte. Bedeutsam wurde die Referenz auf Siebke in den 1960er Jahren, als es erste Versuche zur Institutionalisierung der Andrologie gab.

Die 1958 gegründete veterinär- wie humanmedizinische „Deutsche Gesellschaft zum Studium der Fertilität und Sterilität" war eine der Arenen, in denen die Ausdifferenzierung der Andrologie stattfand. In ihr gründete sich wiederum eine Sektion, die sich auf Fragen der Infertilität, d.h. der Unfruchtbarkeit beim Mann konzentrierte (Adam 1986, 473). Eine Handvoll älterer Ordinarien unterstützte Assistenten und Oberärzte, die sich mit dem Thema beschäftigten und den Anschluss an die internationalen Diskussionen suchten. Es formierte sich über Publikationen und Tagungen ein Kommunikationszusammenhang, der vom medizinischen Arbeits- und Wissensbereich der Fruchtbarkeitsprobleme von Männerkörpern ausging und somit die Wissensinhalte der entstehenden Andrologie zur Debatte stellte.

Aus dieser Konstellation ging seit 1960 eine Reihe von deutschsprachigen Monographien hervor, die eine umfassendere Medikalisierung des Männerkörpers anstrebten. Seit den 1970er Jahren liegt eine Reihe deutschsprachiger Lehrbücher zur Andrologie vor, die teilweise explizit einen Beitrag zur Profilbildung des Faches leisten sollen. Verschiedene internationale und spezifisch andrologische Fachzeitschriften haben sich seit Ende der 1960er Jahre etabliert, während außerdem viele Artikel mit andrologischem Inhalt etwa in reproduktionsmedizinischen, endokrinologischen, urologischen oder gynäkologischen Zeitschriften erscheinen. Die Einrichtung von andrologischen Fachgesellschaften und Berufsverbänden auf nationaler sowie internationaler Ebene begann in den 1970er Jahren. Mittlerweile gibt es in sehr vielen Ländern der Welt Gesellschaften für Andrologie und auch kontinentale Dachgesellschaften.[6]

Die „Stützpunkte", von denen das andrologische Unternehmen seinen Ausgang nahm, den Männerkörper disziplinär zu monopolisieren, variieren von Land zu Land. Ist die Andrologie in Österreich, Ungarn, Spanien und angelsächsischen Ländern vorwiegend aus der Urologie hervorgegangen, so war für die Entwicklung in Deutschland die Dermatologie und Venerologie, die sich mit Hautkrankheiten und sexuell übertragbaren Krankheiten beschäftigt, besonders wichtig. 1967 schilderte Schirren die Situation in der Bundesrepublik folgendermaßen:

„In Deutschland liegt die Andrologie weitgehend in den Händen des Dermatologen, der seit jeher die Geschlechtskrankheiten behandelte. Der Laie verbindet mit der Störung der 'Potenz' [...] stets eine Erkrankung der Geschlechtsorgane und sucht folglich einen Facharzt für Haut- und Geschlechtskrankheiten auf." (Schirren 1967, 1)

Mittlerweile aber hat sich die einstmals enge Bindung gelöst und die Profilierung der Andrologie in Deutschland erfolgte in Kooperation mit und Konkurrenz zu Dermatologie und Venerologie, Urologie, Innerer Medizin und Gynäkologie. Andrologische Verfahren der Diagnose und Therapie haben in Deutschland gegenwärtig einen Ort insbesondere in den Praxen von dermatologischen, urologischen und internistischen Kassenärztinnen und -ärzten, in diversen Klinikabteilungen und in reproduktionsmedizinischen Zentren.

Die Etablierung der Andrologie als eigenständiges und relativ autonomes Gebiet in der Medizinprofession im Sinne einer Facharztschaft gelang in einigen Ländern, etwa Indonesien und Ägypten. Als Zusatzbezeichnung im Sinne einer Subspezialisierung von Fachärztinnen und -ärzten existiert die Andrologie beispielsweise in Italien, Frankreich und Polen. In Deutschland hat die Andrologie mittlerweile einen vergleichbaren Status im Feld der Medizin erhalten. Im Mai 2003 hat der 106. Deutsche Ärztetag die neue Weiterbildungsordnung für Ärztinnen und Ärzte verabschiedet, die erstmals die Qualifikation in Andrologie in Form einer so genannten „Zusatz-Weiterbildung" enthält. Der Zugang zu dieser 18-monatigen Weiterbildung ist für Fachärztinnen und -ärzte für Haut- und Geschlechtskrankheiten, für Urologie und für Innere Medizin mit dem Schwerpunkt Endokrinologie und Diabetologie möglich. Die Frauenheilkunde und Geburtshilfe wurde nicht mit einbezogen. Auf die Inhalte der Zusatz-Weiterbildung Andrologie und damit die verbindliche Eingrenzung und Zuteilung der andrologischen Wissensdomäne gehe ich im nächsten Abschnitt ein.

4. Zur Wissensdomäne der Andrologie

Ende der 1960er Jahre grenzten die Münsteraner Dermatologie-Professoren Paul Jordan und Hans Niermann das Aufgabengebiet des neuen Spezialgebiets auf die eheliche Unfruchtbarkeit ein: „Das Hauptproblem der Andrologie ist der Anteil des Mannes an der Kinderlosigkeit in der Ehe mit seinen Folgen" (Jordan/Niermann 1969, 3). Zu dieser Zeit konzentrierte sich die klinische Arbeit auf die Diagnostik von Fruchtbarkeitsstörungen beim Mann (Spermauntersuchung) und ihre hormonelle Behandlung, die operative Behandlung von Krampfaderbrüchen im Genitalbereich und die operative Schließung bzw. Öffnung der Samenwege aus gesundheitlichen Gründen oder zum Zweck der Verhütung (Vasektomie). Auch verschiedene Formen des Hypogonadismus (Störung der Hodenfunktion) und der Intersexualität galten bereits als Themen der Andrologie. Die zentrale Stellung der Untersuchung von Sperma aber hatte zur Konsequenz, dass Andrologie tendenziell mit Spermatologie synonym war. Über die Behandlung mit Hormonen gab es zudem einen deutlichen Bezug zur Endokrinologie. Mit der Einführung weiterer Techniken und in Interaktion mit verschiedenen anderen Disziplinen transformierte sich seither das Themenfeld der Andrologie: „Man erkannte zahlreiche Aspekte spezifisch männlicher Krankheiten, die die ursprüngliche Rolle der Andrologie als 'Samenzellzählkunde' weit überstiegen" (Krause 1996, 463). Den klinischen Schwerpunkt stellt die Diagnostik und Therapie männlicher Infertilität dar:

„Prophylaxe von Fertilitätsstörungen, forensische Fragestellungen (Vaterschaftsgutachten), die Diagnostik und Therapie von Potenzstörungen, die Erkennung von Medikamentennebenwirkungen, die Bedeutung von Umweltschadstoffen für die Fertilität, die Spermakonservierung aus Gründen der Fertilitätsprophylaxe, Beratungen zur Frage der Familienplanung." (Schill 1994, 496)

Die gegenwärtigen Wissens- und Interventionsobjekte der Andrologie lassen sich nicht auf die männlichen Genitalorgane und Furchtbarkeitsprobleme begrenzen, was auch am Inhalt der bereits erwähnten neuen Weiterbildungsordnung für Ärztinnen und Ärzte abzulesen ist. Die Weiterbildungsordnung bündelt folgende obligatorische Arbeitsfelder zum klinischen Zuständigkeitsbereich der Andrologie:

„Die Zusatz-Weiterbildung Andrologie umfasst in Ergänzung zu einer Facharztkompetenz die Vorbeugung, Erkennung, konservative Behandlung und Rehabilitation von männlichen Fertilitätsstörungen einschließlich partnerschaftlicher Störungen und männlicher Kontrazeption, der erektilen Dysfunktion einschließlich Libido-, Ejakulations- und Kohabitationsstörungen, des primären und sekundären Hypogonadismus, der Pubertas tarda sowie der Seneszenz des Mannes." (Bundesärztekammer 2006, 134)[7]

Ein ähnlicher Zuschnitt liegt dem von Eberhard Nieschlag und Hermann M. Behre herausgegebenen Lehrbuch „Andrologie. Grundlagen und Klinik der reproduktiven Gesundheit des Mannes" (2000a) zugrunde. Dort heißt es:

„Die zentralen Themen der Andrologie sind demnach:
- Infertilität,
- Hypogonadismus (auch ohne Kinderwunsch),
- Kontrazeption auf Seiten des Mannes,
- erektile Dysfunktion,
- Seneszenz." (Nieschlag 2000, 1)

Die Infertilität des Mannes, einstmals Ausgangspunkt der Professionalisierung des Spezialgebiets, ist nun ein Thema unter mehreren, die gemeinsam den Kern der Andrologie ausmachen. Auch ist nicht mehr von der kinderlosen Ehe die Rede. Vielmehr wird nun das „fertilitätsgestörte Paar als Zielgruppe" (Nieschlag 2000, 3) definiert. Für die heutige Andrologie ist der infertile Mann nicht mehr primär Ehemann, sondern Partner in einem implizit heterosexuellen Paar.

Die Andrologie der Gegenwart sieht sich beim Eintritt „in eine neue Ära" (Ludwig/Weidner 1999, 562), nachdem sie in jüngster Zeit eine Reihe von Veränderungen durchgemacht hat:

„Die Andrologie als die Lehre von den reproduktiven Funktionen des Mannes und deren Störungen hat in den letzten Jahren einen enormen Aufschwung genommen. Insbesondere Erkenntnisse der Molekularbiologie und -genetik, die in die Klinik umgesetzt werden konnten, die 'Erfindung' der intrazytoplasmatischen Spermieninjektion (ICSI) zur Behandlung der männlichen Infertilität und die Einführung einer effektiven oralen Therapie der erektilen Dysfunktion verhalfen zu epochalen Umbrüchen." (Nieschlag/Behre 2000b, V)

Der transformierende Einfluss der „Erkenntnisse der Molekularbiologie und -genetik" auf die Andrologie ist unübersehbar, wenn man aktuelle Publikationen des Faches mit andrologischer Literatur früherer Jahrzehnte vergleicht. Wurde der Männerkörper einstmals gewissermaßen von „außen" nach „innen" betrachtet, so findet sich nun ein Blick von „innen" nach „außen", bei dem Gene, Moleküle, Proteine und ihre biochemischen Funktionen im Vordergrund stehen (Paul 2006a, 272ff.). Kaum eine Krankheit, kaum ein diagnostisches und therapeutisches Verfahren wird ohne Bezugnahme oder gar Rückführung auf molekulare Aspekte diskutiert. Dieser paradigmatische Umbruch gilt natürlich nicht allein für die Andrologie, sondern für die Biomedizin insgesamt, doch trägt er im Feld der Andrologie zur Molekularisierung und Genetifizierung des Wissens über den Männerkörper bei.

Bei der von Nieschlag und Behre erwähnten „effektiven oralen Therapie der erektilen Dysfunktion", die zum „enormen Aufschwung" der Andrologie beigetragen habe, handelt es sich um die Arzneiwirkstoffgruppe der PDE-5-Hemmer, deren bekanntester Vertreter das wohl prominenteste Arzneimittel der vergangenen Jahre ist, nämlich das seit 1998 vom Pharmakonzern Pfizer unter dem Namen Viagra vertriebene Präparat Sildenafil. Mittlerweile gibt es noch eine Reihe anderer Tabletten zur Behandlung von Erektionsstörungen wie Tadalafil und Vardenafil, die ähnlich wirken, dabei aber als verträglicher gelten oder andere Wirkzeiträume haben. Diese Präparate revolutionieren eines der wichtigsten Themenfelder der Andrologie: die sogenannte erektile Dysfunktion.

Für den diagnostizierten Aufschwung der Andrologie ist auch die „intrazytoplasmatische Spermieninjektion", abgekürzt: ICSI, von besonderer Bedeutung. Bei dieser reproduktionsmedizinischen Methode wird ein einzelnes Spermium unter dem Mikroskop mit einer Mikropipette direkt in das Zellplasma einer Eizelle injiziert. Dieses seit 1993 angewandte Verfahren übertrifft alle anderen verfügbaren Behandlungen männlicher Unfruchtbarkeit und kann auch Männer mit sehr schweren Fruchtbarkeitsstörungen zu genetischen Vätern machen: „Der infertile Mann kann heutzutage mit den modernen Techniken der Reproduktionsmedizin fast immer zu einem *eigenen* Kind kommen" (Bals-Pratsch u.a. 2000, 78, Hervorh. T.W.). Während der Mann für die ICSI sein Ejakulat zur Verfügung stellen muss oder ihm Hodengewebe entnommen wird, erfordert die Sicherung seiner genetischen Vaterschaft nachfolgend die Behandlung seiner Partnerin im Rahmen einer IVF: Hormonbehandlung zur Bildung möglichst vieler Eibläschen, Operation zur Eizellentnahme, Einführung des Embryos in die Gebärmutter. Mittlerweile sind weltweit über 100 000 mit Hilfe von ICSI gezeugte Kinder geboren worden.

5. Fazit & Ausblick

Seit Beginn ihrer Etablierung nehmen Fragen der männlichen Fruchtbarkeit innerhalb der Andrologie großen Raum ein. Aber auch Körperregionen und körperliche Prozesse, die nicht unmittelbar reproduktionsrelevant sind, fallen in den Aufgabenbereich der Andrologie. Damit kann der Arbeits- und Wissensbereich der Andrologie gegenwärtig nicht primär über bestimmte Organe, Technologien oder ähnliches definiert werden. Dermatologie und Venerologie wie auch Urologie sind zwar wichtige Herkunftsdisziplinen und „Stützpunkte" der Andrologie, haben als Konstitutionsprinzipien aber den Bezug auf Organe[8] und ihre Krankheiten[9]. Demgegenüber ist das Neue an der Andrologie, dass sie sich über die exklusive Medikalisierung von vormals nicht explizit geschlechtlich markierten Körpern, nämlich von Männerkörpern konstituiert.

Insofern stellen Andrologie wie Gynäkologie einen Effekt der Übersetzung des Systems der Zweigeschlechtlichkeit in die professionelle Ordnung der Biomedizin dar: Menschliche Körper werden als biologisch männlich oder biologisch weiblich klassifiziert und bedürfen im nächsten Schritt einer geschlechtsspezifischen medizinischen Versorgung. Indem der älteren gynäkologischen eine neue andrologische Infrastruktur zur Seite gestellt und die gynäkologische Patientinnengruppe der Frauen um die andrologische Patientengruppe der Männer ergänzt wird, wird der tradierten Asymmetrie hinsichtlich der professionellen Medikalisierung von Geschlechtskörpern gegengesteuert. Frauenkörper sind tendenziell nicht mehr die *besonders* problematischen Geschlechtskörper, auch das medizinische Problem „Männerkörper" kommt mittlerweile zur Sprache und zur Behandlung. Die Andrologie hebt zwar tendenziell die *asymmetrische* Medikalisierung von Geschlechtskörpern auf, verfestigt damit aber, was einmal der Ausgangspunkt dieser Asymmetrie war: Die medizinische Durchsetzung von Zweigeschlechtlichkeit.

Die Etablierung der Andrologie verweist auf die präventive und ästhetische „Optimierung" von Körpern (bspw. durch Diät- und Fitnessdiskurse), aktuelle Formen der Bevölkerungspolitik und eine „Eugenik von unten", die Pluralisierung und Individualisierung medizinischer Angebote, das Aufkommen neuer Gesundheitsnormen und die Eroberung neuer Märkte durch Medizinprofession und Pharmaindustrie. Sicherlich nicht zuletzt verweist sie auf die forcierte Transformation der Geschlechterordnung während der vergangenen Jahrzehnte. Zuvor war ein andrologisches Projekt nicht erfolgreich formulierbar und nachhaltig weder in die Medizinprofession noch in andere Bereiche des Gesundheitssystems und der Gesellschaft kommunizierbar.

Wie kann die Etablierung der Andrologie wie auch der eher sozialmedizinisch ausgerichteten Männergesundheitsforschung im Kontext der Transformation der Geschlechterordnung begriffen werden? Michael Meuser schlägt vor, sie als Anzeichen „einer beginnenden Erosion der etablierten Geschlechterhierarchie" zu interpretieren (2005, 285). Er zieht aus der Diagnose, dass Männlichkeit „den Charakter des fraglos Gegebenen" verloren hat und ins Gerede gekommen ist, den Schluss des „Schwinden[s] männlicher Dominanz in der Gesellschaft" (2007).

Sicherlich ist es für die Reproduktion von zumindest statischen Herrschaftsverhältnissen funktional, wenn das sie betreffende Wissen, sofern es affirmativ ist, den Charakter des Impliziten und Unhinterfragten hat. Bezüglich der Andrologie und ihres expliziten Wissens um Männerkörper und deren biotechnologische Korrigierbarkeit zumindest erscheint es mir jedoch sinnvoller, sie als Moment der *Modernisierung* hegemonialer Männlichkeit und männlicher Hegemonie zu interpretieren.

Das lässt sich zumindest vermuten, wenn man die Wissensdomäne der neuen Profession in den Blick nimmt: Was für ein Geschlechterwissen wird durch die Andrologie zur Verfügung gestellt? Als die Achsen, um die sich die Andrologie dreht, können exemplarisch Vaterschaft, Erektion, Ejakulation, Libido, Hodenfunktionen, Spermienbildung und Spermienfunktionen, Alterung und Verhütung genannt werden. Zu den Zentren des andrologischen Körpers gehören Hypothalamus, Hypophyse, Genital, Hoden und die von ihnen produzierten Spermien, ableitende Samenwege und Androgenzielorgane wie Haare, Muskeln und Knochen. Krankheiten, Störungen und Missbildungen des Männerkörpers können auf all diesen Ebenen und auf zellulärer, molekularer, chromosomaler und genetischer Ebene auftreten.

Bei der Gestaltung andrologischer Anwendungsbereiche spielen das hegemoniale Wissen über Zweigeschlechtlichkeit sowie hegemoniale Konzeptionen von Männlichkeit und Männerkörpern eine prominente Rolle, was unter anderem damit zusammenhängt, dass das Wissen der Andrologie anwendungs- und klientelorientiert und auf „alltägliches klinisches Problemlösen" (Paul 2006b, 68) abgestellt ist. Dass die Andrologie Mittel bereitstellt, um Krankheiten bzw. Störungen zu bekämpfen, die kulturell hochgeschätzte Aspekte von Männlichkeit und Männerkörpern bedrohen, wie beispielsweise Vaterschaft oder phallische und penetrierende Sexualität, lässt meines Erachtens nicht notwendig auf den subversiven Charakter der Andrologie schließen. Sie codiert diese Aspekte aber neu und macht sie neu verfügbar: Beispielsweise wird Vaterschaft durch den Diskurs von Molekularbiologie und -genetik sowie durch neue Reproduktionstechnologien wie ICSI zu genetischer Vaterschaft, Erektionsfähigkeit dank PDE-5-Hemmern eine Frage der Medikation. Jedoch bringen Themen wie die Verhütung seitens von Männern tatsächlich verschiedene Aspekte zumindest heterosexueller Geschlechterbeziehungen durcheinander.

Löst man den Blick von der Andrologie und betrachtet ihren breiteren professionellen Kontext, nämlich das hochgradig ausdifferenzierte System der modernen Medizin, so ist ein Paradoxon zu konstatieren: Während die Andrologie und das ihr thematisch zumindest auf den ersten Blick verwandt erscheinende Spezialgebiet der Männergesundheitsforschung[10] den Männerkörper als *Geschlechts*körper begreifen, ist im Feld der Biomedizin die Praxis hegemonial, Mensch mit Mann gleichzusetzen und die „natürliche" Leitfunktion von Männlichkeitsbildern zu suggerieren – ein männlicher und zugleich geschlechtsloser Normkörper stellt nach wie vor implizit die Messlatte der Biomedizin und -wissenschaften dar.

Dieses sowie die Tatsache, dass die Etablierung von Andrologie und Männergesundheitsforschung einen gewissen Neuigkeitswert hat, sollten jedoch nicht darüber hinwegtäuschen, dass die medizinische Konstruktion und Regulierung von Männerkörpern eine lange Geschichte aufweist. Schaut man auf den Beitrag von Spezialgebieten und Technologien der Medizin zur Regulierung von Männlichkeiten, wie es in diesem Text im Vordergrund stand, so verdienen neben den expliziten „Männermedizinen" Andrologie und Männergesundheitsforschung auch teils eher implizit sich auf Männerkörper beziehende Felder wie beispielsweise Urologie, Plastische Chirurgie, Dermatologie und Venerologie, Endokrinologie, Gynäkologie, Arbeitsmedizin[11], medizinische Sexualberatung und -therapie, Rechtsmedizin und Reproduktionsmedizin sozial-, kultur- und geschichtswissenschaftliche Beachtung. Es dürfte ertragreich sein, diese und weitere Felder auf die Konstruktion und Regulierung von Männlichkeiten, von Männern und der Physiologie und Pathologie des Männerkörpers hin zu untersuchen. Quer dazu lassen sich Regulierungen von Männlichkeiten rekonstruieren, die beispielsweise um als geschlechtstypisch geltende Krankheiten oder Probleme[12], um das doing gender im Kontext der ÄrztIn-PatientIn-Beziehung und ihres settings oder um geschlechtlich aufgeladene Körperteile (Sengoopta 2001) und ihre medizinische Veränderung kreisen.

Die Medizin ist ein Feld, das relevant für die Generierung, Diffusion und Verfestigung, aber auch für die Modifikation und Auflösung von Geschlechtdifferenzierungen und -hierarchisierungen, von Weiblichkeiten und nicht zuletzt von Männlichkeiten ist. Der Verschränkung der Medikalisierung und der Konstruktion von Männlichkeiten nachzuspüren ist eine noch weitgehend unerledigte Aufgabe.

Anmerkungen

1 Der Begriff „Medikalisierung" wurde seit den 1970er Jahren u.a. von SoziologInnen, HistorikerInnen und EthnographInnen der Medizin etabliert, um jene Prozesse zu bezeichnen, in denen der Zuständigkeitsbereich der modernen Medizin als der gesellschaftlich dominanten Organisationsform gesundheits- und krankheitsbezogenen Handelns und Wissens Gestalt gewonnen hat und sich weiter formiert. Zu verschiedenen Gebrauchsweisen des Begriffs „Medikalisierung" siehe Loetz (1994) und Riska (2003).
2 Zum entsprechenden Diskurs der Männergesundheitsforschung vgl. Meuser (2007).
3 Wie Michael Meuser darlegt, ist die Männergesundheitsforschung thematisch, methodisch und disziplinär breiter, aber auch unspezifischer angelegt als die Andrologie (2007).
4 Dieser Beitrag verarbeitet auch Passagen aus Wöllmann (2004, 2005, 2007).
5 Anatomische Texte in der Tradition der Humoralpathologie beschrieben männliche und weibliche Körper von der Antike bis in die Neuzeit hinein als grundlegend *ähnlich*: Es gab nur einen einzigen menschlichen Körper, dessen Standard der Männerkörper war. Der Frauenkörper wurde als graduelle Abweichung von diesem Standard begriffen – nicht als ein grundlegend anderes Geschlecht, sondern als eine geringere Version des Männerkörpers. Danach hatten Frauen im Prinzip sogar die gleichen Genitalien wie Männer, nur waren sie ins Körperinnere gestülpt (Laqueur 1992).
6 Zu weiteren Daten der Professionalisierung der Andrologie vgl. Wöllmann (2007).
7 Psychische und soziale Aspekte kommen an dieser Stelle der Weiterbildungsordnung nicht vor, da sie Gegenstand der Qualifikation in den Gebieten Haut- und Geschlechtskrankheiten, Innere Medizin und Allgemeinmedizin oder Urologie sind, die der Spezialisierung in Andrologie notwendig vorausgeht.
8 Dermatologie: Haut, Unterhaut, hautnahe Schleimhäute und Hautanhangsgebilde; Urologie: Urogenitalsystem des Mannes und Harnorgane der Frau.
9 Venerologie: sexuell übertragbare Krankheiten.

10 Auf den zweiten Blick werden große Differenzen deutlich. So ist innerhalb der Andrologie die „biomedizinisch-pathologische Repräsentation" (Paul 2006b, 69) von Krankheit gegenwärtig von wesentlicher Bedeutung und wird durch das molekularbiologische und -genetische Paradigma unterfüttert. Dies macht es jedoch schwierig, die Erkrankungen von Männern qua sozialer Verhältnisse zu erklären, wie es nach Michael Meuser (2007) im Diskurs der stärker psychosomatisch und sozialmedizinisch ausgerichteten Männergesundheitsforschung üblich ist. Während dort auf Grundlage der Annahme einer tendenziell defizitären - gemessen an der zur Norm deklarierten Frauengesundheit - Lage männlicher Gesundheit teilweise sogar auf eine wie auch immer geartete Benachteiligung von Männern gegenüber Frauen geschlossen wird, ist im Feld der Andrologie der Blick auf die Klientel stärker somatisierend und individualisierend.

11 „Die Auswertung von Literatur zur Arbeitsmedizin dürfte hier lohnend sein, da sie fast ausschließlich Männer betrifft" (Dinges 2003, 31).

12 Vgl. die Diskurse über Erkrankungen der Herzkranzgefäße von Männern und über das korrespondierende Konstrukt der „Typ-A-Persönlichkeit", die in der Medizin zwischen den 1950er Jahren bis Mitte der 1980er Jahre herrschten. Danach wurde die (üblicherweise männliche) Typ-A-Persönlichkeit über beispielsweise Aggressivität, Ehrgeiz und Konkurrenzorientierung definiert und ihr ein besonders hohes Risiko für einen Herzinfarkt attestiert (Riska 2004).

Literatur

Adam, Wilhelm (1986): Wo steht die Andrologie heute? Rückblick und Ausblick. In: Der Hausarzt 37, 472-475.

Bals-Pratsch, Monika/Küpker, Wolfgang/Diedrich, Klaus (2000): Andrologische Therapie und Diagnostik. In: Gynäkologe 33, 77-78.

Benninghaus, Christina (2007): „Leider hat der Beteiligte fast niemals eine Ahnung davon ..." - Männliche Unfruchtbarkeit, 1880-1900. In: Dinges, Martin (Hg.): Männlichkeit und Gesundheit im historischen Wandel 1850-2000. Stuttgart (im Druck).

Bührmann, Andrea (1998): Die Normalisierung der Geschlechter in Geschlechterdispositiven. In: Bublitz, Hannelore (Hg.): Das Geschlecht der Moderne - Genealogie und Archäologie der Geschlechterdifferenz. Frankfurt am Main/New York, 71-94.

Bundesärztekammer (2006): (Muster-)Weiterbildungsordnung, Stand Januar 2006. Köln.

Churchill, Wendy D. (2005): The Medical Practice of the Sexed Body: Women, Men, and Disease in Britain, circa 1600-1740. In: Social History of Medicine 18/1, 3-22.

Dinges, Martin (2003): Männergesundheit in Deutschland: Historische Aspekte. In: Jacobi, Günter H. (Hg.): Praxis der Männergesundheit. Prävention, Schulmedizinische Fakten, Ganzheitlicher Zugang. Stuttgart/New York, 24-33.

Engelmann, Fritz (1927): Sterilität und Sterilisierung. In: Ders./Mayer, August (Hg.): Sterilität und Sterilisation. Bedeutung der Konstitution für die Frauenheilkunde

(Handbuch der Gynäkologie, begr. von Johann Veit, hrsg. von Walter Stoeckel, Dritter Band). 3. Aufl. München, 1-278.

Harrison, James B. (1978): Warning: The Male Sex Role May Be Dangerous to Your Health. In: Journal of Social Issues 34/1, 65-86.

Honegger, Claudia (1991): Die Ordnung der Geschlechter. Die Wissenschaften vom Menschen und das Weib 1750-1850. Frankfurt am Main/New York.

Jamieson, James (1887): Sex, health and disease. In: Australian Medical Journal n.s. 9, 145-158.

Jordan, Paul/Niermann, Hans (1969): Entwicklung und gegenwärtiger Stand der Andrologie in Deutschland. In: andrologie 1/1, 3-4.

Krause, Walter (1996): Andrologie – mehr als eine Behandlung männlicher Infertilität. In: Fortschritte der Medizin 114/34, 463-464.

Laqueur, Thomas (1992): Auf den Leib geschrieben. Die Inszenierung der Geschlechter von der Antike bis Freud. Frankfurt am Main/New York.

Loetz, Francisca (1994): „Medikalisierung" in Frankreich, Großbritannien und Deutschland, 1750-1850. Ansätze, Ergebnisse und Perspektiven der Forschung. In: Eckart, Wolfgang U./Jütte, Robert (Hg.): Das europäische Gesundheitssystem. Gemeinsamkeiten und Unterschiede in historischer Perspektive. Stuttgart, 123-161.

Ludwig, Gerd/Weidner, Wolfgang (1999): Reproduktionsmedizin und Andrologie. In: Der Urologe [A] 38, 562.

Meuser, Michael (2005): Frauenkörper – Männerkörper. Somatische Kulturen der Geschlechterdifferenz. In: Schroer, Markus (Hg.): Soziologie des Körpers. Frankfurt am Main, 271-294.

– (2007): Der „kranke Mann" – wissenssoziologische Anmerkungen zur Pathologisierung des Mannes in der Männergesundheitsforschung. In: Dinges, Martin (Hg.): Männlichkeit und Gesundheit im historischen Wandel 1850-2000. Stuttgart, 73-86 (im Druck).

Moscucci, Ornella (1990): The Science of Woman. Gynaecology and Gender in England, 1800-1929. Cambridge.

Niemi, Mikko (1987): Andrology as a Specialty. Its Origin. In: Journal of Andrology 8, 201-202.

Nieschlag, Eberhard (2000): Aufgaben und Ziele der Andrologie. In: Ders./Behre, Hermann M. (Hg.): Andrologie. Grundlagen und Klinik der reproduktiven Gesundheit des Mannes. 2. Aufl. Berlin u.a., 1-9.

–/Behre, Hermann M. (Hg.) (2000a): Andrologie. Grundlagen und Klinik der reproduktiven Gesundheit des Mannes. 2. Aufl. Berlin u.a.

–/– (2000b): Vorwort zur 2. Auflage. In: Dies. (Hg.): Andrologie. Grundlagen und Klinik der reproduktiven Gesundheit des Mannes. 2. Aufl. Berlin u.a.

Oudshoorn, Nelly (2002): „Astronauts in the sperm world": Die Neuverhandlung männlicher Identitäten in Diskursen über Verhütungsmittel für Männer. In: Pasero, Ursula/

Gottburgsen, Anja (Hg.): Wie natürlich ist Geschlecht? Gender und die Konstruktion von Natur und Technik. Wiesbaden, 109-125.

Paul, Norbert W. (2006a): Wissenschaftstheoretische Aspekte medizinischer Forschung. In: Schulz, Stefan/Steigleder, Klaus/Fangerau, Heiner/Paul, Norbert W. (Hg.): Geschichte, Theorie und Ethik der Medizin. Eine Einführung. Frankfurt am Main, 268-282.

- (2006b): Medizintheorie. In: Schulz, Stefan/Steigleder, Klaus/Fangerau, Heiner/Paul, Norbert W. (Hg.): Geschichte, Theorie und Ethik der Medizin. Eine Einführung. Frankfurt am Main, 59-73.

Riska, Elianne (2003): Gendering the Medicalization Thesis. In: Segal, Marcia Texler/ Demos, Vasilikie (Hg.): Gender Perspectives on Health and Medicine: Key Themes. Oxford, 59-87.

- (2004): Masculinity and Men's Health: Coronary Heart Disease in Medical and Public Discourse. Lanham, MD.

Rosenfeld, Dana/Faircloth, Christopher A. (2006): Introduction. Medicalized Masculinities: The Missing Link? In: Dies. (Hg.): Medicalized Masculinities. Philadelphia, 1-20.

Schiebinger, Londa (1993): Schöne Geister: Frauen in den Anfängen der modernen Wissenschaft. Stuttgart.

Schill, Wolf-Bernhard (1994): Andrologie – geschichtlicher Rückblick und zukünftige Entwicklung. In: Fortschritte der Medizin 112/34, 496-499.

- (2004): Andrology Today. Vortrag zur III. Reunión Anual de la Sociedad de Andrología y Gametología de Chile. Universidad de la Frontera, Temuco, Chile. 15.-16. Januar 2004 (unveröffentl. Manuskript).

Schirren, Carl (1967): Zur geschichtlichen Entwicklung der Andrologie. In: Der Internist 8, 1-2.

Sengoopta, Chandak (2001): Transforming the Testicle: Science, Medicine and Masculinity. In: Medicina nei Secoli 13/3, 637-655.

Siebke, Harald (1951): Gynäkologe und Androloge bei der Sterilitätsberatung. In: Zentralblatt für Gynäkologie 5a, 633-637.

Walker, Kenneth (1923): Diseases of the Male Organs of Generation. London.

Wöllmann, Torsten (2004): Andrologie und Macht. Die medizinische Neuerfindung des Männerkörpers. In: Lenz, Ilse/Mense, Lisa/Ullrich, Charlotte (Hg.): Reflexive Körper? Zur Modernisierung von Sexualität und Reproduktion. Opladen, 255-279.

- (2005): Die Neuerfindung des Männerkörpers: Zur andrologischen Reorganisation des Apparats der körperlichen Produktion. In: Bath, Corinna/Bauer, Yvonne/Bock von Wülfingen, Bettina/Saupe, Angelika/Weber, Jutta (Hg.): Materialität denken. Studien zur technologischen Verkörperung – Hybride Artefakte, posthumane Körper. Bielefeld, 139-163.

- (2007): Andrologie – Wie die Medizin die Männer „entdeckt". In: Dinges, Martin (Hg.): Männlichkeit und Gesundheit im historischen Wandel 1850-2000. Stuttgart (im Druck).

Rolf Pohl
Genitalität und Geschlecht
Überlegungen zur Konstitution der männlichen Sexualität

Die phallische Sexualität des Mannes scheint aus feministischer Perspektive ihren Schrecken verloren zu haben. Noch in den 1970er und 1980er Jahren des letzten Jahrhunderts wurde die obligate Patriarchatskritik von Teilen der Frauenbewegung vor allem am Bild von der triebhaft gesteuerten und mit ihrer phallokratischen Ausrichtung prinzipiell gewalttätigen männlichen Sexualität festgemacht. Überzeugt davon, alle Männer seien potenzielle Vergewaltiger, führten radikale Strömungen dieser Bewegung ihren Kampf gegen die Unterdrückung der Frauen unter provokativ zugespitzten Parolen wie „die Herrschaft der Schwänze hat ihre Grenze". Das Ziel der feministischen Revolution, so lautete 1970 die Botschaft in Shulamith Firestones berühmten Manifest zur Befreiung der Frau, müsse nicht allein die Beseitigung der gesellschaftlichen Privilegien des Mannes, sondern die Abschaffung des Geschlechtsunterschieds selbst durch eine Brechung des Genitalprimats und eine Rückkehr zu den „natürlichen" Formen einer polymorphen Sexualität sein (1975, 16, 222f.). Auf einem Kongress gegen sexuelle Gewalt in Köln konnte 1987 sogar, wenn auch nur vereinzelt und nicht unwidersprochen, die Kastration von antisexistischen Männern als vertrauensbildende Maßnahme zum Beweis ihrer Kooperationsfähigkeit gefordert werden (Janshen 1991, 20f.).

Trotz einer pauschalen Entlarvung der Männer als Angehörige eines universellen Tätergeschlechts ist an den Beiträgen dieses Kongresses eine wichtige Akzentverschiebung im feministischen Blick auf die Verknüpfung von männlicher Sexualität und Macht zu erkennen, die bis heute breite Spuren hinterlassen hat. Es geht um die These, sexuelle Gewalt gegen Frauen und Mädchen sei grundsätzlich sexualisierte Aggression, nicht aber der aggressive Ausdruck einer genuin gewaltbereiten männlichen Sexualität. In allen Fällen sexueller Gewalt ginge es den Tätern zwar irgendwie auch um sexuelle Befriedigung, aber nur weil auch Genitalität beteiligt sei, so die verblüffende Logik, gelte die Tat noch lange nicht als sexuelle Handlung. Der Fokus der Analyse hat sich damit von der Sexualität und ihrer Triebgrundlage hin zur männlichen Gewalt verschoben, die zur Befriedigung patriarchaler Machtgelüste die Sexualität nur als Werkzeug zu benützen und kontrolliert einzusetzen scheint. Sexualität dient demnach bei sexuellen Gewalthandlungen nur als Vehikel für (angeblich) nichtsexuelle Motive. Diese These von der sexualisierten Gewalt gehört in der Genderforschung inzwischen, wenn auch aus unterschiedlichen Motiven zum allgemeinen Common sense nicht nur feministischer, psychoanalytischer und sexualwissenschaftlicher Ansätze, sondern auch und vor allem zum Mainstream der sogenannten „Kritischen Männerforschung" und der antisexistischen Männerarbeit.

Diese Auffassung aber ist problematisch und es lassen sich unter geschlechtertheoretischer Perspektive gravierende Einwände erheben. Die Verlagerung der Kritik an männlicher Machtausübung auf gewaltbereite Aggression trennt die Sexualität grundsätzlich davon ab und ordnet sie pazifizierend einem anderen Persönlichkeitsbereich zu. Diese Zuordnung nährt die Illusion eines friedlichen Naturschutzparks kreatürlicher Sexualpraktiken und harmonischer Geschlechterbeziehungen, wenn es nur gelingt, die nun isolierte „reine" Aggression durch geeignete Sozialtechniken und Trainingsprogramme aus Jungen und Männern auszutreiben. Außerdem reicht die These von der sekundär sexualisierten Aggression mit Sicherheit weder an die unbewussten Tiefenschichten der spezifisch männlichen Mischungsverhältnisse von Sexualität und Aggression noch an die wichtigste Äußerungsform dieser Triebmischungen, die komplexen Verbindungen von genitaler Lust und antifemininer Feindseligkeit im Zentrum der männlichen Psychosexualität heran. Und schließlich führt die damit einhergehende Annahme eines beherrschten Einsatzes der eigenen Sexualität einschließlich ihrer physiologischen Funktionen stillschweigend zu einer Bestätigung des in Gesellschaften mit männlicher Dominanz und Vorherrschaft gängigen männlichen Potenz- und Kontrollwahns. Das lässt sich insbesondere an den seit Mitte der 1990er Jahre im Zusammenhang mit den Kriegen in Ex-Jugoslawien geführten Diskussionen über den Einsatz von Vergewaltigungen als kriegsstrategisches Instrument ablesen: Männer, so die fatale Botschaft, „können grundsätzlich immer", und wenn es etwa zum Zwecke der ethnischen Säuberung sein muss, sogar auf Befehl. Mit sexueller Lust und einer kriegerisch aufgeladenen Ökonomie des männlichen Begehrens, so der Kern dieser in nahezu allen Diskursen über sexuelle Gewalt vertretenen These, habe das nichts zu tun (vgl. ausführlicher Pohl 2002; 2003a; 2004).

Vor dem Hintergrund dieses Paradigmenwechsels im Blick auf die männliche Sexualität werden sich die folgenden Ausführungen aus psychoanalytischer Perspektive mit einem dabei vernachlässigten und weitgehend auf der Strecke gebliebenen Thema einer geschlechtertheoretisch fundierten Männlichkeitsforschung auseinandersetzen. Es geht um die aktuell nach wie vor zentrale Frage nach dem Zusammenhang von (phallischer) Genitalfixierung und unbewusster Weiblichkeitseinstellung des gewöhnlich heterosexuellen Mannes in männlich hegemonialen Gesellschaften und damit gleichzeitig um die Bedeutung dieses Zusammenhangs für eine männliche Subjektkonstitution, die im Spannungsfeld zwischen Autonomiewunsch und Abhängigkeitsangst einem unlösbaren Dilemma unterliegt.

1. Der männliche Sexualkörper zwischen Medikalisierung und Dekonstruktion

Der Entdramatisierung im feministischen Blick auf die genitale Ausrichtung der männlichen Sexualität und der damit einhergehenden Entsexualisierung des Gewaltdiskurses korrespondiert seit den 1980er und 1990er Jahren eine allgemeine Tendenz im gesellschaftlichen und wissenschaftlichen Umgang mit Sexualität, die von Sigusch (1998) als „neosexuelle Revolution" gefasst wird. Zu den wichtigsten Merkmalen dieser Entwicklung gehört die Dissoziation der „Sphäre des sexuellen Erlebens" von der „Sphäre der körperlichen Reaktionen" (1209). Diese Dissoziation lässt sich an zwei auffälligen Phänomenen festmachen, die für die weitere Diskussion der Sexualität des Mannes von großer Bedeutung sind. Auf der einen Seite ist eine ausschließlich auf das männliche Genital und seine Funktionsfähigkeit ausgerichtete medizinisch-technische Prothesensexualität entstanden, die einen riesigen Markt kommerzieller Angebote von Pillen mit Potenzgarantie (Viagra), Penisvakuumpumpen, Schwellkörperinjektionstherapien, hydraulischen Penisprothesen und künstlichen Penisimplantaten hervorgebracht hat. Der Penis scheint buchstäblich das schwächste Glied in der Kette der sexualphysiologischen Funktionsabläufe des Mannes zu sein. Für Sigusch bedeutet das: „Indem Mediziner eine Erektion des Penis mechanisch, medikamentös oder chirurgisch herstellen [...], trennen sie Verlangen, Erektion und Potenz auf künstliche Weise voneinander" (ebd.). Auch ohne Begehren und tiefere sexuelle Erlebnisqualitäten könnten Männer nun endlich mit technisch vermittelter Leistungsgarantie sexuell funktionieren und den Geschlechtsakt „als das praktizieren, was er in unserer Kultur einer wesentlichen Tendenz nach immer war: Vollzug" (ebd.). Medikalisierung und Technifizierung der männlichen Sexualität sind deshalb so wirksam und erfolgreich, weil sie an der im männlichen Selbstbild nach wie vor tief verankerten Identifizierung von Lust, Leistung und Potenz ansetzen, die fetischistisch an dem vom übrigen Körper isolierten Genital festgemacht wird.

Die zweite von Sigusch angesprochene Dissoziation von Sexualität und Körperlichkeit mit erheblichen Folgen für eine zeitgemäße Analyse der männlichen Sexualität bezieht sich auf diskurstheoretische Ansätze zur sozialen Konstruktion von Geschlecht („Sex-Gender-Debatte"), die insbesondere an Judith Butlers „Gender Trouble" (dt. 1991) anknüpfen. Nach diesen Ansätzen gilt die Annahme einer an anatomische Gegebenheiten gebundenen vordiskursiven Dualität der Geschlechter („sex") selbst als ein Effekt diskursiver Praktiken. Geschlechterdifferenzen und daran gebundene Geschlechtsidentitäten entstehen erst als Folge einer normativen Zwangsheterosexualisierung der Subjekte, ein Prozess, der aber nicht endgültig ist, sondern durch performative Akte aufgelöst werden kann. Die häufig als „doing gender" gefasste geschlechtliche Selbstinszenierung ließe sich demnach praktisch umkehren („undoing-gender") und die Bewegungen der queers, trans-gender, cross-gender und anderer Spielarten subversiver Überwindung kulturell zugewiesener Geschlechtsidentitäten („gender-swapping") scheinen den Beweis für diese Möglichkeit anzutreten. Folgt man dieser Position, wird auch Männlichkeit als ein Effekt von Äußerungs- und Handlungsakten erzeugt, die ihre vermeintlichen Grundlagen performativ selbst hervorbringen. Das bedeutet, so Tillner und Kaltenecker in ihrer Kritik an der heterosexuellen Männlichkeit (1995), dass der anatomischen Ausstattung des Mannes und damit dem Geschlechtsunterschied keinerlei Bedeutung zukommt, „die nicht immer schon diskursiv fixiert" (13) ist.

Sicherlich sind gesellschaftliche und kulturelle Einschreibungsprozesse in die unbewussten Selbst- und Körperrepräsentanzen von großer Bedeutung für die Erzeugung eines männlichen Subjekts mit einer nach wie vor phallozentristischen Ausrichtung. Aber die Annahme, morphologische Unterschiede der Genusgruppen existierten allerhöchstens als offene Oberflächen für kulturelle Symbolisierungen und würden erst durch hetero-normative Kodierungen zur „Bühne geschlechtsspezifizierender Selbstdarstellungen" (ebd.) führt zu einer Entkörperlichung der Geschlechterdifferenz. Und damit verkennt sie die konflikthafte Struktur und Dynamik einer Ökonomie des männlich-hegemonialen Begehrens und ihrer unbewussten Besetzung und Bemächtigung anatomischer Differenzen. Es spielt eine große Rolle, worauf Becker (2006) zu Recht hinweist, „ob sich unser Begehren und unsere Phantasien in einem weiblichen oder in einem männlichen Körper entwickeln" (18). Aus konstruktivistischer Perspektive bleiben somit wichtige Dimensionen des Unbewussten und eine zunächst präsymbolische Körperbezogenheit im Sinne von Freuds (1923, 253) subjekttheoretisch bedeutsamer These, das Ich sei vor allem ein körperliches, ausgeblendet. Gleichzeitig werden aber auch jene gesellschaftlichen Strukturen vernachlässigt, die die asymmetrischen Verhältnisse zwischen den Geschlechtern erst produzieren und damit die Ausgestaltung der Sexualität maßgeblich beeinflussen. Den grundlegenden Macht-Asymmetrien und den sozialen Ungleichheiten zwischen den Geschlechtern ist durch eine rein sprachlich-diskursive Dekonstruktion von Geschlechterkonstrukten nicht beizukommen, wenn „Dominanz- und Unterordnungsverhältnisse" nur als bloßer „Effekt des eigenen *doing gender*" (Soiland 2004, 99) verstanden werden.

Das Fazit von Sigusch (1998) über diese konstruktivistische Variante einer dissoziativen Trennung von Sexualität und Körperlichkeit lautet, „dass auch Gender 'besiegt' ist, indem das kulturelle Bigenus und der somatische Dimorphismus, also das Binäre, theoretisch per Dekonstruktion und politisch per Subversion aufgelöst werden (sollen) mit dem Ziel der *Selbstermächtigung*" (1208). Was aber bedeutet „Selbstermächtigung" für eine kritische Analyse männlicher Subjektivität und Sexualität? Jeder ist auch und gerade in sexueller Hinsicht, so scheint es, im kreativen Spiel der Geschlechtsidentitäten seines eigenen Glückes Schmied. Doch diese Phrase ist immer schon männlich konnotierte Ideologie der bürgerlich-patriarchalen Gesellschaft gewesen. Der sexuelle Pluralismus, der gegenwärtig zu verzeichnen ist und die größere gesellschaftliche Akzeptanz von nicht-heterosexuellen Lebensentwürfen sind noch kein Zeichen eines wirklichen Wandels im gesellschaftlichen Umgang mit den Geschlechtern und ihren Beziehungen. Auch die gegenwärtig unter dem Stichwort „Diversity" inflationär geführten Differenz-Diskurse haben bisher zu keinen wirklichen Veränderungen geführt, da sie sich durch paradigmatische Verschiebungen von den herrschaftskritischen Ungleichheits-Diskussionen, aus denen sie hervorgegangen sind, weitgehend abgekoppelt haben, während die bipolare Ordnung der Geschlechter weiterhin fortexistiert (vgl. Knapp 2005, 69; Becker 2006). Die emphatische Betonung von Vielfältigkeiten und aufhebbaren Differenzen nährt die Illusion einer voluntaristischen Identitätsarbeit im Rahmen beliebig gestaltbarer Alltagspraxis, wobei die fortdauernde Macht gesellschaftlicher Strukturen und die in ihnen eingebundenen Übereinstimmungen der geschlechtlichen Orientierungen häufig verkannt oder übersehen werden. Mit dem Verzicht postmoderner Geschlechterdiskurse, so Meuser und Behnke (1998), „grundlegende gemeinsame Strukturen von Männlichkeit zu rekonstruieren, geht tendenziell der Blick für die fundamentale soziale Ungleichheit zwischen den Geschlechtern verloren" (13; vgl. auch Behnke 1997; Meuser 2000, 55f.).

Etwas anderes tritt noch hinzu: In der von Sigusch als „Selbstermächtigung" gefassten Propagierung einer performativen Verfügung über das eigene Schicksal setzt sich unhinterfragt das gängige männliche Autonomie- und Allmachtsideal durch. Denn die Kosten, „die bei der Aufrechterhaltung dieses Phantasmas von der totalen Verfügbarkeit mit seiner Betonung von Autonomie, der Negierung von Abhängigkeit und menschlicher Begrenztheit anfallen, werden nicht von beiden Geschlechtern gleich getragen" (Soiland 2003, 40). Die Idealisierung von Autonomie und die Negierung von angstvoll gefürchteter Abhängigkeit gehören zu den konstitutionellen Bestandteilen des dominierenden männlichen Selbstverständnisses. Aber wo, um auf die männliche Sexualität zurückzukommen, liegen die Verbindungslinien zwischen diesem abwehrbereiten Autonomieideal und der Struktur und Entwicklung der gewöhnlich genitalfixierten und heterosexuell ausgerichteten hegemonialen Männlichkeit?

2. Von der Soziologie der Maskulinität zur Psychoanalyse der männlichen Sexualität

Die wichtigsten soziologischen Ansätze, die jenseits des diskurstheoretischen Mainstreams sowohl differente als auch grundlegend übereinstimmende Merkmale historisch, kulturell und milieuspezifisch bestimmter Maskulinitäten zum Thema machen, sind die Theorie Bourdieus zur männlichen Herrschaft und Connells Konzeption der hegemonialen Männlichkeit. Michael Meuser (2003) weist darauf hin, dass beide Ansätze, wenn auch aus unterschiedlichen Perspektiven und mit unterschiedlichen Schwerpunktsetzungen, ein „fundamentales Prinzip der Konstruktion und Reproduktion von Männlichkeit verdeutlichen: eine doppelte Abgrenzung oder Distinktion, die zu Dominanzverhältnissen sowohl gegenüber Frauen als auch gegenüber anderen Männern führt" (86). Beide Theorien liefern mit dieser zweifachen Distinktion wichtige Anschlussstellen für eine psychoanalytische Theorie der männlichen Sexualität. Connell (1999, 94f.) unterscheidet in seiner Analyse der historisch wandelbaren sozialen Herstellung von Männlichkeit(en) drei Bereiche, in denen der Kampf um Hegemonialität in seiner doppelten Bedeutung – als Kampf um die Führung in der Binnenhierarchie der männlichen Genusgruppe und als gemeinsamer Kampf aller Männer zur Sicherung ihrer Vormachtstellung gegenüber den Frauen – sichtbar wird: in den politischen und sozialen Machtbeziehungen, den ökonomischen Produktionsbeziehungen und der „Kathexis". Der Begriff „Kathexis" umfasst die Beeinflussung der emotionalen Bindungsmuster durch das soziale Geschlecht und damit die an libidinöse Besetzungsvorgänge gebundene Struktur und Dynamik des objektgerichteten sexuellen Begehrens im Rahmen des gesellschaftlichen Arrangements der Geschlechter. Das Konzept der „Kathexis" wird von Connell nicht weiter systematisch ausgeführt, gibt aber eine wichtige Nahtstelle für eine libidotheoretisch orientierte Psychoanalyse der männlichen Sexualität und der daraus entspringenden männlichen Bezugnahmen auf das untergeordnete weibliche Geschlecht an.

Im Zentrum von Bourdieus (1997) Variante einer zweifachen Distinktions- und Dominanzstruktur von Männlichkeit steht eine gesellschaftlich konstituierte und in den männlichen Habitus eingehende „libido dominandi", in der sich der Wunsch ausdrückt, „die anderen Männer zu dominieren, und sekundär, als

Instrument des symbolischen Kampfes, die Frauen" (215). In männlich dominierten Kulturen, die Bourdieu am Beispiel der berberischen Kabylen in Algerien untersucht, müssen Männer ihre (fragile) Männlichkeit insbesondere den Frauen gegenüber beweisen, wobei diese Männlichkeitsbeweise in erster Linie der Abwehr angstauslösender Gefahren dienen, die von den Frauen für die männliche Integrität auszugehen scheinen. „Die fanatische Exaltierung der männlichen Werte", so heißt es bei Bourdieu, „findet ihre düstere Entsprechung in den Ängsten, die die Weiblichkeit hervorruft" (188). Das Hauptinstrument zur Angstabwehr und damit der Männlichkeitsbeweise aber ist das symbolisch zum Phallus aufgeladene Genital des Mannes. Die Reproduktion und die Sicherung der männlichen Herrschaft, dem Prototyp gesellschaftlicher Herrschaft überhaupt, erfolgt in einer phallozentristischen Gesellschaft durch ihre Einschreibung in den Körper und insbesondere in die Geschlechtsorgane, „die, weil sie den Geschlechtsunterschied verdichten, prädestiniert sind, ihn zu symbolisieren" (174). Bourdieu versteht seine ethnographische Untersuchung der Kabylen exemplarisch „als Instrument einer Sozioanalyse des androzentristischen Unbewussten" (2005, 14). Das kann hier nicht weiter vertieft werden, soll aber eine Spur deutlich machen, die zusammen mit dem Konzept der Kathexis von Connell wichtige Anknüpfungspunkte für eine psychoanalytische Konzeptualisierung der männlichen Sexualität bietet.

Nun hat parallel zum angedeuteten Paradigmenwechsel in der Frauen- und Geschlechterforschung eine Entwicklung innerhalb der Psychoanalyse stattgefunden, mit der ebenfalls eine problematische Verkürzung des Blicks auf die männliche Sexualität und insbesondere auf die widersprüchliche Dynamik libidinöser Objektbesetzungen erfolgt ist. Unter den neueren Richtungen und Schulen haben zwar insbesondere die Narzissmus-, die Bindungs- und die Objektbeziehungstheorie zu einer produktiven Erweiterung der psychoanalytischen Perspektive auf prä-ödipale Ablösungsprozesse und damit gleichzeitig zu einer Ausweitung der psychoanalytischen Erkenntnisbildung durch eine stärkere Einbeziehung sozialer Interaktionsmuster geführt. Aber gleichzeitig ist mit diesen Weiterentwicklungen eine „allgemeine Verflüchtigung des Sexuellen in der Psychoanalyse" (Parin 1986) einhergegangen, die fatale Folgen für die konzeptuelle Auseinandersetzung mit dem Thema Männlichkeit hat. Ähnlich wie in vielen feministischen Ansätzen ist auch in der Psychoanalyse mit dem Verschwinden der männlichen Sexualität und ihrer libidoökonomischen Grundlagen insbesondere deren genitale Ausrichtung aus dem Blickfeld geraten (vgl. Green 1998). An die Stelle einer Analyse der Struktur und Genese des spezifisch männlichen, an die Genitalität gekoppelten Begehrens im Rahmen einer Gesamtkonzeption von Psychosexualität ist eine modische Theorie der Geschlechtsidentitätsentwicklung getreten, als deren Fundament auch von feministischer Seite das zugleich normativ und affirmativ gefasste Konzept einer frühen „Ent-" und „Gegen-Identifizierung" des Jungen gilt.

Dieses auf Greenson (1968) zurückgehende Konzept ist quasi zum Schibboleth feministischer und psychoanalytischer Ansätze zur männlichen Sozialisation geworden. Die inflationäre Verwendung des weitgehend unreflektierten und mit fragwürdigen Ganzheitlichkeitsvorstellungen verbundenen Identitätsbegriffs („Geschlechtsidentität", „Identitätszuweisung", „Identitätspolitik" usw.) ist allerdings höchst problematisch. Der Junge müsse sich, um zu einer stabilen männlichen Geschlechtsidentität zu gelangen, im „zartesten und verletzlichsten Alter" (Günzel 1989, 223) von ca. ein bis zwei Jahren von seiner primären Bezugsperson, in der Regel also von der Mutter lösen und eine „Gegen-Identifikation" mit einem hoffentlich nicht nur real vorhandenen, sondern auch emotional anwesenden Vater aufbauen. Diese frühe Mutterablösung wird allgemein als „Identifikationsbruch" bezeichnet, so als sei die „Abgrenzung des Jungen von der Mutter [...] der einzige Weg, auf dem der Junge seine Geschlechtsidentität herstellen kann" (Pech 2002, 42; ähnlich auch Chodorow 1985). In manchen Auffassungen wird dieser „*Identifikations*bruch" sogar dramatisch zu einem „*Identitäts*bruch" verschärft und wie etwa bei Nitzschke (1988, 74) von einer in der frühen Mutter-Sohn-Symbiose erzeugten weiblichen „Ur-Identität" ausgegangen, die der Junge energisch überwinden und in eine männliche Identität transformieren müsse.

Die frühe libidinöse Struktur der Sexualität des Jungen hat in diesen Ansätzen keine eigenständige Bedeutung mehr. Die männliche Sexualität wird stattdessen als probates Mittel zur Symbolisierung von Differenz und Eigenständigkeit, d.h. als das Ergebnis einer sekundären Sexualisierung von Trennung und Verlust durch die narzisstische Besetzung des Penis interpretiert. Neben dieser Verkürzung der Sexualitätsdimension liegt eine der Hauptgefahren dieser Ansätze in der Verdoppelung der gesellschaftlichen Abwertung der Weiblichkeit durch die Reduktion des mütterlichen Einflusses auf eine zu überwindende und aus Körper und Seele des Jungen gleichsam wie in den klassischen Initiationen auszutreibende urweibliche Substanz (vgl. Schmauch 1995, 33). Diese Annahme wird häufig mit einer Klage über die schädliche Überpräsenz weiblicher Bezugspersonen in der frühen Jungensozialisation und über ein Verhalten der Mütter verbunden, die ihre Jungen grundsätzlich entweder zu früh oder zu spät aus der nutritiven, als konflikt- und spannungsfreien Einheit missverstandenen Symbiose entlassen. Der unterstellte „Identitätsbruch" wird also mehr oder weniger explizit als Befreiung von der verschlingenden oder der rabiat abstoßenden Mutter gesehen. Die Voraussetzung einer stabilen männlichen Identität ist demnach an die größtmögliche Entfernung zur Mutter und an die erfolgreiche Abwehr der aus der unbewussten Erinnerung an sie entspringenden regressiven Sogwirkung („Symbioseangst") gebunden.

Von dieser Position aus ist der Schritt zu einer Idealisierung der phallischen Männlichkeit und zu einer Rechtfertigung von männlicher Härte und Dominanz, die als logische Folge notwendiger Trennungsaggressionen verharmlost wird, nicht mehr weit. In vielen psychoanalytischen Ansätzen zur frühen Männlichkeitsentwicklung ist die Doppelstrategie einer Dämonisierung der Mutter als „Ort der Schuld" und als „Sündenbock der Moderne" bei gleichzeitiger Idealisierung des Vaters (und damit generell des Männlichen) als heilsbringenden Retter aus einer vernichtenden mütterlich-weiblichen Verschlingung verbreitet, eine Doppelstrategie, wie sie am eindrücklichsten von Rohde-Dachser (1997, 259ff.) als Ausdruck einer Re-Mythologisierung des Geschlechterverhältnisses kritisiert wird (vgl. Pohl 2006). Auch der „Kritischen Männerforschung" entstammen sozialisationstheoretische Ansätze, die sich in ähnlicher Weise an dem Geschäft des Motherblaming beteiligen, wenn sie den Ablösungskampf des Jungen gegen die als „Baubokratie" diskreditierte frühe mütterliche Herrschaft und Übermacht und die bei Männern daraus entstehende unaushaltbare Mischung aus Frauenangst und sexuellem Begehren sogar als eine anthropologisch notwendige Tatsache verklären (Böhnisch 2003, 232f.; vgl. auch Böhnisch 2004; Böhnisch/Winter 1993).

Das als Mutterüberwindungsschema gefasste Modell der Ent-Identifizierung ist also in mehrfacher Hinsicht problematisch: Es ist misogyner Bestandteil eines projektiven Entlarvungsversuchs des weiblichen Geschlechts als faszinierend und zugleich furchterregend; es kommt an die unbewussten Selbst- und Objektrepräsentanzen des heranwachsenden Jungen und die daran gebundenen Wünsche und Phantasien bezüglich des eigenen und des „anderen" Geschlechts nicht heran. Die Idee eines potenziell gelingenden scharfen Identitätsbruchs ist aus psychoanalytischer Sicht fiktiv, denn im „Unbewussten des Jungen, wie aller Menschen, gibt es keine Verneinung, keinen definitiven Bruch" (Schmauch 1996, 52). Das bedeutet, so Ulrike Schmauch weiter: „Frühes Trieb- und Selbsterleben, frühe Identifizierungen werden nicht 'beendet' – das ist, psychoanalytisch gesehen, eine sinnlose Annahme" (ebd.); und schließlich fällt auch an dem Konzept eines Identitätsbruchs durch die Ent-Identifizierung von der Mutter auf, dass die Sexualität aus dem Nirgendwo zu kommen scheint und als eine Kraft gesehen wird, die einzig der sekundären Aufladung körperlicher Differenzmerkmale zu quasi archetypischen Insignien männlicher Differenz und Selbstbehauptung dienen soll.

3. Die Konstitution der Sexualität zwischen Trieb und Objekt

Auf der Suche nach homologen Merkmalen der männlichen Heterosexualität stoßen wir sofort auf Übereinstimmungen, die sich in unterschiedlichen Ausprägungen bis heute hartnäckig halten. Für Godenzi (1991) handelt es sich insbesondere um die „Präferenz optischer Reize, die Fixierung auf Penis und Koitus, das Beharren auf der dominanten Rolle, die Zelebration des Samenausstosses und das ungeduldige Warten darauf, die Verarmung der Phantasie, der Hass auf die Omnipotenz der Frau, die Angst vor der eigenen Impotenz, die Verneigung vor der Quantität" (157). Im Prinzip handelt es sich bei den beschriebenen Merkmalen um Ausgestaltungen oder Varianten der beiden von mir wiederholt betonten Hauptkennzeichen der männlichen Sexualität in männlich hegemonialen Gesellschaften: eine phallisch überhöhte Genitalfixierung und eine ambivalente, von Begehren und Feindseligkeit geprägte unbewusste Einstellung zu Frauen und zur Weiblichkeit. Die Tiefendimension dieser Merkmale und ihrer spezifischen Verbindungen lassen sich weder ausschließlich soziologisch noch objektbeziehungstheoretisch schlüssig erklären. Vor diesem Hintergrund halte ich entgegen dem allgemeinen Mainstream innerhalb der psychoanalytischen Schulenbildungen einen kritischen Rückgriff auf Freuds gleichzeitig trieb- und objekttheoretisch fundierte Sexualtheorie für ausgesprochen sinnvoll und hilfreich (ausführlich in Pohl 2004).

Dabei dürfen selbstverständlich die beiden Hauptkritiken an Freuds Triebtheorie sowie an seinen Geschlechtermodellen nicht ignoriert werden. Der gravierendste Einwand bezieht sich auf Freuds unhaltbare, die herrschenden Geschlechterverhältnisse biologisierende und von hohen männlich-projektiven Anteilen bestimmte Weiblichkeitstheorie. Aber gerade der androzentristische Bias in Freuds triebtheoretischen Annahmen zur sexuellen Differenz bietet auch Chancen für eine Annäherung an die Tiefendimensionen der männlichen Sexualität. Freuds sexualtheoretische Konzepte sind aus männlicher Perspektive verfasst und viele von ihnen bieten wichtige Erklärungsansätze für eine Psychoanalyse der Männlichkeit. Nach diesen Modellvorstellungen werden die Sexualität des Mannes und ihre bevorzugten Äußerungsformen hauptsächlich von zwei nach wie vor hochaktuellen Kriterien bestimmt: Die männliche Sexualität unterliegt erstens einem phallokratischen Genitalprimat, dessen Rigidität und Ausschließlichkeit die (männliche) Genitalität gleichsam zur „Exekutive" und den narzisstisch hochbesetzten Penis des Mannes zum „Exekutivorgan" der gesamten Sexualität macht, indem „das Vordrängen des erigiert gewordenen Gliedes beim Manne gebieterisch auf das neue Sexualziel hinweist, auf das Eindringen in eine die Genitalzone erregende Körperhöhle" (Freud 1905, 123). Diese empirisch durchaus richtige Beobachtung Freuds lässt sich geschlechtertheoretisch auch anders als eine unausweichliche Folge der männlichen Sexualreifung interpretieren: Das Genitalprimat ist ein Primat des Männlichen und die Penis- und Koitusfixierung zeigen, dass das Geschlecht der Männer an dem zum bloßen Vollzugsorgan verdinglichten Ausdrucks- und Sicherungsmittel ihrer Männlichkeit hängt.

Neben dieser Genitalfixierung ist die männliche Sexualität zweitens von einer Beimengung von Aggression gekennzeichnet, die sich besonders deutlich in den unbewussten, von einer Mischung aus Lust, Angst, Neid und einer bis zum Hass, steigerbaren Feindseligkeit bestimmten Einstellungen zur Weiblichkeit ausdrückt. Zu den konstitutiven Merkmalen einer brüchigen männlichen Geschlechtsidentität gehören unter den vorherrschenden Regelungen der Geschlechterverhältnisse spezifische Legierungen von Sexualität und Aggression. Sie treten in unterschiedlichen Mischungsverhältnissen auf, die in Zeiten innerer und äußerer Krisen mit Verschiebung der Prioritäten neu zusammengesetzt werden können.

Zugespitzt formuliert folgt für Freud (1922) aus dieser doppelten Charakteristik, dass die männliche Sexualität generell von dem Zusammenwirken einer „Hochschätzung des männlichen Organs" und einer „Geringschätzung des Weibes" (205) bestimmt wird, eine Geringschätzung allerdings, die nur die andere Seite der idealisierenden Verklärung der sexuell unberührbaren Frau in der männlichen Aufspaltung des Frauenbildes in Jungfrau und Hure darstellt. Der ungebrochene Boom von Prostitution und Pornographie bestätigt Freuds formelhafte Beschreibung der weit verbreiteten männlichen Unfähigkeit, Liebe, Zärtlichkeit und Sinnlichkeit dauerhaft an ein „Objekt" zu binden: „Wo sie lieben begehren sie nicht, und wo sie begehren, können sie nicht lieben" (Freud 1910/1912, 82). – Hat sich eigentlich bis heute an der darin zum Ausdruck kommenden, mit Angst durchsetzten Abwertung und Aufspaltung des Weiblichen grundsätzlich etwas geändert?

Damit kommen wir neben dem Androzentrismusvorwurf zur zweiten Kritik an Freuds triebtheoretischer Sexualitätsauffassung. Die gängige Aufspaltung des Frauenbildes, die damit einhergehende Abwehr der Angst vor der Frau und insbesondere vor der weiblichen Sexualität sowie die fetischistische Penis- und Potenzfixierung zeigen, dass es in den libidinösen und aggressiven Äußerungsformen der männlichen Sexualität um weit mehr geht als um bloß quantitative Stauungs- und Entladungsvorgänge, wie es Freud immer wieder unterstellt wird. Der gängige Vorwurf, Freud reduziere die (männliche) Sexualität auf ein psychohydraulisches Dampfkesselmodell, das allerhöchstens zum sexualrepressiven Klima und zu den mechanisch-naturwissenschaftlichen Vorstellungen des 19. Jahrhunderts gepasst habe (so etwa bei Böhnisch/Winter 1993, 185), ist falsch und verkennt den heuristischen Wert triebtheoretischer Ansätze. Ein kritisches Festhalten an ihnen ist vor allem als Gegenstrategie gegen jene soziologisierende Sicht auf die männliche Sexualität wichtig, die die Psychoanalyse vorschnell in eine bloße Interaktionstheorie transformieren möchten.

Im Zentrum der selbstverständlich nicht biologisch misszuverstehenden Triebtheorie stehen die unbewussten Bewegungen zwischen Trieb und Objekt im Spannungsfeld einer prinzipiellen Offenheit des Triebes („Plastizität der Psyche") und seiner tatsächlichen Fixierung an Objekte („Klebrigkeit der Libido"). Diese Bewegungen zwischen Trieb und Objekt finden entlang unbewusster Repräsentationssysteme auf der Ebene der psychischen Realität statt und manifestieren sich beim Prototyp aller Triebe, dem Sexualtrieb, in den sexuellen Phantasien und schließlich im manifesten Sexualverhalten. In der Entstehung und Entwicklung der menschlichen Sexualität ist also von Beginn an ein grundlegender Widerspruch zwischen Objektunabhängigkeit und Bindungszwang verankert, der erhebliche Auswirkungen insbesondere für das Triebschicksal der männlichen Sexualität und damit für die männliche Subjektkonstitution insgesamt hat.

Das Objekt des Triebes ist zwar, so Freuds feste Überzeugung, einerseits das Variabelste am Trieb, beliebig und austauschbar; andererseits aber benötigt der Trieb nicht nur für die Akte realer Befriedigung Objekte, sondern auch, um als unbewusste Wunschphantasie überhaupt dargestellt werden zu können. Ohne Objekt gibt es keine Sexualität und folglich auch keine Geschlechtsidentität. Daraus ergibt sich ein fundamentales Dilemma, dem die Konstitution der Sexualität schon im Medium erster Objekterfahrungen unterworfen ist: Das sexuelle Begehren richtet sich zwangsläufig auf ein Objekt, das der Trieb unter dem Einfluss des Primärprozesses und den Ansprüchen eines purifizierten Lustprinzips eigentlich nicht bräuchte, auf das er aber in all seinen Erscheinungs- und Befriedigungsformen trotzdem unabdingbar angewiesen ist (Freud 1905; 1915). Ein freies Abströmen von sexuelle Erregung ohne archaische Formen der Bindung an Objekte bzw. an Partialobjekte und ohne die damit automatisch verbundene Grunderfahrung von Trennung und Verlust, ist von Beginn an unmöglich. Das bedeutet gleichzeitig, die Idee eines Triebes „an sich" ist ein Mythos und die Suche nach seinem biologischen Substrat ebenso müßig wie der Glaube an einen frühen paradiesischen Zustand prästabilierter (objektloser) Harmonie im Sexualhaushalt. Nach dem überzeugenden Ansatz von Laplanche (1974) bricht die Sexualität gleichsam traumatisch in die Lebensordnung ein und lässt jegliche Hoffnung auf eine vollständige sexuelle Freiheit und Unabhängigkeit als Illusion erscheinen (vgl. ausführlich Pohl 2004, 101-165).

Dieses grundlegende Dilemma in den Bewegungen zwischen Sexualtrieb und den sowohl psychisch repräsentierten als auch realen Objekten gilt grundsätzlich für beide Geschlechter, prägt aber in männlich dominierten Kulturen und Gesellschaften in einer ganz spezifischen Weise die darauf aufbauenden Ausgestaltung der männlichen Sexualität mit fatalen Konsequenzen für die vorherrschenden Regelungen des Geschlechterverhältnisses.

4. Autonomiewunsch und Abhängigkeitsangst – Der unlösbare Grundkonflikt der hegemonialen männlichen Sexualität

Der entscheidende Dreh- und Angelpunkt einer vom allgemeinen Sexualitätsdilemma geprägten und von einer verdichteten Einheit von Genitalprimat und Weiblichkeitsabwehr bestimmten männlichen Sexualität, ist die geschlechtsspezifische Wahrnehmung und Verarbeitung des Geschlechtsunterschieds. Damit soll jedoch keineswegs eine Unausweichlichkeit männlicher Triebschicksale postuliert werden, mit der die phallokratischen Lösungswege in der gängigen Männlichkeitsentwicklung anthropologisch verklärt werden. In Anlehnung an das von Benjamin (1995) konzipierte Anerkennungsparadigma ist durchaus eine Verarbeitung der Geschlechterdifferenz ohne Erzeugung eines Zwangs zur Abgrenzung durch eine selbsterhöhende Betonung der an anatomische Merkmale festgemachten Unterschiede denkbar. Eine Trennung und Abgrenzung von den Objekten der frühen Pflege, von den ersten Identifikationsobjekten und von den nicht erreichbaren bzw. verbotenen Objekten des sexuellen Begehrens ist zwar für die Subjektkonstitution unerlässlich. Aber nach Benjamin besteht die Ich-Entwicklung eben nicht ausschließlich darin, „denn neben der Abgrenzung ist auch von einem subjektiven Bedürfnis nach gegenseitiger Anerkennung auszugehen" (ebd., 252).

Der Umgang mit diesem intersubjektiven Grundbedürfnis nach Anerkennung, d.h. seine Abwehr oder seine Akzeptanz, prägt von den ersten psychosozialen Austauschprozessen der frühesten Kindheit an jeden Kampf um konkrete Wünsche und bildet damit auch das Einfallstor für die Entwicklung und Ausgestaltung von Macht- und Herrschaftsinteressen. Aber ist damit grundsätzlich auch eine Form der Autonomieentwicklung denkbar, die auf der Basis wechselseitiger Anerkennung der eigenen Wünsche und des eigenen Begehrens entstehen kann, ohne dem gegenüberstehenden Subjekt und mit ihm kollektiv der Gruppe, die es repräsentiert, einen eigenen Subjektstatus abzusprechen und dieses Subjekt zu einem defizitären Mängelwesen zu erklären? Auch wenn sich Benjamin an der traditionellen ödipalen Konstellation orientiert und sie außerdem, dem psychoanalytischen Modetrend folgend, eine falsche Alternative zwischen der Triebtheorie und einer „Theorie primärer Intersubjektivität" konstruiert, so leuchtet ihr Grundmodell unmittelbar ein und kann zur weiteren Erläuterung des Grundkonflikts zwischen Autonomie und Unabhängigkeit auch für die männliche Subjektbildung herangezogen werden. Die Notwendigkeit der intersubjektiven Anerkennung gipfelt für Benjamin in dem für beide Geschlechter geltende Paradox, „dass man/frau vom Anderen abhängt, um seine/ihre Unabhängigkeit zu bestätigen" (259). Und das bedeutet: „In dem eigenen Bemühen, Autonomie zu erlangen, bedarf man des Anderen, der den Wunsch nach Selbstbehauptung bzw. die Fähigkeit dazu anerkennen muss" (ebd.).

Das in den gängigen geschlechtertheoretischen Erklärungsansätzen nicht hinterfragte, sondern theoretisch verdoppelte Postulat eines rigiden Zwangs zur Ent-Identifizierung von der frühen Mutter und zu einer Selbstdefinition des männlichen Kindes in erster Linie als nicht-weiblich sprengt aber dieses „paradoxe Gleichgewicht zwischen Autonomie und Abhängigkeit" (ebd.) in der männlichen Entwicklung zugunsten einer immer stärkeren Betonung von Differenz, Ungleichheit und einer den/die Anderen entwertenden narzisstischen Größenphantasie. Die im Modell der Ent-Identifizierung postulierte frühe Mutterablösung vergisst aber, dass die Jungen und später die Männer in männlich dominierten Gesellschaften ihre Autonomie eben nicht in wechselseitiger Anerkennung entwickeln. Stattdessen unterliegen sie dem unentrinnbaren Zwang, sich prinzipiell als das wichtigere und überlegenere Geschlecht zu setzen und, wenn es darauf ankommt, d.h. insbesondere in jenen Krisenzeiten, die unbewusst immer auch als Krise der Männlichkeit erlebt werden, diese Setzung zu erneuern und durch die bekannten kulturspezifischen Männlichkeitsbeweise zur Sicherstellung der männlichen Integrität zu bestätigen.

Diese männliche Selbstsetzung ist kein einmaliger Vorgang, der mit der frühen Verarbeitung der Geschlechterdifferenz ca. im zweiten Lebensjahr und der Ablösung von der Mutter abgeschlossen ist. Denn dieser Vorgang unterliegt dem in linearen Reifungsmodellen mit monokausalen Erklärungsansätzen generell vernachlässigten Mechanismus der Nachträglichkeit. Nachträglichkeit bedeutet, dass spätere lebensgeschichtlich relevante Reifungsphasen entscheidende Umschlagstellen darstellen, in denen einmal geronnene psychische Strukturen unter dem Einfluss neuer Erfahrungen wieder verflüssigt und durch Umschrifung unbewusst eingelagerten Erinnerungsmaterials auch verändert und zu neuen Ausgängen geführt werden können. Diesem Nachträglichkeitsmechanismus kommt eine große Bedeutung für die Entwicklung der Sexualität zu. Sexualität entsteht nicht als eine biologische Kraft, die dem Körper „von Natur aus" anhaftet, „sondern als leibliche Einschreibung lustvoller Erfahrungen" im Rahmen frühkindlicher Interaktionen (Quindeau 2005, 138). Die Pubertät stellt dann nach Freuds zweizeitigem Ansatz der Sexualentwicklung vor allem einen „zentralen Knotenpunkt dieser Umschriften dar, an dem diese Erfahrungen unter dem Primat des Genitalen neu strukturiert und zur Erwachsenensexualität umgeschrieben werden" (ebd.).

Damit kommen wir zur Entwicklung der männlichen Sexualität zurück. Selbstverständlich wäre die Annahme naiv, der kleine Junge würde sich bereits zur Zeit der Verarbeitung der Geschlechterdifferenz und damit zu Beginn der frühkindlichen „phallischen Phase" endgültig als das überlegene Geschlecht durch die Entfaltung eines fertigen Genitalprimats setzen. Erst gemeinsam mit den späteren Umschriften sorgen die frühen Einschreibungen dafür, dass das Genital zum Brennpunkt der gesamten männlichen Sexualität wird. Die endgültige Errichtung des Genitalprimats erfolgt erst in der Pubertät. Der Penis wird dann zum zentralen Ausdrucksmittel des männlichen Selbstempfindens, weshalb beim Mann die angesprochene Fixierung an Potenz und Leistung so eng mit der Funktionsfähigkeit seines Geschlechtsorgans verbunden ist. Dabei wird neben der sexuellen auch die soziale Leistungsfähigkeit symbolisch am erigierten Glied festgemacht. Der Penis wird narzisstisch aufgewertet und als Phallus unbewusst zum Symbol von Vitalität, Souveränität und Autonomie. „Das 'Primat der Genitalität' hat in seinem normativen Aspekt", so Sophinette Becker (2005, 71), „eine einseitige, androzentristische Ausrichtung."

Zudem verspricht der zum Phallus aufgeblähte Penis Allmacht und Transzendenz und kann im Fall subjektiv als existenziell erlebter Bedrohungen der Männlichkeit als waffenähnliches Instrument der sexuellen Aggression dienen. Phallischer Narzissmus und phallische Aggressivität liegen somit eng beieinander. Gleichzeitig aber bleibt der Penis das, was er seiner ursprünglichen Funktion nach immer war: das erotische Zentralorgan der sexuellen Erregung, der Lust und der Befriedigung des Mannes. Unter dem Diktat des Genitalprimats ist der Penis also mehrfach determiniert und verkörpert alle bedeutsamen, mit den hegemonialen Formen der Männlichkeit verbundenen sexuellen, narzisstischen und aggressiven Dimensionen mit gravierenden Folgen für die Einstellung des Mannes zum weiblichen Geschlecht und damit für die vorherrschende Polarität der Geschlechter. Dabei kommt die dilemmatische Grundstruktur der männlichen Sexualität in einem Paradox zum Ausdruck, das direkt dem allgemeinen Sexualitätsdilemma entspringt: in ihrer phallischen Gestalt von Größe, Unabhängigkeit und Transzendenz braucht die männliche Sexualität keinen Anderen und daher auch keine Objekte, in ihrer genitalen Lustdimension dagegen umso mehr. Jede sexuelle Lust und Erregung des Mannes löst somit tendenziell eine unbewusste Angst vor Abhängigkeit aus.

Damit gelangen wir in das Zentrum des sexuellen Männlichkeitsdilemmas. Die unter den herrschenden Geschlechterhierarchien sozialisierten Männer neigen dazu, zwischen „Abhängigkeit und Unabhängigkeit" eine „falsche Antinomie" (Benjamin 1995, 256) herzustellen, die, wenn sie unterlaufen wird, existenzielle Ängste und teils energische, teils verzweifelte Gegenmaßnahmen zur Abwehr der assoziativ mit Weiblichkeit verknüpften Gefahren auslöst. Dem männlichen Ideal von Autonomie und Überlegenheit stehen dabei insbesondere zwei elementare Erfahrungen von Abhängigkeit diametral entgegen: die eigene Herkunft und die Sexualität.

Die erste Grunderfahrung des Mannes, die den dominierenden Männlichkeitsbildern zutiefst widerspricht, ist seine Abstammung. „Der Mann", so fasst Regina Becker-Schmidt (2000, 80) die Tiefendimension dieses Konflikts zusammen, „ist nicht von seinesgleichen fabriziert, sondern er schuldet sein Dasein einer Frau. Er ist zudem in seinen ersten Lebensjahren von ihr abhängig. 'Mütterlichkeit' bindet somit nicht einfach Frauen an ihr Geschlecht, sondern männliche Kinder an die Mutter: das andere Geschlecht." Becker-Schmidt zieht daraus den Schluss: „Das männliche Bewusstsein will offensichtlich den Gedanken an diese Abhängigkeit nicht zulassen" (ebd.).

Auf keinem Gebiet aber zeigt sich der Mann abhängiger und im eigenen Selbstverständnis schwächer als in der Sexualität und ihrer zur Männlichkeitsnorm gehörenden heterosexuellen Orientierung. Das Dilemma ergibt sich aus der prinzipiellen Objektgebundenheit (auch und gerade) der genitalen Sexualität. Das zeigt sich besonders deutlich in der tiefsitzenden Angst vieler Männer vor der weiblichen Sexualität und zugleich vor der eigenen Impotenz. Nach einer repräsentativen Umfrage haben 88 Prozent der deutschen Männer Angst vor Frauen und 84 Prozent Angst vor Potenzversagen (Pohl 2003b, 177). Männer sind der offenbar nur schwer zu ertragenden Überzeugung, die Frauen seien die eigentlichen Kontrolleure ihrer sexuellen Reaktionen. Für Benz (1989) drückt sich diese Angst des Mannes darin aus, „dass der Penis, als [...] Symbol seiner Männlichkeit, nicht ihm gehört, sondern der Kontrolle eben jener Frauen zu unterstehen scheint, von denen er sich deutlich abgrenzen möchte" (169). Gerade die (vermeintlich) durch Frauen ausgelöste Erregung zeigt, dass die im männlichen Autonomiewahn enthaltene Idee einer vollkommenen Beherrschung und Kontrolle eine Illusion ist. Das (männliche) Ich ist nicht Herr im eigenen Haus (Freud), schon gar nicht über die eigene Sexualität und den eigenen Körper. Das weist auf ein grundsätzliches Paradox in der Konstruktion der sexuellen Identität des Mannes hin, das nicht aufzulösen ist und deshalb immer antifeminine Feindseligkeiten und Aggressionen mobilisieren und sogar verstärken kann: Im

Selbstverständnis des vermeintlich autonomen und überlegenen Geschlechts ist das, was Quelle von Begierde und Lust ist, gleichzeitig, gerade *weil* es das ist, zugleich die größte Quelle von Unlust und Angst. Dieser in der Sexualität am stärksten zum Ausdruck kommende Abhängigkeits-Autonomie-Konflikt stellt somit eine der wichtigsten Quellen für die misogynen Tendenzen vieler Männern, für die paranoid getönte Abwehr der mit Weiblichkeit und unmännlicher Schwäche assoziierten Homosexualität, für die weit verbreiteten sexuellen Perversionen und für die sexuelle und allgemeine Gewaltbereitschaft gegenüber Frauen (und schwulen Männern) dar (vgl. Pohl 2005).

Die hier skizzierte Transformation des sexuellen Grundkonflikts zwischen Trieb und Objekt zu einem scheinbar unentrinnbaren Männlichkeitsdilemma ist, um es abschließend noch einmal zu betonen, keine anthropologische Tatsache, sondern Ausdruck der Kontinuität gesellschaftlicher Geschlechterhierarchien. Eine wirksame, auch für die Konstitution der männlichen Sexualität folgenreiche Gegenstrategie müsste grundsätzlich das Ziel einer „nicht auf Abwertung [der Weiblichkeit, R.P.] beruhenden Ausbildung der männlichen Geschlechtsidentität" (Pech 2002, 43) verfolgen. Nach der Grundidee in Benjamins paradigmatischem Anerkennungs-Modell scheint eine halbwegs gelungene Befriedung des Geschlechterverhältnisses prinzipiell möglich, ohne die Spannungen des Gegengeschlechtlichen aufzugeben bzw. die Differenzen insgesamt durch Dekonstruktion aufzulösen. Das aber, an diese Binsenweisheit sei hier noch einmal erinnert, ist nach Sigusch (1998) erst möglich, „wenn die Frau als Genus *gesellschaftlich* gleichwertig ist" (1222). Es geht also nicht um eine Entwicklung von der Gleichheit *zur* Differenz oder um die (falsche) Alternative Gleichheit *oder* Differenz, sondern um die letztlich nach wie vor gesellschaftlich und politisch erst noch einzulösende Gleichheitsforderung *innerhalb* der anzuerkennenden biopsychischen und psychosozialen Differenz der Geschlechter.

Literatur

Becker, Sophinette (2005): Weibliche und männliche Sexualität. In: Quindeau, Ilka/ Sigusch, Volkmar (Hg.): Freud und das Sexuelle. Neue psychoanalytische und sexualwissenschaftliche Perspektiven. Frankfurt am Main, 63-79.
– (2006): Streifzüge durch die Geschlechterdifferenz und ihre Auflösungen. Frankfurt am Main (unveröffentl. Manuskript).
Becker-Schmidt, Regina (2000): Maskulinität und Kontingenz. Macht als Kompensation eines männlichen Konflikts. In: Bosse, Hans/King, Vera (Hg.): Männlichkeitsentwürfe. Wandlungen und Widerstände im Geschlechterverhältnis. Frankfurt am Main, 71-82.

Behnke, Cornelia (1997): „Frauen sind wie andere Planeten". Das Geschlechterverhältnis aus männlicher Sicht. Frankfurt am Main.

Benjamin, Jessica (1995): Anerkennung und Zerstörung: Die Dialektik von Autonomie und Bezogenheit. In: Keupp, Heiner (Hg.): Lust an der Erkenntnis. Der Mensch als soziales Wesen. Sozialpsychologisches Denken im 20. Jahrhundert. Ein Lesebuch. München, 252-271.

Benz, Andreas (1989): Weibliche Unerschöpflichkeit und männliche Erschöpfbarkeit: Gebärneid der Männer und der Myelos-Mythos. In: Rotter, Lillian: Sex-Appeal und männliche Ohnmacht (hg. v. Andreas Benz). Freiburg i.Br., 133-170.

Böhnisch, Lothar (2003): Die Entgrenzung der Männlichkeit. Verstörungen und Formierungen des Mannseins im gesellschaftlichen Übergang. Opladen.

- (2004): Männliche Sozialisation. Eine Einführung. Weinheim/München.

-/Winter, Reinhard (1993): Männliche Sozialisation. Bewältigungsprobleme männlicher Geschlechtsidentität im Lebenslauf. Weinheim/München.

Bourdieu, Pierre (1997): Die männliche Herrschaft. In: Dölling, Irene/Krais, Beate (Hg.): Ein alltägliches Spiel. Geschlechterkonstruktion in der sozialen Praxis. Frankfurt am Main, 153-217.

- (2005): Die männliche Herrschaft. Frankfurt am Main.

Butler, Judith (1991): Das Unbehagen der Geschlechter. Frankfurt am Main.

Chodorow, Nancy (1985): Das Erbe der Mütter. Psychoanalyse und Soziologie der Geschlechter. München.

Connell, Robert W. (1999): Der gemachte Mann. Konstruktion und Krise von Männlichkeiten. Opladen.

Firestone, Shulamith (1975): Frauenbefreiung und sexuelle Revolution. Frankfurt am Main.

Freud, Sigmund (1905): Drei Abhandlungen zur Sexualtheorie. GW V, 27-145.

- (1910/1912): Beiträge zur Psychologie des Liebeslebens. GW VIII, 66-91.

- (1915): Triebe und Triebschicksale. GW X, 210-231.

- (1922): Über einige neurotische Mechanismen bei Eifersucht, Paranoia und Homosexualität. GW XIII, 195-207.

- (1923): Das Ich und das Es. GW XIII, 237-289.

Godenzi, Alberto (1991): Bieder, brutal. Frauen und Männer sprechen über sexuelle Gewalt. Zürich.

Green, André (1998): Hat Sexualität etwas mit Psychoanalyse zu tun? In: Psyche - Z Psychoanal 52, 1170-1191.

Greenson, Ralph R. (1968): Die Beendigung der Identifizierung mit der Mutter und ihre besondere Bedeutung für den Jungen. In: Greenson, Ralph R. (1982): Psychoanalytische Erkundungen. Stuttgart, 257-264.

Günzel, Sigrid (1989): Ava und Edam – Ist die Partnerschaft zwischen Mann und Frau überhaupt möglich?. In: Psyche - Z Psychoanal 43, 219-337.

Janshen, Doris (Hg.) (1991): Sexuelle Gewalt. Die allgegenwärtige Menschenrechtsverletzung. Frankfurt am Main.

Knapp, Gudrun-Axeli (2005): „Intersectionality" – ein neues Paradigma feministischer Theorie? Zur transatlantischen Reise von „Race, Class, Gender". In: Feministische Studien 23, Heft 1, 68-81.

Laplanche, Jean (1974): Leben und Tod in der Psychoanalyse. Olten/Freiburg i.Br.

Meuser, Michael/Behnke, Cornelia (1998): Tausendundeine Männlichkeit? Männlichkeitsmuster und sozialstrukturelle Einbindungen. In: Widersprüche 18, Heft 67, 7-25.

– (2000): Perspektiven einer Soziologie der Männlichkeit. In: Janshen, Doris (Hg.): Blickwechsel. Der neue Dialog zwischen Frauen- und Männerforschung. Frankfurt am Main, 47-78.

– (2003): Wettbewerb und Solidarität. Zur Konstruktion von Männlichkeit in Männergemeinschaften. In: Arx, Sylvia von/Gisin, Sabine/Grosz-Ganzoni, Ita/Leuzinger, Monika/Sidler, Andreas (Hg.): Koordinaten der Männlichkeit. Orientierungsversuche. Tübingen, 83-98.

Nitzschke, Bernd (1988): Sexualität und Männlichkeit. Zwischen Symbiosewunsch und Gewalt. Reinbek b. Hamburg.

Parin, Paul (1986): Die Verflüchtigung des Sexuellen in der Psychoanalyse. In: Psychoanalytisches Seminar Zürich (Hg.): Sexualität. Frankfurt am Main, 11-22.

Pech, Detlef (2002): „Neue Männer" und Gewalt. Gewaltfacetten in reflexiven männlichen Selbstbeschreibungen. Opladen.

Pohl, Rolf (2002): Massenvergewaltigung. Zum Verhältnis von Krieg und männlicher Sexualität. In: Mittelweg 36, 11/2, 53-75.

– (2003a): „[...] vom Liebhaber zum Lustmörder." Die Legierung von Sexualität und Aggression in der männlichen Geschlechtsidentität. In: Arx, Sylvia von/Gisin, Sabine/Grosz-Ganzoni, Ita/Leuzinger, Monika/Sidler, Andreas (Hg.): Koordinaten der Männlichkeit. Orientierungsversuche. Tübingen, 15-47.

– (2003b): Paranoide Kampfhaltung. Über Fremdenhass und Gewaltbereitschaft bei männliche Jugendlichen. In: Koher, Frauke/Pühl, Katharina (Hg.): Gewalt und Geschlecht. Konstruktionen, Positionen, Praxen. Opladen, 161-186.

– (2004): Feindbild Frau. Männliche Sexualität, Gewalt und die Abwehr des Weiblichen. Hannover.

– (2005): Sexuelle Identitätskrise. Über Homosexualität, Homophobie und Weiblichkeitsabwehr bei männliche Jugendlichen. In: King, Vera/Flaake, Karin (Hg.): Männliche Adoleszenz. Sozialisation und Bildungsprozesse zwischen Kindheit und Erwachsensein. Frankfurt am Main, 249-264.

– (2006): Vater ist der Beste. Über die Wiedergeburt eines Helden im sozialwissenschaftlichen Familiendiskurs. In: Bereswill, Mechthild/Scheiwe, Kirsten/Wolde, Anja (Hg.): Vaterschaft im Wandel. Multidisziplinäre Analysen und Perspektiven aus geschlechtertheoretischer Sicht. Weinheim/München, 171-189.

Quindeau, Ilka (2005): Sexuelles Begehren als Einschreibung. In: Dannecker, Martin/ Katzenbach, Agnes (Hg.): 100 Jahre Freuds „Drei Abhandlungen zur Sexualtheorie". Aktualität und Anspruch. Gießen, S. 135-139.

Rohde-Dachser, Christa (1997): Expeditionen in den dunklen Kontinent. Weiblichkeit im Diskurs der Psychoanalyse. Berlin/Heidelberg.

Schmauch, Ulrike (1995): Was geschieht mit kleinen Jungen? Der weibliche Blick auf Männlichkeit und das Konzept der „sicheren männlichen Identität". In: Düring, Sonja/Hauch, Margret (Hg.): Heterosexuelle Verhältnisse. Stuttgart, 27-38.

– (1996): Probleme der männlichen sexuellen Entwicklung. In: Sigusch, Volkmar (Hg.): Sexuelle Störungen und ihre Behandlung. Stuttgart, 44-56.

Sigusch, Volkmar (1998): Die neosexuelle Revolution. Über gesellschaftliche Transformationen der Sexualität in den letzten Jahrzehnten. In: Psyche – Z Psychoanal 52, 1192-1234.

Soiland, Tove (2003): Dekonstruktion als Selbstzweck? Ein Aufruf zur theoretischen Reflexion. In: Forum Wissenschaft 20, Heft 3/03, 37-40.

– (2004): Gender. In: Bröckling, Ulrich/Krasmann, Susanne/Lemke, Thomas (Hg.): Glossar der Gegenwart. Frankfurt am Main, 97-104.

Tillner, Georg/Kaltenecker, Siegfried (1995): Offensichtlich männlich. Zur aktuellen Kritik der heterosexuellen Männlichkeit. In: Widersprüche 15, Heft 56/57, 11-22.

Cornelia Helfferich

Männlichkeit in sexuellen und familialen Beziehungen: Differenz, Dominanz und Gemeinschaftlichkeit

Die Frage, wie Männlichkeit in familialen und sexuellen Beziehungen konstruiert wird, ist - folgt man der theoretischen Ausgangsposition, wie sie z.B. von Meuser ausgearbeitet wurde, - in der empirischen Annäherung zu übersetzen in die Frage, wie *Differenz* in der Familie konstruiert wird, denn es wurde „allemal deutlich, dass *doing gender doing difference* ist" (Meuser 2006, 122, Hervorhebung im Original). Die Inhalte der Differenz werden dabei nicht als essentielle Männlichkeitstopoi vorgegeben, sondern es geht um die Differenz als (binäre) Differenz - mit einer Ausnahme: Da der Differenzaspekt von dem Machtaspekt nicht getrennt werden kann, bedeutet die Konstruktion von Männlichkeit als Herstellung einer Differenz zu Weiblichkeit, so die theoretisch fundierte Annahme, gleichzeitig die Herstellung von Dominanz (vgl. ebd., 111).

Dies war ein erster Ausgangspunkt für die Rekonstruktion von Männlichkeit speziell in familialen[1] und sexuellen Beziehungen in einem Forschungsprojekt zu Familienplanung im Lebenslauf von Männern. Doch in der Analyse von biografischen Erzählungen von Männern, bei denen diese Beziehungen im Fokus standen, kam der Ansatz, subjektive Deutungen von Männlichkeit hermeneutisch über das Aufsuchen von Differenzkonstruktionen in Erzählungen über Geschlechterbeziehungen, Partnerschaften und Familie zu rekonstruieren, an seine Grenzen. In den Erzählungen erschien die Herstellung von Gemeinschaftlichkeit in der Konstruktion eines „Wir beide", hinter der eine Differenz zum Verschwinden gebracht wird, ebenso bedeutsam.[2] Das warf eine Reihe von Fragen auf, denen hier nachgegangen werden soll: Handelt es sich um eine Deutung von Egalität oder um eine rhetorische Strategie? Welche Funktion hat diese Herstellung von Gemeinschaftlichkeit? Welche Formen von „Wir"-Konstruktion als typische Form, Gemeinschaftlichkeit anzuzeigen, gibt es und in welchen Kontexten werden sie eingeführt? Das „Wir" löste in den Texten selbst die binären Geschlechterkonstruktionen nicht unbedingt auf und stand auch nicht für deren Diffusion. Das heißt, dass binäre Geschlechterkonstruktionen einhergehen können mit konstruierter Gemeinschaftlichkeit, pointierter: Das *Zugleich von Herstellung von Gemeinschaftlichkeit* und *Herstellung von Abgrenzung bzw. Differenz* scheint ein Spezifikum des Thema „Männlichkeit" im besonderen Kontext von „Familie" zu sein und eine Analyse zum Themas „Männlichkeit und Familie" muss das Verhältnis zwischen den *beiden* Konstruktionsweisen bestimmen.

Zur Verfügung stand das Textmaterial von 102 teilnarrativ-biografischen Interviews (Helfferich 2006), die in der Untersuchung „Familienplanung im Lebenslauf von Männern" 2002 mit 25- bis 54-jährigen Männern in einem breiten sozialen Spektrum geführt wurden. Die Studie wurde am Sozialwissenschaftlichen FrauenForschungsInstitut (Ev. Fachhochschule Freiburg) durchgeführt.[3] Die Generierung der Erzählungen der „reproduktiven Biografien" in dem qualitativen Erhebungsschritt bezog sich auf die Bereiche der emotionalen, privaten Beziehungen, Sexualität (auch der erste Geschlechtsverkehr), Verhütung, Familienplanung, Familienentwicklung etc., zu denen Äußerungen, falls sie nicht von allein angesprochen wurden, mit entsprechenden Erzählstimuli angeregt wurden. Dies sind gerade Aspekte, die bei einer „freien" Wahl der Thematisierung in narrativen Interviews überwiegend nicht angesprochen werden. Anders als bei Scholz (2004) wird damit eine Strategie der Männlichkeitspräsentation außer Kraft gesetzt, nämlich die Ausblendung dieser Bereiche aus der biografischen Selbstdarstellung. Mehr noch: Indem nach Themen wie Verhütung, Partnerschaft und Kinderwunsch gefragt wurde, wurden Männern Fragen gestellt, die sonst eher an Frauen gerichtet werden. Da eine analoge Studie 1998-2001 für Frauen durchgeführt worden war (Helfferich u.a. 2001), sind Vergleiche mit entsprechendem Interviewmaterial von Frauen möglich.

In dieser hermeneutischen Analyse geht es nicht darum, was Männer und Frauen *tun*, sondern darum, ob und wie sie Geschlecht und Geschlechterbeziehungen als Momente der Ordnung der Welt *sehen*. Es geht um Konstruktionen, Deutungen und Zuschreibungen. Zunächst wird das Augenmerk auf die allgemeine (familienbezogene) Differenzkonstruktion und die biografische Entstehung des „Wir" in seinen unterschiedlichen Formen in den Texten gerichtet. Eine besondere Bedeutung erhielt dabei die der narrativen Gesprächsanalyse entstammende Analyse von „Agency" (Lucius-Hoene/Deppermann 2002), d.h. die Rekonstruktion der „subjektiven Repräsentanz subjektiver Handlungsmächtigkeit". Sie gibt wieder, wie Männer ihre Handlungs- und Einflussmöglichkeiten in einem spezifischen Territorium ausdrücken.

Die Anlage der Studie ermöglicht es dann weiter, das Verhältnis von Differenz und Gemeinschaftlichkeit in zwei spezifischen „Territorien" zu betrachten, die in Forschungsstudien sonst selten untersucht werden, nämlich zuerst bezogen auf die Themen Kinderwunsch und Verhütung und dann bezogen auf die sexuelle Initiation. Das Fazit am Ende: Die Konstruktion von Männlichkeit in Abgrenzung von Weiblichkeit erzeugt für diese speziellen „Territorien" spezifische Unzugänglichkeiten und Risiken für diese so konstruierte Männlichkeit, auf die bezogen die Herstellung von Gemeinschaftlichkeit als Ersatz für fehlende eigene Handlungsmacht und Umgang mit Unsicherheit interpretiert werden kann.

1. Konstruktionen von Differenz und Gemeinschaftlichkeit – traditionell und modern

In einigen, aber nicht in allen Interviews findet sich eine klare binäre Geschlechtercodierung entlang der Differenzierung von Beruf und Familie als geschlechterkonnotierten Territorien.

Diese binäre Codierung staffiert die Differenz aus als Abgrenzung zwischen einerseits der alltäglichen, häuslichen Sorge für Kinder und Haushalt als Kern von „Familienwelt", andererseits Sorge für den Unterhalt der Familie und Geldverdienen unter männlichen Kollegen im außerhäuslichen Beruf als Kern von „Berufswelt". *Innerhalb* der Familienwelt sind Aktivitäten mit den Kindern, die aus dem Haus herausführen, wie z.B. Ausflüge, und die zeitlich außerhalb des Familienalltags verankert sind, also Aktivitäten am Wochenende oder im Urlaub, „männlich" konnotiert. Die Differenzierung männlicher und weiblicher Felder innerhalb des Familiensektors greift die konstitutiven Elemente der Differenz Familie-Beruf auf (im versus außer Haus, differenter Alltag). Diese Konstruktion fand sich vor allem bei Männern mit einer niedrigen Qualifikation in vorwiegend männlichen Berufsbereichen wie Lastwagenfahrer, Baugewerbe etc. (Helfferich u.a. 2005).

In anderen Interviews ist sowohl die Trennung der Territorien von Beruf und Familie weniger deutlich oder sie ist deutlich, aber weniger geschlechterkonnotiert, und dies gilt ebenfalls für die binnenfamilialen Differenzen. Die Differenzen lösen sich in die Unterschiede zwischen einem „Ich" und „Sie" auf, sie werden als persönliche und individuelle Besonderheiten eingeführt (vgl. kritisch zur Logik der „individualisierten Partnerschaftsdiskurse" Wetterer 2003, 297f.). Bei den inhaltlichen Ausstaffierungen von Tätigkeits- und Aufgabenfeldern überlagern sich komplexe Konstruktionen von Differenz- und Gleichheitsmarkierungen und die aufgeworfene Frage nach dem Verhältnis von beiden tritt in der Analyse immer mehr in den Vordergrund (vgl. den „pragmatisch motivierten Egalitarismus" bei Behnke/Loos/Meuser 1998, 238f).

Die Differenzkonstruktion ist dort am klarsten erkennbar, wo eine traditionale Rollenverteilung beschrieben wird und wo das „Territorium" Beruf männlich und das „Territorium" Familie weiblich konnotiert ist.[4] Diese Aufteilung geht einher mit einer Dominanz des Mannes in seiner Position als Familienernährer. Allerdings belegen alle Ergebnisse der Familienforschung übereinstimmend, dass sogar bei der großen Mehrzahl der heterosexuellen Beziehungen mit einem egalitären Selbstverständnis und keinen oder geringen Unterschieden bezogen auf Einkommen und Bildung von Frau und Mann mit der Geburt des ersten Kindes ein „Traditionalisierungsschub" einsetzt: In der Regel reduziert die Frau ihre Erwerbstätigkeit und der Mann steigert das Arbeitsengagement eher, als dass er es reduziert (Schneewind/Vascovics 1992, 238f; Helfferich/Klindworth/Wunderlich 2004). Die faktische Differenz der Aufgabenfelder wird also auch hier gerade mit der Familiengründung eingeführt und entsprechend eine differenzierende Semantik in den Texten – allen egalitären Vorgeschichten und Vorstellungen zuwider.

Diese mehr oder weniger als normativ verankert oder als personengebunden-akzidentell eintretend gedeuteten und mehr oder weniger deutlichen Differenzkonstruktionen werden überlagert von Konstruktionen der Gemeinschaftlichkeit im „Wir". Das „Wir" als semantische Markierung für Beziehungen tritt in der erzählten Biografie erstmals eine gewisse Zeitspanne nach den Berichten von ersten Kontakten zu Frauen bzw. Freundinnen auf – die ersten Kontakte werden eher in dem Modus „Ich" und „die Frau" erzählt, ohne dass aus diesem Zusammentreffen ein „Wir" konstruiert wird. Auch bezogen auf die Geschichte einer speziellen Partnerschaft wird das „Wir" nicht gleich bei der ersten Begegnung konstituiert. Das „Wir" markiert in den Erzählungen – gesamtbiografisch oder bezogen auf eine spezielle Partnerschaft – vielmehr in der Regel gerade den Punkt, an dem eine bestimmte Verbindlichkeit eingeführt wird. Die Verwendung von „Wir" kann als Indikator für Commitment und Festlegung interpretiert werden.

Dieser Übergang zum „Wir" ist nicht ohne weiteres selbstverständlich, denn die biografisch vorgelagerten Kontakte bzw. Beziehung(en) sind durch Unverbindlichkeit und eine Ablehnung von Bindungswünschen gekennzeichnet, insbesondere bei Männern, deren Geselligkeitsformen in der Jugend von homosozialen Männercliquen bestimmt sind. Die Geschichten dieser frühen Kontakte oder Beziehungen beinhalten Distanzierungen von Frauen, z.B. über eine Abwertung und über ihre Reduzierung auf Stoff für sexuelle Erfahrungen: Hier wird nicht nur Differenz in Abgrenzung von Frauen hergestellt, sondern auch Überlegenheit.[5] Die eigene Jugendgeschichte wird auch als sexuelle Lehrzeit erzählt, für die eine „zu frühe" Festlegung regelwidrig ist. Mit der Festlegung auf eine dauerhafte Bindung und mit der Gründung einer Familie reduzieren sich nämlich zumindest in der Vorstellung, die damit verbunden wird, die sexuellen Aktivitäten auf die (Ehe-)Frau. Das „Wir" taucht in den Erzählungen gerade dann auf, wenn mit der Festlegung die Distanzierungsmöglichkeit (und damit eine spezifische Möglichkeit, die Überlegenheit über Frauen zu konstruieren) aufgegeben wird. Nach der Festlegung steht das „Wir" für einen Konsens und Gemeinsamkeit der Interessen.

Analysiert man die subjektiven Repräsentanzen der Handlungs- und Gestaltungsmächtigkeit (Agency), dann entspricht dem „Wir" eine gemeinsame und konsensuelle Agency. Es ist das „Wir", das Wünsche hat („Wir wollten umziehen"), das entscheidet, handelt („Wir waren in Urlaub") etc. Diese Frage der Formen von repräsentierter Handlungsmacht in unterschiedlichen (Teil-)Territorien wird unten noch einmal im Zusammenhang mit Kinderwunsch und Verhütung aufgegriffen.

Es gibt zwei Wege, über die das „Wir" konstituiert wird. Der erste Weg ist vor allem, aber nicht nur in den Biografien der älteren Männer zu finden. Er besteht darin, dass der Mann eine Partnerin sucht und prüft, ob sie seine Vorstellungen von Zusammenleben, Partnerschaft und Familie teilt („Die passt zu mir": Helfferich/Klindworth/Kruse 2005, 212). Die Gemeinsamkeit bezieht sich dann auf diesen gemeinsamen, normativ verankerten Hintergrund. Gemeinsamer Bezugspunkt des Konsenses ist eine Normalität, die die Rollenaufteilung in der Partnerschaft und damit gerade die Differenzkonstruktion von Männlichkeit und Weiblichkeit und die Zuständigkeit der Frau für die alltägliche Sorge für die Kinder umfasst. Der zweite Weg zur Konstitution des „Wir" besteht in der stets neu auszuhandelnden Synthese eines „Ich" und einer „Sie", die in einer egalitären Weise jeweils als mit eigenen Vorstellungen ausgestattet und eigene Interessen verfolgend konzipiert werden. Die Erzählungen berichten von dem, was Sie tat oder wollte, und dem, was Er tat oder wollte, von Aushandlungen, Kompromissen, Annäherungen und bleibenden Divergenzen. Die Gemeinsamkeit wird in der steten Aushandlung in einer Diskurskultur (wichtig ist es, darüber zu sprechen!) immer wieder neu austariert und hergestellt. Diese Form der Herstellung von Gemeinschaftlichkeit in dem „Wir" klingt egalitär (sieht man davon ab, dass eine Dominanz nun nicht normativ abgesichert, sondern über die individuellen Vorstellungen und Interessen des Mannes in die Beziehungsgestaltung Eingang findet, vgl. Wetterer 2003).

2. Kinderwunsch, Verhütung: Fremde Territorien und konsensuelle Handlungsmächtigkeit

„Familie" ist aus der Sicht der rekonstruktiven Sozialforschung ein zu breiter Rahmen für eine Analyse von Männlichkeitsdeutungen, denn darunter fallen Erzählbereiche, die einer unterschiedlichen Logik folgen. Über die eigene Ernährerrolle zu sprechen, ist etwas anderes als über Verhütung zu sprechen oder über die ersten sexuellen Erfahrungen. Zunächst wird analysiert, wie Männer über Verhütung sprachen und darüber, wie sie zu Kindern kamen.

Die Felder Kinderwunsch und Verhütung, insbesondere den weiblichen, reproduktiven Körper, konstruierten die Erzähler – und zwar fast ohne Ausnahme – als fremd, im Gegensatz zu Frauen, die als mit diesen reproduktiven Angelegenheiten direkt Befasste und darin Kundige erscheinen.[6] So entsteht eine spezifische Positionierung der Geschlechter: Männer beziehen sich in diesen Fragen auf die Partnerin, sie haben damit einen indirekten Zugang und sie sehen sich nicht als aktiv gestaltend und handlungsmächtig. Das heißt: bestimmte Formen der Gestaltung der eigenen reproduktiven Biografie sind Männern (nur) über Frauen zugänglich, für Frauen sind sie aber direkt zugänglich. Das Skript hat das Muster: Ein Mann hat eine Frau und mit ihr Kinder. Eine Frau hat Kinder und einen Mann dazu.

Fast alle Männer in den Interviews äußerten sich nicht oder wenn, dann mit offenkundigem Unbehagen und Unwissen über körperliche Phänomene wie Schwangerschaft, Geburten oder Fehlgeburten und Schwangerschaftsabbrüche. Aber noch seltener sprachen sie über Aspekte der Reproduktion, die den männlichen Körper betreffen. Für die Reproduktion scheint aus Sicht der Männer nur der *weibliche* Körper relevant zu sein und das Körperwissen ist etwas, über das nur Frauen verfügen (müssen).

Der indirekte Zugang von Männern zu reproduktivem Handeln, insbesondere zu Verhütung, als spezifische Positionierung der Geschlechter lässt sich an den beiden Beispielen nachvollziehen:
- Den Topos „Vertrauen" bezogen Männer in dem Sinne auf die Partnerin, dass sie sorgfältig verhütet. Sie „müssen ihr glauben" – ob sie die Pille tatsächlich nimmt, entzieht sich in bestimmten Beziehungskonstellationen der Überprüfung. Frauen wollten sich nicht auf den Partner verlassen. Wenn sie von Vertrauen sprechen, dann bezogen sie das auf Verhütungsmittel.
- Den Topos „Schutz" bezogen Männer ebenfalls auf Frauen, die schwanger werden und dann eine Bindung einfordern könnten. Dieses Motiv, das vor allem bei jungen bzw. ungebundenen Männern vorkam, ist umrankt von zitierten Warnungen der Eltern und von Mythen von Frauen, die einem Mann ein Kind „andrehen" etc. Mit diesem Schutz ist eine Distanzierung von Frauen und ihren potenziellen Ansprüchen verbunden. In den Interviews mit Frauen spielte der Schutz ebenfalls als ein eigenständiger Schutz eine Rolle, aber nicht vor dem Partner, sondern vor einer Schwangerschaft, ohne dass damit eine Distanzierung von dem Partner verbunden wäre.

Die Fremdheit gegenüber Kernbereichen des reproduktiven Geschehens und Handelns und der indirekte Zugang treten auch in einer anderen Hinsicht in den Interviews klar hervor. Im Kontext der Themen Partnerschaftsentwicklung, Kinder, Verhütung oder erster Geschlechtsverkehr kommt eine Konzeption einer eigenen, autonomen Handlungs- und Gestaltungsmacht im Sinne eines „Ich habe etwas getan" oder „Ich habe beschlossen, etwas zu tun" selten und wenn, dann nur in spezifischen Kontexten, vor. Dies gilt mehr oder weniger deutlich nicht nur für eine Teilgruppe von Männern mit konventionellen Männlichkeitsvorstellungen und Differenzkonstruktionen, sondern allgemein.

Statt des aktiven, eigenmächtig-autonomen Gestaltens finden sich andere Formen von Handlungsmacht. Eine wichtige Form, Handlungsmächtigkeit zu konzipieren, ist die bereits benannte Konstruktion des kollektiven Akteurs „Wir" („Wir wollten dann Kinder", „Wir haben die Pille genommen"). Weitere Formen von Agency sind Vorstellungen von biografischen, reproduktionsrelevanten Abläufen als abstrakt-anonymen Geschehnissen (z.B. „Dann hat man [...]", „Die Kinder kamen", „Es lief so ab, wie es sein muss") oder als Delegation der Handlungsmacht an die Frau (Helfferich/Klindworth/Kruse 2005, Kap. 8.4).

Dieser Erzählmodus kontrastiert klar und scharf mit dem Modus, der die Erzählung des beruflichen Biografiestranges bestimmt: Hier ist das „Ich" eigenständig handelnder und gestaltender Akteur, der sich entschließt, plant, sich bewirbt, eine Stelle sucht, antritt oder kündigt etc. Die Ausbildungs- und Berufsbiografie wird nicht oder höchstens in passageren Episoden als Biografie der Widerfahrnis erzählt, auch dann nicht, wenn Misserfolge zu verzeichnen sind. In dieser Darstellungsform gibt es keine gemeinsame Agency in dem Sinne von „Wir haben dann beschlossen, dass ich arbeite [...]" oder eine an die Partnerin delegierte Agency. Darstellungen der Vergemeinschaftung der Arbeit als „Wir haben gearbeitet" analog zu „Wir haben die Pille genommen" würden auch befremdlich wirken.

Gerade in diesen Kernbereichen der Familienplanung, bei der Frage nach Kindern und bezogen auf Verhütung, bei denen die Asymmetrie zwischen Frau und Mann und die begrenzte Handlungsmacht des Mannes so deutlich ist, sind in den Interviews keine sprachlichen Hinweise auf Dominanz zu finden – im Gegenteil: Es dominieren Konstruktionen der Gemeinschaftlichkeit in Form des konsensuellen „Wir".[7] Die prototypische Form, den Weg zu Kindern im Modus des „Wir" darzustellen, lautet „Wir wollten (beide) Kinder" und bei der Verhütung „Wir haben die Pille genommen".[8]

Auch quantitative Untersuchungen belegen die Bedeutung der Gemeinschaftlichkeit: Auf die Frage „Wenn eine Partnerschaft fest ist, sollte die Verhütung

Sache des Mannes sein oder Sache der Frau sein oder gemeinsame Sache sein?" antworteten 96 Prozent der befragten Männer, sie solle gemeinsame Sache sein, und 4 Prozent, sie solle Sache der Frau sein (Helfferich/Klindworth/Kruse 2005, 168f.). In einer repräsentativen Umfrage zum Verhütungsverhalten von Erwachsenen (Bundeszentrale für gesundheitliche Aufklärung 2003, 8) gaben 36 Prozent der befragten Männer an, für Verhütung seien „beide zuständig", aber nur 9 Prozent der Frauen. Eine Erklärung für diese Differenz kann darin liegen, dass Männer andere Kriterien als Frauen haben, wann sie von einer Zuständigkeit beider sprechen, und sie scheinen dabei eine Aufgabenteilung mit einzubeziehen, die Frauen als eigene Alleinzuständigkeit oder Alleinzuständigkeit des Mannes einordnen würden. Die Konstruktion der Gemeinschaftlichkeit macht es möglich, den Beitrag der Frau, die die Pille nimmt, zu vergemeinschaften zu einem „Wir haben die Pille genommen", während Frauen die Verhütung mit der Pille aus der „Ich"-Perspektive mit „Ich habe die Pille genommen" berichteten.

In beiden Bereichen, Kinderwunsch und Verhütung, ist der wesentliche Mechanismus der Konstitution von Gemeinsamkeit, auf den die Erzähler mit unterschiedlichen semantischen Variationen rekurrieren, das „Wir haben darüber gesprochen" (Helfferich/Klindworth/Kruse 2005, 175). Das erstmalige „darüber (über Verhütung) Sprechen" markiert in den Erzählungen der Männer den Übergang in eine festere Beziehung. Dieses „Darüber Sprechen" hat entsprechend den Konstitutionswegen von „Wir" unterschiedliche Formen: als einmalige Prüfung und Klärung oder als auf Dauer gestellte diskursive Aushandlung.

3. Differenz, Dominanz und Gemeinschaftlichkeit in den Erzählungen der sexuellen Initiation

Eine besondere Rolle spielen die Aspekte Differenz, Dominanz und Herstellung von Gemeinschaftlichkeit im Zusammenhang mit der Konstitution und Verteidigung von Männlichkeit bei dem Thema der sexuellen Initiation (ausführlicher: Helfferich 2005). Diese Situation ist prekär insofern, als das Versagen bei diesem Schritt eine Degradierung und eine Beschämung als Verfehlen von Männlichkeit bedeutet. Jugendstudien zeigen die Verletzbarkeit der jungen Männer (wobei weniger die Partnerin, sondern die „soziale Arena" der anderen männlichen Bezugspersonen die Juroren sind). Das Problem des Übergangs in erwachsene sexuelle Männlichkeit besteht darin, dass sexuelle Überlegenheit über Frauen herzustellen ist, aber in der Initiation erst einmal die Voraussetzungen, nämlich sexuelle Erfahrungen, nicht gegeben sind. Der Initiand ist auf die Hilfe einer Frau angewiesen, um männlich zu werden.

Diese Initiation wurde in zwei Formen von Narrativen gefasst und erzählt: als „Verführung durch eine an sexuellen Erfahrungen überlegene Frau" oder als „schrittweises, gemeinsames Lernen zweier Unerfahrener". Das erste Narrativ beinhaltet die instrumentell-funktionale Betrachtung dieser Beziehung – als Mittel, die eigene Unerfahrenheit zu überwinden – und die Möglichkeit einer emotionalen Distanzierung. Die sprachlichen Formen der Handlungsmacht sind nicht aktiv; die Handelnde ist die Initiatorin oder ein anonymes „man". Das zweite Narrativ beinhaltet ein Vortasten in kleinen Schritten jeweils mit einer diskursiven Rückversicherung bei der festen Partnerin. Die dominierende Form der Agency ist hier das „Wir".

Beide Formen wurden interpretiert als Lösungen für das Problem des Übergangs: Im ersten Fall besteht bei einem Versagen die Möglichkeit, die überlegene Frau und die Episode abzuwerten, sie zu bagatellisieren und sich so zu distanzieren und die eigene Überlegenheit wieder herzustellen. Im zweiten Fall wird der Übergang in kleinen Schritten abgearbeitet und damit das Risiko des Versagens und der Beschämung in kleine und in dem „Wir" abgesicherte Teilrisiken zerlegt, solange bis die erste Prüfung, der erste Geschlechtsverkehr, dann „nichts Besonderes" mehr ist. Hier ist es nicht die Möglichkeit, Überlegenheit herzustellen, sondern die Gemeinschaftlichkeit des „Wir", die Ängste mildert.

Die Möglichkeit der Beschämung hängt damit zusammen, dass Männlichkeit durch die sexuelle Überlegenheit einer Frau diskreditiert wird. Die Möglichkeit, dass die Initiationsbeziehung zu einer sexuell überlegenen Frau zu einer regulären Partnerschaft wurde, kam in den Erzählungen nicht vor; die Initiation ermöglichte bei diesem Narrativ vielmehr dem Mann, auf der Basis des neuen Status als ein sexuell Erfahrener im Anschluss an die Initiationsbeziehung reguläre Beziehungen zu Freundinnen einzugehen, bei denen er nicht mehr an Erfahrungen unterlegen war. Schon dem Konzept der „sexuellen Lehrzeit" liegt die Norm zu Grunde, dass ein Mann über sexuelle Erfahrungen mit unterschiedlichen Frauen verfügen muss. Diese Norm wird implizit auch von denen anerkannt, die wenig sexuelle Erfahrungen oder sexuelle Erfahrungen ausschließlich mit ihrer späteren Ehefrau gemacht hatten (Helfferich 2005).

4. Männlichkeit und Familie: Strukturelle Spannung von Differenz und Gemeinschaftlichkeit

Wer Differenzkonstruktionen sucht und dabei ausschließlich eine Replikation der traditionell-asymmetrischen Geschlechterbeziehungen und insbesondere der familialen Aufgabenteilung zwischen Frauen und Männern im Sinn hat, wird nur bei einer bestimmten Teilgruppe von Männern fündig – bei Behnke, Loos und Meuser (1998), die Gruppendiskussionen mit Männern durchgeführt hatten, war dies z.B. die „präfeministische" Männergeneration. Bei anderen Gruppen sind die egalitären Momente unübersehbar.

Erweitert man den Fokus aber und lässt Vorgaben, *wo* eine Differenz aufzusuchen ist und *wie sie inhaltlich bestimmt* ist, beiseite, indem man z.B. die intimen Themen einbezieht, dann kommen zwei weitere, bleibende, in allen Interviews mehr oder weniger deutlich bestätigte und damit grundlegende Differenzen in den Blick. Die Differenz erscheint erstens als Distanz zum fremden Frauenkörper, wenn Männer die Felder Verhütung und der weibliche, reproduktive Körper ihnen fremde Territorien konstruieren, für Frauen aber als vertraute Bereiche. Männer konstruieren sich und Frauen unterschiedlich bezogen auf die Handlungs- und Gestaltungsmacht in diesen Feldern. Differenz hat als Zweites die Form der sexuellen Überlegenheit über Frauen, damit werden Differenz und Dominanz in der sexuellen Beziehung zu Frauen eingeführt. Es gibt offenbar bereichsspezifisch gefärbte Differenzkonstruktionen, mit je bereichsspezifischen Ausformulierungen des Verhältnisses von Differenz, Dominanz und Gemeinschaftlichkeit, auch wenn die Konstruktionen der einzelnen Bereiche untereinander zusammenhängen.

Diese bleibende Differenz im Sinne einer Fremdheit in zentralen Bereichen der „Familienwelt" könnte auf die biologische Differenz zurückgeführt werden: Es sind Frauen, und nur Frauen, in deren Körper Kinder heranwachsen und die Kinder gebären können. Die in der Studie „Familienplanung im Lebenslauf von Frauen" befragten Frauen brachten entsprechend das Argument vor, sie selbst, ihr Leben und ihr Körper seien anders als Männer *direkt* von einer Schwangerschaft betroffen.

Doch allein dieses biologische Argument gelten zu lassen wäre verkürzt. Zu berücksichtigen ist, dass kulturelle Praktiken, juristische Codifizierungen und die Entwicklungen der Technologien der Reproduktion diesen Unterschied zwischen Frau und Mann überformen. Die heutige Dominanz „weiblicher", auf und/oder in dem Körper der Frau wirkender Verhütungsmittel fördert, unterstützt und kontrolliert (!) von einer institutionalisierten, engen Betreuung durch die (historisch: männliche) Gynäkologie, die Beschäftigung der Frau mit ihrem Körper. Frauen haben im Zuge dieser Entwicklung relevantes Körperwissen erworben, für das es kein Pendant auf Seiten der Männer gibt. Und wie betroffen Frauen und wie betroffen Männer von einer Schwangerschaft sind, hängt wesentlich von den sozialen Folgen einer Schwangerschaft und diese wiederum von rechtlichen Regelungen ab, die die Rechte nichtehelicher Kinder, der Rechte und Pflichten von deren Vätern und der Situation lediger Mütter bestimmen (s.u.).

Die rekonstruierte Vorstellung des reproduktiven Bereichs (oder von Teilbereichen dieses Territoriums) als fremd und einer (für Männer) eigenen, aktiven und autonomen Bestimmung und Gestaltungsmacht nicht zugänglich, ist selbst als eine soziale Deutung der biologischen Differenz zu betrachten. Die Fremdheit entsteht aus der Definition von Männlichkeit über die Ab- und Ausgrenzung von Weiblichkeit: Das Ausgegrenzte ist dann nur um den Preis des Verlustes an (einer bestimmten Form von) Männlichkeit zugänglich – als geschlechterkonnotiert „weibliches" Territorium bleibt es fremdes Territorium.

Die Abgrenzung von Weiblichkeit reflektiert die Tatsache, dass Männlichkeit und Familie biografisch erst einmal auseinander treten müssen: Um ein Mann zu werden, muss sich der Junge von der Mutter und ihrem bindenden Zauber und von dem Haus lösen und sich in der Welt von Männer draußen bewähren. Gelingt ihm diese Lösung nicht, verfehlt er Männlichkeit. Dieses Auseinandertreten von Familie und Mutter (synonym für Weiblichkeit) und Männlichkeit und die Ablösung im Gestus der Abgrenzung bestimmten durchgehend die Biografiekonzepte von Männern. Diese Konzepte sind zweiphasig angelegt, aufgeteilt in die Phase der Jugend und, damit kontrastierend, in die Phase der Festlegung in familialen Beziehungen. Das semantische Feld für die erste, die „Jugend"-Phase, ist mit „Freiheit, machen was man will, Spaß, das Leben genießen, Erleben, Austoben, Unabhängigkeit, eigenes Geld" gefüllt, das Feld „Familie/Erwachsensein" beinhaltet die Motive „Angebunden sein, Verantwortung, Ernst, Sättigung, (zur) Ruhe (kommen), für die Familie sorgen". Jugend als Lehrzeit steht die Erwachsenenphase als Zeit der (ernsten) Berufstätigkeit gegenüber. Und schließlich – darauf wurde bereits hingewiesen – ist Jugend als sexuelle Lehrzeit konzipiert, in der es darum geht, sexuelle Erfahrungen (mit unterschiedlichen Frauen) zu machen und offen zu sein. Die Zäsur zwischen den Phasen wird in vielen Interviews explizit markiert.

Familie ist also etwas, das ein Mann erst einmal auf seinem Weg zu Männlichkeit hinter sich lässt. Wenn er als Erwachsener sich Familie wieder nähert – indem er selbst familiale Beziehungen eingeht –, tut er dies auf eine Weise, die ihn davor schützt, in eine kindliche Abhängigkeit zurückzufallen: Als Ernährer und als sexuell Erfahrener kann er eine Autoritätsposition beanspruchen. Nach der Bewährung in der Welt, nach dem Abschluss der sexuellen und beruflichen Lehrzeit, nach dem Erwerb der Insignien des männlichen Erwachsenenlebens – also wenn der Mann ein Mann ist – ist der Anspruch auf Überlegenheit gesichert. Die grundsätzliche Differenz, die zentrale Bereiche des Familienterritoriums fremd sein lässt, bleibt erhalten, wird aber durch die Autoritätsposition mit männlicher Dominanz kontrolliert.

Aus strukturell-patriarchatskritischer Sicht wird diese Kontrolle und Aneignung der (fremden) weiblichen Reproduktionskraft als wesentliches Machtmotiv hergeleitet. Die Frage ist aber, wie die Herstellung von Gemeinschaftlichkeit, die die Differenz- und Fremdheitskonstruktionen flankiert, zu verstehen ist. Sie ist gerade in den Feldern zu finden, die deutlich von einer Fremdheit, einer Asymmetrie der Geschlechter und von einer Unzugänglichkeit für eine direkte Gestaltungsmacht von Männern gekennzeichnet sind. Die historischen Bezüge haben gezeigt, dass die Konstitution von Männlichkeit prinzipiell eine Distanz zu Fragen von Familienplanung und weiblicher Sexualität hat und dies Fremdheit erzeugt und damit Unsicherheiten und Ängste, wieder in einen kindlichen Abhängigkeitsstatus einzutreten. Ist die Herstellung von Gemeinschaftlichkeit historisch an die Stelle der Herstellung von Dominanz getreten als Mittel zur Bewältigung dieser Unsicherheit und dieser Ängste?

Zunächst einmal ist die Herstellung von Gemeinschaftlichkeit weder eine Erfindung der Moderne noch unverträglich mit der Herstellung von Dominanz. Ute Gerhard (2005) verortet das Spannungsverhältnis zwischen Gleichheit und Dominanz in der Konzeption von Ehe als bürgerlichem, privatrechtlichem Vertrag im 19. Jahrhundert: Sie sieht einen „fortwährenden Widerspruch" (ebd., 452) und eine „systematische Bruchstelle zwischen der geschichtsmächtigen Idee von der Gleichheit aller Menschen und einem 'Sonderrecht' für verheiratete Frauen. Denn der Ehevertrag begründete unmittelbar ein Herrschaftsverhältnis, in dem der Mann als das 'Haupt' der Ehe und Inhaber einer ehelichen Gewalt [...] sowohl die Leitung und Kontrolle der ehelichen Angelegenheiten als auch die Verpflichtung zu Schutz und Unterhalt übernahm, die Frau jedoch zu Gehorsam, Unterwerfung und persönlicher Dienstleistung jeder Art verpflichtet wurde" (ebd., 451). Die *hegemoniale Männlichkeit* versöhnt diesen Widerspruch mittels der Fiktion der von Mann und Frau *gemeinsam geteilten* Vorstellung, dass diese Aufteilung eben das Richtige und Normale sei. Wenn ein Mann eine Frau als Partnerin nach dem Kriterium wählt, dass sie mit der Dominanz des Mannes *einverstanden* ist, dann stellt er zugleich Gemeinschaftlichkeit und Dominanz her. Das Einverständnis der Partnerin mit der – in der Differenz von Männlichkeit und Weiblichkeit gründenden – überlegenen Position des Mannes in der Familie sichert die Legitimation der Dominanz. Die Konsequenz ist eine „indirekte" Kontrolle des reproduktiven Bereichs, denn auf der Basis dieses Konsens kann die Planung von Familie der Frau überlassen werden, ohne Risiko, dass dies den Vorstellungen des Mannes zuwiderläuft; die Koinzidenz von dem, was „wir" wollen und was „ich/der Mann" will, ist gesichert.

Auch wenn diese Form der Dominanz sichernden Gemeinschaftlichkeit auch heute in den Interviews zu finden ist, so ist doch nicht zu übersehen, in welchem Maß sich die Ausdrucksformen des „fortwährenden Widerspruchs" (Gerhard) geändert haben. Um nur einige Hinweise aufzugreifen: Die rechtlichen Veränderungen vom Gleichberechtigungsgesetz (1957) über Reformen des Familienrechts Ende der 1970er Jahre bis zum Gewaltschutzgesetz (2002) haben Frauen und Kindern als individuellen Familienmitgliedern mehr eigenständige Rechte eingeräumt, die sie gegen die Familieneinheit als solche und damit gegen das diese Einheit nach „außen" repräsentierende Familienoberhaupt durchsetzen können (z.B. Limbach 1988).[9] Auch in anderen Bereichen wurden Handlungsmöglichkeiten in Richtung mehr Selbstbestimmung von Frauen ausgeweitet – im Bildungsbereich, und, hier von Interesse, mit der Durchsetzung der Pille als weiblicher Verhütung Mitte der 1970er Jahre, aber auch mit der Reform des §218.

Die *traditionelle* Form der Herstellung von Gemeinschaftlichkeit legitimiert die Dominanz des Mannes, indem sie sich auf die Zustimmung der Frau beruft. Ist dann wenigstens die Herstellung von Gemeinschaftlichkeit in den *moderneren* Formen der Konstitution des „Wir" ein Ausdruck moderner Gleichheit? Oder ist sie ein Ausdruck moderner Gleichheitsideologien und die Gleichheitsansprüche sind bloß „im Kopf" schon „weiter" entwickelt als die beharrlich ungleiche Praxis (z.B. Metz-Göckel/Müller 1986, 130ff.)? Ist sie ein Teilaspekt einer „rhetorischen Modernisierung", die nur nicht wahrhaben will, dass Ungleichheiten und Dominanzen weit davon entfernt sind, sich aufzulösen (Wetterer 2003)?

Nun zeigen die Betrachtungen der einzelnen Bereiche, dass Strategien der Herstellung von Gemeinschaftlichkeit gerade dort zu finden sind, wo sie Strategien der Abwertung und Distanzierung von Frauen ersetzen, und gerade dort, wo Frauen bezogen auf Handlungsmacht Männern überlegen sind oder es potenziell sein könnten. Dies ist das Territorium der Verhütung, das als „weiblich" konnotiert Männern fremd ist und bei der der direkte Handlungszugang nicht gegeben ist (Verhütung), und das Territorium, in dem ein junger Mann auf eine Frau angewiesen ist, um vor anderen Männern als Mann zu bestehen (sexuelle Initiation). Für diese Bereiche wird als Interpretation der Bedeutung von hergestellter Gemeinsamkeit vorgeschlagen: *Die Herstellung von Differenz über Abgrenzung von Weiblichkeit wirft in den sexuellen und familialen Beziehungen Probleme für Männer auf, die mit der Herstellung von Dominanz, aber auch mit der Herstellung von Gemeinschaftlichkeit gelöst werden sollen. Diese „Lösungen" führen dazu, dass weibliche Dominanz, die möglich wäre, verhindert wird.* Die rhetorischen Strategien haben die Funktion, Ängste und Risiken abzuarbeiten und eine diskursive Rückversicherung bei der Partnerin einzuführen.

Die Herstellung der Gemeinschaftlichkeit, so die vorgeschlagene These, stellt in ihrer modernen Fassung zwar nicht mehr die patriarchale Dominanz à la 19. Jahrhundert sicher, aber sie verhindert wenigstens bezogen auf die als fremd und nicht direkt zugänglich konstruierten Felder Verhütung, Kinder und sexuelle Initiation eine Dominanz von Frauen, die Abhängigkeit des Mannes von einer Frau und damit eine Beschämung von Männlichkeit. Auch die Herstellung von Gemeinschaftlichkeit kann eine Strategie sein, eine männliche Identifikation aufrechtzuerhalten.

Eigentlich ist das Thema damit aber noch nicht am Ende angelangt, denn es ist die Frage, ob die Analyse von „Männlichkeit und Familie" ohne eine Analyse von „Weiblichkeit und Familie" auskommt. Zumindest die historischen Veränderungen betreffen Männer *und* Frauen. Auch für Frauen wird das biografische Moratorium der Postadoleszenz und damit die Abgrenzung und Abtrennung von Familie eine selbstverständliche Lebensphase und auch für sie treten in einem gewissen Sinn in dieser Phase Familie und Weiblichkeit auseinander. Die Narrative der sexuellen Initiation von Frauen lokalisieren diese fast ausschließlich in festen Partnerschaften und auch hier lässt sich rekonstruieren, *wie* mit der Organisation dieses Übergangs bei Frauen *welche Ängste* gemindert werden. Auch Frauen haben ihrerseits ein Interesse an der Herstellung von Gemeinschaftlichkeit. In den Interviews aus der Studie „Familienplanung im Leben von Frauen" wurde aber auch deutlich, dass Frauen sehr wohl die doppelte Bedeutung von Gemeinschaftlichkeit erkannten: Einerseits wurde eine stärkere Verantwortung von Männern gefordert, andererseits sollte das nicht dazu führen, die Handlungsmächtigkeit der Frau einzuschränken.

Insgesamt erweist sich das Thema „Männlichkeit und Familie" als komplexer und es erschöpft sich nicht in der Frage der Beteiligung von Männern an der Hausarbeit und Kindererziehung und der Dominanz des Familienernährers. Es lässt sich nicht als eine einseitige und eindimensionale Dominanzbeziehung fassen. Während bezogen auf die Position des Familienernährers das gängige Muster beharrlich die durchgehende oder die später, mit der Geburt des ersten Kindes einsetzende Traditionalisierung ist, die die dominante Position des Hauptenährers absichert, wird in anderen Familienbereichen, bezogen auf Verhütung und Kinderwunsch die bleibende Differenz und Fremdheit so mit rhetorischen Strategien der Gemeinschaftlichkeit bearbeitet, dass in der Gesamtbilanz der familialen Machtverhältnisse Männlichkeit nicht beschädigt wird.

Anmerkungen

1 Unter „Familie" wird hier eine „exklusive Solidargemeinschaft, die auf relative Dauer angelegt ist" (Schneider 2000, 15), verstanden, also Geschlechterbeziehungen (gleichgeschlechtliche Beziehungen eingeschlossen) mit einer gewissen Verbindlichkeit. Schneider bezieht sich hier auf das Bundesverfassungsgericht und benennt die Kriterien des gegenseitigen Eintretens der Partner füreinander, die Ausrichtung auf eine längere Dauer und den Ausschluss weiterer Lebensformen ähnlicher Art neben der Familie.

2 Dieses methodische Vorgehen setzt eine wichtige Forderung der rekonstruktiven Sozialforschung, die Haltung der Offenheit, um: nicht an den Text Vorstellungen heranzutragen, nach welchen Strukturen zu suchen sind (hier: nach Differenzkonstruktionen), sondern gerade nach solchen Textelementen zu suchen, die den Vorstellungen widersprechen (hier: das Verschwinden von Differenz).

3 Die Studie erfolgte im Auftrag der Bundeszentrale für gesundheitliche Aufklärung und in Kooperation mit dem Institut für Soziologie der Universität Freiburg. Befragt wurden 1.503 Männer in Freiburg, Leipzig, Gelsenkirchen und dem Freiburger Umland mit einem standardisierten Fragebogen zu Aspekten der Familienplanung im Lebenslauf (z.B. Daten zu Partnerschaften, Verhütung, Schwangerschaften, Geburten, Schwangerschaftsabbrüche, Einstellungsfragen etc.). 102 Männer aus dieser Stichprobe wurden kontrastierend für ein teilnarratives, biografisches Interview ausgewählt und erzählten ihre Lebensgeschichte mit eigenen Worten (Auswertungen: hermeneutische Fallrekonstruktion und themenbezogen inhaltsanalytische Verfahren). Befragt wurden nicht nur Väter, sondern auch Männer ohne Kinder, denn auch für sie haben Familie und Familienplanung eine Bedeutung. Die Geschlechterkategorien, die der Stichprobe zugrunde liegen, werden als „Personalausweisgeschlecht" bezeichnet; sie sind Ergebnis des bürokratischen Aktes, in den Ausweis, mit dem eine Person ihre Identität „ausweist", „weiblich" oder „männlich" einzutragen (Helfferich/Klindworth/Kruse 2005).

4 Krüger (2001, 264) verwendet den Begriff der „Territorien" für soziale Bereiche oder Tätigkeitsfeldern, die - oft unbewusst - mehr oder weniger deutlich geschlechtskonnotiert, also einem Geschlecht zugeordnet sind. So können Berufsfelder oder Studiengänge Männern oder Frauen zugewiesen sein, d.h. als Territorien „männlich" oder „weiblich" sein. Das „Geschlecht" eines Territoriums wird, wie die Berufssoziologie (Wetterer 2002) zeigt, häufig mit Strategien der Ausschließung „unpassender" Personen verteidigt. Diese Schließungsmechanismen und das Stiften von Geschlechtsidentität stehen in einem wechselseitigen Bedingungsverhältnis.

5 Den zwei Phasen Jugend - Festlegung/Familie entsprechend gibt es eine semantische Entgegensetzung von „kurzen" und „dauerhaften", „lockeren" und „festen", „oberflächlichen" und „tiefen", akzidentellen und „richtigen" Beziehungen zu Frauen vgl. Helfferich/Klindworth/Kruse 2005, 91ff.

6 Männer konstruieren Frauen als hier Kundige, aber auch Frauen sahen sich selbst in den Interviews, die mit Frauen in der analogen Studie „frauen leben. Familienpla-

nung im Lebenslauf von Frauen" geführt wurden, als Kundige. Auf diese Studie wird im Folgenden Bezug genommen, wenn die Sichtweise von Frauen zitiert wird (vgl. Helfferich u.a. 2001; Helfferich/Klindworth/Kruse 2005, 28).

7 Siehe oben im Zusammenhang mit der Konstruktion der gemeinsamen Agency.
8 Es kamen hier auch andere Agency-Formen vor, vor allem die Delegation der Verhütung an die Frau. Umgekehrt subsumierten Frauen in der Studie „Familienplanung im Leben von Frauen" auch den Beitrag des Mannes unter ein „Wir": „Wir haben mit dem Kondom verhütet".
9 Für die Diskussionen in diesem Aufsatz ist weiterhin die Reform des Nichtehelichenrechts (1970) relevant, die die Konsequenzen einer Schwangerschaft außerhalb der Ehe für den Mann veränderte.

Literatur

Behnke, Cornelia/Loos, Peter/Meuser, Michael (1998): Habitualisierte Männlichkeit. Existenzielle Hintergründe kollektiver Orientierungen von Männern. In: Bohnsack, Ralf/Marotzki, Winfried (Hg.): Biographieforschung und Kulturanalyse. Transdisziplinäre Zugänge qualitativer Forschung. Opladen, 225-242.

Bundeszentrale für gesundheitliche Aufklärung (2003): Verhütungsverhalten Erwachsener 2003. Ergebnisse einer repräsentativen Befragung 20- bis 44-Jähriger. Köln.

Gerhard, Ute (2005): Die Ehe als Geschlechter- und Gesellschaftsvertrag. Zum Bedeutungswandel der Ehe im 19. und 20. Jahrhundert. In: Bauer, Ingrid/Hämmerle, Christa/Hauch, Gabriella (Hg.): Liebe und Widerstand. Ambivalenzen historischer Geschlechterbeziehungen. L'Homme Schriften 10 - Reihe zur Feministischen Geschichtswissenschaft. Wien/Köln/Weimar, 449-468.

Helfferich, Cornelia (2005): „Das erste Mal" - Männliche sexuelle Initiation in Geschlechterbeziehungen. In: King, Vera/Flaake, Karin (Hg.): Männliche Adoleszenz. Sozialisation und Bildungsprozesse zwischen Kindheit und Erwachsensein. Frankfurt am Main, 183-203.

- (2006): Die Qualität qualitativer Daten. Manual für die Durchführung qualitativer Interviews. Wiesbaden, 2. Auflage.

-/Klindworth, Heike/Kruse, Jan (2001): Frauen leben. Studie zu Lebensläufen und Familienplanung. Eine Studie im Auftrag der BZgA. Köln.

-/-/Krumm, Silvia/Walter, Wolfgang (2005): Familienentwicklung als Transformation von Männlichkeit. Retrospektive Deutungen der Gestalt und der Gestaltung der Familienbiografie von Männern mit Hauptschulabschluss. In: Zeitschrift für Familienforschung, Sonderheft 4, 71-97.

-/-/Kruse, Jan (2005): Männer leben. Studie zu Lebensläufen und Familienplanung. Vertiefungsbericht. Eine Studie im Auftrag der BZgA. Köln.

-/-/Wunderlich, Holger (2004): Männer leben. Studie zu Lebensläufen und Familienplanung. Basisbericht. Eine Studie im Auftrag der BZgA. Köln.

Krüger, Helga (2001): Geschlecht, Territorien, Institutionen. Beitrag zu einer Soziologie der Lebenslauf-Relationalität. In: Born, Claudia/Krüger, Helga (Hg.): Individualisierung und Verflechtung. Geschlecht und Generation im deutschen Lebenslaufregime. Weinheim/München, 257-299.

Limbach, Jutta (1988): Die Entwicklung des Familienrechts seit 1949. In: Nave-Herz, Rosemarie (Hg.): Wandel und Kontinuität der Familie in der Bundesrepublik Deutschland. Stuttgart, 11-35.

Lucius-Hoene, Gabriele/Deppermann, Arnulf (2002): Rekonstruktion narrativer Identität. Ein Arbeitsbuch zur Analyse narrativer Identität. Opladen.

Metz-Göckel, Sigrid/Müller, Ursula (1986): Der Mann. Die Brigitte-Studie. Weinheim/Basel.

Meuser, Michael (2006): Geschlecht und Männlichkeit. Soziologische Theorie und kulturelle Deutungsmuster. Wiesbaden, 2. aktualisierte Auflage.

Schneewind, Klaus A./Vascovics, Laszlo u.a. (1992): Optionen der Lebensgestaltung junger Ehen und Kinderwunsch. Verbundstudie-Endbericht. Stuttgart/Berlin/Köln. Schriftenreihe des Bundesministeriums für Familie und Senioren, Bd. 9.

Schneider, Norbert (2000): Sozialer Wandel als Bruch? Veränderungen der Familie in den alten und neuen Bundesländern. In: Bundeszentrale für gesundheitliche Aufklärung (Hg.): Familienplanung und Lebensläufe von Frauen. Kontinuitäten und Wandel. Dokumentation des Symposiums. Köln, 14-21.

Scholz, Sylka (2004): Männlichkeit erzählen. Lebensgeschichtliche Identitätskonstruktionen ostdeutscher Männer. Münster.

Wetterer, Angelika (2003): Rhetorische Modernisierung: Das Verschwinden der Ungleichheit aus dem zeitgenössischen Differenzwissen. In: Knapp, Gudrun-Axeli/Wetterer, Angelika (Hg.): Achsen der Differenz. Gesellschaftstheorie und feministische Kritik II. Münster, 286-319.

- (2002): Arbeitsteilung und Geschlechterkonstruktion. „Gender at work" in theoretischer und historischer Perspektive. Konstanz.

Michael Matzner

Männer als Väter – ein vernachlässigtes Thema soziologischer Männerforschung

Die Vaterschaft ist eine äußerst wichtige Dimension der männlichen Biographie. Jeder Mann hat einen Vater und kann selbst Vater werden. Trotzdem hat sich die sich als kritische Männerforschung verstehende Forschung selten mit dem Themenkomplex Vaterschaft, individuellem Vatersein und Väterlichkeit auseinandergesetzt. Zwar wurde und wird zu diesen Themen immer mal wieder geforscht, allerdings nicht unbedingt aus einer geschlechtertheoretischen Perspektive. Weder in dem Sinne, dass sich zu Vätern Forschende als Männer- oder Geschlechterforschende verstehen würden, noch in dem Sinne, dass sie sich auf entsprechende Diskurse und theoretische Zugänge der Männer- und Geschlechterforschung beziehen müssten. Ähnliches gilt auch für die USA, Großbritannien und Australien (Marsiglio/Pleck 2005, 249).

Gleichwohl hat sich in den vergangenen zwanzig Jahren im deutschsprachigen Raum eine mittlerweile stark expandierende Forschung über Väter und Vaterschaft entwickelt. Das Geschehen wurde vor allem aus der Psychologie heraus befördert, wobei man sich an korrespondierenden angloamerikanischen Forschungen orientierte. Die Bedeutung des Vaters für die Persönlichkeitsentwicklung seiner Kinder sowie Aspekte der Vater-Kind-Beziehung standen im Mittelpunkt dieser Forschungen. Mittlerweile wird von niemanden mehr bestritten, dass Väter eine große und positive Bedeutung für ihre Kinder haben, ganz besonders dann, wenn sie präsent sind (z.B. Fthenakis 1999; Lamb 1997; LeCamus 2003).

Auch diese wissenschaftlichen Erkenntnisse begünstigten den Wandel hinsichtlich der gesellschaftlichen Zuschreibungen an Väter. Der „neue Vater" gilt seit den 1980er Jahren als Hoffnungsträger. Aktive Vaterschaft wird gesellschaftlich eingefordert. Vaterschaft wird zum Thema in Öffentlichkeit und Politik, zum Beispiel im Zusammenhang mit der Einführung des Elterngeldes ab dem Jahr 2007. Schon drei Jahre zuvor fand der erste Europäische Väterkongress in Wien statt (BMFSSGK 2005). Öffentliche Debatten zur Vereinbarkeit von Beruf und Familie, zur Erziehung in Familien oder zur demographischen Entwicklung beförderten auch das wissenschaftliche Interesse am Vater und führten zu neuen Forschungsfragen, die über die Ebene der Vater-Kind-Beziehung hinausgehen. Zum Beispiel: Welche Bedeutung hat die Vaterschaft für die Persönlichkeitsentwicklung von Männern? Welche Vorstellungen verbinden Männer mit ihrer Vaterschaft und wie wollen sie diese ausüben? Welche Faktoren fördern oder behindern eine aktive Vaterschaft? Warum werden immer weniger Männer Vater?

Ein zu enger, ausschließlich psychologischer Zugang ist nicht in der Lage, diese Fragen zu beantworten. Vielmehr sollten Vaterschaft und Vatersein interdisziplinär gedacht und erforscht werden. Vatersein als individuelle Lebenslage hat nicht nur eine individuell-psychologische Dimension, sondern auch eine kulturell-gesellschaftliche. Die individuelle Vaterschaft steht in einem engen Bezug zur jeweils existierenden gesellschaftlichen Institution der Vaterschaft und damit auch zu Bildern und Diskursen von Elternschaft, Mutterschaft, Mannsein und gesellschaftlicher Arbeitsteilung. Diese soziokulturelle Dimension spiegelt sich auch in der Existenz einer großen Spannweite von Vaterschaftskonzepten wider (Bozett/Hanson 1991; Nickel/Quaiser-Pohl 2001). Männer haben mehr Spielraum als Frauen, was die Annahme und Gestaltung ihrer Rolle als Elternteil betrifft. Vorstellungen, Diskurse und Normen über einen „guten Vater" stehen dabei in Verbindung mit anderen Determinanten, die sich gegenseitig beeinflussen und das Denken und Handeln als Vater prägen. „Aber nicht die Biologie, sondern die Kultur bringt Vater und Sohn an einen Tisch" (Grieser 1998, 12).

Obwohl, wie gesagt, mittlerweile eine gewisse Zahl soziologisch geprägter Arbeiten zum Themenkomplex Vatersein und Vaterschaft vorliegt und die Forschungsbemühungen steigen, kann man noch nicht von der Existenz einer etablierten soziologischen Väterforschung sprechen. Erst recht gilt dies für eine Väterforschung, die sich als Männer- oder Geschlechterforschung verstehen würde (Bereswill/Scheiwe/Wolde 2006, 10).

Im folgenden Beitrag werde ich zunächst einen Überblick über die Forschung über Väter und Vaterschaft – Schwerpunkt deutschsprachige Studien – geben. Dabei werde ich zunächst kurz auf Ergebnisse und Erkenntnisse der historischen sowie der psychologischen Väterforschung eingehen, um anschließend die vorliegenden soziologischen Arbeiten zu referieren. Danach verdeutliche ich die Fruchtbarkeit eines soziologischen Zuganges am Beispiel meiner empirischen Studie Vaterschaft aus der Sicht von Vätern.

1. Zum Forschungsstand

Die historische Väterforschung (z.B. Griswold 1993; Knibiehler 1996) zeigt auf, dass Väter bis in das 19. Jahrhundert hinein in Europa und Nordamerika im Alltag wichtige Aufgaben für ihre Kinder wahrnahmen. Oft waren sie deren Beschützer, Erzieher, Ernährer, Lehrer oder Ausbilder, zumal der Söhne. Im Zuge der Modernisierung und Industrialisierung wurden die früheren „Hausväter" zu „Berufsmenschen". Dieser Bedeutungsverlust korrespondierte mit Konzepten der entstehenden wissenschaftlichen Pädagogik, in denen die Mutter zunehmend als die

Erzieherin schlechthin galt. Nach dem Zweiten Weltkrieg entstanden Diskurslinien, die eine um sich greifende zunehmende Vaterlosigkeit im Sinne einer Entväterlichung des Sozialisationsgeschehens beklagten (Mitscherlich 1955, 1963), die negative Bedeutung des Vaters bei der Ausbildung einer autoritären Persönlichkeits- und Gesellschaftsstruktur betonten (Horkheimer 1936/1987; Schaffner 1948) oder die Väter als überflüssige „Freizeitväter" bezeichneten bzw. gar als schädlich für die Kinder denunzierten (Lenzen 1991; Lupton/Barclay 1997; Matzner 1998).

Korrespondierend mit der historischen Entwicklung hatte man sich in der Psychologie lange Zeit auf das Phänomen der so genannten Vaterabwesenheit konzentriert. Erst seit den 1970er Jahren nahm das Interesse für die Person des Vaters spürbar zu (im Überblick: Fthenakis 1985; Lamb 1997; Marsiglio u.a. 2000; Walter 2002). Man konzipierte den Vater innerhalb einer familiensystemischen Perspektive als Interaktionspartner des Kindes und Helfer der Mutter, wobei sich die Forschungsansätze an die Konzepte der Mutter-Kind-Beziehungsforschung anlehnten. Erst seit einigen Jahren erfahren Forschungsansätze zur Beteiligung[1] des Vaters großes Interesse. In Konzepten väterlicher Beteiligung, die über die rein quantitative Messung des väterlichen Engagements hinausgehen, wird dem Subjekt des Vaters eine große Bedeutung zugeschrieben. Es geht nicht mehr nur um den Einfluss des Vaters auf die kindliche Entwicklung, sondern auch um die Entwicklung des Mannes zum Vater. Beispielsweise konzipiert das von Snarey (1993) entwickelte Modell der väterlichen Generativität Vaterschaft als einen generationenübergreifenden Entwicklungsprozess, innerhalb dessen die väterliche Fürsorge im Mittelpunkt steht und an die Kinder sozial vererbt werden kann. Es können sich unterschiedliche Variationen und Muster von paternaler Generativität entwickeln und über Generationen auswirken, indem sich Söhne bei ihrem Handeln als Vater an ihren Vätern oder Großvätern orientieren oder dies gerade nicht tun.

Erstaunlicherweise wurde die weitaus größte Gruppe der Väter, die Familienväter, lange Zeit eher selten erforscht (Fthenakis/Minsel 2002; Matzner 2004), während andere Formen der Vaterschaft zum Teil umfassenderes Interesse erfuhren – beispielsweise Väter in Stieffamilien (im Überblick Fthenakis 1999) oder geschiedene Väter (Amendt 2006; im Überblick: Fthenakis 1999). Außerdem wandte man sich bestimmten Phasen der Vaterschaft zu (z.B. junge Väter, späte Väter, der Vater als Großvater, Väter und Vorschulkinder, Väter und Schulkinder, Väter und Jugendliche, für alle im Überblick: Fthenakis 1999). Die so genannte Transitionsforschung interessiert sich für den Übergang zur Vaterschaft und ihre Auswirkungen auf das Familiensystem sowie die Vaterschaft im Lebenszyklus (z.B. Fthenakis/Kalicki/Peitz 2002; Nickel/Quaiser-Pohl 2001). Darüber hinaus erforschte die deutschsprachige Väterforschung u.a. folgende Aspekte: Vaterlosigkeit (im Überblick: Erhard/Janig 2003), Vater-Sohn-Beziehung (Schon 2000; Seiffge-Krenke 2001), Vater-Tochter-Beziehung (King 2002; Seiffge-Krenke 2001), Väter und Soziale Arbeit (Matzner 2005).

Die deutschsprachige Soziologie widmete sich lange Zeit äußerst selten Vätern sowie der Institution Vaterschaft. Wenn überhaupt dazu geforscht wurde, ging es in den Studien nach dem Zweiten Weltkrieg (z.B. König 1955/1974) um den Aspekt der väterlichen Autorität, die zunehmend geschwächt worden sei. Trotz mangelnder Forschung sprach Neidhardt (1968) von der „Sozialisationsschwäche" des Unterschichtenvaters. Erst seit den 1980er Jahren stießen Väter im Rahmen soziologischer Sozialisationsforschung ab und zu auf Interesse (Nave-Herz 1985; Napp-Peters 1987; Rosenbaum 1988). Im Kontext soziologischer Frauen- und Geschlechterforschung sowie von Zeitbudget- und Haushaltsstudien gerieten Väter mit in den Blickpunkt, wenn es um die Frage der familialen Arbeitsteilung sowie der Kinderbetreuung ging (z.B. Pross 1978; Metz-Göckel/Müller 1986; Griebel 1991). Helge Pross (1978, 135f.) zufolge stellte sich die Gesamtsituation Ende der 1970er Jahre folgendermaßen dar: „Aufs Ganze gesehen, lehren die Auskünfte der Väter über sich selbst, daß sie die Vaterrolle faktisch als Nebenrolle einstufen. Das Pathos der Ernsthaftigkeit bei den allgemeinen Beschreibungen hat keine Entsprechung im persönlichen Verhalten. Der Vater hält auf Abstand. An die Stelle des übermächtigen Vaters ist der distanzierte Vater getreten: er herrscht nicht über die 'Seinen', ist aber auch nicht ihr aktiver Partner. In der Praxis scheint die Vaterschaft weder mit großen persönlichen Anstrengungen noch mit besonderem Engagement verknüpft."

In den folgenden Jahren erforschte man in einer Vielzahl von Studien die inner- und außerfamiliale Arbeitsteilung von Frauen und Männern, Vätern und Müttern und stellte immer wieder, manchmal pauschal und auf unsicherem empirischem Boden stehend, ein geringes Engagement „der" Väter fest. Noch heute wird gerne das 20 Jahre alte Zitat von Ulrich Beck bezüglich einer „verbalen Aufgeschlossenheit bei weitgehender Verhaltensstarre" (Beck 1986, 169) „der" Männer bemüht. Tatsächlich hat sich einiges getan, was das Engagement von Familienvätern betrifft.

Erst seit den 1990er Jahren wird die Beteiligung von Vätern an der Erziehung und Familienarbeit differenzierter erforscht. Dabei ging es vor allem um die Erhebung des Umfangs des väterlichen Engagements innerhalb der Familie (z.B. Rosenkranz/Rost/Vaskovicz 1998; Walter/Künzler 2002).

Insgesamt betrachtet nehmen die Studien eine in den letzten Jahrzehnten gestiegene väterliche Beteiligung wahr, diese geht oft mit einem gewandelten

Selbstverständnis von Vaterschaft einher. Immer mehr Väter definieren sich primär nicht mehr als Ernährer, sondern als Erzieher ihrer Kinder. Fthenakis spricht von einer „sanften Revolution" (Fthenakis/Minsel 2002). Gleichwohl ist väterliches Engagement nicht „gleich verteilt", sondern es existieren verschiedenste Konzepte und Praxen von Vaterschaft. Beispielsweise identifizierte Matzner (2004) vier Idealtypen zeitgenössischer Familienväter: „traditioneller Ernährer", „moderner Ernährer", „ganzheitlicher Vater", „familienzentrierter Vater". Bambey und Gumbinger (2006) konnten mittels einer Clusteranalyse sechs Vatertypen unterscheiden: „durchschnittlicher Vater", „partnerschaftlicher, traditioneller Vater", „randständiger Vater", „distanzierter, traditioneller Vater", „unsicherer, gereizter Vater", „egalitärer Vater". Diese sowie weitere soziologisch geprägte Studien aus dem Ausland (z.B. Daly 1995; Lupton/Barclay 1997; Minton/Pasley 1996; Townsend 1998) erforschten die Beteiligung von Vätern aus deren Perspektive im Kontext identitätstheoretischer und interaktionstheoretischer Ansätze. Dabei wird die Praxis der Vaterschaft als das Produkt der Interaktionen von Vater, Mutter und Kind innerhalb einer bestimmten sozialen Umwelt, als das Ergebnis von Aushandlungen sowie Fremd- und Selbstzuschreibungen verstanden, wobei auch den Erfahrungen in der Kindheit mit dem eigenen Vater sowie den wirtschaftlichen und beruflichen Ressourcen von Vater und Mutter eine entscheidende Bedeutung zukommt (Holden 1997).

In Deutschland entwickelte sich eine genuin soziologische Väterforschung in Ansätzen seit Beginn der 1990er Jahre. Es entstanden erste Überblicksstudien über die Lebenssituationen von Vätern (Schneider 1989; Matzner 1998); außerdem gerieten einzelne Formen der Vaterschaft in den Blickpunkt: Väter in „nicht traditionell organisierten Familien" (Oberndorfer/Rost 2002), allein erziehende Väter (Matzner 1998) oder Väter im Erziehungsurlaub (Vaskovic/Rost 1999). Gleichwohl müssen Männer und damit auch Väter durchaus als das „vernachlässigte Geschlecht in der Familienforschung" verstanden werden (Tölke/Hank 2005). Erst allmählich entwickeln sich neue Forschungsfragen, wie Familienentwicklung als Transformation von Männlichkeit (Helfferich u.a. 2005), frühe Erstvaterschaft (Klindworth/Walter/Helfferich 2005), Determinanten des Kinderwunsches bzw. der Kinderlosigkeit bei Männern (Eckhard/Klein 2006; Schmitt 2004) oder Väter zwischen Beruf und Familie (Werneck/Beham/Palz 2006).

Soziologische Väterforschung wurde bislang vor allem aus der Familiensoziologie heraus betrieben, während sich die deutschsprachige Geschlechter- und Männerforschung bisher wenig mit den Themen Vaterschaft und zumal Vatersein beschäftigt hat. „Wenn überhaupt, wird Vaterschaft in der Männlichkeitsforschung vor allem im Zusammenhang mit der Funktion des Familienernährers reflektiert.

Anders gesagt: Vaterschaft als Institution wird in manchen Texten der Männer- oder Männlichkeitsforschung durchaus aufgegriffen, Väterlichkeit als ein Bündel von Zuschreibungen, Erwartungsunterstellungen, Handlungsorientierungen und Kompetenzen wird aber nicht thematisiert." (Bereswill/Scheiwe/Wolde 2006, 10).

Die meisten Männerforscher fühlen sich dem Paradigma einer kritischen Männerforschung verpflichtet und beziehen sich theoretisch vor allem auf Connells Konzept der hegemonialen Männlichkeiten. In Connells Arbeiten, aber auch in anderen Ansätzen der Männerforschung, hat Vaterschaft als wesentliche Dimension individueller männlicher Erfahrungen und Handlungen jedoch nahezu keine Bedeutung. Während in den relevanten Theoriekonzepten von Frausein und Weiblichkeit Mutterschaft einen großen Raum einnimmt, kommen bei Connell oder auch bei Hearn, um eine weitere Referenz der kritischen Männerforschung zu erwähnen, Männer als Väter so gut wie nicht vor. Connell ignoriert in seinen Büchern „Gender and Power" (1987) und „Masculinities" (1995) Vaterschaft schlichtweg. Auch Böhnisch und Winter (1993), die als deutschsprachige Vertreter einer kritischen Männerforschung verstanden werden können, thematisierten Vaterschaft im Rahmen ihrer genderorientierten Theorie männlicher Sozialisation auffallend kurz.

Diese Ignoranz ist kaum nachvollziehbar, wenn man sich allein die große Bedeutung der Erfahrungen mit dem eigenen Vater für die Ausbildung des individuellen Männlichkeits- und Vaterschaftskonzeptes vor Augen führt. Eine mögliche Ursache für dieses Desiderat könnte darin liegen, dass Vaterschaft nicht mehr unbedingt als ein wesentlicher Teil der männlichen Normalbiographie eingeschätzt wird, da längst nicht alle Männer auch Väter werden. Wahrscheinlich hat auch die in der Theorie dominierende eindimensionale Orientierung an Konzepten von männlicher Macht und Unterdrückung zur Ignoranz nicht-theorieaffiner Phänomene und Dimensionen von Männlichkeit geführt. Männliche Fürsorglichkeit, männlicher Schutz, männliche Liebe und Väterlichkeit aber auch männliche Hilflosigkeit, Not, Armut, Krankheit etc. standen bisher äußerst selten oder gar nicht auf der Agenda der sich als kritisch verstehenden Männerforschung (Matzner 2007).

Eine zukünftige soziologische Väterforschung, die auch geschlechtertheoretisch fundiert ist, könnte wichtige Erkenntnisgewinne leisten, wenn es darum geht, Vaterschaft und Vatersein im Kontext gesellschaftlicher Verhältnisse beschreiben, erklären und verstehen zu können. Dabei sollten Mikro- und Makroperspektiven, die gesellschaftliche Ebene und diejenige des Individuums miteinander verknüpft werden. Beispielsweise könnten Vaterbilder, -diskurse und -rollen erforscht werden und in Bezug zum konkreten Handeln einzelner Väter gebracht werden. Darüber hinaus käme es darauf an, verschiedene Konzepte und Formen von Vaterschaft innerhalb einer ausdifferenzierten Sozialstruktur zu identifizieren und zu erforschen. Im Unterschied zu „essentialistischen" oder „deterministischen" Modellen würde Vaterschaft als auf dem Hintergrund sozialer und kultureller Kräfte konstruiertes Handeln verstanden werden (Marsiglio/Pleck 2005, 262). Wichtig wäre auch die Erforschung des Zusammenhangs von Männlichkeit und Väterlichkeit, von Vaterrollen und Männerrollen. Beispielsweise wird mit dem Mannsein ökonomische Unabhängigkeit verbunden, so dass dies entsprechende Auswirkungen auf Vaterschaftskonzepte haben könnte. So wäre es denkbar, dass Männer ohne Ausbildung oder Beruf seltener einen Kinderwunsch entwickeln oder ihre Vateridentität mangelhaft ausgeprägt ist.

2. Ein Beispiel soziologischer Väterforschung: Vaterschaft aus der Sicht von Vätern

2.1 Fragestellung und Methode

In meiner qualitativ angelegten empirischen Studie Vaterschaft aus der Sicht von Vätern (Matzner 2004) ging es um das Verstehen und Erklären des Handelns von Familienvätern. Es wurden die sozialen Einflussfaktoren erforscht, die es Männern ermöglichen oder erschweren, aktive Väter zu sein. Dazu wurden die subjektiven Vorstellungen von Männern über ihr Vatersein in Form ihrer subjektiven Vaterschaftskonzepte[2] und der Beschreibungen ihres Handelns als Vater erhoben. Im Mittelpunkt der Untersuchung standen folgende Fragen: Wie vollzieht sich die Sozialisation zum Vater? Welche Konzepte von Vaterschaft entwickeln Familienväter und wie stellt sich deren Realisierung in der sozialen Praxis dar? Welche Aufgaben und Funktionen verbinden Männer mit der Tatsache ihrer Vaterschaft? Welche Faktoren und Determinanten nehmen in welcher Art und Weise Einfluss auf die Entstehung der subjektiven Vaterschaftskonzepte und welche Faktoren beeinflussen den Prozess des Handelns als Vater? In der Studie wurden die spezifischen Formen der Eigenleistungen und der Verantwortungsübernahme von Vätern herausgearbeitet sowie die subjektiven und objektiven Handlungsspielräume beschrieben und erklärt. Aus der Integration von Theorie und Empirie entwickelte sich im Zuge des Forschungsprozesses eine Typologie und Theorie subjektiver Vaterschaftskonzepte, die einen Beitrag zur Entwicklung einer Sozialisationstheorie des Vaters leisten soll.

Die Unerforschtheit des Gegenstandsbereiches sowie Fragestellung und Forschungsziele favorisierten zweifellos eine qualitativ orientierte Forschungsstrategie im Sinne einer rekonstruktiv-interpretativen Vorgehensweise. Wie Väter ihren Alltag erleben und bewältigen, welche Einstellungen, Erfahrungen und Erwartungen Dritter ihr subjektives Vaterschaftskonzept beeinflussen, kann in erster Linie auf kommunikativem Wege nachvollzogen werden. Das problemzentrierte Interview nach Witzel (1989) ermöglichte es, die subjektiven Sichtweisen von Familienvätern in Form ihrer Überzeugungen, Einstellungen, Normen und Gefühle sowie Beschreibungen der Befragten über ihr Handeln als Vater zu erheben, um diese anschließend im Rahmen der Interpretation im Sinne eines „iterativen" Vorgehens unter Einbezug eines heuristischen Modells beschreiben, verstehen und erklären zu können. Die Untersuchung stellt eine Kombination von Fallstudie und Vergleichsstudie dar, indem „aus dem Material heraus" zunächst Fallanalysen durchgeführt und diese dann anschließend kontrastierend einander gegenübergestellt wurden. Daraus entwickelte sich eine Typologie und Theorie subjektiver Vaterschaftskonzepte, die es auch ermöglicht, die Genese der Idealtypen erklären zu können.

Mit 24 Familienvätern wurden Leitfaden-Interviews durchgeführt. Die Auswahl der Befragten erfolgte bewusst im Sinne der „grounded theory" (Glaser/ Strauss 1998), wobei der Zugang über Kontaktpersonen aus verschiedenen Milieus erfolgte. Die sozialstrukturelle und biographische Heterogenität der Untersuchungsgruppe war relativ hoch und repräsentierte einen bedeutenden Anteil der deutschen Familienväter im Sinne einer „symptomatischen Repräsentanz". Die befragten Väter lebten mit ihren Frauen oder unverheirateten Partnerinnen und den gemeinsamen leiblichen Kindern zusammen (Einzelheiten zum methodischen Vorgehen: s. Matzner 2004).

2.2 Ergebnisse und Erkenntnisse

Ein zentrales Ergebnis der Untersuchung ist die Existenz verschiedener Vaterschaftskonzepte; sie kann als Folge einer pluralistischen und individualisierten Gesellschaft verstanden werden. Es wurden vier Idealtypen von Vaterschaftskonzepten bei Familienvätern identifiziert: der „traditionelle Ernährer", der „moderne Ernährer", der „ganzheitliche Vater", der „familienzentrierte Vater". Sie lassen sich hinsichtlich der subjektiven Bedeutung der Vaterschaft, der Ausprägung des Kinderwunsches, der Reflexivität ihrer Vaterschaft, der definierten Vaterfunktionen, der Identität als Vater, dem Elternschafts- und Mutterschaftskonzept, dem Familienkonzept sowie dem Kinder- und Erziehungskonzept deutlich voneinander unterscheiden. Dies gilt auch für die selbst berichtete Praxis der Vaterschaft anhand der Kriterien Verantwortung, Präsenz und Engagement in der Familie im Alltag, die Art der Arbeitsteilung zwischen den Eltern und das erzieherische Handeln sowie die subjektiv wahrgenommene Vater-Kind-Beziehung.

Das Konzept des „traditionellen Ernährers" kann als eine Fortentwicklung des im 20. Jahrhundert kulturell dominierenden Vaterschaftskonzeptes verstanden werden. Während es normativ stark an Bedeutung verloren hat, existiert eine in ihrer präzisen Größe uns unbekannte Gruppe von Vätern, die dieses Konzept praktiziert. Im ländlichen Bereich, bei Einwanderern, bei Angehörigen marginalisierter Milieus und bei christlich-konservativ orientierten Milieus hat der „traditionelle Ernährer" durchaus noch eine Bedeutung. Die Vaterschaft stellt für ihn eine nicht hinterfragte Selbstverständlichkeit dar und wird nicht vertieft reflektiert. Ihm geht es dabei zunächst einmal um die Reproduktion seiner Familie, die für ihn eine lebenslange Solidargemeinschaft darstellt. Zu den Vaterfunktionen zählt er Ernähren, Schützen, Grenzen setzen und Orientierung geben sowie die Förderung der schulischen Entwicklung. Seine Identität wird vor allem durch den Beruf bestimmt, so dass er für eine komplementäre Elternschaft plädiert – der Mutter wird dabei die Familienarbeit zugeschrieben. Kinder versteht der „traditionelle Ernährer" vor allem als zukünftige Erwachsene, die er autoritär im Sinne eines „Befehlshaushaltes" erziehen möchte. Pflicht- und Akzeptanzwerte sowie die zukünftige berufliche Platzierung spielen eine große Rolle. Es geht ihm darum, dass die Kinder in die Lage versetzt werden, in Zukunft wertvoll für die Familie zu sein. Die Praxis der Vaterschaft hat den Charakter der Nichtalltäglichkeit. Da ihm der Beruf deutlich wichtiger ist, sind Präsenz, Engagement und Verantwortung im Familienalltag gering oder konzentrieren sich auf als „männlich" verstandene Tätigkeiten. Die Erziehung wird an die Mutter „delegiert". Wenn der Vater einmal selbst präsent ist, geht es oft um Leistungsorientierung, fordern und kontrollieren. Für seine Kinder stellt er durchaus eine Respektsperson dar, auch wenn er im Urlaub oder am Wochenende als Spielkamerad auftritt. Die Vater-Kind-Beziehung ist im Alltag eher distanziert, es gibt wenig gezeigte Liebe in Form von Körperkontakt.

Der „moderne Ernährer", der in unserer Gesellschaft weit verbreitet ist, übernimmt, wie auch der „traditionelle Ernährer" das Konzept des eigenen Vaters in seinem Kern, nämlich die Funktion als Ernährer. Häufig angesiedelt im konservativ-technokratischen Milieu sowie im aufstiegsorientierten Milieu (Sinus-Institut 1998), also in Familien mit einer hohen Leistungsorientierung und gehobener Bildung sowie damit korrespondierenden modernen Einstellungen, ist auch für ihn die Vaterschaft etwas Selbstverständliches. Aufgrund negativer Vatererfahrungen sowie der antizipierten Erwartungen seiner Umwelt an ihn als Vater hat er ein ambitionierteres und damit moderneres Vaterschaftskonzept, welches die Präsenz in der Familie sowie das Ziel der Entwicklung einer guten Vater-Kind-Beziehung umfasst. Beruf und Familie bestimmen seine Identität, wobei der Beruf im Alltag deutlichen Vorrang gewinnt. Sein Erziehungskonzept kann mit den Kategorien autoritär-autoritativ, milde Strenge, Pflicht- und Akzeptanzwerte, Leistung und soziale Plazierung charakterisiert werden. Seine Praxis als Vater ist durch Nichtalltäglichkeit zu charakterisieren. Während der Schwangerschaft und in den ersten Monaten ist das väterliche Engagement noch relativ hoch und verkürzt sich dann bald auf Wochenende und Urlaub. Der moderne Ernährer ist zu Hause der „Assistent" der oft familienzentrierten Mutter, der diese nur im Notfall ersetzt. Auch er „delegiert" „seinen" Teil der Erziehung an die Mutter. Wenn er einmal als Erzieher präsent ist, überwiegt ein bestimmendes Verhalten, eine milde Strenge bzw. bei älteren Kindern eine Mischung aus Verhandeln und Disziplin. Darüber hinaus ist er auch Spielkamerad, wird aber aufgrund der geringen Präsenz und der damit verbundenen Unsicherheiten als Vater nicht immer zur Vertrauensperson seiner Kinder.

Der „ganzheitliche Vater" ist vor allem im liberal-intellektuellen Milieu oder im modernen bürgerlichen Milieu verortet und plant seine Vaterschaft bewusst. Er reflektiert sie und möchte im Alltag der Familie und der Kinder Präsenz, Verantwortung und Engagement zeigen. Seine Identität sowie sein Alltag sind durch Ganzheitlichkeit gekennzeichnet, da ihm mehrere Dinge – Familie, Beruf sowie private Interessen – wichtig sind, wobei die Familie das Zentrum darstellt. Er favorisiert eine geteilte Elternschaft im Alltag und hat keine spezifischen Zuschreibungen an Mütter und Väter. Sein Erziehungskonzept kann mit den Kategorien autoritativ-kommunikativ, soziale und ethische Handlungsfähigkeit sowie Leistungsorientierung beschrieben werden. Wenn er sein Konzept im Alltag realisieren kann, ist seine Vaterschaft eine unspektakuläre alltägliche Normalität. Verantwortung, Präsenz und Engagement im Familienalltag sind hoch, die Art der Arbeitsteilung der Eltern ist je nach Familie sehr unterschiedlich und flexibel. Zwischen Vater und Kind wird viel kommuniziert. Als Vertrauensperson versteht und unterstützt er seine Kinder. Die Vater-Kind-Beziehung ist durch Nähe und gezeigte Liebe gekennzeichnet.

Der „familienzentrierte Vater" hat mit dem „ganzheitlichen Vater" aufgrund ähnlicher Wertvorstellungen und Milieuzugehörigkeit einige Gemeinsamkeiten, zumal was das Familien- und Erziehungskonzept betrifft. Der entscheidende Unterschied zwischen ihnen besteht in der unterschiedlichen Bedeutung des Berufes. Die „familienzentrierten Väter" konzentrieren sich ganz auf die Familie und damit auf ihre Vaterschaft. Wenn sie überhaupt berufstätig sind – die meisten von ihnen sind Hausmänner – dient der Beruf lediglich zum Geldverdienen, da die Familie Mittelpunkt des Alltags ist. Während der „ganzheitliche Vater" aufgrund seiner Einstellungen seine Vaterschaft von Beginn an aktiv gestaltet, wird der „familienzentrierte Vater", zumal der langjährige Hausmann, nicht selten aufgrund äußerer Rahmenbedingungen (z.b. Arbeitslosigkeit, Krankheit, Karriereambitionen der Frau, hohe Einkommensunterschiede zwischen Mutter und Vater) erst zum „familienzentrierten Vater" „gemacht".

Die Existenz der hier kurz skizzierten, deutlich voneinander unterscheidbaren Konzepte von Vaterschaft und väterlicher Beteiligung spiegelt den Charakter einer pluralistischen und individualisierten Gesellschaft wider, innerhalb derer auch für Familienväter verschiedene Optionen der Gestaltung des Vaterseins zur Verfügung stehen.

Eine weitere bedeutende Erkenntnis der Studie ist, dass subjektive Vaterschaftskonzepte einen relationalen und dynamischen Charakter haben. Subjektive Vaterschaftskonzepte sind flexibel, sie werden nicht ein einziges Mal „gewählt", sondern sie sind ein kontinuierlich wechselnder Seins-Zustand und haben einen „relationalen" Charakter. Sie stehen in Relation zur sozialen Umgebung des Vaters, zu veränderbaren Determinanten und Kontexten und entwickeln sich als Folge von Entwicklungsprozessen der Persönlichkeit des Vaters und der Familienangehörigen und ihren Interaktionen innerhalb sozialstruktureller, sozioökonomischer und kultureller Rahmenbedingungen. Beispielsweise entstehen Erziehungskonzepte auch auf der Basis eigener Kindheitserfahrungen. Das daraus sowie aufgrund des Einflusses der Determinanten Mutter, Kind, Berufstätigkeit und soziale Ressourcen sich ergebende Handeln als Vater führt zu neuen Erfahrungen, die Einstellungen verfestigen, aber auch relativieren können, was wiederum verändertes väterliches Handeln nach sich ziehen kann. Das Handeln von Vätern lässt sich nicht allein aus der Gegenwart heraus verstehen und deuten, vielmehr muss die Vergangenheit, müssen die Erfahrungen des Vaters mit berücksichtigt werden.

Vaterschaft muss als Interaktion und Produkt des Zusammenwirkens von Persönlichkeit und Gesellschaft verstanden werden. In subjektiven Vaterschaftskonzepten spiegeln sich Individualität und Kollektivität gleichzeitig wider. Die Sozialisation zum Vater ist ein komplexer Prozess, der sich im Zusammenwirken von „innerer" und „äußerer" Realität gestaltet. Vaterschaft hat eine psychische Dimension als Folge der Persönlichkeitswerdung und eine soziale Dimension, indem sie sich in Auseinandersetzung mit einer bestimmten soziokulturellen Umwelt vollzieht. Väter sind nicht ausschließlich Objekte bestimmter Verhältnisse und unveränderbares Produkt ihrer eigenen Sozialisation. Vielmehr sind sie in der Lage, innerhalb bestimmter Rahmenbedingungen individuell und damit auch unterschiedlich handeln zu können.

Modell
Subjektives Vaterschaftskonzept und die soziale Praxis von Vaterschaft

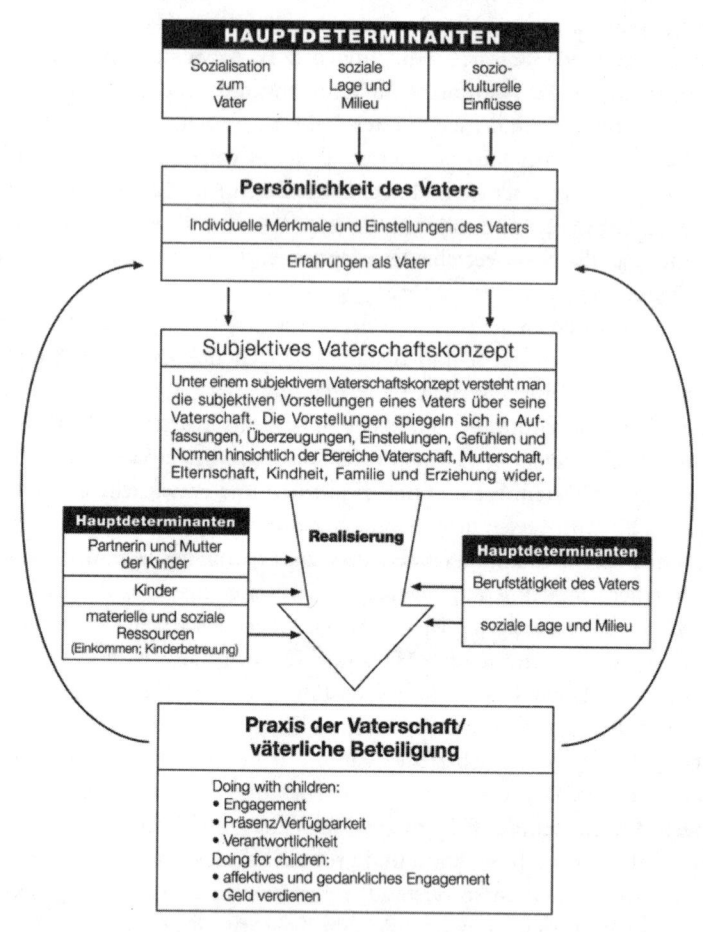

HAUPTDETERMINANTEN

Sozialisation zum Vater	soziale Lage und Milieu	soziokulturelle Einflüsse

Persönlichkeit des Vaters
- Individuelle Merkmale und Einstellungen des Vaters
- Erfahrungen als Vater

Subjektives Vaterschaftskonzept

Unter einem subjektivem Vaterschaftskonzept versteht man die subjektiven Vorstellungen eines Vaters über seine Vaterschaft. Die Vorstellungen spiegeln sich in Auffassungen, Überzeugungen, Einstellungen, Gefühlen und Normen hinsichtlich der Bereiche Vaterschaft, Mutterschaft, Elternschaft, Kindheit, Familie und Erziehung wider.

Hauptdeterminanten
- Partnerin und Mutter der Kinder
- Kinder
- materielle und soziale Ressourcen (Einkommen; Kinderbetreuung)

Realisierung

Hauptdeterminanten
- Berufstätigkeit des Vaters
- soziale Lage und Milieu

Praxis der Vaterschaft/ väterliche Beteiligung

Doing with children:
- Engagement
- Präsenz/Verfügbarkeit
- Verantwortlichkeit

Doing for children:
- affektives und gedankliches Engagement
- Geld verdienen

Aus interaktionistischer Perspektive schreiben Väter ihrer Vaterschaft gewisse Bedeutungen zu. Diese individuellen Bedeutungen sind nicht von Natur aus einfach „da", sondern sie entstehen unter dem Einfluss der Determinanten, wie sie im Vaterschaftskonzept erfasst werden sowie durch Aushandlungen und Interaktionen. Wenn ein Vater – wie beispielsweise der „traditionelle Ernährer" – mit seiner Vaterschaft vor allem die Reproduktion der Familie verbindet, so handelt er anders als ein Vater, für den Vaterschaft vor allem die Entwicklung und Aufrechterhaltung einer engen Vater-Kind-Beziehung bedeutet.

Auch wenn Väter als aktive Produzenten ihrer Vaterschaft verstanden werden müssen, hängt ihr Handeln nicht nur von ihren Intentionen, sondern auch von Aushandlungen mit Dritten, Rahmenbedingungen und Ressourcen ab. Der in der Untersuchung identifizierte Typus des „erfolgreichen" „ganzheitlichen Vaters" kann seine Vorstellungen nicht zuletzt auch deswegen realisieren, weil diese mit dem Konzept seiner Frau in Einklang stehen und weil gleichzeitig die Rahmenbedingungen und Ressourcen günstig sind. Rolemaking und roletaking sind weitgehend ausgewogen. Dies war bei anderen Vätern mit ähnlichen Einstellungen nicht der Fall. Ihnen bzw. ihren Frauen fehlten die Ressourcen zur Realisierung einer aktiven Vaterschaft, so dass sich bei ihnen ein Vereinbarkeitsdilemma entwickelte. Das Dilemma bestand konkret darin, dass die Väter über zu wenig Zeit verfügten, um die eigenen und die Fremderwartungen in Bezug auf ihre Funktion als Vater, Partner und Berufstätiger erfüllen zu können. Daraus entstanden manchmal Unzufriedenheiten, körperliche und psychische Belastungen, Unsicherheiten im Umgang mit den Kindern oder Konflikte mit der Partnerin.

Die Einstellung des Vaters ist zwar die entscheidende Voraussetzung für eine aktive Vaterschaft, jedoch bedarf es für die Realisierung entsprechender Rahmenbedingungen. Die Praxis der Vaterschaft bewegt sich damit zwischen Individuum und Gesellschaft. Es liegt nicht allein in der Hand des Vaters, wie sich seine Vaterschaft gestaltet.

3. Ausblick

Vaterschaft und Vatersein als kulturelles Konstrukt und als soziale Praxis können sich je nach sozialer Umgebung äußerst verschiedenartig gestalten. Heutzutage müssen sich Männer entscheiden, ob sie Vater werden wollen und wie sie ihre Vaterschaft konzipieren und leben möchten, ohne dass sie über ein klares Orientierungsmuster verfügen. Die polarisierte Einseitigkeit der Vaterbilder der Gegenwart, die den Vater entweder als abwesenden Ernährer oder als liebevollen neuen Supervater darstellen, macht es vielen Männern und Vätern nicht einfacher. Der eigene Vater stellt für sie nicht selten keine geeignete positive Identifikationsfigur dar.

Auch der Zusammenhang zwischen Vaterschaft und Männlichkeit ist noch ungeklärt. Werden die Väter der Zukunft zu „männlichen Müttern" oder zur „Vater-Mutter"? Wird die Kindheit zunehmend vergesellschaftet, so dass Väter und Mütter an Bedeutung verlieren? Oder sollen Mütter und Väter „androgyne" Eltern werden, die sich gegenseitig völlig ersetzen können? Kann man auf einen „männlichen" Vater verzichten, weil sich männliche und weibliche Rollen immer mehr annähern und der Vater seinen Sohn auch nicht mehr auf eine Männlichkeit vorbereiten soll, die seiner eigenen nahe kommt? „Dürfen" Väter der Zukunft „männliche" Väter sein? Stehen Stereotypen von Männlichkeit bzw. traditioneller Väterlichkeit wie Ernähren, Beschützen, Gestalten, Autorität, Zeigen der Welt, körperliche Kraft im Widerspruch zu einem modernen Bild des Mannes und Vaters? Oder ist es etwa umgekehrt, indem eine aktive Vaterschaft nicht mit bestehenden Bildern von Männlichkeit korrespondiert? Die Ausdifferenzierung von Milieus, von Lebensstilen und Mentalitäten wird auch in Zukunft dafür sorgen, dass Eltern, Väter wie Mütter, unterschiedliche Konzepte von Elternschaft, von Vaterschaft und Mutterschaft entwickeln und leben werden.

Anmerkungen

1 Im Deutschen steht der Begriff der *Beteiligung* für den in der angloamerikanischen Forschung etablierten Begriff *Involvement*. Die Beteiligung umfasst die Dimensionen *Präsenz/Verfügbarkeit (Availability)*, *Verantwortlichkeit (Responsibility)* und *Engagement (Engagement)* (Matzner 2004, 18f.).
2 Unter einem Vaterschaftskonzept verstehe ich die Vorstellungen eines Vaters über seine Vaterschaft. Die Vorstellungen spiegeln sich in Überzeugungen, Einstellungen, Gefühlen und Normen hinsichtlich der Bereiche Vaterschaft, Mutterschaft, Elternschaft, Kindheit, Familie und Erziehung wider.

Literatur

Amendt, Gerhard (2006): Scheidungsväter. Wie Männer die Trennung von ihren Kindern erleben. Frankfurt am Main/New York.
Bambey, Andrea/Gumbinger, Hans-Walter (2006): Der randständige Vater. Sozialwissenschaftliche Erkundung einer prekären Familienkonstellation. In: Dammasch, Frank/Metzger, Hans-Geert (Hg.): Die Bedeutung des Vaters. Psychoanalytische Perspektiven. Frankfurt am Main, 218-254.
Beck, Ulrich (1986): Die Risikogesellschaft. Frankfurt am Main.
Bereswill, Mechthild/Scheiwe, Kirsten/Wolde, Anja (2006): Einleitung. In: Dies. (Hg.): Vaterschaft im Wandel. Weinheim/München, 7-18.
Böhnisch, Lothar/Winter, Reinhard (1993): Männliche Sozialisation. Bewältigungsprobleme männlicher Geschlechtsidentität im Lebenslauf. Weinheim/München.
Bozett, Frederick W./Hanson, Shirley M. (Hg.) (1991): Fatherhood and Families in Cultural Context. New York.
Bundesministerium für Soziale Sicherheit, Generationen und Konsumentenschutz (BMSSGK). Männerpolitische Grundsatzabteilung (Hg.) (2004): 1. Europäische Väterkonferenz. Wien.

Connell, Robert W. (1987): Gender and Power. Cambridge.

- (1995): Masculinities. Cambridge.

Daly, Kerry (1995): Reshaping Fatherhood. Finding the models. In: Marsiglio, William (Hg.): Fatherhood. Contemporary Theory, Research, and Social Policy. Thousand Oaks/London/New Delhi, 21-40.

Eckhard, Jan/Klein, Thomas (2006): Männer, Kinderwunsch und generatives Verhalten. Wiesbaden.

Erhard, Rotraut/Janig, Herbert (2003): Folgen von Vaterentbehrung. Eine Literaturstudie. Bundesministerium für soziale Sicherheit, Generationen und Konsumentenschutz. Wien und Klagenfurt.

Fthenakis, Wassilios E. (1985): Väter. Band 1 und 2. München.

- (1999): Engagierte Vaterschaft. Die sanfte Revolution in der Familie. Opladen.

-/Kalicki, Bernhard/Peitz, Gabriele (2002): Paare werden Eltern. Die Ergebnisse der LBS-Familien-Studie. Opladen.

-/Minsel, Beate (2002): Die Rolle des Vaters in der Familie. Schriftenreihe des Bundesministeriums für Familie, Senioren, Frauen und Jugend, Band 213. Stuttgart.

Glaser, Barney G./Strauss, Anselm L. (1998): Strategien qualitativer Forschung. Bern/Göttingen/Toronto/Seattle.

Griebel, Wilhelm (1991): Aufgabenteilung in der Familie: Was übernehmen Mutter, Vater, Kind (und Großmutter). In: Zeitschrift für Familienforschung 3, 21-53.

Grieser, Jürgen (1998): Der phantasierte Vater. Zu Entstehung und Funktion des Vaterbildes beim Sohn. Tübingen.

Griswold, Robert L. (1993): Fatherhood in America: A history. New York.

Helfferich, Cornelia/Klindworth, Heike/Krumm, Silvia/Walter, Wolfgang (2005): Familienentwicklung als Transformation von Männlichkeit. In: Tölke, Angelika/Hank, Karsten (Hg.) (2005): Männer – das „vernachlässigte" Geschlecht in der Familienforschung. Wiesbaden, 71-95.

Holden, George W. (1997): Parents and the Dynamics of Child Rearing. Boulder/Colorado.

Horkheimer, Max (Hg.) (1987): Schriften des Instituts für Sozialforschung. Fünfter Band. Studien über Autorität und Familie. Forschungsberichte aus dem Institut für Sozialforschung. 2. Auflage. Reprint der Ausgabe Paris 1936. Lüneburg.

King, Vera (2002): Tochterväter. Dynamik und Veränderungen einer Beziehungsfigur. In: Walter, Heinz (Hg.): Männer als Väter. Sozialwissenschaftliche Theorie und Empirie. Gießen, 519-554.

Klindworth, Heike/Walter, Wolfgang/Helfferich, Cornelia (2005): Frühe erste Vaterschaft – ein intendierter, passender Übergang? In: Tölke, Angelika/Hank, Karsten (Hg.): Männer – das „vernachlässigte" Geschlecht in der Familienforschung. Wiesbaden, 152-175.

Knibiehler, Yvonne (1996): Geschichte der Väter. Eine kultur- und sozialhistorische Spurensuche. Freiburg/Basel/Wien.

König, Rene (1955): Der deutsche Vater im Jahre 1955. In: Ders. (1974): Materialien zur Soziologie der Familie. Köln, 214-230.

Kühn, Thomas (2005): Die Bedeutung von Familiengründung für die Biografiegestaltung junger Männer. In: Tölke, Angelika/Hank, Karsten (Hg.): Männer – das „vernachlässigte" Geschlecht in der Familienforschung. Wiesbaden, 127-151.

Lamb, Michael E. (Hg.) (1997): The Role of the Father in Child Development. Third Edition. New York/Chichester/Brisbane/Toronto/Singapore.

LeCamus, Jean (2003): Väter. Die Bedeutung des Vaters für die psychische Entwicklung des Kindes. Weinheim/Basel.

Lenzen, Dieter (1991): Vaterschaft. Vom Patriarchat zur Alimentation. Reinbek bei Hamburg.

Lupton, Deborah/Barclay, Lesley (1997): Constructing Fatherhood. Discourses and Experiences. London/Thousand Oaks/New Delhi.

Marsiglio, William/Amato, Paul/Day, Randal D./Lamb, Michael E. (2000): Scholarship on Fatherhood in the 1990s and Beyond. In: Journal of Marriage and the Family 62, 1173-1191.

Marsiglio, William/Pleck, Joseph (2005): Fatherhood and Masculinities. In: Kimmel, Michael/Hearn, Jeff/Connell, Robert (Hg.): Handbook of Studies on Men & Masculinities. Thousand Oaks, 249-269.

Matzner, Michael (1998): Vaterschaft heute. Klischees und soziale Wirklichkeit. Frankfurt am Main/New York.

– (2002): Alleinerziehende Väter. Männer tragen nach einer Scheidung/Trennung oder dem Tod der Mutter die Hauptsorge für ihre Kinder. In: Walter, Heinz (Hg.): Männer als Väter. Sozialwissenschaftliche Theorie und Empirie. Gießen, 187-218.

– (2004): Vaterschaft aus der Sicht von Vätern. Subjektive Vaterschaftskonzepte und die soziale Praxis der Vaterschaft. Wiesbaden.

– (2005): Väter – eine noch unerschlossene Ressource und Zielgruppe in der Sozialen Arbeit mit Kindern und ihren Familien. In: Neue Praxis 35, 587-610.

– (2007): Das vernachlässigte Geschlecht. Männer und Männlichkeit in der Sozialen Arbeit. In: Hollstein, Walter/Matzner, Michael (Hg.) (2007): Soziale Arbeit mit Jungen und Männern. München.

Metz-Göckel, Sigrid/Müller, Ursula (1986): Der Mann. Weinheim/Basel.

Minton, Carmelle/Pasley, Kay (1996): Fathers' Parenting Role Identity and Father Involvement. In: Journal of Family Issues 17, 26-45.

Mitscherlich, Alexander (1955): Der unsichtbare Vater. Ein Problem für Psychoanalyse und Soziologie. In: KZfSS 7, 188-201.

– (1963): Auf dem Weg zur vaterlosen Gesellschaft. München.

Napp-Peters, Anneke (1987): Sozialisation durch den Vater. In: Neue Praxis 17, 413-422.

Nave-Herz, Rosemarie (1985): Die Bedeutung des Vaters für den Sozialisationsprozeß seiner Kinder. Eine Literaturexpertise. In: Postler, Jürgen/Schreiber, Robert (Hg.): Traditionalismus, Verunsicherung, Veränderung. Männerrolle im Wandel? Bielefeld, 45-75.

Neidhart, Friedhelm (1968): Schichtspezifische Elterneinflüsse im Sozialisationsprozeß. In: Wurzbacher, Gerhard (Hg.): Die Familie als Sozialisationsfaktor. Der Mensch als soziales und personales Wesen. Band III. Stuttgart, 174-200.

Nickel, Horst/Quaiser-Pohl, Claudia (Hg.) (2001): Junge Eltern im kulturellen Wandel. Untersuchungen zur Familiengründung im internationalen Vergleich. Weinheim/München.

Oberndorfer, Rotraud/Rost Harald (2002): Auf der Suche nach den neuen Vätern. Familien mit nichttraditioneller Verteilung von Erwerbs- und Familienarbeit. Forschungsbericht Nr. 5 des Staatsinstituts für Familienforschung an der Universität Bamberg (ifb).

Pross, Helge (1978): Die Männer. Reinbek bei Hamburg.

Rosenbaum, Heidi (1988): Typen väterlichen Verhaltens. In: Zeitschrift für Sozialisationsforschung und Erziehungssoziologie 8, 246-263.

Rosenkranz, Doris/Rost, Harald/Vaskovics, Laszlo A. (1998): Was machen junge Väter mit ihrer Zeit? Die Zeitallokation junger Ehemänner im Übergang zur Elternschaft. Staatsinstitut für Familienforschung an der Universität Bamberg. ifb-Forschungsbericht Nr. 2, Bamberg.

Schaffner, Bertram (1948): Fatherland: A Study of Authoritarianism in the German Family. New York.

Schmitt, Christian (2004): Kinderlose Männer in Deutschland – Eine sozialstrukturelle Bestimmung auf Basis des Sozioökonomischen Panels. Berlin.

Schneider, Werner (1989): Die neuen Väter – Chancen und Risiken: zum Wandel der Vaterrolle in Familie und Gesellschaft. Augsburg.

Schon, Lothar (2000): Sehnsucht nach dem Vater. Stuttgart.

Seiffge-Krenke, Inge (2001): Väter und Söhne, Väter und Töchter. In: Forum Psychoanalyse 17, 51-63.

Sinus-Institut (1998): Die Sinus-Milieus und ihre Anwendung. Heidelberg.

Snarey, John (1993): How fathers care for the next generation: A four decade study. Cambridge.

Tölke, Angelika/Hank, Karsten (Hg.) (2005): Männer – das „vernachlässigte" Geschlecht in der Familienforschung. Wiesbaden.

Townsend, Nicholas W. (1998): Fathers and Sons: Men's Experience and the Reproduction of Fatherhood. In: Hansen, Karen V./Garey, Anita Ilta (Hg.): Families in the U.S. Kinship and Domestic Politics. Philadelphia, 363-376.

Vaskovics, Laszlo A./Rost, Harald (1999): Väter und Erziehungsurlaub. Stuttgart.

Walter, Heinz (Hg.) (2002): Männer als Väter. Sozialwissenschaftliche Theorie und Empirie. Gießen.

Walter, Wolfgang/Künzler, Jan (2002): Parentales Engagement. Mütter und Väter im Vergleich. In: Schneider, Norbert F./Matthias-Bleck, Heike (Hg.): Elternschaft heute. Gesellschaftliche Rahmenbedingungen und individuelle Gestaltungsaufgaben. Opladen, 95-119.

Werneck, Harald/Beham, Martina/ Pfalz, Doris (Hg.) (2006): Aktive Vaterschaft. Männer zwischen Familie und Beruf. Gießen.

Witzel, Andreas (1989): Das Problemzentrierte Interview. In: Jüttemann, Gerd (Hg.): Qualitative Forschung in der Psychologie. Grundfragen, Verfahrensweisen, Anwendungsfelder. Heidelberg, 227-255.

Ulf Mellström
Men, Masculinities and Gender Research in the Welfare Stateism of Sweden

1. Summary

In the Nordic countries a fairly strong tradition of gender equality has been able to prosper. A „weak breadwinner model" has developed, different from hegemonic models of masculinity so prevalent in many other parts of the world. This model resting upon a long historical tradition is also the base for present day politics of gender equity and research. In alliance with feminist and queer studies, masculinity research has established a strong academic infrastructure and gender politics, based upon an idea of „double emancipation". This implies that a female emancipation can't take place without a corresponding male emancipation. The latter are expected to be achieved by an active and equal parenthood and much masculinity research in Scandinavia consequently focus fatherhood and parenting among men. A strong state feminist agenda has been the presupposition for this in the welfare Stateism of Sweden.

2. Introduction

In this article I discuss men, masculinity studies, and gender research in Sweden in the light of policymaking, State feminism, „double emancipation" and parenting. The Nordic countries, including Sweden, Norway, Denmark, Finland, and Island, are often used as examples of how to enact gender equality and how gender research can inform practical understandings of how to work with gender imbalance, discrimination, male dominance, and female subordination. By pointing out some of the features of the gender welfare Stateism of Sweden and domestic debates around emancipatory issues around men and masculinities I intend to cast some light on the particularities of gender research and gender equality work in Sweden.

In an interview in the newly launched Nordic journal for masculinity studies (NORMA, no. 2 2006), the well known and celebrated masculinity studies scholar Raewyn Connell (formerly Robert) points out that in a region where much economic activity has been dominated by industries based on natural resources such as mining, forestry, and fishing it is somewhat at odds that issues around gender equality is a prominent theme in the history of and in the present welfare

Stateism of the Scandinavian countries and in particular, Sweden. Such economic activity and sites of industrial production has in many other cases harboured social systems of highly patriarchal social relations. In systems where exploitation and profit making often has triggered vicious circles of male violence and dominance, „strong breadwinner models" are often at work (Dawson 1994).

In contrast, a „weak breadwinner model" has dominated much of the history of masculinity in the Nordic countries (Lewis 1992; Sainsbury 1996; Sommestad 1998). According to some researchers, a strong ideal of hegemonic masculinity has not been as prevalent in this region as in many others (Holter 2003). In this region in the peripheral northern outskirts of Europe, hidden away from the big power centres of different epochs of historical conquerism, a fairly strong tradition of gender equality has seemingly been able to prosper. Holter (2003, 22) claims, „Nordic men's notion of masculinity is somewhat less segregated and more heterosocial." As it seems, there are many ways due to the peripheral location outside the main centres of power that relatively weak gender regimes have been able to develop.

This historic pattern is also most obvious in the region's most peripheral areas beyond the control of state power exerting social discipline, but also something that can be observed in pre-industrial times where most production were located to the household. The home as an arena of production and reproduction came to represent a space where borders between public and private, hard and soft, male and female were not as distinct as they later became during a full-blown industrialism in the late 19th and during the whole 20th century. As many Nordic countries entered industrialism quite late it has also been interpreted that gender patterns of pre-industrial working life continued to influence gender relations in the emerging industrialist societies of the Nordic countries. As the breadwinner model as the dominant guideline of masculinity seems to be an uniquely modern trait, the enforced breadwinner ideal with sharp distinctions between domestic and private never made the strong imprints on gender relations as in many other European countries. As other researchers have argued, the dominance pattern and the gender order is there, but it is more subdued and played out in indirect ways and is usually more connected to social sanctions around *unmanliness* versus *manliness* (cf. Ekenstam 2006; Liliequist 1999, 2006).

These concepts have also been central to much research in masculinity studies in the Nordic countries. The hegemonic model that has been so dominant in international masculinity research has consequently also been criticized from a Nordic perspective, emphasising less absolutist versions of masculine domination and gender regimes (cf. Holter 1998, 2003; Ekenstam 2006). Versions that open up for change and present less pessimistic accounts of men's lives and also consider men's personal and existential costs that certain gender forms have for men. This is not least evident in historic studies of different masculinities in the Nordic region.

Although, the historic dimensions of the welfare state and its relation to present gender politics and research is not explored in this article, for the argument developed here, it suffices to say that there are important and tangible traces that spill over into present day politics of gender equity, research, and masculinity studies in Sweden. In the following I will mainly take a point of departure from the 1960's and 1970's. A historic moment characterised by second wave feminism, the breakthrough of a sex role perspective and not least the seeds to present day gender research including masculinity studies.

3. The Gender Studies family

Speaking in terms of a family metaphor, gender studies may not be a family in an ordinary nucleus sense but rather an extended one. Families have a common origin and most often a common agenda, although maybe loosely coupled but still an agenda originating in a common past, and in one way or another a common destiny. In this family, feminism is the big sister and masculinity studies a little brother looking up to the elder sister, and the transing sister, brother, or cousin, is the queer one. Concerning queer studies, it is often easy to forget that such concepts as, for instance, hegemonic masculinity takes its starting point in investigations of subordinated gender forms, meaning not only women, but also men expressing desires that go beyond heteronormative channelled expressions of sexuality (Connell 1993). The sexual politics of the gay and lesbian activism have been of immense importance to the interest in masculine gender configurations (see for instance Edwards 2005).

A common agenda and history, that both engages and evokes feelings of unbounded and liberating gender policies as well as utterly conservative contempt, belongs to a common past but also to a common future. Our past and our future are woven together in terms of an emancipatory undertaking and epistemological pilgrimage towards a social science and humanities where gender is an axiomatic category for understanding societal change and stability, and generally a science where the emancipatory objective would be to empty the category of gender, as well as other seminal social categories such as race, of their normative power. Neither are the biological differences between men and women a legitimate ground for inequality between the sexes. Such are the different emancipatory points of departure in an agenda that creates a sense of affinity and familism.

However, the emancipatory objective as such is formulated differently within the different fields depending on origin and traces of history. Feminist literature and withstanding emancipatory objectives have been occupied with three major questions (Yuval-Davis 1997, 5): why/how are women oppressed, are the differences between men and women determined biologically or socially or both, what are the differences in the category of women? If emancipation within feminism then, crudely, means acknowledging the experiences of women, creating public and private space for women in a patriarchal society, stop domestic violence against women, etc., what is then emancipation for men? As men in a literal and structural meaning are dominant in the societal gender order, what is then emancipation for men? It can be formulated in various ways. If feminism metaphorically means to take a step forward or upwards what does men do? Take a step down or sideways?

How this has been articulated is something I intend to discuss along some of emancipatory lines of reasoning in critical men's studies and gender equality politics, with a point of departure in the corporative political culture of the Swedish system. As it has been articulated within a Scandinavian context it is a matter of „double emancipation", entailing that there would be no female emancipation without a corresponding male emancipation. Something that in itself has been interpreted as the product of a paradigmatic change in moving from a paradigm resting upon the idea of complementary sex roles to a paradigm built on men's and women's equal status. However, before doing that I will recount some of the central tenets of critical men's studies.

4. Critical men's studies and multiple masculinities

The ways of becoming a man are multiple, as we have witnessed in gender research on masculinity during the last decades. The multiplicity of masculinity has been an explicit goal and aim for the growing body of research in the theoretical aftermath of sex-role theory and diverse notions of patriarchy (cf. Morgan 1992; Cornwall/Lindisfarne, 1994; Connell 2000, 2002; Johansson 2000; Whitehead 2002). If sex-role theory, most productively, came to depict men as men, masculinity, however, came to be an issue of merely individual character and little of the power-laden discussions seen in Marxist theoretical vein of the 1970's was evident here (cf. Eichler 1980). In contrast, patriarchy theory inevitably came to force one to think about a structural level. As the rule of a father also came to be the rule of a men as a principle of male domination on a structural level there was little room for diversification of patriarchal forms as such. Still, notions of private versus public patriarchy came to differentiate various versions of male power from each other, variations of masculinity were rarely the issue on the overall theoretical agenda. The need to pluralise masculinity can also be read in relation to some early feminist works where a certain psychological determinism is prevalent and where men are depicted as one-sided and one-dimensional (Chodorow 1978; Gilligan 1982).

In a now classic article by Carrigan, Connell and Lee (1985) setting out a new direction for the sociology of masculinity, they criticize several strands of feminism for relying upon the two absolute and undifferentiated categories of men and women and producing what they came to call „categorical theory". Consequently, differentiation and the multiplicity of different gender configurations came as the next step in the sparse but still growing interest on men and masculinity in the 1980's. Complexities, divisions and contradictions within the seemingly uniform category of men were pioneered by the work of Robert Connell in the early 1980's. His/her concept of hegemonic masculinity became the theoretical handle trying to understand the changing historical character of men's lives and various cultural representations of masculinity. A concept that tries to capture everyday practices, institutional structures and how various dominant/dominated forms of masculinity connect to each other. To talk about masculinities in plural is an axiomatic category in contemporary studies indicating the shift from the man's role to men's roles in discussions of gender equality as well as broader feminist interventions. It also indicates a shift to a more complex picture of masculinity both in contemporary studies as well as in historical scholarship looking at men's unequal relations to men as well as men's relations to women. Masculinities in plural have become a currency and are used as shorthand for a wide range of social phenomena (Connell 1987, 1995, 2000, 2002).

In this shift that has taken place since the early 1980's one can also notice that the somewhat tragic depictions of the *misery of masculinity* and emotionally scanty men in crisis have slowly been altered to more nuanced and complex descriptions of men. Still, and not least in the Nordic countries and for good reasons, masculinities have been explored in relation to the problematic side of men's lives, i.e.; alcohol, absent fathers, violence, loneliness, and so forth. But another important thread in Sweden as well as the other Nordic countries is the so-called fatherhood research that focuses on men's parenting and state legislated reforms that try to make men feel more responsible and take a greater responsibility in family life. This branch of critical men's studies has during the last decades become the most influential and important subject matter in the Scandinavian context and is and has been closely connected to male emancipation. It is through men's fatherhood that we find the key to how men can improve as a *gender*. The exchanges between politics and research are evident here and connect closely to an articulated agenda of change in the state feminist project. The popularity of this approach is clearly shown by the number of publications, public visibility and interest (cf. Åström 1990; Berg/Johansson 1999; Hagström 1999; Gavanas 2001; Plantin 2001; Klinth 2002; Bekkengen 2002, 2005; Mellström 2006).[1]

5. State Feminism

In Sweden we can observe that in parallel to the rather misleading picture of men as all problematic and miserable from the early 1980's, there is also a line of thought and political action, which has been most influential. That is the need to involve men in the concrete work of gender equality. In the state feminist country of Sweden where even the former social democratic Prime Minister braved himself for being a feminist, it has been of political importance to involve men in this political vision of a gender equal society. The state feminist project in Sweden is, as in many other countries, a project where 40 years of gender activism has moved into and been institutionalised in agencies ranging from equal opportunity commissions and councils to departments and ministries for women and gender related questions (McBride Stetson/Mazur 1995). Governments have appointed gender equality „ombudsman" (män in pluralis) and given legitimacy to a „feminism from above", or state feminism (Hernes 1987). In a Scandinavian context, state feminists originally refer to „both feminists employed as administrators and bureaucrats in positions of power and women politicians advocating gender equality principles" (Siim 1991, 189; McBride Stetson/Mazur 1995, 10). Individual feminists in these roles have been labelled femocrats, literally combining feminist interests with the institutionalised power. Logically then, state feminism refers to the institutionalisation of feminist interests and I would also say interests in favour of gender equality concerning both women and men. However, the notions state and feminism are far from universal and monolithic concepts. Feminist literature on the subject generally tries to avoid any such universalism and develops a feminist theory of the state with less abstraction and more studies of the scope and context of government action and its consequences for women (Dahlerup 1986).

In the Swedish example, the most prominent symbolic act of such a state feminism is probably the establishment of the Equality Ombudsman (JÄMO) in 1980 as a result of the efforts of a new generation of social democrats and members of the liberal party in the 1960's and 1970's to put gender equality on the political map. Among these was at that time new the Prime Minister Olof Palme who, by establishing the Advisory Council to the Prime Minister on Equality Between Men and Women, stimulated and initiated state plans for sexual equality. Consequently, one of the fields where the Equality Ombudsman has been most active is in cases concerning sexual harassment and sex discrimination. In 1983, JÄMO brought the first case of sexual harassment to the Labor Court and JÄMO has until now brought over hundred cases of sexual harassment and sex discrimination to the court. In the year 2000 the first man was assigned to the post of Equality Ombudsman (still holding the post) after three women holding the office between 1980 and 2000, something, which in itself has caused a huge media interest in Sweden and in other parts of the world.

Still, for many critics of the corporative political culture of the Swedish society, the Equality Ombudsman has come to symbolise the transformative power of the hegemonic state to include its critics and tame the autonomy of an independent feminist movement. As for instance Elman (1995, 252-253) suggests: „JÄMO has [...] been conspicuously absent from the struggle for better policies to redress violence against women. Indeed, the absence of a powerful autonomous feminist movement and the Swedish tendency to define sex discrimination in terms of economic inequality has combined to disengage the principal state equality office from feminist-inspired efforts to force the government to protect women against sexual violence." From this point of view, the Equality Ombudsman represents the state's version of feminism rather than a truly feminist state. Critical voices contend that instead of an autonomous feminist movement based on the notion of overturning the patriarchal system, a coalition with the political system and the major political players including women's organisations inside and outside the political parties is made, and refuses to see that women's disadvantaged societal positions have something to do with male-dominated institutions in the political life as well as outside it. This evident paradox of state feminism is something that continuously haunts the debate on gender equality, feminism, and gender research in general in the corporative political climate of the Swedish society.

6. Double emancipation, parenting and men

In this corporative political vision of a gender egalitarian society the idea of double emancipation by way of equal parenthood has been central. Double emancipation is an idea grounded in the 1960's and the debates concerning gender equality in Sweden and elsewhere. In Sweden, the idea of gender equality came to have a huge importance in the development of the welfare state as the family historian Roger Klinth (2002, ch 1.) has documented in his work on parental leave and political visions in Sweden from the beginning of the 1960's to the mid-1990's. Already in the beginning of the 1960's demands were raised that there would be no woman emancipation without a corresponding male emancipation. A number of politicians, journalists and scholars loudly voiced these concerns and eventually lobbied them all the way to the highest political representatives. Women questions were also men's questions declared the former Prime Minister Tage Erlander back in 1964. When his successor at the post Olof Palme talked about Swedish gender equality at the Women's National Democratic Club in Washington in 1970, he claimed that: „These views, which first appeared too shocking and were ridiculed, have now been officially accepted [...] Public opinion nowadays is so well informed that if a politician today should declare that the woman ought to have a different role than the man and that it is natural that she devotes more time to the children, he would be regarded to be of the Stone Age" (cf. Klinth 2002, 14-15).

The emancipation of men was visualised, and still is, through an active and equal parenthood and the Prime Minister was one of the strongest proponents of such a change. Men had to take a reproductive responsibility and women had to enter the labour market to a much higher degree than in the 1950's and 1960's. As one debater expressed it at the time: „[...] it is about making daddy pregnant and get mommy a job". Also as part of a long-lived modernist dream and the Swedish state's ambitions of reforming society to the very core, to reform gender roles through an active intervention in familial relations were also to reform a society where the deep patriarchal roots still were alive and functioning. This double movement meant that men were expected to move into the household and women into the labour market. The general political vision and belief was, and still is, that male emancipation is to be achieved through men's active fatherhood.

The underlying idea rested, and still rests, upon a therapeutic framework conceptualising the sex role of men as deeply problematic. Men as a gender were generally seen as socially destructive to themselves as well as to the societal development. Male emancipation was and is therefore necessary in order to reform both men as a gender and the democratic society as a whole. It is here worth noting that although masculinity research of today works from a plural and multiple perspective, the conceptualisation of masculinity in the politics of gender equity, to a large extent, still takes its point of departure from a therapeutic sex role paradigm largely avoiding more general questions around the gendered power order in society. This has been criticized by many scholars (see below) but I believe it is fair to say that this has generally been the assumption that much debate around men as parents has taken as the starting point.

Fatherhood became the most important project of the gender equality politics. This is what Klinth (2002) calls *daddy politics*. In a narrow sense these are the concrete political actions and measures that have been taken during the last thirty years concerning men and family politics. In a wider sense, however, it is a discursive set of attitudes and attempts that characterises a political will and ambition that covers a wide range of political opinions as well as parties. Although the Social Democratic party has by way of being the dominating political power also been dominating welfare politics for the last half century, there has been a surprisingly high degree of consensus, even by Swedish standards, concerning the political ambition to get fathers more involved in domestic and reproductive responsibility. Liberal politicians as well as conservative ones have generally accepted the idea of male emancipation through an active and equal parenthood. The current conservative government is in many ways following the political lines of the former social democratic government by for instance proposing new legislations around a special gender equality bonus in order to encourage more men to take parental leave.

The parental insurance reform came in 1974. This reform legislated that men could stay home with their children and being paid for it. In short, the rules of the parental insurance has changed a number of times over the years but at present (2007) either one of the parents are compensated with 80 percent of their salary up till an income ceiling of 32.000 SEK (appr. 3500 €) in a total of 390 days. The income ceiling was raised in 2006 from 24.000 SEK (appr. 2600 €). The latter is and was seen as a strong motivating factor to increase men's share of the total days of parental leave. Since men generally earn approximately twenty percent more than women on an average, the anticipated income loss is seen as one, if not the most important factor for men not taking parental leave, although they often express a desire to do so. Of these 390 days, 60 are bound to one person, meaning that these days will not be compensated if the other parent decides to stay home and take care of the child/children. An additional 90 days are compensated to either one of the parents to a minimum sum of 120 SEK per day. The parental insurance can be used until the child has turned eight.

The parental insurance came to replace what earlier was the „motherhood" insurance (Sw. moderskapsförsäkingen). A clear and expressed point of departure for the reform was: „[...] the division of labour between men and women that characterises our society at present is locking men and women into different roles and hinders a free personal development. Demands on gender equality are therefore not only concerned with changes in women's conditions but also in conditions for men. The change is directed towards women's increased possibilities to work and men's possibilities to take a greater responsibility for the children" (The Swedish governments bill 1973, 47, 35; my translation). Through the parental insurance reform men were made in to a political category within the reproductive sphere. The state was here also supposed to take a reproductive responsibility and also intervene into the private sphere of the family. The latter has been much debated and a constant controversial issue since state legislation reforms in the 1970's. To what extent is the family a „holy sphere" and to what extent can the state be part of family politics? According to a huge body of research within this field, one can undoubtedly speak about a close relationship between the state and the family in Sweden and to a varying degree in the other Scandinavian countries. Concepts like the „public family" have been used to describe this so-called Nordic form of family and political vision that is based on women's participation in the labour market and men's anticipated parental responsibility and a state reproductive responsibility. Although the political vision and the reality of ordinary people's lives are far from corresponding, in the sense that only 1% of the total time of the parental leave were used by men in 1975, 11% in the mid-1990's and 15% today, the political and the role-modelleling implications have been of importance to emancipatory issues and debates in Sweden and elsewhere I dare to say.

One could then ask the question whether men have become more emancipated through political reforms and visions. Has change occurred? In the research and debates trying to deal with these difficult issues one can outline two perspectives: a positive and a negative perspective. In the positive version it is emphasised that it is a unique and historical breakthrough in terms of family and welfare politics. Through the parental insurance reform a feminist framework for thinking around family politics has been established. Social reproduction has been put in front of production on the labour market. Although we are far away from an equal state of parenthood between men and women, there is still a huge step forward in terms of gender equality. As part of a long tradition of social engineering in the welfare states of Scandinavia the parental insurance reform has been successful in an international perspective according to those who hold a positive perspective. Men have taken a greater responsibility for the reproductive sphere although not to the extent that the legislators had hoped for, but still in terms of a gradual male emancipation the parental insurance reform has been successful.

As a ground for a positive interpretation of the Swedish case in relation to the cultural interpretation of masculinity, researchers have, as mentioned before, talked about a „weak male breadwinner model" (Lewis 1992; Sainsbury 1996; Sommestad 1998). Drawing on the historic experiences previously described, the corporative political climate of the Nordic welfare state is thus believed to incorporate a certain moderate or modest form of masculinity opening doors to feminist concerns and politics, and not least opening up for questioning the distinction of domestic and public, an organising principle so central to many women's and men's lives. Such a *weak breadwinner model* has also opened up for women's social rights connected to citizenship rather than being primarily connected to the family and breadwinner males.

In contrast to this there are a number of scholars and debaters who have pointed to the low rate of men that has actually taken parental leave and that the parental insurance reform rather mirrors the Swedish society's self-ascripted idea of a being gender equal society. An idea, which is an idea and nothing more since we are far from a gender equal society and the parental insurance reform rather works as a shadow-play disguising the real inequalities in society (cf. Eduards 1991, 1992; Gelb 1989; Hirdman 1994, 1998; Scott 1982). The unwillingness to legislate in order to make men accept a true parental responsibility has been put in comparison to the often more or less compelling family politics in regard to women. Although men have had the choice to take parental leave since the 1970's the labour market has not changed very much and is still organised according to patriarchal logics. Women have the possibility to enter the labour market, mostly within the public sector, but they are also supposed to take the main domestic responsibility. In this way, double emancipation has become double workload for many women according to these critics. The fundamental structural inequalities remain with a labour market that is highly segregated in terms of salaries, career opportunities and attitudes. Indeed, international research has shown that one tendency is that income gaps tend to increase in combination with a generous parental insurance system (cf. Hwang/Russell 2000). The parental insurance reform is thus described by many as a women's reform conditioned by men (Bekkengen 2002).

As the parental insurance is a welfare reform and directly tied to the family as a unit, voices are now being raised that the parental leave should be tied to the individual as all other social rights and duties in the welfare state are. By connecting the parental insurance to the individual and for instance give the father and mother six months of parental leave each, plus an extra six months to be chosen by either the mother or the father, fathers would be forced to stay home with their children for six months or their economic compensation will be lost. This is currently a heated battle-ground within Swedish family politics and conservative politicians and parties such as the Christian Democrats and the conservative party is portraying this as the last step on the way to a total state intervention in family life that goes beyond any previous socialist experiments with the public family model. In contrast, radical parties such as the left-wing party, the Green Party and certain social democrats portray such an intervention into the family a new and drastic step that would challenge fundamental gender inequalities in a society based on patriarchal family values as well as a patriarchal state and labour market organised by such principles.

7. Critical men's studies in State Feminism

By exemplifying a key problem and discussion within the feminist state of Sweden I have tried to illustrate some of the dilemmas and questions that research within men's studies concern as well as other branches of gender research. As the parental insurance reform has been at crossroads of many highly pertinent questions regarding gender and gender equality, empirical research has to a large extent also grown from here. The close affiliation between research problems and societal concerns, following a long tradition of social engineering, can be looked upon in different ways. Just as feminist thinking and research, critical men's studies have been regarded as politically biased and „unscientific" because of the emancipatory claims implied in gender research. In a similar way the connection to policymaking and what is considered as socially relevant questions has been a recurrent point of criticism. The basic argument here is that the state should not dictate what is politically correct research or not.

The state feminist umbrella can thus be viewed as both a burden and asset. It can be considered a burden in the sense that much criticism has been directed at the connection between emancipatory objectives and the common held belief in gender research that changes are possible through research. In research communities based on a belief in the detached observer viewing the world from a distance and discovering it through the lenses of instrumental objectivity, much gender research is epistemologically quite wobbly. Apparently, it is also much harder to talk about gender and power relations in the contemporary sociocultural gender order in physics and mathematics for instance, than it is in sociology or in the social sciences in general, although Feminist Science Studies has shown us the inherent gender structure and epistemological agenda of much science and medical research (cf. Harding 1986; Bryld/Lykke 2000; Martin 1987; Haraway 1991). However, leaving that question aside, gender research is and has been controversial in many fields because of the implied emancipatory agenda and epistemological differences of various sciences whether it be social science or just science. This is of course something that to a high degree still goes on and will most probably continue to do so for an unforeseeable future.

Gender research as politically motivated has, however, also been an asset and presupposition. Sweden which today probably has the most developed academic infrastructures for gender studies in the world, politically initiated and directed initiatives which have been of outmost importance in the establishment of, for instance, Departments of Gender Studies and centres for gender research all around the different universities in Sweden. Initiatives have rarely come from the mainstream academic bodies themselves but from politicians in alliance with grass-root feminism inside and outside the universities. The national secretariat for gender research at Göteborg University is one such example. The initiative came from the Ministry of educational affairs and was directly a brainchild of the former Minister of Education, Carl Tham. It was also his idea of initiating six professorships directly related to Gender Studies. Today the money and professorships that were allocated back in 1995 and highly controversial at the time, are part of the infrastructural backbone of Swedish gender research. The yearly earmarked 10 million SEK to Swedish gender research is likewise allocated by the Swedish Research Council, originally research funding initiated in the political sphere rather than the academic community. This earmarked money has recently been increased to 22 million SEK (appr. 2.5 million €), and the extra 12 million is used to build up 3 new centres of gender excellence with the specific goal to internationalise Swedish gender research throughout the years 2007-2011.

Without this political backing the state of the art of contemporary research would have been more depressing and, on a personal level, I would not have been in the position to write this piece since my academic career can be directly related to this funding. In this sense one could thus say that I am an embodied example of a state feminist politics. Likewise, is the first professorship in masculinity studies at Linköping University, occupied by Jeff Hearn since autumn 2005. It is, to my knowledge, also the first professorship in the world that is directly related to Critical Men's Studies and masculinity research. It is therefore a professorship that has a great symbolic significance for the field and in alliance with Feminism and Queer Studies will continue to work for emancipatory objectives and making an epistemological difference. In the process of securing funding and establishing the field of masculinity studies further, symbolically important figures such as the new professor at Linköping University will have to fight a similar academic inertia that women's studies as well as sexuality research have been doing for the last thirty years. Therefore the alliance and affinity of the different siblings within the gender research family are of vital importance, both in regard to a dialogue and understanding of the historical preconditions and a sense affinity being bound to a parallel epistemological project of making a difference and formulating alternatives.

In sum, state feminism is both a burden and a blessing. In parallel it is the ground for criticism and the hand that feeds you, but what would be the alternative in terms of academic research? We are inevitably dependent upon a state believing in the importance of a gender-egalitarian society and acknowledging the importance of discussing these fundamental issues. Critical men's studies have just taken the first stumbling steps in the contribution to this project.

Footnote

1 Unfortunately, most of this research is published in Swedish making it inaccessible to an international audience.

References

Åström, Lissie (1990): Fäder och söner. Bland svenska män i tre generationer (Father's and son's. Among Swedish Men in Three Generations). Stockholm.

Bekkengen, Lisbeth (2002): Man får välja: om föräldraskap och föräldraledighet i arbetsliv och familjeliv (Making choices: parenthood and parental leave in working life and family life). Malmö.

- (2005): Mannens föräldraledighet – kvinnans beslut eller anpassning? Om konsekvenser av olika forskningsmetoder (The parental leave of the man? About consequences of different research methodologies). In: Forsberg, Gunnel/Grenholm, Cristina (eds.): -och likväl rör det sig: genusrelationer i förändring (-and it's still moving: gender relations in transition. Karlstad, 147-157.

Berg, Lars-Erik/Johansson, Thomas (1999): Den andre föräldern: Om deltidspappor och deras barn (The other parent: About part time dads and their children). Stockholm.

Bryld, Mette Marie/Lykke, Nina (2000): Cosmodolphins: feminist cultural studies of technology, animals and the sacred. London.

Carrigan, Tim/Connell, R.W/Lee, John (1985): Towards a new sociology of masculinity. In: Theory and Society 14/5, 551-604.

Chodorow, Nancy (1978): The Reproduction of Mothering: Psychoanalysis and the Sociology of Gender. Berkeley.

Connell, R.W. (1987): Gender and Power: Society, the Person and Sexual politics. Stanford Calif.

- (1993): The big picture: Masculinities in recent world history. In: Theory and Society 22/5, 597-623.
- (1995): Masculinities. Berkeley.
- (2000): The Men and the Boys. Berkeley.
- (2002): Gender. London.

Cornwall, Andrea/Lindisfarne, Nancy (eds.) (1994): Dislocating masculinity: comparative ethnographies. London.

Dahlerup, Drude (ed.) (1986): The new women's movement: feminism and political power in Europe and the USA. London.

Dawson, Graham (1994): Soldier heroes: British adventure, empire, and the imagining of masculinities. London.

Eduards, Maud L. (1991): Towards a Third Way: Women Politics and Welfare Policies in Sweden. In: Social Research 3, 677-705.
- (1992): Against the Rules of the Game. On the Importance of Women's Collective Actions. Rethinking Change: Current Swedish Feminist Research. Uppsala.

Edwards, Tim (2005): Queering the Pitch: Gay Masculinities. In: Kimmel, Michael/Hearn, Jeff/Connell, R.W (eds.): Handbook of Studies on Men and Masculinities. Thousand Oaks Calif., 51-67.

Eichler, Margret (1980): A feminist critique of feminist social science. London.

Ekenstam, Claes (2006): Mansforskningens bakgrund och framtid: Några teoretiska reflexioner (The History and Future of Studies on Men and Masculinity: Some Theoretical Reflections). In: NORMA - Nordic Journal for Masculinity Studies 1, 6-23.

Elman, Amy R. (1995): The State's Equality for Women: Sweden's Equality Ombudsman. In: McBride Stetson, D/Mazur Amy G. (eds.) (1995): Comparative State Feminism. London, 237-254.

Gavanas, Anna (2001): Masculinizing Fatherhood: Sexuality, Marriage and Race in the U.S. Fatherhood Responsibility Movement, Department of Social Anthrolopology, Stockholm University. Stockholm.

Gelb, Joyce (1989): Feminism and Politics: A Comparative Perspective. Berkeley, CA.

Gilligan, Carol (1982): In a Different Voice: Psychological Theory and Women's Development. Cambridge, Mass.

Hagström, Charlotte (1999): Man blir pappa. Föräldraskap och maskulinitet i förändring (Man become dad. Parenthood and masculinity in transition). Lund.

Halberstam, Judith (1998): Female Masculinity. Durham.

Haraway, Donna J. (1991): Simians, cyborgs, and women: the reinvention of nature. London.

Hernes, Helga Maria (1987): Welfare State and Woman Power: Essays in State Feminism. Oslo.

Hirdman, Yvonne (1994): Woman-From Possibility to Problem: Gender Conflict in the Welfare State-The Swedish Model, Research Report 3, Arbetslivscentrum. Stockholm.
- (1998): Med kluven tunga: LO och genusordningen (With forked tail: Gender order and the Labour union). Stockholm.

Holter, Øystein G. (1998): Mansforskningen 1970-97 (Masculinity Research 1970-97). In: Westerberg, Bengt (ed.): Han, hon, den, det: Om genus och kön. (He, She, It: About Sex and Gender). Stockholm, 213-257.

– (2003): Can men do it? TemaNord 2003:510. Copenhagen.

Hwang, Philipp/Russell Graeme (eds.) (2000): Organizational Change & Gender Equity – International Perspectives on Fathers and Mothers at the Workplace. London.

Johansson, Thomas. (2000): Det första könet? Mansforskning som reflexivt projekt (The first sex? Masculinity research as a reflexive practice). Lund.

– (2004): Faderskapets omvandlingar (The Transformation of Fatherhood). Göteborg.

Klinth, Roger (2002): göra pappa med barn (making daddy pregnant). Linköping.

Lewis, Jane (1992): Gender and the Development of Welfare Regimes. In: Journal of European Social Policy 2/3, 159-173.

Liliequist, Jonas (1999): Från niding till sprätt: En studie i det svenska omanlighetsbegreppets historia från vikingatid till sent 1700-tal (From vandal to dandy: A Historic Study of the Swedish concept of unmanliness from the Vikings to late 1700). In: Berggren, Ann-Marie (ed.): Manligt och omanligt i ett historiskt.perspektiv (Manliness and unmanliness in a historical perpspective). Stockholm: Forskningsrådsnämnden, Rapport 99/4, 73-95.

Liliequist, Jonas (2006): Sexualiteten (Sexuality). In Lorentzen, Jørgen/Ekenstam, Claes (eds.): Män i Norden: Manlighet och modernitet 1840-1940 (Men in the Nordic countries. Masculinity and modernity 1840-1940). Hedemora.

Martin, Emily (1987): The Woman in the Body: A Cultural Analysis of Reproduction. Boston.

McBride, Stetson D./Mazur Amy G. (eds.) (1995): Comparative State Feminism. London.

Mellström, Ulf (2006): Nytt faderskap i skärningspunkten mellan production och reproduction? (New Fatherhood at the Junction between production and reproduction?). In: Socialvetenskaplig tidskrift 13/2, 114-128.

Morgan, David (1992): Discovering Men. London.

Plantin, Lars (2001): män, familjeliv och föräldraskap (men, family life, and parenthood). Umeå.

Sainsbury, Diane (1996): Gender, Equality, and Welfare States. Cambridge.

Scott, Hilda (1982): Sweden's „Right to be Human". Sex-Role Equality: The Goal and the Reality. London.

Siim, Birte (1991): Welfare state, gender politics and equality policies: women's citizenship in the Scandinavian welfare states. In: Meehan, Elizabeth/Sevenhuijsen, Selma (eds.): Equality politics and gender. London, 154-175.

Sommestad, Lena (1998): Welfare State Attitudes to the Male Breadwinning System: The United States and Sweden in Comparative Perspective. In: Janssens, Angélique (ed.): The Rise and Decline of the Male Breadwinner Family? Cambridge, 153-174.

Yuval-Davis, Nira (1997): Gender & Nation. London.

Whitehead, Stephen M. (2002): Men and masculinities: key themes and new directions. Malden, Mass.

Verzeichnis der Autorinnen und Autoren

Maja Apelt, Dr., Vertretungsprofessur an der Helmut-Schmidt-Universität Hamburg, Institut für Gesellschaftswissenschaften, Arbeitsschwerpunkte: Organisationssoziologie, Militärforschung, Gender Studies, Soziale Ungleichheit.

Mechthild Bereswill, Privatdozentin, Dr., seit 1998 Forschungstätigkeit am Kriminologischen Forschungsinstitut Niedersachsen; 2005-2007 Vertretungsprofessur für Frauen- und Geschlechterstudien (Soziologie) am Fachbereich Gesellschaftswissenschaften der Johann Wolfgang Goethe-Universität Frankfurt am Main. Arbeitsschwerpunkte: Soziale Kontrolle und Geschlecht, Qualitative Methodologien, aktuelle Geschlechterpolitiken. Erste Sprecherin der Sektion Frauen- und Geschlechterforschung in der DGS.

Cordula Dittmer, M.A., Stipendiatin der Deutschen Stiftung für Friedensforschung, Philipps-Universität Marburg, Zentrum für Konfliktforschung. Arbeitsschwerpunkte: Genderforschung, Militär, Peacekeeping-Einsätze, poststrukturalistische Theorie, Organisationssoziologie.

Lerke Gravenhorst, Prof. (apl.), PhD (University of Minnesota). Freie sozialwissenschaftliche Tätigkeit. Gegenwärtiger Arbeitsschwerpunkt: Geschlechterkulturen und NS-Verbrechen.

Carol Hagemann-White, Prof., B.A. (Harvard 1964) Dr. phil. (Freie Universität Berlin 1970), dort habilitiert in Soziologie, seit 1988 Lehrstuhl für Allgemeine Pädagogik/Frauenforschung an der Universität Osnabrück. Zahlreiche empirische Untersuchungen und Evaluationsforschungen zur Intervention und Prävention bei Gewalt im Geschlechterverhältnis. Weitere Schwerpunkte: geschlechtsspezifische Sozialisation, Frauengesundheitsförderung, Gleichberechtigungspolitik.

Cornelia Helfferich, Prof. Dr., Professorin für Soziologie an der EFH Freiburg und Leiterin des Sozialwissenschaftlichen FrauenForschungsInstituts an der EFH (SoFFIK.). Arbeitsschwerpunkte: Geschlechterdifferenzierte Lebenslaufforschung insbesondere Familienplanung, Gewalt im Geschlechterverhältnis, Gesundheit, Sexualität und neue Medien.

Andreas Kraß, Professor für deutsche Literaturwissenschaft an der Johann Wolfgang Goethe-Universität Frankfurt am Main. Arbeitsschwerpunkte in Forschung und Lehre: deutsche Literatur des Mittelalters und der Frühen Neuzeit sowie Queer Studies.

Michael Matzner, Dr. phil., M.A., Erziehungswissenschaftler und Soziologe, arbeitet in der Jugendberufshilfe, Lehrbeauftragter an verschiedenen Hochschulen. Arbeitsschwerpunkte: Väterforschung, Soziale Arbeit und Geschlecht, Erziehung und Bildung von Jungen, junge Menschen im Übergang von der Schule in den Beruf.

Ulf Mellström, Professor of Gender and Technology at Luleå University of Technology and acting, professor of masculinity studies at Linköping University 2005-2006. Research interests: Gender and technology, in particular technical professions and educations, masculinity studies, and cross-cultural comparisons between Scandinavia and South-East Asia.

Michael Meuser, Prof., Dr. phil., Professor für Soziologie der Geschlechterverhältnisse an der Universität Dortmund. Arbeitsschwerpunkte: Soziologie der Geschlechterverhältnisse, Methoden qualitativer Sozialforschung, Soziologie des Körpers, Wissenssoziologie. Sektionsrat der Sektion Frauen- und Geschlechterforschung in der DGS.

Ursula Müller, Prof. Dr., Fakultät für Soziologie der Universität Bielefeld, Leiterin des IFF (Interdisziplinäres Zentrum für Frauen- und Geschlechterforschung). Arbeitsschwerpunkte: Geschlecht und Organisation (aktuelle Forschungsfelder: Polizei, Hochschule, Väterlichkeiten), Diversity in Arbeits- und Bildungsorganisationen, International vergleichende Forschung zu Männlichkeiten, Geschlecht und Gewalt, online-Lehre und Curriculumentwicklung, Gender Knowledge.

Rolf Pohl, Prof. Dr. phil., Verwalter einer Professur für Sozialpsychologie am Institut für Soziologie und Sozialpsychologie der Leibniz Universität Hannover. Arbeitsschwerpunkte im Bereich Gender-Studies: Männlichkeit, sexuelle Gewalt und männliche Jugendgewalt, im Bereich Politische Psychologie: Antisemitismus und NS-Täterpsychologie.

Sylka Scholz, Dr., derzeit Gastdozentur im Sozialwissenschaftlichen Institut an der Stiftung Universität Hildesheim, 2006-2007 Gastprofessorin für Internationale Frauen- und Geschlechterforschung im Maria-Goeppert-Meyer-Programm an der Stiftung Universität Hildesheim. Arbeitsschwerpunkte: Geschlechterverhältnisse in Ostdeutschland und Osteuropa, theoretische und empirische Männlichkeitsforschung, Politik und Geschlecht, qualitative Methoden. Sektionsrätin der Sektion Frauen- und Geschlechterforschung in der DGS.

Susanne Spindler, Dr., Studium der Dipl.-Päd. Von 1998 bis 2002 Mitarbeiterin an der Forschungsstelle für interkulturelle Studien an der Universität zu Köln/Soziologie und im Forschungsprojekt „Überrepräsentation von jugendlichen Migranten in Haft"; Promotion zum Thema: Männlichkeit und Herkunft in den Biographien inhaftierter Jugendlicher – Ausschlussgeschichte(n). Seit 2000 Lehrbeauftragte an der Universität zu Köln und seit 2004 Bildungsreferentin der Rosa-Luxemburg-Stiftung NRW. Forschungsschwerpunkte: Migration und Geschlecht.

Anja Tervooren, Dr. phil., Wissenschaftliche Mitarbeiterin am Fachbereich Erziehungswissenschaften der Johann Wolfgang Goethe-Universität Frankfurt am Main, Mitglied des DFG-Forschungsprojekts „Kinderkörper in der Praxis", langjährige Mitarbeiterin und jetzt assoziiertes Mitglied des Sonderforschungsbereichs „Kulturen des Performativen" der Freien Universität Berlin. Arbeitsschwerpunkte: Kindheit und Jugend, Rekonstruktive Sozialforschung, Sozialisation und Bildung, Anthropologie.

Torsten Wöllmann; Studium der Geschichts- und Sozialwissenschaft, Biologie und Pädagogik an der Ruhr-Universität Bochum; seit 2002 Mitglied des Forschungsschwerpunkts /Dynamik der Geschlech//t//erkonstellationen/, Universität Dortmund. Arbeitsschwerpunkte: Geschichte und Soziologie der Geschlechterverhältnisse, Gesellschaftstheorie und Wissenschaftsforschung, gegenwärtig Promotion zur Konstruktion des Männerkörpers in der Medizin.

Forum Frauen- und Geschlechterforschung

Band 19
Brigitte Aulenbacher/
Mechthild Bereswill/Martina Löw/
Michael Meuser/Gabriele Mordt/
Reinhild Schäfer/Sylka Scholz (Hrsg.)
FrauenMänner-
Geschlechterforschung
State of the Art
2006 – 349 Seiten – € 29,90
ISBN 978-3-89691-220-6

Band 18
Karin Lohr/
Hildegard Maria Nickel (Hrsg.)
Subjektivierung von Arbeit –
Riskante Chancen
2005 – 241 Seiten – € 24,90
ISBN 3-89691-218-6

Band 21
Karin Jurczyk/Mechtild Oechsle (Hrsg.)
Das Private neu denken
Erosionen, Ambivalenzen,
Leistungen
2007 – ca. 280 Seiten – ca. € 27,90
ISBN 978-3-89691-221-3

Band 17
Regina-Maria Dackweiler/
Ursula Hornung (Hrsg.)
frauen – macht – geld
2003 – 284 Seiten – € 24,80
ISBN 3-89691-217-8

Band 20
Regina-Maria Dackweiler (Hrsg.)
Willkommen im Club?
Frauen und Männer in Eliten
2007 – 209 Seiten – € 24,90
ISBN 978-3-89691-219-0

Band 16
Gudrun-Axeli Knapp/
Angelika Wetterer (Hrsg.)
Achsen der Differenz
Gesellschaftstheorie und ihre
feministische Kritik II
2003 – 319 Seiten – € 24,80
ISBN 3-89691-216-X

WESTFÄLISCHES DAMPFBOOT

Hafenweg 26a · 48155 Münster · Tel. 0251-3900480 · Fax 0251-39004850
e-mail: info@dampfboot-verlag.de · http://www.dampfboot-verlag.de